Mit der Natur reden

Das Buch

Es ist der Wunsch vieler Menschen, mit Tieren und Pflanzen sprechen zu können. Für Michael Roads wurde es möglich, sich auf eine verständliche Weise mit der Natur auszutauschen. In seinem Buch erzählt er, wie er zunächst aus eher wirtschaftlichem Interesse mit seinen Kühen kommunizierte und die Känguruhs vom Abgrasen seiner Weideflächen abhielt. Nach und nach entdeckte er die tiefe Weisheit der Natur, die sich dem offenbart, der sich auf ihr Wesen einläßt.

Mit der Natur reden zeigt auf eine sehr poetische und zugleich sachliche Weise, wie sich jeder Mensch wieder tief mit der Natur verbinden kann.

Der Autor

Michael Roads, geboren 1937 in Cambridge, wanderte 1964 nach Australien aus. Er betrieb zwölf Jahre lang Milch- und Viehwirtschaft und wandte sich bald von konventionellen Methoden ab. Heute ist der Autor mehrerer Bestseller ein gefragter Vortragsredner und Seminarleiter zu Themen wie »Der Geist der Natur« und »Was es bedeutet, frei zu sein«.

Michael Roads

Mit der Natur reden

Das verborgene Wissen der Schöpfung

Aus dem Englischen von Waltraud Ferrari

Econ Taschenbuch

Econ Taschenbücher erscheinen im Ullstein Taschenbuchverlag,
einem Unternehmen der Econ Ullstein List Verlag GmbH & Co. KG, München
1. Auflage 2001

Titel der amerikanischen Originalausgabe: Talking with Nature.
Sharing the Energies and Spirits of Trees, Plants, Birds, and Earth (H. J. Kramer,
Inc., P. O. Box 1082, Tiburon, California 94920, USA)
Übersetzung: Waltraud Ferrari
Umschlagkonzept: HildenDesign, München – Stefan Hilden
Umschlaggestaltung: HildenDesign, München – Tracey Bushman
Titelabbildung: Corbis Digital Stock
Druck und Bindearbeiten: Ebner Ulm
Printed in Germany
ISBN 3-548-74024-3

Inhalt

Meiner Frau Treenie in Liebe gewidmet –
der Feenkreis wächst immerfort!

Vorwort

Dies ist ein wunderbares und außergewöhnliches Buch, das vielen Menschen einen neuen Zugang zur Natur ermöglichen wird.

Die Natur, dieser große, wohldurchdachte Plan, ist ein Kunstwerk, eine fantastische, vielverzweigte, immerfort fließende Einheit, in der auch wir fester Bestandteil sind. Wir fühlen uns heute in der zivilisierten Welt von der Natur getrennt, weil wir in den letzten Jahrhunderten nur mehr die Rolle des Beobachters eingenommen haben und bemüht waren, die Natur aus Macht- und Gewinnstreben zu beherrschen. Wir, die wir die rechtmäßigen Verwalter dieses Planeten sind, haben in dieser Aufgabe traurigerweise sträflich versagt, und gerade jetzt sind wir dabei, unsere wunderbare Welt in eine Wüste zu verwandeln.

In den letzten Jahrhunderten sind die sensiblen weiblichen Fähigkeiten der rechten Gehirnhälfte in Vergessenheit geraten und dadurch verkümmert. Gerade die poetischen Kräfte der Phantasie sind es jedoch, die das lebendige Ganze zu erfassen vermögen. Wir müssen uns von neuem bewußt machen, daß die sichtbare Natur nur die Form darstellt; die lebendige Idee, die dahinter steht, ist hingegen das Herz. Der Mensch, diese Krone der Evolution, ist so ausgestattet, daß er/sie in Gedanken mit diesen Ideen verschmelzen kann.

Erkennen Sie diese große Wahrheit: In jedem von uns wohnt der göttliche Funke, ein geistiges Wesen, das in einem Tempel – dem Körper – beherbergt wird; dieser ermöglicht es uns, in der Dichte und Schwere der materiellen Welt zu agieren. Wir sind vom «Beobachter-Gedanken» so sehr durchdrungen, daß wir nur allzu leicht annehmen, Gott oder unsere geistigen Führer würden von außen auf uns einwirken. Die große Wahrheit besteht jedoch darin, daß die Wesen der höheren Welten *in unserem Inneren durch unsere eigenen Gedanken* zu uns sprechen. Alles ist Gedanke, und im Denken verschmelzen wir mit höheren Wesenheiten.

Gott spricht in unseren Gedanken zu uns. Er ist in jeder Blume, jedem Baum, in den Tieren, Vögeln, Kristallen und Wolken, ja in jeder Woge des Ozeans. Daraus folgt, daß sich die Menschheit *über das Denken* mit den höheren Welten vereinen und mit ihnen verschmelzen kann, sobald das Konzept der Trennung überwunden ist.

Jetzt halten wir dieses bemerkenswerte Buch in Händen, das die Erfahrungen eines einzigen Mannes schildert. Wenn es dem Autor gelungen ist, mit der *Natur zu reden,* besteht auch für uns diese Möglichkeit. Was zählt, ist die Art der Annäherung und die entsprechende Geisteshaltung. Gehen Sie auf eine der vielen Formen der Natur zu – ob Baum, ob Hügel, ob Fluß oder Blume – und sprechen Sie innerlich ihr Wesen an. Dann beobachten Sie, welche Antwort Sie erhalten, die im Geist und im Herzen fühlbar wird, und erwidern Sie sie durch Liebe. Lassen Sie den Strom einsetzen. Diese Form der Meditation erweckt das *innere Auge*.

In diesem Buch finden Sie die wunderbare Bestätigung von Erfahrungen, die uns allen offenstehen. Alle, denen dies gelingt, haben am Erwachen des Planeten Erde teil, denn die Menschheit steht an der Schwelle zur Geburt in ein erweitertes Bewußtsein, in das Wissen um die große Einheit allen Lebens.

Gewiß, diese Erkenntnis spiegelt sich in der Weisheit der Mystiker und Eingeweihten aller Zeitalter wider. Auch heute zeigt sich dergleichen deutlich in Zentren wie Findhorn (Schottland), wo Peter Caddy mit Hilfe einer sensiblen Freundin, Dorothy McLean, den direkten telepathischen Kontakt zu Elementargeistern herstellen konnte. Das Ergebnis war ein herrlicher Garten voller Blumen, Früchte und Gemüse, die auf kargen Sanddünen gedeihen. Die Wüste kann tatsächlich wie eine Rose erblühen, wenn der Mensch den Kontakt zu den Devas und Naturgeistern herstellt und mit ihnen zusammenarbeitet.

Michael Roads' Erfahrungen und das, was er erreicht hat, stellen einen wichtigen Schritt und gleichzeitig ein ermutigendes Beispiel dar. Lernen Sie beim Lesen dieses Buches, wie jeder von uns den Zugang zur Natur finden kann. Es ist nur ein Aspekt des großen Erwachens, das die Menschheit heute an der Schwelle zum Wassermannzeitalter erfährt.

Sir George Trevelyan
Badminton, Avon

Vorwort des Herausgebers

Mit der Natur reden ist ein Buch, das ganz besondere Aufmerksamkeit verdient. Es erzählt die Geschichte eines Mannes, der entdeckt hat, daß er mit den Seelen von Pflanzen und Tieren, ja sogar Steinen und Flüssen, auf verständliche, artikulierbare Weise kommunizieren kann. Ähnlich wie Carlos Castanedas erste Werke erweckt auch dieses Buch das Gefühl, mit dem Wunderbaren in Berührung zu treten.

Anfangs war Michael Roads über seine seltsame neue Fähigkeit bestürzt. Er hinterfragte sie erbarmungslos. Als er seine Erfahrungen schließlich nicht mehr leugnen konnte, ließ er sich von der Natur kräftigen und heilen. Sie erzählte ihm von ihrer tiefen Besorgnis über die bestimmende Rolle, die der Mensch für das weitere Schicksal dieses Planeten spielt. Und so lehrte sie ihn mit Geduld und Mitgefühl, ja sogar mit Humor, wie man mit der Ganzheit der Schöpfung eins werden kann.

Mit der Natur reden ist deshalb ein bedeutsames Buch, weil es all jenen, die die Wunden der Entfremdung heilen wollen, eine neue Möglichkeit bietet, sich in liebevollem Gewahrsein mit dem spirituellen Wesen der Natur zu verbinden.

Dieses Buch bringt eine Botschaft der Hoffnung für uns alle.

Eine Lösung kündigt sich an. Wie Michael Roads kann die gesamte Menschheit lernen, die Stimmen der Natur wahrzunehmen und auf sie zu hören. Es ist möglich, uns mit der spirituellen Essenz des Universums wieder bewußt zu vereinen.

Michael Roads hat einen großen Schritt getan. Die Kraft der Natur, die ihn an Körper, Seele und Geist geheilt hat, ist uns allen zugänglich. Er berichtet vom Geschenk der freudigen Versöhnung. Die Natur muß nicht unser Gegenspieler, sie kann unser Freund sein. Sie kann uns dazu verhelfen, wieder auf den rechten Weg zu gelangen. Die Vögel, Pflanzen, Flüsse und Winde beten für uns. Werden wir auf sie hören, bevor es zu spät ist? Können wir rechtzeitig hinhören lernen?

Ich glaube, daß es möglich ist. Aus diesem Grund ist es mir eine besondere Freude, dieses Buch herauszugeben.

Harold Kramer
Herausgeber

Dankeswort

Zu allererst möchte ich Treenie dafür danken, daß sie an mich geglaubt hat. Ohne ihre Unterstützung und Ermutigung wäre dieses Buch nie entstanden. Gemeinsamkeit war der Schlüssel, der uns bei der Enthüllung des Verborgenen geholfen hat.

Mein besonderer Dank gebührt Richard Bach (der bewiesen hat, daß Worte Zeit und Raum zu überbrücken vermögen) für seine liebevolle Unterstützung und Anregung.

Meinen aufrichtigen Dank an Hal Kramer, einen Herausgeber, der nicht nur glaubt, daß man ein Leben verändern kann, sondern die Veränderung auch Wirklichkeit werden läßt.

Ich danke dem Universum dafür, daß es Linda Tellington-Jones genau zum richtigen Zeitpunkt zu mir gesandt hat.

Weiter danke ich meinem Lektor Greg Armstrong, der mein Manuskript mit sehr viel Feingefühl und Sorgfalt bearbeitet hat.

Jeder Schriftsteller muß von einer Person entdeckt werden, die sein Potential erfühlen kann. Meinen besonderen Dank an Linda Lutzkendorf, die das Potential dieses Buches erkannte und mir dabei geholfen hat, es Wirklichkeit werden zu lassen.

Jack Igguldon, der mein erster literarischer Kritiker, Berater und Mentor gewesen ist, danke ich hiermit ebenfalls.

Verschiedene Menschen, denen ich im Laufe meines Lebens begegnet bin, waren wichtige Auslöser für mich. Genau zum richtigen Zeitpunkt haben sie mir meinen weiteren Lebensweg enthüllt, und immer in dem Moment, in dem ich ins Stolpern geraten war. All diesen Menschen, die ich als ganz besondere Freunde betrachte, danke ich hiermit.

1. KAPITEL

September

Das Schnabeltier verschwand unter Wasser, als würde es von einem Sog in die Tiefe gezogen, so geschmeidig waren seine Bewegungen. Unweit davon sang der Wind durch die langen, dünnen Nadeln einer Careya. Es war eine helle Melodie von einem Klang, der trotz der wärmenden Frühlingssonne ein Gefühl von Kühle entstehen ließ. Eine leichte Brise bewegte das Laub unweit der Stelle, an der ich am Flußufer saß. Das Wasser strömte kühl und klar vorüber, und Tausende immerfort tanzender Lichtfünkchen glitzerten in der Sonne.

«Helft mir», bat ich.

Ich sprach mit dem Fluß, den Felsen und den verschiedenen Pflanzen, die mit geradezu tropischer Üppigkeit in dem Wäldchen um mich herum wucherten. Ich unterhielt mich mit der Natur. Innerlich fühlte ich, daß sie mir zulächelte.

Hilf dir selbst. Wenn du die Geschichte unserer Begegnung niederschreiben willst, dann beginne mit dem Kontaktpunkt, der du selbst bist.

Es würde nicht einfach werden. Ich versuchte es noch einmal.

«Was ich brauche, ist eine einfache, prägnante Erklärung dafür, wie der Mensch den Kontakt zur Natur aufnehmen kann. Ich brauche etwas, das für die Leute einen Bezugspunkt darstellt und leicht zu akzeptieren und zu verstehen ist.»

Das Lächeln wurde deutlich stärker.

Du schlägst also etwas Schriftliches vor, das die Phantasie nicht überschreitet und gleichzeitig so einfach ist, daß es vom Verstand erfaßt werden kann.

«Das ist es», sagte ich triumphierend. «Genau das Richtige.»

Das Lächeln verschwand.

Wie können wir von ungeahnten Realitäten berichten, auf nie dagewesene Konzepte hinweisen oder auch nur die Praktizierbarkeit innerer Wahrheiten demonstrieren, ohne daß das Selbst, das im Inneren schlummert, aufgerüttelt wird?

Ein langer, tiefer Seufzer.

Wir haben die Wahl, mein Freund. Entweder du beschreibst es so, wie es geschieht, wie es sich tatsächlich enthüllt, oder du vergißt das ganze Projekt. Ich kann dir keinen Kompromiß anbieten. Akzeptiere es. Es wird als eine Synthese von Mensch und Natur entstehen.

Lange starrte ich über den Fluß und versuchte so zu tun, als hätte ich nichts gehört. Natürlich konnte ich mein Buch so schreiben, wie ich wollte. Die Kontrolle lag in meiner Hand. Der Felsen unter mir war sehr geduldig. In physischem Sinne hatte er sich sehr lange nicht mehr bewegt, aber ich konnte eine Woge bewußter Aktivität aufsteigen fühlen. Ich wurde von einer ganzen Reihe von Gedanken geplagt. Wer wird mir glauben, wenn ich es so beschreibe, wie es tatsächlich vonstatten geht? Wäre es nicht besser, die Sache in eine Geschichte zu verpacken? Der Gedanke an *Jonathan Livingston Seagull* (Die Möwe Jonathan) ging mir durch den Kopf. Das Problem war nur, daß das ja bereits geschrieben worden war. Aber es war doch lächerlich. Ich konnte doch nicht einfach schreiben, daß ich Bäumen, Steinen und Flüssen zuhörte, mit ihnen sprach und im Geist eine Antwort von ihnen erhielt. Ich drehte und wand mich und tat so, als könne ich das Kichern des Flusses, der sanft an meinem Felsen vorüberströmte, nicht hören.

In meiner gesamten Umgebung war die Erwartung deutlich fühlbar. Die Bäume boten den gewohnten majestätischen Anblick – gelassen und selbstsicher –, während sich die Steine offensichtlich in Schweigen hüllten. Ein Reiher stieß wachsam mit hellen, klaren Augen aus der Luft herab. Nachdem er in mir keinerlei Bedrohung erkannt hatte, ließ er sich vorsichtig auf dem Kies am gegenüberliegenden Ufer nieder, neigte den Kopf zur Seite und fixierte mich mit seinem Blick.

«In Ordnung», sagte ich. «Wenn du eine Meinung hast, könnte ich sie mir ja genauso gut anhören.»

Die Vogel-Energie drang als intensives Gefühl in die feinstofflicheren Bereiche meiner Bewußtheit ein.

Auch wir würden gerne mitmachen. Wenn du von unserer Verbindung berichtest, werden wir unseren eigenen Standpunkt vertreten.

Ich starrte den Reiher an.

«Vertrittst du alle Vögel oder nur deine eigene Spezies?»

Der Reiher stieß seinen degenähnlichen Schnabel blitzartig mit einer Bewegung ins flache Wasser, die das Auge zu narren schien. Dann erhob er sich in die Luft und verschwand mit langsamen Flügelschlägen.

Wir vertreten nur unsere Art. Wir werden mit dir in Kontakt treten, wenn der richtige Zeitpunkt gekommen ist.

Das Reiher-Bewußtsein rollte sich in sich zusammen, wurde immer kleiner und verschwand rasch. Fasziniert stellte ich fest, daß es keineswegs nur ein einzelner Vogel gewesen war, der für sich allein zu mir gesprochen hatte. Der Vogel war vielmehr ein Auslöser für mein sich langsam entwickelndes Gewahrsein. Er war der Bezugspunkt, der mir zu verstehen gab, daß das Reiher-Bewußtsein auf mich wartete und nicht ohne Vorankündigung in meinen Geist eindringen wollte. Ich starrte auf die Worte, die ich soeben niedergeschrieben hatte.

«Das wird kein Mensch glauben.»

Ich sprach mit dem Fluß, der zu meinen Füßen vorbeiströmte. Eine Zeitlang herrschte Schweigen. Dann fühlte ich, wie eine Woge der Kraft aus dem Fluß emporstieg, als würden sich die Energien sammeln.

Du hast deine Entscheidung bereits getroffen. Sie ist lange vorher, bevor du hierhergekommen bist, erfolgt. Ich schlage vor, daß du nun die Klarheit einer höheren Wahrheit durch dich hindurchströmen läßt. Die Angst, die du geschaffen hast, ist durchaus real und kann Schwierigkeiten verursachen. Jetzt wirst du in vertrauensvoller Gewißheit handeln müssen – der Zeitpunkt ist gekommen. Nur eine Minderheit wird sich über dich lustig machen. Diejenigen, die sich von diesem Buch angezogen fühlen, spüren einen inneren Hunger, der gestillt werden möchte.

Deine Worte werden nicht leicht zu verdauen sein. Sie werden viele Fragen aufwerfen, und es wird viel inneren Dialog aufzuarbeiten geben. Das braucht jedoch nicht deine Sorge zu sein.

Eines meiner Lieblingszitate von Victor Hugo schoß mir durch den Kopf: «Nichts ist mächtiger als eine Idee, deren Zeit gekommen ist.» Es war wie ein Geistesblitz. Die Zeit *ist* gekommen. Immer mehr Menschen suchen nach einer höheren Wahrheit und einem höheren Sinn im Leben, und was könnte einen besseren Anfang machen als unsere Verbindung zur Natur?

Ich lächelte ins Wasser.

«Also gut, ich werde es auf eure Weise tun, aber wenn ich versuche, etwas Unglaubliches darzustellen, dann helft mir bitte, es glaubhaft zu machen.»

Die Fluß-Energie, die sich in nahezu formlosen Windungen um mich gelegt hatte, geriet plötzlich in Bewegung. Für einen Augenblick hatte ich den Eindruck, mich im Zentrum eines riesigen Strudels zu befinden, der sich mit überschäumender Freude ausdehnte.

Geh jetzt. Die Ausdehnung erfolgt durch die Annahme. Wenn es dir gelingt, diese Erfahrung zu Papier zu bringen, werden wir uns damit gemeinsam an jene Menschen wenden, mit denen du kommunizieren möchtest.

Einige Tage verstrichen, während ich meine erste Begegnung verdaute und mich darauf vorbereitete, sie dem Papier anzuvertrauen. Ich las meine Aufzeichnungen immer wieder durch.

Niemand würde mir das glauben.

Allmählich mußte ich einsehen, daß vor allem ich selbst all das so unglaubwürdig fand. Ich begriff, daß es immer noch meine Ängste zu überwinden galt.

Wenn die Natur auch eine Herausforderung für mich darstellte, so war sie mir gleichermaßen eine Hilfe. Also kehrte ich an einem sonnigen Morgen an meinen Lieblingsplatz am Fluß zurück.

Der Fluß war kalt, aber kristallklar. Ungefähr einen Meter unter der Wasseroberfläche stand ein Schwarm winziger Fische gegen den Strom. Mühelos trieben sie in ihrer Wasserwelt dahin. Auf den glatten Steinen unter ihnen bahnte sich eine einsame Garnele langsam und bedächtig den Weg zu einem unbekannten Ziel, wobei sie die Umgebung mit ihren Fühlern systematisch abtastete. Ein Wels glitt langsam vorbei und verschwand unter einem Felsvorsprung.

Es war eine ruhige Szenerie, und das Gefühl des Friedens, das mich erfüllte, flößte mir Mut ein. Ich begrüßte den Fluß. «Da bin ich wieder, und ich bin schon ganz erpicht darauf, an dem Buch weiterzuarbeiten.»

Das Gefühl der spiralförmigen Kraft war wieder da.

Oh, jetzt ist es schon DAS *Buch, nicht wahr? Eine beachtliche Verbesserung im Vergleich zum vorherigen* MEIN *Buch. Wenn du diese losgelöste Haltung bewahren kannst, sollte unsere Arbeit nicht allzu schwierig sein.*

Ich fühlte mich ziemlich geknickt.

«Du scheinst andeuten zu wollen, daß ich wohl der einzige bin, der vielleicht im Unrecht sein könnte oder möglicherweise Schwierigkeiten verursacht.»

In der Hoffnung auf ein paar tröstliche Worte hielt ich inne.

Wenn du hier bequem in deinem selbstmitleidigen Ego verharrst, bringt uns das nichts, gar nichts.

Für die nächsten zehn Minuten hüllte ich mich beleidigt in Schweigen und starrte auf den Fluß. Mein Groll schwand allmählich, während ich die heftigen Bemühungen eines Wasserdrachens* verfolgte, ein dickes Insekt zu fangen, das am Ende eines langen, dünnen Zweiges saß, der über dem Wasser hing. Ich konnte sehen, welcher Zusammenhang zwischen den mühevollen Anstrengungen des Wasserdrachens, seinen Preis zu erlangen, und meinen eigenen Bemühungen bestand, einen klaren Ansatz für meine Kommunikation mit der Natur zu finden. Der Wasserdrache war nicht für die Pirsch auf einem langen, biegsamen Ast, der hin und her schwankte, ausgerüstet. Aber auf einem Baumstrunk oder einem Stein am Ufer konnte er die

---

* In Australien vorkommende Echsenart der Gattung Agamidae.

Geduld selbst sein und wie eine elastische Feder emporschnellen, sobald er sich seiner Beute sicher war. Der biegsame Ast machte das jedoch unmöglich, also mußte er seine Methode ändern. Das platschende Geräusch, mit dem der Wasserdrache ins Wasser fiel, war wohl das Zeichen seines Mißerfolges. Mit hoch erhobenem Kopf schwimmend, verschwand er unter überhängendem Strauchwerk. Auch ich saß auf einem Ast. Diesen Ast hatte ich mir selbst gezimmert – gestützt auf meine alten Anschauungen und auf das Selbstbild, das ich gegenüber der Welt aufrechterhalten wollte.

Neuerlich strömten die Worte aus der Quelle der Kraft.

Mach es wie der Wasserdrache. Laß los und falle in den Fluß. Laß dich vom Fluß des Lebens hinwegtragen, über alle früheren Stützen und abgenützten Anschauungen hinaus. Ich werde dir helfen. Vertraue mir. Und während du aus einem alten Bewußtsein herausschwimmst, das für die höheren Realitäten jenseits der physischen Welt blind ist, vertraue darauf, daß ich dich mit Liebe und Sorgfalt in einen neuen Bewußtseinsstrom geleiten werde. Eine neue Welt wird sich vor deinen Augen auftun. Hast du genug Vertrauen in mich, um das Bekannte hinter dir zu lassen und in unbekannten Gewässern zu schwimmen?

Gerade als ich in den Fluß blickte, schob sich eine dunkle Wolke quer vor die Sonne. Mit einem Mal war das Wasser trübe. Plötzlich war es dunkel und undurchsichtig, vom Geheimnisvollen verdüstert und – aus der Sicht meiner Vernunft – mit Bedrohlichkeit geladen. Ich wußte, daß es so kommen mußte. Wenn der Weg vor mir eine altvertraute Szenerie darstellte, würde ich mich ja weiterhin auf altbekanntem Territorium bewegen.

«Ich akzeptiere. Ich werde mich mit vollem Einsatz in den Strom werfen, den du mir anbietest, und ich bin dankbar dafür. Allerdings bitte ich dich, hab Geduld mit mir, denn ich habe viele alte Ängste und hänge wie der Wasserdrache an alten Gewohnheiten.»

Die Wolke zog schnell davon, und der Fluß war wieder klar und glitzerte einladend. Die Kraft stieg empor und entrollte sich langsam in einem tiefen, inneren Aufatmen. Ich spürte, wie mich ein Gefühl von Frieden und Freude überkam.

Ich war zur Hingabe bereit.

Meine Hingabe an diese Aufgabe war nicht über Nacht entstanden. Sie hatte sich wie das Schicksal selbst im Laufe der Jahre entwickelt, in denen ich als Farmer gelebt hatte. Wenn ich jetzt zurückblicke, kann ich die einzelnen Abschnitte erkennen.

Es begann mit meiner Frau Treenie.

Als wir eines Abends gemütlich im Wohnzimmer saßen, sah sie mich an und verkündete plötzlich: «Die Kühe wollen weiterziehen.»

Ich schnaubte verächtlich. Ihre Bemerkung erschien mir wie eine Herausforderung, also reagierte ich entsprechend darauf.

«Gut. Nur um dir zu beweisen, daß das nicht stimmt, werden wir morgen früh um neun Uhr hinauffahren, und dann wirst du dich vom Wohlbefinden der Kühe auf ihrer fetten Weide selbst überzeugen können.»

Voller Selbstzufriedenheit vertiefte ich mich wieder in mein Buch.

Am nächsten Morgen fuhren Treenie und ich um neun Uhr zur hinteren Weide hinauf. O Schreck! Praktisch die ganze Herde stand ungeduldig am Gatter und wartete darauf, hinausgelassen zu werden. Ich glotzte die Kühe an und wich Treenies Blick aus. Sie können sich ihre nächste Bemerkung sicherlich vorstellen!

Aber das sollte kein Einzelfall bleiben. Im Laufe der nächsten Monate spürte Treenie wiederholt das Bedürfnis der Tiere, den Platz zu wechseln, unabhängig davon, wieviel Gras auf einer

Weide vorhanden war. Mir kam schließlich die Idee, daß wir sie mit Hilfe unserer Gedanken auch beeinflussen konnten, wenn Treenie imstande war, das Signal «Weiterziehen» von ihnen aufzufangen. Eines Abends verbanden wir uns gedanklich mit den Tieren, um eine Botschaft an sie auszusenden. *Morgen um neun Uhr werden wir euch in eine andere Koppel bringen.* Schmunzeln Sie jetzt ruhig, doch am nächsten Morgen um neun Uhr warteten die Tiere bereits alle darauf weiterzuziehen. Ich will damit nicht sagen, daß Kühe die genaue Uhrzeit erraten können, denn wir stellten später fest, daß die Tiere sich schon eine gute Weile vor dem festgesetzten Zeitpunkt zu sammeln beginnen, aber die Methode funktionierte durchweg, und zwar unter erstaunlicher Mißachtung der Gesetze von Vernunft und Logik.

Damals hatten wir ein Stück Land, das wir von der Forstbehörde gekauft hatten, abgeholzt und neu eingesät, um eine bessere Weide zu erhalten. Dieses Gebiet, auch unter dem Namen Carvilla bekannt, lag auf etwa sechshundert Metern Meereshöhe und bot in einer Richtung entlang der Nordküste einen herrlichen Ausblick auf den Ozean, während es auf der anderen Seite von hoch aufragenden, zerklüfteten Bergen begrenzt war. Abgesehen von dem Streifen, durch den Carvilla direkt an das Kerngebiet unserer Farm grenzte, war die Weide von uneingezäunten Wäldern völlig umgeben, die sich, so weit das Auge reichte, über Tausende Morgen wilder Natur erstreckten. Carvilla ragte wie ein langgezogener Sporn mit ebenso langen Grenzen in den Wald hinein. Natürlicherweise entwickelten auch die Wildtiere eine Vorliebe für das saftigere Grün und wurden davon in beträchtlicher Anzahl auf unser Land gelockt.

Trotz der organischen Entwicklung und Verbesserung des Bodens reagierte Carvilla nicht mit dem von mir erwarteten Wachstum. Allmählich wurde mir klar, daß das Wild einen beachtlichen Zoll von dieser neuen Weide forderte.

Nach ein paar nächtlichen Besuchen stellte ich zu meiner Bestürzung fest, daß sich dort Bennett's Wallabies (eine ziemlich große Känguruh-Art), Buschkänguruhs und Filander (kaninchengroße Känguruhs) in großer Zahl tummelten. Ich verbrachte also zwei Nächte pro Woche damit, meine Weide auf die einzige mir bekannte Weise zu verteidigen, indem ich die Tiere erlegte. Schon bald fand ich die Sache aber äußerst abscheulich, und anstatt weiterhin mit dem Gewehr gegen sie vorzugehen, setzte ich mich mit Leuten aus der Umgebung in Verbindung und machte ihnen den Vorschlag, die Tiere sozusagen als «Sportjäger» zu erlegen und das Fleisch zu verwerten, was gerne angenommen wurde. Das schien aber nicht viel Unterschied zu machen. Die Weide, auf der insgesamt nur dreißig Kühe mit ihren Kälbern grasten, warf wenig zusätzlichen Ertrag ab.

Ich kam zu dem Schluß, daß ich mich wohl selbst wieder beteiligen mußte, wenn sich das Gleichgewicht zu meinen Gunsten verschieben sollte. Also begann ich wieder mit dem Abschuß. Nachdem ich eines Nachts ein großes Känguruh mit dem Scheinwerfer ausgemacht hatte, sprang ich – Gewehr in der Hand – aus dem Wagen. Das Känguruh stand nur wenige Meter entfernt, als ich das Gewehr zum Schuß anlegte. Plötzlich wandte es mir den Kopf zu, wobei der Lichtstrahl direkt in seine Augen fiel. Der Blick aus seinen in rotglühende Kohlen verwandelten Augen begegnete dem meinen, und wie gebannt starrte ich in die Seele einer wilden, wunderbaren Natur. Ein paar endlose Minuten lang blickten wir einander in die Augen. Dann wandte sich das Tier langsam und ruhig ab und begann zu grasen.

Ich war wie erstarrt, bis ins Mark getroffen. Mitgefühl, was für einen von Mordgedanken durchdrungenen Farmer eher eine Seltenheit ist, stieg mit plötzlicher Heftigkeit in mir auf. Ich senkte das Gewehr, machte kehrt und ging zum Landrover zurück. Es mußte doch noch eine andere Lösung geben. Gewalt konnte nicht die richtige Antwort sein. Gewalt erzeugt wieder Gewalt. Ich wußte, daß ich mein Ziel nicht auf diese Weise erreichen konnte.

Zweimal hatte ich Gift ausgelegt, aber auch das war keine Lösung. Es ist eine Form schockierender Gewalt von besonderer Niedrigkeit, weil der Ausleger des Giftes nicht sieht, welchen Todeskampf er damit verursacht. Aufgrund der aktiven Beteiligung, die ein Gewehr erfordert, ist man zumindest gezwungen, Zeuge der eigenen Handlung zu werden, und die Ethik des Jägers verlangt einen sauberen Schuß.

Ich besprach das Problem mit Treenie, und wir gelangten gemeinsam zur einzig möglichen Lösung. Wenn es uns gelang, mit unserem Vieh zu «denken», sprich: kommunizieren, warum sollten wir dann nicht das Gleiche mit den Känguruhs versuchen?

Diese Entscheidung zu fällen, war eine Sache – sie durchzuführen jedoch eine andere. Wir beschlossen, daß ich aufgrund meiner momentanen Beteiligung die Dinge in die Hand nehmen sollte, nur – wie konnte ich etwas Derartiges in die Wege leiten? Eines Morgens fuhr ich zu den wilden Hügeln von Carvilla hinauf, hielt knapp vor einer Baumgruppe in der Mitte der Koppel an und bereitete mich auf meinen ersten Kommunikationsversuch vor, wobei ich noch ziemlich schüchtern war.

Ich bewahrte die erforderliche Übereinkunft klar in meinen Gedanken, aber der ganze Vorgang war so still und seltsam, daß ich meine Bitte doch laut auszusprechen begann. Obgleich es mir verrückt vorkam, fühlte ich mich dabei wohler. Nachdem ich mich für diese Aufgabe richtig erwärmt hatte, schrie ich meine Botschaft ziemlich lautstark an all die Känguruhs hinaus, die vielleicht zuhörten. Das klang in etwa so:

«Ich weiß nicht, ob ihr Känguruhs mich hören könnt, aber ich biete euch ein Abkommen an, das die Bedürfnisse beider Seiten deckt. Ich ersuche euch, unsere Weide nicht mehr abzugrasen. Als Gegenleistung werde ich dafür sorgen, daß niemand mehr auf euch schießt. Da ich aber auch begriffen habe, daß ich dieses Land mit euch teilen muß, gestatte ich euch, außerhalb der Umzäunung zu grasen. Bitte nehmt nicht mehr als etwa zwanzig Meter in Anspruch.»

Nach dieser Ankündigung hielt ich erwartungsvoll inne. Nichts! Nichts, abgesehen vom geistigen Echo meiner eigenen Worte. Ich war keineswegs überzeugt, daß irgend etwas geschehen würde, aber um meinen Teil des Abkommens einzuhalten, verschloß ich den Eingang zum Grundstück mit Gatter und Kette und teilte den Leuten mit, daß ich auf meinem Land keinerlei Abschüsse mehr wünschte. Sie sahen mich zwar an, als wäre ich verrückt, stimmten aber zu. Ich war froh, daß ich niemandem den Grund dafür nennen mußte!

Innerhalb weniger Wochen wurde das Gras so dick und saftig, daß ich weitere zehn Kühe mit ihren Kälbern auf diese Weide bringen konnte. Und es wurde immer besser. Bald grasten an die neunzig Kühe und Kälber auf Carvilla, während der weiße Klee in Hülle und Fülle gedieh. Drei Jahre lang konnten wir dieses schlichte Abkommen aufrechterhalten, und die Weiden blühten und gediehen weiterhin. Wenn das Gras kniehoch stand, war es oft kreuz und quer von Känguruhspuren durchzogen, aber beim Grasen beschränkten sie sich hauptsächlich auf Randzonen. Ich gebe zu, wer es auch gewesen sein mag, den sie zum Ausmessen der zwanzig Meter erkoren hatten, er machte Riesenschritte … oder Sätze! In manchen Zonen reichte die Weide bis direkt an den Waldrand, während sich die Känguruhs an anderen Stellen bis weit ins umzäunte Gebiet vorwagten. Ich schätzte, daß sie durchschnittlich bis zu vierzig Meter ins Feld hinein grasten.

Eines war jedoch offensichtlich: Es war möglich, den Wildtieren unsere Wünsche mitzuteilen und ein Abkommen zu schließen, das beiden Seiten zum Wohl gereicht. Wir hatten gelernt, ihr gottgegebenes Recht auf Leben anzuerkennen, und wir wußten, daß die Zusammenarbeit mit der Natur ein unbegrenztes Potential eröffnet.

Zu dieser Geschichte gibt es noch eine Fortsetzung. Als wir uns schließlich entschlossen, unsere Farm zu verkaufen, verkauften wir nicht alles Land gemeinsam. Als die neuen Inhaber auf Highfields einzogen, behielten wir die Eigentumsrechte für Carvilla noch auf zwei weitere Jahre, bevor wir auch dieses Land an den Abnehmer unserer Farm verkauften. Damals brachen die Sportschützen die Vorhängeschlösser auf, und der Abschuß der Känguruhs begann ohne unser Wissen von neuem. Als ich drei Jahre nach Verkauf unserer Farm wieder in dieses Gebiet kam, fragte mich der Besitzer, ob Carvilla jemals Weideland gewesen war. Ich starrte ihn erstaunt an.

«Als ich das letzte Mal durch Carvilla gegangen bin, stand der weiße Klee dort kniehoch», antwortete ich. Er blickte ziemlich ernst drein.

«Na schön, Partner, ich kann dir versichern, daß dort jetzt jedenfalls kein Gras wächst.»

Er erzählte mir dann, daß es auf dem Platz von Känguruhs nur so wimmelte. Innerhalb von zwei Jahren waren dort sechstausend Känguruhs erlegt worden! Ich war völlig niedergeschmettert. Mir war sofort klar, daß sich die Tiere nicht innerhalb so kurzer Zeit derartig vermehrt haben konnten. Angesichts der riesigen Wälder hatte ich angenommen, daß es in diesem Gebiet viele Känguruhs geben mußte, aber ich hatte nicht geahnt, daß es sich um solche Zahlen handelte, als wir unser Abkommen trafen. Erst in diesem Moment begriff ich, in welchem Ausmaß die Übereinkunft tatsächlich von ihnen eingehalten worden war.

Anscheinend waren die Känguruhs in dem Moment wieder in Scharen aufgetaucht, als man mit der Jagd auf sie neuerlich begonnen hatte, und obgleich sechstausend Tiere erlegt worden waren, machten sie das Weideland praktisch dem Erdboden gleich. Ich fühlte mich schuldig und war schockiert und wütend zugleich. Aber was konnte ich schon sagen? Ich hatte dem Mann nie von meinem Abkommen erzählt – wer würde denn so eine Geschichte glauben?

Wir hatten acht Jahre lang Milchwirtschaft betrieben, als dieser Zweig der Landwirtschaft in eine Absatzkrise rutschte. Das war also der richtige Moment, unser friesisches Milchvieh mit dem Friesländer/Hereford-Vieh zu kreuzen, das wir bereits einige Jahre gezüchtet hatten, um zur Fleischproduktion überzugehen.

Eines schönen Morgens begann ich mit dem langersehnten Abbau der mir so verhaßten Melkgehege. Es war mir eine Wonne, aber die Arbeit war viel härter, als ich angenommen hatte. Die Umzäunung bestand aus fest verschweißten Wasserrohren. Einen sieben Kilogramm schweren Vorschlaghammer schwingend, attackierte ich jede Schweißstelle mit der in acht Jahren aufgestauten Wut, und es dauerte nicht lange, bis an meinen ohnehin schwieligen Händen die ersten Blasen auftraten. Für jede Schweißstelle benötigte ich etwa zwanzig Schläge, unter denen die Umzäunung schwerfällig ächzend zusammenbrach. Ich war bereits auf halbem Wege völlig erschöpft. Als ich ruhig dasaß, um etwas zu verschnaufen, löste ein geradezu unglaublicher Gedanke einen inneren Umschwung in mir aus. *Wenn zwischen allem Lebendigen eine Verbindung besteht, so sind auch Tiere, Pflanzen und Mineralien miteinander verbunden. Nachdem ich in der Zusammenarbeit mit Pflanzen und Tieren ja bereits Erfahrungen gesammelt habe, könnte es sich mit den Metallen doch ähnlich verhalten . . .?*

Schritt für Schritt gab ich mich dem inneren Frieden hin und spürte, wie in meinem Inneren eine feine Veränderung vor sich ging. Erfrischt stand ich auf und nahm den Hammer wieder in die Hand, zum nächsten Angriff bereit! Die Worte drangen mit subtiler Leichtigkeit in mein Bewußtsein ein.

Ändere deine Einstellung. Sieh im Metall etwas Lebendiges. Respektiere diese Stofflichkeit, diese Form des Lebens. Geh in Demut an diese Arbeit heran.

Es fügte sich eins ins andere. Ich fühlte mich bei diesem ungewöhnlichen Gedanken wohl, auch wenn mein Verständnis nur oberflächlich war. Ich schwang den Vorschlaghammer nur mit geringem Kraftaufwand, meine Aufmerksamkeit auf das Metall gerichtet, einmal – zweimal – und beim dritten Mal brach das eine Ende der Umzäunung bereits zusammen. Rasch ging ich zum anderen Ende und wiederholte den Vorgang. Zwei Stunden später hatte ich die gesamte Umzäunung abgebaut. Erst dann war ich verblüfft... und frustriert. Ich meine, wer würde mir denn so eine Geschichte abnehmen?

Wir kamen schließlich an einen Punkt, an dem unser Entschluß zum Verkauf der Farm feststand. Es gab verschiedene Gründe dafür. Mein Rückenleiden war chronisch geworden, und außerdem hatten wir den ständigen finanziellen Druck satt. Doch abgesehen von all den gewöhnlichen, weltlichen Begründungen gab es noch etwas anderes, das uns zuzuwinken schien. Ich konnte es zwar nicht genau benennen oder identifizieren, aber ich war mir einer weiteren Dimension innerhalb der Natur bewußt geworden. Eine Dimension, welche, sofern man sie erforschte, eine große Bereicherung für unser Leben zu werden versprach. Es war eine andere Wahrheit, von der wir uns berufen fühlten, denn wir waren nicht mehr dieselben Leute, die vor zehn Jahren als Farmer nach Australien gekommen waren.

Ich hatte mich in der Gesellschaft für organischen Ackerbau in Tasmanien sehr engagiert. Als Treenie und ich bei einer Wochenenddemonstration für die organische Bewirtschaftung der Felder als Helfer mitarbeiteten, wurde mir ein großer, bärtiger Amerikaner mit deutlichem Florida-Akzent vorgestellt.

Hunter Lilly, ein Mann Ende Zwanzig, spazierte in unser Leben herein, als wäre er ein lang verlorener, eigenwilliger Sohn. Es schien ganz selbstverständlich, daß er zu uns nach Hause kommen und Teil der Familie werden würde, bis wir Tasmanien verließen. Die Farm war verkauft, und wir verbrachten die letzten paar Wochen damit, auch das Vieh zu verkaufen, unsere Angelegenheiten in Ordnung zu bringen und uns von Freunden zu verabschieden. Es müssen viele Dinge beachtet werden, wenn eine sechsköpfige Familie beschließt, für längere Zeit auf Wanderschaft zu gehen. Die Situation war praktisch unter Kontrolle, als Hunter mir vorschlug, mit ihm gemeinsam eine Wanderung die Südküsten-Route entlang zu unternehmen. Der Name sagte mir nicht viel, aber als er mir die Strecke auf der Landkarte zeigte, wurde mir klar, daß es sich um eine Wanderung von etwa hundertsiebzig Kilometern handelte, wobei ein kleiner Teil durch abgelegene, isolierte Küstenstreifen im Süden führte.

Nach einigem Zweifel entschloß ich mich, ihn zu begleiten. Wir trafen unsere Vorbereitungen, und Treenie brachte uns in einer sechsstündigen Fahrt nach Cockles Creek, südlich von Hobart. Als sie wieder weggefahren war und wir uns der Wildnis stellen mußten, kamen meine bösen Ahnungen wieder zum Vorschein. In der Nacht vor unserer Abreise hatte ich sehr intensiv geträumt. Ich träumte, daß ich gestorben war. Der Traum machte mir zwar keine Angst, aber das Erlebnis war ungewöhnlich stark. Ich stand mit einem Engel in einem Tal, das einer Kathedrale glich, umgeben von Menschen, die mir nahestanden und die ich liebte. Ich war überwältigt. Diese Leute waren mir vertraut, doch ich kannte sie nicht! Aber ich wußte ganz eindeutig, daß ich tot war. Jedenfalls war ich erst eine Stunde unterwegs, als schon die ersten Blasen an der Ferse auftauchten und sich der dreißig Kilogramm schwere, schlecht sitzende Rucksack bemerkbar machte. Ich fragte mich daraufhin, ob ich wohl auf dieser

Wanderung sterben würde, so tief hatte mich dieser Traum beeindruckt.

Am Ende des ersten Tages (der insgesamt zehntägigen Wanderung) hatten sich an beiden Fersen Blasen gebildet. Ich hatte erst zu spät herausgefunden, daß größere Buschwanderungen in dieser Art Wildnis, aus der so mancher Unglückliche nicht mehr zurückgekehrt war, einer richtigen und gründlichen Vorbereitung bedürfen.

Wir gingen – oder besser gesagt, Hunter ging und ich humpelte – Tag für Tag durch eines der schönsten und unwirtlichsten Gebiete, die es auf dieser Welt überhaupt gibt. Nach acht Tagen voller Abenteuer und Gefahren, nach einigen düsteren und einigen himmelhoch jauchzenden Momenten beschlossen wir, in einer Buschläuferhütte in Melaleuca (einer abgelegenen, einsamen Niederlassung einer Zinnmine, wo es meilenweit im Umkreis keine Menschenseele gibt) eine dreitägige Rast einzulegen. Dort versuchte ich, meine wundgescheuerten Fersen wieder abheilen zu lassen. Die Blasen hatten sich schon längst in Löcher verwandelt, die sich ins Fleisch eingegraben hatten und bei jedem Schritt bluteten.

Es war jedoch ein vergeblicher Versuch. Als wir uns für die letzten zwei Tagesmärsche auf den Weg machten, dauerte es nur eine Stunde, bis die Wunden wieder aufgebrochen waren. Den Weg bis zu unserem Ziel, Lake Peddar, nahm ich nur mehr durch einen Schleier aus Schmerz hindurch wahr. Der Schmerz der gepeinigten Schultern traf auf das Stechen, das von den wundgescheuerten Fersen emporschoß, und verschmolz mit ihm.

Am letzten Morgen brachen wir bereits um sieben Uhr auf, fest entschlossen, daß dies der letzte Tag unserer Wanderung sein sollte. Es war so gegen vier Uhr nachmittags, und der Schritt, den wir einschlugen, war bereits ein automatischer Vorgang geworden. Wir waren schon längst überfällig, und ich wußte, daß sich Treenie ernstliche Sorgen machen würde. Wir hatten an diesem Tag bereits neun Stunden harten Marschierens hinter uns, und um vier Uhr war ich in einem Zustand derartiger Erschöpfung, daß meine in Blut aufgeweichten Füße keine Rolle mehr zu spielen schienen. Ich war zum automatischen Gehwerkzeug geworden, das sich in einem Nebel aus Schmerz verlor. Die extremen Wetterbedingungen machten uns sehr zu schaffen – vor allem der Wind, der über die südlichen Landmassen der Region dahinbrauste, die nicht mehr allzu weit von der Antarktis entfernt liegen. Eingehüllt in meinen Schmerz war ich von jeglicher äußeren Realität völlig abgeschnitten. Meine Umgebung hatte sich auf den Schmerz reduziert – gehen – Schmerz – gehen – das Durchhalten durchhalten. Noch mindestens drei Stunden lagen vor uns, und jetzt standen wir nicht nur im Wettlauf mit der Zeit, sondern auch mit einem riesigen Unwetter, das sich im Lauf des Tages zusammengebraut hatte. Immer wieder sagte ich mir, daß ich nach den nächsten fünfzig Schritten zusammenbrechen würde – und noch fünfzig Schritte – Schmerz und gehen. Ich war geistig völlig stumpf, und mein Körper war wie betäubt, als ich dachte: «Mein Gott, ich kann nicht mehr weiter. Was soll ich denn nur tun?» Die Erschöpfung hatte zweifellos all meine Widerstände gebrochen, denn ein Strom von Worten war ganz intensiv in meinem Bewußtsein spürbar.

Warum hast du dir eine solch schwierige Gehweise ausgesucht, allein und abgetrennt von der Fülle an Energie, die dich umgibt? Die Pflanzen um dich herum strotzen vor Kraft, das gesamte Leben ist Energie. Es gehört dir, wenn du dir nur bewußt machen kannst, daß du nicht getrennt davon existierst; du bist ein Teil des Ganzen. Sei offen und liebevoll! Werde All-in-Eins, Eins-in-Allem.

Erschöpfung bricht Widerstände. Ich weiß nicht, wie es geschah, aber in einem einzigen Aufflammen innerer Erkenntnis kam *Wissen,* und mit dem *Wissen* kam Energie. Innerhalb von

Sekunden wurde ich zum Kraftwerk – vital, lebendig und wach – während der Schmerz zu einem Hintergrundgeräusch zusammenschrumpfte, das für den umfassenden Vorgang des Lebens bedeutungslos war. Ich wurde *eins* mit der Umgebung. Plötzlich fühlte ich mich auf eine Weise lebendig, wie ich es nie zuvor erlebt hatte. Ich verband mich mit jedem Zweig, jedem Blatt, jedem Grashalm, mit der lebendigen Erde und der schwächer werdenden Sonne, die hinter Regenwolken verschwand. All das wurde Teil meiner selbst, und ich wurde wiederum ein Teil des Ganzen. Hunter, der vorausgegangen war, konnte seine Beine auch kaum mehr heben, und als ich ihn so vor sich hin stolpern sah, empfand ich eine so innige Liebe für ihn – für all das, was er als Mensch darstellte – daß mein *Wissen* auch ihn umfaßte. Ich rief ihm zu: «Hunter, laß dich von der Macht der Liebe umarmen. Liebe, Hunter! Liebe alles, was dich umgibt.» Er war ebenso wie ich viel zu erschöpft, um meine Zurechnungsfähigkeit in Frage zu stellen oder meinen Worten Widerstand zu leisten, und die gleiche Energie, die in mich eingeflossen war, ergriff nun auch von ihm Besitz, und unser Tempo steigerte sich im Weitergehen um das Zwei-, ja sogar Dreifache. Zwei Stunden später, als wir im einzigen weiteren Unterschlupf der gesamten Wanderung saßen und der Sturm draußen tobte, warf mir Hunter einen Blick zu, hielt kurz inne und fragte dann in ehrfürchtigem Tonfall: «Mensch, was ist da draußen mit uns passiert?»

Was war es wirklich?

Es war, als hätte der unglaubliche Höhepunkt dieser Wanderung eine ganze Reihe von Kontakterlebnissen mit der Natur beleuchtet, die bis in meine Kindheit zurückreichten. Mit diesem letzten Ereignis, noch frisch in Erinnerung, verschmolzen all die vorherigen Erlebnisse *in Eines,* das an der Schwelle zu einer anderen, unbekannten Dimension stand und zur Reise in Bewußtseinszustände aufforderte, die einem Mut abverlangten ... und Hingabe. Ich mußte die Angst hingeben, die Angst vor dem Unbekannten. Denn, seltsamerweise, je tiefer diese Reise ins Innere führte, um so stärker wurde da auch eine mysteriöse, unerklärliche Angst. Eines Nachts hatte ich einen Traum von solcher Klarheit und Tiefe, so voller Farbe und Gefühl, daß er mir ewig in Erinnerung bleiben wird. In diesem Traum war es spät abends in einer schwülen Nacht. Der Mond stand hoch am Himmel und schien auf den Strand, an dem ich mich befand, während jede sanfte Welle Millionen tanzender Sterne widerspiegelte. Der Sand war weiß. Er reflektierte den Perlenschimmer des Mondes, der sich dadurch noch verstärkte. Das Meer murmelte leise, während es den Strand mit seinen Wellen liebkoste. Ich stand allein da, den Kopf zurückgelegt, und schaute auf die Sterne. Es verwunderte mich nicht, als eine Sternschnuppe ihre Bahn am Himmel zog und beinahe am Strand zu landen schien, bevor sie verlosch. Einige Minuten vergingen, und nachdem ich einmal tief und befriedigt aufgeatmet hatte, ließ ich das Meer hinter mir und machte mich auf den Weg zu einer Hütte, die in der Ferne sichtbar war – mein Zuhause.

Erst dann bemerkte ich, daß aus der Richtung, wo die Sternschnuppe niedergegangen war, eine Gestalt auf mich zukam. Irgendwie wußte ich, daß diese Person nach mir suchte, also blieb ich stehen und wartete still. Als die Gestalt näher kam, erkannte ich einen Mann, dessen Gesicht noch im Dunkeln lag. Er war nur wenige Meter von mir entfernt, als das Mondlicht auf sein Gesicht fiel und seine Züge beleuchtete.

Ich starrte mir selbst ins Gesicht! Ich war wie betäubt und vom Schock gelähmt. In einem schwachen Versuch, dieses andere Ich von mir fernzuhalten, konnte ich nur die Arme heben, aber es/ich ging mit einem Lächeln direkt durch mich hindurch, und wir verschmolzen.

Alles veränderte sich in diesem Moment! Mein früheres Erleben der gesamten Welt existierte nicht mehr – eine neue Wirklichkeit entstand. Jedes Sandkorn am Strand war mir zutiefst vertraut. Jedes Sandkorn war so individuell wie Sie und ich. Es hatte seine eigene Identität und seinen Ton. Ich horchte auf einen himmlischen Klang, der nahezu unbeschreiblich war. Man mag es kosmischen Gesang, Sphärenmusik oder das Lied des Universums nennen – nichts davon kann diesen Klang von so unermeßlicher Reichhaltigkeit beschreiben. Es waren Klänge, die ich nicht nur hören, sondern auch sehen und fühlen konnte. Ich selbst wurde zum Klang, denn nur dadurch war es möglich, ihn zu erfahren. Jedes Molekül im Ozean war mir «vertraut». Man kann es mit keinem anderen Wort ausdrücken – ich *wußte*. Ich *wußte* um jeden Stern am Himmel.

Viel näher noch als einem geliebten Menschen im gewöhnlichen Leben stand ich dem Universum in diesem Augenblick – so nah wie das Leben selbst. Ich war ganz, vollständig und vibrierte als das Alles im All – das Eine in Allem – das Alles im Einen. Ich sah Farben, die man weder benennen noch deuten kann, um mich herumwirbeln und miteinander verschmelzen. Farbe und Ton, das Gesehene und das Gehörte wurden *eins* in mir.

Ich weiß nicht, wie lange all das dauerte, aber es gab einen Augenblick, in dem dieses andere Ich aus mir heraustrat und langsam wegging. Die Wirkung war niederschmetternd. Wenn ich sage, daß ich mich so fühlte, als hätte man mich in das dichteste, schwärzeste Loch geworfen, das je existiert hat, blind, taub, stumm und bis zur Besinnungslosigkeit mit Medikamenten vollgepumpt, so ist das keine Übertreibung. Verzweifelt rief ich dem Ich, das mich verließ, nach: «Bitte... hilf mir... laß mich nicht so zurück.»

Die Gestalt wandte sich mit mitleidsvollem Gesicht zu mir um, kam auf mich zu und umarmte mich. Alles war wieder wie gewohnt, meine normale Welt kehrte zurück... und ich wachte auf.

Erschrocken und verzweifelt lag ich eine Weile da. Es war vorüber, aber ich hatte nicht wirklich geschlafen. Ich wußte, daß ich einen Höhepunkt der Realität erlebt hatte. Es war kein

Traum, aus dem ich erwacht war, sondern ich fiel wieder in Schlaf, nachdem ich einen Zustand erhöhten Gewahrseins erlebt hatte.

Die stumpfe Verwirrtheit meiner normalen Sinne schien einer so engen Beziehung zur Natur zu spotten. Doch ich konnte die Erfahrung nicht einfach abtun, indem ich mir sagte: «Es war nur ein Traum.» In meinem Herzen war das Bewußtsein zurückgeblieben, daß ich an der Bewegung des Lebens auf eine Weise teilgenommen hatte, die der gewöhnlichen physischen Realität verwehrt ist. Ich war von tiefer Dankbarkeit erfüllt, doch das Gefühl des Verlustes überwältigte mich beinahe. Das Lied war nicht mehr. Es war kein Lied aus einer physischen Welt, sondern aus dem Reich des Geistes. Es war der Gesang des Lebens und der Verheißung.

Die kleine Flamme, die sich während meiner Einsamkeit in meinen Jugendjahren in mir entzündet hatte, erneuerte sich und lebte wieder auf. Zum selben Zeitpunkt wurde aber auch eine vage Angst angefacht, die im Verborgenen durch meine Gedanken geisterte und mich mit alten Erinnerungen quälte. Ich war überzeugt davon, daß dieser Traum eine Wirklichkeit war, die ich bewußt erleben wollte. Gleichzeitig damit trat auch meine Angst, die auf jede nur erdenkliche Weise meine Überzeugung unterminierte, in mein Leben. Diese Angst war so mächtig wie eine tödliche Bedrohung. Ich konnte sie zwar nicht verstehen, aber es war eine Energie, die mich jahrelang mit Selbstzweifeln und Kopfzerbrechen quälen sollte.

Eines Tages waren mein Freund und ich frühmorgens in seinem ziemlich klapprigen Kastenwagen mit guten hundertzwanzig Stundenkilometern unterwegs, als vor uns ein Känguruh-Großvater seine Herde über die Straße führte und mit scheinbar mühelosen Sprüngen im Gebüsch verschwand. Ein rehfarbenes Weibchen blieb nach einigen Sprüngen in der für Känguruhs so charakteristischen Haltung stehen und sah uns an. Das Licht der frühen Morgensonne, das ihr Fell in schimmerndes Gold verwandelte, verlieh ihr etwas Ätherisches. Sie war in diesem Moment des Innehaltens von so vollkommener Schönheit, daß ich mir in einer aufwallenden Gefühlsregung unweigerlich die Frage stellte: «Warum? Warum vernichtet der Mensch so viel Schönheit für so wenig Gewinn?» Es war ein Moment der Verzauberung. Als ich den Kopf zur Seite neigte, um das Känguruhweibchen besser zu sehen, verschwand der Sonnenstrahl, und sie erschien mir wieder irdisch. Ich befand mich immer noch in dieser erstarrten Realität und hörte, wie in der Stille des Geistes sich ein Gedanke meldete.

Unser Leid besteht im Siechtum der Menschen. Es wird erst dann enden, wenn der Mensch sich selbst heilt. Er ist krank, denn er weiß weder um sich selbst noch um die Rolle, die er im Leben spielt. Der Mensch steht für sich allein – und ist von Angst erfüllt.

Die Stimmen der Natur, die langsam in mein Wachbewußtsein eingedrungen waren, vertieften und verstärkten sich, und mit ihnen wuchs diese tiefe unterbewußte und irrationale Furcht. Die Natur begann, aus Bäumen, Steinen, dem Meer und dem Fluß, ja vor allem aus dem Fluß zu mir zu sprechen. Der Traum hatte ganze Gedankenketten in mir ausgelöst, die viel tiefer und profunder als meine eigenen waren und mit immenser Kraft und Klarheit – und paradoxerweise zugleich mit sanfter Feinheit – in mein Bewußtsein eindrangen.

Einerseits war mir dieser Impuls willkommen, andererseits wand ich mich dabei vor Angst. Meiner Logik zufolge war ich im Begriff, verrückt zu werden, während mir die Intuition sagte, daß genau das die vollkommene Gesundheit darstellte. Ich war dem mächtigen Zugriff zweier gegensätzlicher Aspekte meiner selbst ausgesetzt, und keine der beiden Seiten wollte nachgeben.

Im Jahr 1982 nahm ich als Vortragender an der One Earth Conference in Australien teil, wo Treenie und ich Linda Tellington-Jones begegneten. Als sie uns nach Beendigung der Konferenz besuchte, stellte sich heraus, daß sie in meinem Leben eine auslösende Rolle spielen würde. Unsere Gespräche drehten sich um die unglaublichsten Dinge – Ufos, Besucher aus dem Weltraum, die Natur, sprechende Bäume und innere Führung. Was immer man aufzählte, Linda konnte es mit der ihr eigenen Unterscheidungsgabe einordnen.

Auf ihre Anregung hin war ich bereit, Träume, Erfahrungen und ungewöhnliche Erlebnisse, die ich jahrelang für mich behalten hatte, mit anderen zu teilen. Es war eine unglaubliche Erleichterung für mich, nur von den Stimmen der Natur zu erzählen, die fortwährend meine Aufmerksamkeit auf sich lenkten, und festzustellen, daß mich ein fremder Mensch voll und ganz dafür akzeptierte. Linda war der ideale Auslöser. Sie führte eine jähe Veränderung herbei, die drei Tage nach ihrer Abreise in einem unglaublichen Ereignis gipfelte. Es begann nach einem weiteren ungewöhnlichen Traum. Ich hatte wochenlang immer wieder denselben Traum geträumt. Seine Symbolik war kraftvoll, aber jedesmal, wenn ich aufwachte, war mir der Traum entglitten und, ohne eine Spur oder Erinnerung zu hinterlassen, in meinem Gedächtnis gelöscht. Das Einzige, was mir blieb, war ein Gefühl der Verzweiflung.

In der dritten Nacht nach Lindas Abreise träumte ich diesen Traum neuerlich, aber beim Aufwachen erinnerte ich mich klar und in allen Details an ihn. Als ich ganz aufgewühlt wachlag und mir der Traum nicht aus dem Kopf gehen wollte, wurde mir allmählich eine Präsenz in unserem Schlafzimmer bewußt. Treenie schlief, sie atmete sanft und leicht, während im Raum um mich herum eine immer stärker werdende Schwingung spürbar wurde. Als ich in die Dunkelheit blickte, konnte ich keinerlei Form ausmachen, aber die Präsenz war äußerst intensiv und kraftvoll, geradezu elektrisierend. Ein Gefühl von Vertrauen und Ruhe überkam mich, das all meine Ängste zum Schweigen brachte. Nachdem sich mein prüfender Verstand beruhigt hatte, formte ich in meinen Gedanken eine Frage: «Wer oder was bist du?» Sofort darauf flossen folgende Worte in mich ein:

Wenn es für dich von Bedeutung ist, mich zu benennen, dann erkenne in mir den Geist der Veränderung. Du bist dir jetzt bewußt, diesen Traum viele Male geträumt zu haben, doch du hast seine Bedeutung nie behalten oder verstanden.

Ich lag entspannt und ruhig da und nahm das Erlebnis einfach an. Ein plötzliches Begreifen meines immer wiederkehrenden Traumes prägte sich in mein Bewußtsein ein. Ich verstand mit absoluter Klarheit. Die Stimme aus der Stille fuhr fort:

Vor langer Zeit, um genau zu sein, vor sechs Leben, warst du ein Pflanzenkundiger, ein Botaniker. Im Hinblick auf die physischen Aspekte dieser Arbeit warst du nur mäßig begabt, aber deine Fähigkeit, mit dem Pflanzenreich in Verbindung zu treten, war einzigartig. Die Zeit verging, und deine Studien vertieften sich, bis du an einem Punkt angelangt warst, an dem du eine spirituelle Verbundenheit zu deinen Studienobjekten, den Pflanzen, hergestellt hattest. Bilder und Ideen flossen in deinen Geist ein, die dich in noch unerforschte Bereiche des Denkens versetzten. Später, als sich deine Liebe zur Natur und dein Vertrauen in sie vertieft hatten, wurde allmählich ein Strom von Worten in deinem Bewußtsein hörbar. Dadurch zeigte sich, daß es sich um eine Intelligenz handelte, die über das Pflanzenreich kommunizieren konnte. Deine Aufzeichnungen darüber waren sehr ausführlich, und du erzähltest deinen Freunden zum ersten Mal davon. Anfangs war dein Vorgehen eher vorsichtig, aber ihre Bewunderung ermutigte dich, auch zu anderen darüber zu sprechen, und schließlich konnten es alle erfahren, die davon hören wollten. Das führte deinen Untergang herbei, denn manche deiner Zuhörer betrachteten deine Worte als gotteslä-

sterlich. Bald gab man dich der Lächerlichkeit preis, und als sich die Meinungen gegen dich gewandt hatten, verfolgte man dich, du wurdest gefangengenommen und mußtest schließlich unter der Folter sterben.

Es ist unwichtig, welchen Namen du damals getragen hast; er starb mit dir, und deine Aufzeichnungen wurden verbrannt. Bevor du starbst, führte der Schmerz der Folter jedoch eine Veränderung in dir herbei, und du gabst einem göttlichen Geschenk die Schuld für deine Qualen. Deshalb bildete sich in deinem Unterbewußtsein eine Blokkade, die während der folgenden vier Inkarnationen unerkannt aufrechterhalten blieb und nie angefochten wurde. In diesem Leben hast du jedoch die Entscheidung getroffen, diese Blockade zu entfernen und die Wiederherstellung und Entfaltung in der Vereinigung mit der Natur von neuem zu ermöglichen. Jetzt ist dir bewußt, warum du dich an den immer wiederkehrenden Traum nicht erinnern konntest, den dein Seelen-Selbst in der Hoffnung, deine Erinnerung wachzurütteln, vorausprojizierte. Die unbewußten Blockaden waren zu stark, die Angst zu groß. Diese Angst war auch der Antrieb für deine Skepsis, die dich – aus Angst vor weiteren Qualen und nie endender Agonie – über alle Maßen zweifeln ließ.

Jetzt bist du bereit, die Wahrheit zu erfahren. In deinem Traum vor sechs Jahren warst du vom Klang eines freudvollen Universums erfüllt, das sich vor deinen Augen entfaltete. Du hast dabei eine göttliche Wahrheit erfahren. Jenseits der fünf Sinne des Menschen, verhüllt und verborgen, winkt als ewige Herausforderung an den menschlichen Geist die Wahrheit. Du brauchst jetzt weder Verfolgung noch Schmerz zu fürchten. Die Menschheit tritt in eine Übergangsphase ein, und jenen, die nach Wissen *streben, soll eine Chance geboten werden. Gleichgültig, wie bescheiden die Gabe ist, sie muß auf den Altar der Wahrheit gelegt werden. In dem Maße, wie du die Verbindung vertiefst, wird dir all das offenbart, was du benötigst, und es kann nur durch deine eigenen Bemühungen geschehen.*

Die Präsenz war nicht mehr fühlbar, sie verschwand augenblicklich, doch eine Energie verweilte weiterhin im Raum, während ich in Ehrfurcht vor dem Unsichtbaren verharrte, das mit unbekannten Kräften ausgestattet war. Zum ersten Mal verstand ich, warum ich solche Angst gehabt hatte. Dieses Gefühl der Bedrohung hatte einen realen Hintergrund. Ich war einst aus diesem Grund gestorben, aber nicht aufgrund meiner Kommunikation mit der inneren Wirklichkeit der Natur, sondern weil ich in einer Zeit gelebt hatte, in der diese Dinge als Hexerei galten und mit dem Tod bestraft wurden.

Das Wesen hatte auf meinen früheren Traum hingewiesen: Der Traum war, wie ich vermutet hatte, eine Realität. Als ich so wachlag, wurde mir bewußt, daß ich meine Angst nur durch Tatkraft auflösen und meinen Zweifeln dadurch ein Ende setzen konnte. Auch in diesem Fall bedeutete das Verstehen einer Ursache noch nicht, daß sich ihre Auswirkungen sofort veränderten. Ich würde der Angst begegnen, indem ich meine Verbindung zur inneren Natur vertiefte.

Ich hatte mich einige Zeit lang abgemüht, weil ich nicht wußte, auf welche Weise ich meine Gespräche mit der Natur darstellen sollte. Aber dann, an dem besagten Tag, war ich Treenies Vorschlag gefolgt und ging an den Fluß, der an unserem Haus vorbeifließt. Ich hatte um Hilfe gebeten, und sie war mir gewährt worden.

Am Tag nach meinem Besuch am Fluß brachte ich unseren Müll zur örtlichen Deponie, wo Tonnen von Abfall aus unserer Wegwerf-Welt lagern. Nachdem ich den Müll abgeladen hatte, machte ich einen Streifzug durch den umliegenden Busch – die Vegetation hier war völlig anders als die um unser Haus. Riesige Eukalyptusbäume zogen alle Feuchtigkeit aus dem Boden, der von einer säurehaltigen Laubschicht bedeckt war und nur spärlichen Unterwuchs duldete. Ich ging langsam in das Buschland hinaus. Es war ein trüber Tag, und der kleine Vogelschwarm, der eilig lärmend vor mir herzog, hinterließ für einen Augenblick einen Farb-Klang-Tupfen am bedeckten Himmel. Ich folgte ihm mit dem Gedanken:

«Hallo, ihr glücklichen Vögel! Ich freue mich über die Unbeschwertheit eures Fluges.»

Innerhalb weniger Augenblicke waren sie verschwunden, aber das intensive Gewahrsein unzähliger Vögel, die die Luft erfüllten, blieb erhalten.

Wir grüßen dich. Wir erfreuen uns an deiner Freiheit. Und wir freuen uns über deine Flugbahn. Jedoch bedenke, jede Freiheit hat ihren Preis. Nur die Hurtigen sind imstande, sich hoch in die Lüfte zu erheben und pfeilschnell dahinzuschießen. Aber sie können nicht mehr mit den Sperlingen spielen. Das sorglos taumelnde Spiel des Sperlings ist verloren.

Das gilt auch für dich. Es ist deine Herausforderung. Wenn du mit dem Adler hoch in die Lüfte steigst und deine Sicht erweiterst, wirst du die Gesellschaft jener verlieren, die sich in niedrigeren Regionen bewegen. Das gilt es zu erkennen und verständnisvoll geschehen zu lassen. Jedes Gedankenmuster, das die Freiheit des Raumes nicht kennt, wird zur Last werden. Und es wird manche geben, die sogar höher fliegen als du. Achte auf deine eigene Flugbahn und laß dich immer vom frischen Wind der Veränderung tragen.

Trotz der dicken Wolkendecke hellte sich der Himmel auf, während ich auf diese liebevollen Worte horchte. Die Vogel-Energie verwehte allmählich, während eine Brise durch das Laubwerk einer Akazie strich, auf die ich im Weitergehen stieß.

Die Akazien standen in voller Blüte. Es schien, als wäre die Sonne selbst auf die Erde herabgestiegen, um in den tiefgoldenen Blüten zu wohnen, die die kleinen Bäume ganz in Licht und Schönheit hüllten. Ein sanfter Windhauch trug ihren schweren Duft zu mir her, und während ich den Geruch einatmete, war ich von Dankbarkeit und Liebe erfüllt.

«Wie schön ihr doch seid, meine Freunde, und doch wäre ich beinahe an euch vorbeigegangen, ohne von euch Notiz zu nehmen, wenn nicht diese Vögel meine Aufmerksamkeit erregt hätten, so sehr war ich in meine Alltagsgedanken versunken. Es scheint, als ob ich dieses Land und euch, ihr erhabenen Bäume, schon viel, viel länger kenne als nur diese eine Lebensspanne lang.»

Wir grüßen dich, Freund aus der Menschenwelt. Schon lange ist uns deine Energie vertraut. Und groß ist unsere Freude, da wir jetzt miterleben dürfen, wie der frische Wind der Veränderung dein Wesen erfaßt.

Sogar die Farben in deinem Inneren wandeln sich, sowie die Lichtmuster deines inneren Wesens nach einem neuen Lebensrhythmus tanzen. Eines wird dich von nun an jeden Tag begleiten: Du sollst allen Formen der Natur, vom kleinsten Moos bis zum größten Baum, Anerkennung zollen, sie grüßen und auf sie hören. Sie alle haben Teil an deinem Leben, sie alle tanzen nach demselben Rhythmus und vereinen ihre Klänge im Lied des Universums. Wir freuen uns mit dir, Bruder, denn bald wird sich dieses Lied mit den Farben und Mustern des deinen verweben, und die Tore zu einer neuen, viel tieferen Gemeinsamkeit werden sich auftun.

Als ich so meines Weges ging, begriff ich, daß uns nicht nur die Sonne einen strahlend schönen Tag bescheren kann. Warum verwehren wir uns einer inneren Sonne, die durch die stille Botschaft der Natur hindurchschimmert?

Nach diesen auslösenden Ereignissen wurden meine Zwiegespräche mit der Natur zum täglichen Abenteuer, und ich verbrachte viele Stunden damit, am Fluß zu sitzen und die Erlebnisse und Worte, die sich aus der Entfaltung jedes Augenblicks ergaben, in mein Tagebuch einzutragen. Es gab einen bestimmten Abschnitt am Fluß, für den ich ein erstaunliches Einfühlungsvermögen entwickelt hatte. Nur etwa hundert Meter flußabwärts wandelte sich das Wesen des Flusses bereits und ließ keine so innige Beziehung zu. Aufgrund meiner Unerfahrenheit in diesen Dingen benötigte ich natürlich jede nur erdenkliche Hilfe, und eines Tages, so um die Mittagszeit, bewegten sich meine Schritte den nunmehr vertrauten Weg entlang. Die Sonnenstrahlen, die durch das Laubwerk der Bäume fielen, tanzten in bunten Mustern auf meinen Schultern.

Als ich das steile Flußufer hinabkletterte, spürte ich dort eine ungeheure Kraft, die mich erwartete. Einen Augenblick lang stieg wieder die altvertraute Angst, dieses Gefühl der Unzulänglichkeit, in mir hoch, doch dann verschwand es und verlor sich in der aufsteigenden Woge von Bewußtsein, die alles Leben um mich her erfüllte. Noch bevor ich an meinem Lieblingsfelsen angelangt war, gingen mir die Worte klar und mit unwiderstehlicher Kraft durch den Kopf.

Wenn du auf dem Felsen am Flußufer sitzt, mach dir all das Leben um dich herum bewußt. Der Eisvogel, der wie ein bunter Farbklecks in der Morgensonne leuchtet. Fische, die im klaren, sauberen Wasser springen. Die Sonne, die deine Schultern wärmt. Der Wasserdrache, der auf einem fauligen Baumstumpf lauert, Mißtrauen in den Augen. Die Mikroben, die im verfaulenden Holz wuchern.

Spüre all die Lebensformen, die über deine eigene hinausreichen. Die Blätter bersten beinahe unter der verborgenen Kraft des Frühlings. Das Leben selbst macht sich in allen Geschöpfen in deiner Umgebung bemerkbar. Leben im Leben. Leben auf Leben.

Du horchst auf das stille Lied meiner Stimme.

Ich habe vom Anfang aller Zeiten an zu den Menschen gesprochen.

In einer Kaskade von Tönen rufe ich euch aus jedem Wasserfall zu. In allen Gewässern der Erde umarme ich die Körper der Menschen und spreche mit leiser Stimme zu ihnen.

Ich rufe euch auf vielerlei Weise zu, aber nur selten wird mir Gehör geschenkt. Es ist nicht das Ohr, das mich hören kann, sondern euer Herz, euer Bewußtsein. Nur allzu leicht verliert ihr euch in den Irrwegen eurer Dimension. Euer Verstand ist ständig mit Vergleichen beschäftigt. Licht vergleicht sich mit Schatten und Stark mit Schwach. Es ist immer die Polarität der Gegensätze, welche die Identität eurer Erfahrung sichtbar werden läßt.

Ich habe kein Gegenstück. Du kannst nicht auf meine innere Stimme hören, um dann einen Vergleich zu ziehen. Es ist dir nicht möglich, meine innere Welt zu schauen und darin den Trost der Gegensätze zu suchen. Deine Realität muß sich ausdehnen. Es gilt, deine Grenzen zurückzudrängen. Die Dimension der Gegensätze ist lediglich eine Facette der Gesamtrealität.

Die fünf Sinne des Menschen ermöglichen ihm, sich frei auszudrükken, und zugleich stellen sie die Mauern seines Gefängnisses dar. Doch es muß nicht so sein. Der Mensch hat schöpferische Fähigkeiten. Schöpfung ist eine Ausdrucksform der Vorstellungskraft. Innerhalb dieser kontrollierten, kreativen Struktur könnt ihr die Tore zu den Reichen der Natur auftun, wo ihr mir begegnen werdet.

Ihr braucht das Tor nur zu öffnen, und ich werde da sein. Es sind leider nur wenige, die diesen Schritt wagen. Da gibt es jene, die die bekannten Grenzen überschreiten, aber ihr wißt nichts von ihnen. Meist verhüllen sie ihre Weisheit durch Schweigen. Sie trinken den Nektar der feinstofflichen Bereiche, doch sie trinken ihn traurig. Menschen wie diese möchten den Nektar ihres Lebens mit anderen teilen, aber man hat sie lange zurückgewiesen. Diese Zeit hat nun ein Ende. Wieder einmal steht die Menschheit an der Schwelle zum geheimen Königreich der Natur – zum Reich eures eigenen Wesens. Es ist ein Geheimnis, das offen vor allen Menschen liegt, doch es verbirgt sich hinter dem Schleier der Liebe, der Weisheit und der Integrität.

Der Wortfluß endete, aber ich fühlte immer noch die Anwesenheit einer ungeheuren Kraft. Ich blieb eine Weile sitzen und blickte in die sich kräuselnden Wellen. Mir fehlten die Worte, ich hatte nichts zu erwidern. Ich verspürte nur diese Ehrfurcht vor dem Unsichtbaren, dem Unbekannten, der Unermeßlichkeit des Lebens, das sich um mich drehte und bewegte.

In dem Moment inniger Verbundenheit mit der Natur schienen sich die Regungen allen Lebens noch zu verstärken, und am nächsten Vormittag kehrte ich zum Fluß zurück, um – noch etwas zögernd – festzustellen, ob man bereits schwimmen gehen konnte. Das Wasser war kalt, aber angenehm. Als ich wieder aus dem Fluß kletterte, rann es in kleinen Bächen an meinem Körper herunter. Ich saß auf meinem Felsen und fühlte, daß er mich bereits erwartet hatte.

Der Himmel war blau und der Tag warm. Nur eine leichte Brise machte sich bemerkbar. Fluß und Windhauch schienen an der Wasseroberfläche zu verschmelzen, und ich verspürte eine feine Spannung in mir, gefesselt vom inneren Schimmern des Lichts, das über den Fluß tanzte.

Aus irgendeinem Grund erschien es mir, als hätte man mich hierher befohlen, und ich verharrte in gespannter Erwartung. Ich sprach mit dem Fluß: «Danke. Es war ein Genuß, in deinen Wassern zu schwimmen. Eines liebe ich an der Natur ganz besonders – kühle, klare Flüsse.»

Schön, daß du das Wasser so genießen kannst. Wir grüßen dich, wir – der Fluß und der Windhauch.

Ist es nicht der Windhauch, der sich im Strom des Wassers bewegt? Ist es nicht die Feuchtigkeit, die als Brise durch die Luft weht? Durch die Vorstellung, es handle sich um unterschiedliche Bewegungen, hat man die beiden voneinander getrennt. Sie, die Einheit des Lebens. Der Ruf der Vögel, die auf ein Insekt lauern, und das nächtliche Zirpen dieser Insekten sind eins.

Das Leben bewegt sich durch die Form hindurch, es wandelt sich in einem riesigen Kontinuum von einer Gestalt in die andere, immerfort in Bewegung, doch nie getrennt. Fließe im Strom dieser Bewegung.

Gewähre dem großen Wesen in deinem Inneren eine ständig wachsende Freiheit. Der Mensch, der die Möglichkeit zur endgültigen Freiheit besitzt, wählt statt dessen die Isolation.

Geh über deine Grenzen hinaus und erkenne in der Natur das wahre Wesen deines eigenen Seins. Nimm diese Intelligenz und diese Freiheit zu Hilfe.

Einige Blätter fielen von einem über das Wasser hinausragenden Baum. Sie wirbelten wieder und immer wieder im Lufthauch, bis sie schließlich wie eine Liebkosung auf der Wasseroberfläche landeten, so sanft war dieses Herabgleiten.

Die Energie war weich und drehte sich in einer kaum merklichen Wellenbewegung, doch ich hörte die stillen Worte klar und vernehmlich.

Ein Blatt fällt im Windhauch auf die Wasseroberfläche. Nun beginnt die Rückentwicklung in seine ursprüngliche Zellform. Nach Ablauf einer bestimmten Zeit werden die Spurenelemente des Blattes, das sich zersetzt hat, wieder als neuer Saft in einem anderen Blatt an einem anderen Baum aufsteigen. Von einem Blatt zum anderen, und nun frage ich dich – weiß das eine um das andere? Das Gleiche gilt für den Menschen. Weiß das gegenwärtige Selbst um das vorherige? So ist es mit allem Lebendigen. Die Bewegung endet niemals. Der Tod ist nur ein einziger Augenblick in einer Unendlichkeit. Der Mensch ist unendlich, nicht im physischen Sinne, sondern im geistigen. Die Wahrheit ist unendlich. Der Mensch ist mit einem Geist versehen, der – sobald man ihn gemeistert hat – die Unendlichkeit durchmessen kann, um seine eigene Wahrheit zu erkennen. Das ist deine Herausforderung.

Die Worte waren zu mächtig, die Herausforderung zu groß.

Ich stand auf und sprang von meinem Felsen, um tief ins Wasser zu tauchen. Es war zuviel. Ich konnte das, was mir hier angeboten wurde, nicht bewältigen. Es war zu groß, und ich fühlte mich so klein wie ein Kind, dem königliche Eltern Geschenke anbieten, die jenseits seines Begriffsvermögens liegen. Ich kraulte in schnellen Zügen, um meine Spannung zu lösen. Vielleicht war es jetzt an der Zeit, Schluß zu machen. Wie sollte ich diese Dinge weiterhin wahrheitsgetreu niederschreiben und erwarten, daß man sie akzeptieren würde? Aber irgendwo in meinem Inneren ging es um eine größere Herausforderung: Konnte ich denn selbst meine Erfahrungen akzeptieren? Der Gedanke, allein dazustehen, machte mir Angst, und während ich weiterschwamm, drangen die Worte der Vögel wieder in mein Bewußtsein ein.

Achte auf deine Flugbahn.

Plötzlich bekamen all diese Worte über die «Hurtigen» und den «Sperling» einen klaren Sinn. Sie handelten vom Hier und Jetzt. Das war der Preis, den es zu zahlen galt.

Langsam und erschöpft schwamm ich zum Felsen zurück. Ich sagte nichts, aber ich konnte fühlen, daß meine Umgebung alles *wußte*.

Es war, als hörte man einen Chor singen, doch die klaren Worte wurden vom Echo der Stille getragen.

Unsere Beziehung muß sich verändern. Du darfst dich nicht mehr länger als kleiner Bruder oder als Kind fühlen. Natur/Mensch ist nur eine Bewegung, jede das Echo der anderen.

Viel zu lange hast du angsterfüllt und durch viele Widerstände behindert auf unsere Stimme gelauscht. Immer hast du uns zugehört wie ein Kind seinen Eltern. Das war der Schutz, hinter dem du dich versteckt gehalten hast. Damit ist es jetzt vorbei. Du mußt deine Position einnehmen und deinem Schicksal bereitwillig begegnen.

Du mußt die Stimme der Natur als die Natur deines eigenen Wesens erkennen. Wir sind eins. Du/ich sind nur eine Ausdrucksform, auch wenn das Bewußtsein verschiedene Realitäten für sein Selbst heranzieht. WIR *sprechen durch den Windhauch.* WIR *horchen auf den Windhauch. Von* DEM *Fluß –* DEM *Stein –* DEM *Baum, oder von irgendeinem Fluß, einem Stein, einem Baum gibt es keine Trennung.*

Die Intelligenz nützt alle Formen, um sich auszudrücken. Das ist nicht nur das Privileg der Menschheit. Du hast dich gefragt, ob du diese Worte aufschreiben und andere daran teilhaben lassen sollst, und du warst um deinen Schutz besorgt. Wenn du Schutz brauchst, mußt du aufgeben, und zwar sofort.

Wenn du schreibst und deine Erfahrungen furchtlos annimmst, wirst du selbst zum Brennpunkt. Es ist kein Fokus für die Persönlichkeit oder das Ego, sondern ein Brennpunkt für das innere Licht, so daß sein Strahl in das Unbekannte, ins Jenseitige hinausleuchten kann.

Ohne die Hilfe eines starken Brennpunktes wird es dir nicht gelingen, dich über die Schranken in deinem Unterbewußtsein hinwegzusetzen. Sobald dein inneres Licht gebündelt ist, kann dieser forschende Strahl neue Dimensionen der Natur/des Selbst beleuchten.

Ich saß eine Weile still da und versuchte, all das aufzunehmen. Ich begriff, daß es sinnlos war, wenn ich versuchte, mich an alles zu erinnern oder vielleicht etwas daran zu verändern. Ich kann nur sein, wer ich bin.

Eine Stunde lang war ich mit meinen Tagebucheintragungen beschäftigt, während ich die milde Frühlingssonne genoß. Meine Gedanken sprangen förmlich hin und her. Eines schien mir jedenfalls gewiß: Die Intelligenz der Natur war im Umgang mit Worten keineswegs zimperlich, aber meine Vorstellung von diesem Brennpunkt war noch recht unklar. Schön, wenn sich ein Zentrierungspunkt bilden sollte, würde es auch dazu kommen. Ich war offensichtlich in guten Händen.

Ich war ganz in Gedanken versunken, als eine Bewegung im Fluß meine Aufmerksamkeit erregte. Wie dicke, wirbelnde Rauchschwaden wogte ein Schwarm unzähliger kleiner Fische in einer flachen Felsmulde hin und her, unweit der Stelle, an der ich saß. Mit der gleichen natürlichen Grazie wie ein Adler, der sich in die Lüfte erhebt, bewegten sie sich in Einklang mit der Strömung des Flusses. Fasziniert von diesem Augenblick fragte ich sie: «Nun, ihr Fische, habt auch ihr eine Stimme? Verfügt ihr über eine Quelle der Weisheit, die zu mir sprechen kann?» Mit einer einzigen gemeinsamen Bewegung verschwanden die Fische und verloren sich im Schatten des Felsens. Gut, dachte ich, das ist wohl eine klare Antwort. Meine Bewußtheit wurde geradezu magnetisch von der leeren Höhlung angezogen. Die Fische waren zwar nicht zu sehen, aber ich gewahrte eine Energie, die von den Fischen und noch vielen weiteren Wesenheiten stammte. Es war Fisch, Fluß, Stein... und ein unendlicher Himmel.

Ich war erstaunt. Das war mehr, als ich erwartet hatte.

Habe ich dir nicht gesagt, daß sich die Intelligenz in allen physischen Formen ausdrückt? Die Form ist ihrer physischen Identität nach getrennt, die Intelligenz jedoch ist eins.

«Was bezeichnest du als Intelligenz?» fragte ich.

Intelligenz IST *... du pflegst das Gott zu nennen.*

Ich verstand. Worte können nur die Grundidee hinter der Erfahrung fassen. Ich begriff. Und wie durch Zauberei füllte sich die Felsmulde wieder mit dem Schwarm kleiner gestreifter Fische.

2. KAPITEL

Oktober

Aufgrund der Kontakte, die auf der One Earth Conference entstanden waren, wurden Treenie und ich eingeladen, in mehreren Städten und verschiedenen anderen Orten eine Reihe von Seminaren zu halten. Am wichtigsten war wohl die Einladung von Andrea und Bernie Dunn, die uns baten, bei ihnen zu Hause im herrlichen Gebiet der Blue Mountains (New South Wales) einen eintägigen Workshop zu geben.

Bernie und Andrea arbeiteten als Aufseher und Verwalter in den Everglades, einem Naturpark, der sich im Besitz des National Trust befindet. Sie waren gerade dabei, einen Pachtvertrag auszuhandeln, was ihnen einerseits mehr Kontrolle und andererseits die Einführung von Neuerungen ermöglichen sollte.

Everglades ist einer der bekanntesten öffentlich zugänglichen Parks in New South Wales. Die Entstehung dieser außergewöhnlichen Gärten geht auf Henri Van de Velde zurück, der im Jahre 1932 etwa zehn Morgen Land (ehemalige Obstplantagen) gekauft hatte, um dort sein Wochenenddomizil zu errichten. Als er 1947 starb, waren die Gärten bereits als «Epos im Maßstab einer Wagner-Oper» bekannt. Mit Hilfe des Landschaftsarchitekten Paul Sorensen und einer kleinen Arbeitstruppe legte Van de Velde riesige Terrassen mit Stützmauern an, die ohne Mörtel zusammengefügt wurden. Der Besucher kann dort neben heimischen australischen Buschpflanzen einige der ungewöhnlichsten Baum- und Straucharten der Welt bewundern.

In dieser besonderen Umgebung, inmitten der Schwingungen liebevoll umsorgter Pflanzen, sollten wir unseren Workshop abhalten. Am Vorabend des Seminars führten uns Andrea und Bernie auf einen Spaziergang durch die Gärten und den angrenzenden Busch. Die Energien aus dem Park und dem Busch vermengten sich hier und verschmolzen miteinander. Die Grundstimmung in den Gärten war eine Art Verzückung. Das mag vielleicht seltsam klingen, aber ich spürte, daß etwas an eine verschlossene Tür pochte, und obwohl ich nicht wußte, worum es sich dabei handelte, begriff ich, daß *ich* mit dieser verschlossenen Tür gemeint war. Ich war begierig darauf, mich zu öffnen.

Als wir in die Grotte hinuntergingen, wurde dieses erhebende Gefühl wesentlich stärker, und ich wußte, daß ich bald allein an diesen Ort zurückkehren mußte.

Während ich hinter Andrea herging, tauchte dasselbe Gefühl in geradezu schwindelerregender Intensität an zwei weiteren Stellen auf. Ich beschloß, mir am nächsten Morgen in der Dämmerung ein Stelldichein mit dem geheimnisvollen Etwas zu geben.

Die Grotte bestand aus einem tiefen, von der Erde vor langer, langer Zeit ausgeformten natürlichen Amphitheater. Es war ein Ort der Stille und Schönheit der Natur, der ein Gefühl von Ehrfurcht in mir entstehen ließ. Ein kleines Rinnsal, das mit gleichförmiger Melodie aus dem tiefen Wasserbecken zu meinen Füßen träufelte, ging in ein schmales, gewundenes Bächlein über, das im Gebüsch hügelabwärts verschwand. Die ersten Vögel, unter ihnen auch der Kookaburra, der Lachende Hans, begrüßten die aufgehende Sonne mit ihrem rituellen Gesang. Ich beobachtete den flimmernden Himmel und die vom Windhauch bewegten Bäume im dunklen Spiegel des Wassers, als eine sanfte Brise über die Oberfläche strich. Während ich mir die Zeit nahm, meinen Geist zur Ruhe kommen zu lassen, fühlte ich eine mächtige, nach innen gekehrte Energie, die schon seit Jahrtausenden so wartend zu verharren schien. Die ausgebuchteten Wände aus Lavagestein wölbten sich in der Grotte schützend um das Wasserbecken herum, während jeder Riß und jeder gewundene Spalt von Moosen, Farnen und Kriechveilchen überwuchert war. Es war ein Bild der Ruhe und Schönheit. Ich horchte eine Weile auf das Tropfen des kleinen Wasserfalls unter mir und ließ mir Zeit, um mich allmählich in die geheimnisvolle Kraft der Grotte einzufühlen. Ganz still, um die empfindliche Ruhe nicht zu stören, sprach ich zu dem beschaulich spiegelnden Wasser.

«Es ist mir eine Ehre, hier zu verweilen. Allein hier in dieser Stille zu ruhen ist Nahrung für meine Seele. Ich habe keine Fragen. Es genügt mir, hier zu sein und mich dem Leben zu öffnen.»

So seltsam es auch scheinen mag, jedesmal, wenn ich mit der Intelligenz der Natur in Kontakt trete, macht sich eine Gefühlsveränderung bemerkbar, sobald die Worte in mein Bewußtsein einfließen. So wie unsere Charaktere verschiedenartig sind, unterscheiden sich auch die Energien der Natur auf subtile Weise. Die Kraft in dieser Grotte verfügte ebenfalls über eine spezifische Eigenart. In unseren Begriffen ausgedrückt war sie «allein», und doch war ihr etwas wie «Isolation» gänzlich unbekannt.

Willkommen. Es ist kein Zufall, daß du hier bist. Menschen aus allen Lebensbereichen finden den Weg hierher. Es ist ein Ort, an dem die Schranken fallen und die Waffen ruhen. Und genau hier gelingt es vielen Menschen, die Essenz der Natur zum ersten Mal zu fühlen.

Das Fühlen jenseits der Form.

Denn diese Menschen gestatten einem ersten Lichtfünkchen, ihre stahlgepanzerte Weltanschauung zu durchbrechen. Ich bin ein Brennpunkt für Energie, ein Gefäß, das im richtigen Moment zerbersten wird, und dann wird man meine Kraft erkennen.

Ich fühle deine Bestürzung angesichts dieser Worte.

Du mußt verstehen, daß wir in eine Zeit der Wandlung eintreten. Jeder von euch ist ein Gefäß für spirituelle Energie, aber unglücklicherweise wißt ihr nicht um die Kraft, die ihr enthaltet. «Ihr seid» das Enthaltene. Wir, die Energien, durch die die Natur ihren Ausdruck findet, kennen unseren Platz im großen Plan des Lebens.

Du fühlst, daß du nicht mit dem Stein oder dem Wasser sprichst, welche die physische Grundlage dieser Grotte darstellen, sondern mit der kollektiven, intelligenten Kraft, die ihr innewohnt.

Du weißt auch, daß ich kein physisches Wesen bin. Nur das Gefäß ist materieller Natur, wie deine bewundernden Augen sehen können. Dasselbe gilt für Wesen deiner Art. Euer Körper ist lediglich ein physisches Vehikel des Geistes.

Du bist im Begriff, deine latenten Fähigkeiten wiederzuentdecken – die Gabe, dich mit den Energien der Erde wiederzuvereinen. Der Reichweite dieser Kraft sind keine Grenzen gesetzt. Sie ist universell und allumfassend. Und das, mein Freund, ist der Weg, den du eingeschlagen hast. Du wirst schließlich auch über den Sinn dieser Reise mehr Klarheit gewinnen.

Blicke in die Tiefe dieses Wassers, und du wirst alles, was dich umgibt, darin widergespiegelt finden. Auch wenn du all das Leben direkt betrachtest, siehst du darin gleichwohl nur eine Reflexion der wahren Welt. Leben bedeutet für den Menschen, sich durch diese verschwommene, verzerrte Spiegelung hindurchzubewegen. Und doch ist jeder von euch imstande, das Leben in seiner wahren Natur zu erkennen und es auf liebevolle Weise selbst in die Hand zu nehmen. Das erfordert eine Gabe, die den meisten Menschen fehlt: Demut. Demut ist die kreative Kraft des Universums, sie zügelt sich und weiß um ihren Platz im Plan des Lebens. Dieser Plan entfaltet sich – ob mit oder ohne Hilfe des Menschen. Allerdings – was als Erfüllung gedacht war, wird oft zum sinnlosen Schmerz. Mein Freund, so wie ich meine Energien mit den deinen vereint habe, verschmelze ich mit allen, die diesen Ort aufsuchen. Je nach Wahrnehmungsvermögen ist sich jeder Besucher dessen bewußt. Die Liebe, die ich mit dir teile und durch dich empfinde, ist allen Wesen deiner Art zu eigen. Es gilt jetzt, diese Liebe auf einen Pfad der Weisheit zu führen und zum Ausdruck zu bringen. Wir sind im Geiste vereint.

Geh in Frieden.

Ich blieb noch eine Weile, doch ich wollte meinen Zeitplan einhalten und durfte mich deshalb nicht zu sehr verspäten. Das Gefühl des Friedens war nahezu geheimnisvoll und schien alles zu durchdringen.

Ich folgte dem üblichen Fußweg, bis ich an einem großen, sanften Hügel angelangt war. Dort bahnte ich mir dann den Weg durch das Unterholz und kam schließlich zu einer kleinen Höhle, oder genauer gesagt einem Felsüberhang.

Als wir am vergangenen Abend hierher gekommen waren, beobachtete uns von einem Ast in nur wenigen Metern Entfernung eine kleine Eule. Völlig furchtlos sah sie uns mit großen, regungslosen Augen an und erwiderte unsere Bewunderung mit einem geheimnisumwitterten Blick. Jetzt hatte mich mein Morgenspaziergang hierher geführt. Die Eule war von der nächtlichen Jagd zurückgekehrt, und während ich in dieser märchenhaften Höhle saß, konnte ich beobachten, wie sie ihr alltägliches Putzritual durchführte und Gefieder und Fänge reinigte. Ich schmiegte mich eng an die Felswand am hinteren Ende der Höhle und betrachtete meine Umgebung, wie es nur ein Pflanzenliebhaber tun kann, hin- und hergerissen zwischen dem Wunsch, all das zu besitzen und der noch weitaus größeren Bewunderung für dieses vollkommene Kunstwerk der Natur. An der Rückwand der Höhle zog sich ein grüner Moosteppich empor, der von Kriechfarnen durchsetzt war, die ihre orangefarbenen pelzigen Wurzeln in die feuchte, dichtverzweigte Pflanzendecke senkten, die ihnen bereitwillig Nahrung bot. Ich ließ meine innere Wahrnehmung über das physische Erleben hinausgehen und fühlte mich dadurch etwas desorientiert. Ich brachte eine unausgesprochene Frage vor. Aus dem Innern der Felswand und zugleich aus mir selbst kam die Antwort:

Lange schon hast du dieses Land mit den Deinen geteilt, und seit langem hast du deine eigene uralte Vergangenheit vergessen. Dieser besondere Ort hat dich angezogen, damit deine Erinnerung wieder wachgerufen wird.

Du wirst dich an eine Zeit erinnern, in der du schon einmal über diesen Boden gewandelt bist, und sie liegt so weit zurück, daß man es nur in vielen Lebensspannen messen könnte. Laß die Erinnerung in den Träumen wach werden und erkenne die Symbole deiner Träume nicht mit Hilfe des Verstandes, sondern mit dem Herzen. Dort ist das Träumen beheimatet.

Herz verbindet sich mit Herz, denn das ist der Ort, an dem der Geist der Menschheit wohnt. Im Träumen wirst du erwachen. Laß deine Abstammung wiedererstehen, denn deine Vergangenheit und deine Zukunft bestehen in diesem Augenblick – miteinander verflochten.

Die Zeit webt jene Illusion, die der Mensch für das Leben hält.

Ich hockte eng zusammengekauert auf dem Fels, wobei mir mein körperliches Unbehagen nur allzu schmerzlich bewußt wurde. Die kleine Eule beobachtete mit unbeteiligtem Interesse, wie ich meine Glieder streckte. Zeitlosigkeit durchdrang diesen Ort und hüllte mich in einen Schleier verhangener Geheimnisse. Ich konnte einen Mann, einen australischen Ureinwohner, neben mir stehen fühlen, doch neben ihm befand sich ein noch weitaus älterer Mann, der weder weiß noch schwarz war. Wie durch Nebelfetzen hindurch tastete sich meine Wahrnehmung in die Szenerie vergangener Zeitalter vor. Ich verfolgte meine eigene Spur in der Zeit immer weiter zurück, und zwar auf eine Weise, die weder physischer noch visueller Natur war. Es schien, als enthielte die Höhle eine Art innerer, feinstofflicher Geschichtsaufzeichnung der Menschheit – ein natürliches Buch, das nur darauf wartete, je nach Eingebung des Suchenden geöffnet und gelesen zu werden. Ich stellte eine Frage, die förmlich aus mir herausquoll:

«Wie ist es möglich, daß hier eine geschichtliche Aufzeichnung vorhanden ist? Wie kann mir an einem Ort, von dem ich nicht einmal weiß, daß ich ihn jemals aufgesucht habe, meine eigene Vergangenheit offenbart werden?»

Die Atmosphäre war auf einmal vom Gefühl absoluter Grenzenlosigkeit durchtränkt – es war wie die Unendlichkeit des Raums.

Laß los. Du trittst mit deiner Vergangenheit in Verbindung und bereist – durch die Illusion der Zeit hindurch – andere Phasen deines eigenen Wesens. Du wirst an Orte geführt, die du in einer anderen Zeit aufgesucht hast. Physisch hat sich zwar vieles verändert, doch du kannst nirgendwo hingehen und an keinem Platz verweilen, ohne eine Prägung durch dein Wesen zu hinterlassen.

Mir schwindelte. Der Gedankengang, den ich in mir verfolgen konnte, erschien mir völlig absurd.

«Soll das heißen, daß wir – so wie ein Finger, den man auf eine feste Oberfläche drückt – einen Eindruck in der Atmosphäre hinterlassen, indem wir einfach einen bestimmten Raum einnehmen?»

Die Antwort war klar und kraftvoll.

Genau das meine ich. Du kannst weder eine physische Handlung vollziehen noch einen Gedanken denken, ohne daß beides aufgezeichnet wird.

Die innere Reise, die du in dieser Höhle unternommen hast, wird sich in Momenten der Stille und in Träumen fortsetzen und erweitern. Ich werde dich führen. Wir sind durch unser Bewußtsein verbunden. Ich trete dir als Wächter der Höhle entgegen, und wenn die Zeit gekommen ist, wirst du die wahre Bedeutung der «Höhle» begreifen.

Der Riese, der im Zwerg schlummert, ist dabei zu erwachen.

Du kannst jetzt gehen. Es ist unwichtig, ob du jemals wieder an diesen Ort zurückkehrst, denn so wie du in mir enthalten bist, so bin auch ich in dir.

Du hast erkannt und bist erkannt worden.

Ich hatte schon zu viele seltsame Erfahrungen gemacht, als daß mich dieses Ereignis länger als nur für einen Augenblick beunruhigen konnte. Es war mir klar, daß ich mich nur deshalb auf dieser Reise befand, weil ich einer machtvollen, inneren Realität nach jahrelangem Widerstand endlich Raum in meinem Bewußtsein gewährt hatte.

Als ich aus der Höhle ins helle Sonnenlicht herauskroch, drehte der Kopf der Eule sich mühelos weit nach hinten, während sie meine Bewegungen verfolgte.

«Schön», sagte ich, «kannst du vielleicht mit ein paar klugen Ideen aufwarten?»

Die Eule starrte mich einfach an, ohne zu blinzeln.

Während ich mir den Weg durch das dichte Unterholz bahnte, warf ich einen Blick auf die Uhr. Ich erschrak. Mein Erlebnis in der Höhle schien kaum länger als zehn Minuten gedauert zu haben, aber es war schon eine gute Stunde vergangen. Ich wollte noch einen anderen Platz aufsuchen, bevor ich diesen verzauberten Garten wieder verließ, und nachdem ich den gewundenen Pfad gefunden hatte, kletterte ich auf ein Felsplateau, wo das Granitgestein in weichen, welligen Formen direkt an die

Oberfläche trat. Von dort aus konnte man die Schlucht überblicken. Ich war von vereinzelten Bäumen umgeben, deren Wurzeln kaum Halt zu finden schienen. Tief unten in der Schlucht wogte und tanzte das frische Grün der Baumwipfel im Kreiseln des Windes.

Eine Energie von Weite, Offenheit und Ausdehnung, ja eine Art Lichterfülltheit wirbelte um mich herum und erfaßte mich, während eine innere Stimme heiter und ausgelassen in mir dröhnte.

Sei gegrüßt. Hast du nicht das Verlangen, einfach von diesem Felsen zu springen und zu fliegen?

Das ferne Geräusch des Wassers, das in einer dünnen Kaskade aus der nahen Grotte träufelte, schien sich zu verstärken und erfüllte die Luft mit einem freundlichen, einladenden Plätschern. Ich mußte zugeben, daß mir wirklich nach Fliegen zumute war, aber ich wußte, daß das nicht möglich war. Ein unglaubliches Kichern erfüllte meine gesamte Umgebung.

Aber du bist ja bereits gesprungen, mein Freund! Du bist gerade dabei, die Kraft deiner neuentdeckten Schwingen zu erproben und lernst jetzt, dich von den Winden des Geistes emportragen zu lassen, denn das ist die Gabe des Menschen. Eine vernachlässigte Gabe. Kein Flugzeug und keine Rakete wird jemals den Raum durchmessen, den ihr Menschen auf inneren Ebenen erfassen könnt. All das liegt vor dir, und jenseits *ist nur eine Spiegelung des inneren Raumes in der* realen *Welt.*

Stürze nicht deinen physischen Körper von diesem Felsen, sondern laß deinen Geist – von den schützenden Schwingen der Weisheit getragen – auf den höheren, seltenen Winden emporsteigen. Fliege, mein Freund, fliege!

Es gereicht der ganzen Menschheit zum Wohl, wenn jeder einzelne die Pforte zur inneren Freiheit öffnet. Wir sind nicht nur Zelle für Zelle und Körper für Körper miteinander verbunden – in den inneren

Räumen des Alls fliegen wir als Eins. Erstreck dich nach innen, mein Freund, erstreck dich nach außen, und fliege! Du kannst gar nichts anderes tun. Widerstand bedeutet Schmerz, und Verzögerung den Abbruch. Den inneren Raum zu durchmessen und zu weiten ist alles, was dir jetzt zu tun bleibt.

Ich war von einem erhebenden Gefühl der Weite und Ausdehnung erfüllt. Ich sprang mit einem kräftigen Schwung auf die Beine und rief laut: «DANKE – OH, VIELEN DANK!» Mein Schrei hallte über die ganze Schlucht hinaus, und ich hörte, wie das Echo von Fels zu Fels sprang, bevor es von den umliegenden Bäumen gedämpft und verschluckt wurde. Dann bemerkte ich die morgendlichen Spaziergänger, die mich, nachdem sie meinen Schrei gehört hatten, auf dem Felsen in der Ferne stehen sahen und wie ein seltsames Tier beobachteten. Obwohl man mich bei einem so ungebührlichen Betragen ertappt hatte, war mir das keineswegs peinlich.

Dieser Tag ... er war einfach großartig!

Es fiel mir ziemlich schwer, wieder auf den Boden der Tatsachen zurückzukehren, um das Seminar abzuhalten. Während sich mein Geist hoch in die Lüfte erhob, war mein Verstand in einer Diskussion über die Auswirkungen und Anwendungsbereiche organischen Ackerbaus sehr gefordert. Nach dem Mittagessen ergab sich ein Stimmungsumschwung, und die Natur diente uns als Ausgangspunkt für ein Gespräch über Selbst-Gewahrsein, was mehr Aufmerksamkeit und Konzentration unter den Teilnehmern hervorrief.

Nachdem das Seminar vorüber war, fuhren wir nach Sydney weiter und anschließend nach Canberra, wo wir einige Tage bei einer sehr geschätzten Freundin, Bridget Hodgkin, verbrachten. Bridget, schon etwas älter, aber sehr aktiv und geistig rege, stellte mit ihrem scharfsinnigen Humor und ihrer wunderbaren Gastfreundschaft einen Höhepunkt unserer Reise dar. Auf dem Heimweg diskutierten Treenie und ich die verschiedenen

Aspekte unserer Tour, und wir kamen bald zu dem Schluß, daß meine Vorträge im Everglades-Park nicht eine Widerspiegelung meiner wahren Gefühle gewesen waren. Obwohl ich mit Überzeugung und emotioneller Beteiligung über organische Zusammenhänge gesprochen hatte, schien es, daß mein Herz, mein Streben und meine Inspiration in einem anderen Impuls zu suchen waren, der direkt ins Zentrum der Natur führte. Wir beschlossen, daß ich nur dann in der Öffentlichkeit auftreten sollte, wenn Zeit und Ort es erlaubten, diese innere Realität zu vermitteln: Für jede Bewegung gibt es den richtigen Moment, aber nur, wenn man ihn genau erfühlt. Im Augenblick ging es darum, mein Inneres zu bereisen, um mehr Einsicht und Klarheit zu gewinnen, anstatt über vage, unbekannte Konzepte Vorträge zu halten.

Die Wärme und Freundlichkeit unseres Zuhauses war mir sehr willkommen. Sogar die Bäume neigten sich uns zu, vor allem die Morton-Bay-Feige. Jedesmal, wenn wir die Hintertür unseres Hauses öffnen, werden wir von den ausladenden Ästen dieses gewaltigen Baumes begrüßt. Es ist kein gewöhnlicher Baum. Er ist ein Riese, der seine mächtigen Glieder ausstreckt, um die umliegende Landschaft zu umarmen. Und hier, mitten unter den großen, dunkelgrünen Blättern, hängen die Dolden kleiner, säuerlich-herber Früchte, die tagsüber gelbe Feigenvögel, Drosseln, Laubenvögel und viele andere Vogelarten anlokken, während in den warmen Sommernächten die Fliegenden Füchse (eine pflanzenfressende Fledermaus-Art) in Scharen herbeiströmen. Nur wenn die Zeit der Reife vorüber ist, herrscht Ruhe, und der Baum beobachtet in stiller Kontemplation seine Umgebung. Wenn man unter seinem ausladenden Geäst steht, schrumpft das Ego zu absoluter Bedeutungslosigkeit zusammen, was ein Gefühl der Demut hervorruft. Die Persönlichkeit des Baumes erreicht alle, die ihn betrachten, und nur wenige können unberührt an ihm vorübergehen.

Es ist nicht schwer, mit einem solchen Baum zu sprechen.

Gerade seine Erhabenheit ist es, die zum Gespräch einlädt. Sie werden wohl kaum an Ihrem Hund oder Ihrer Katze vorbeigehen, ohne ein liebes Wort für das Tier zu finden, und genauso wenig kann ich auf dem Weg zum Fluß all diesen Bäumen begegnen, ohne sie zu begrüßen. Mir erscheint es seltsam, daß man es als eine Selbstverständlichkeit betrachtet, wenn jemand mit seinen Haustieren spricht, während uns die Schwingungen und die Freude unserer Pflanzen und Bäume gänzlich entgehen. Eines Morgens, als ich unterwegs zum Fluß war, erzählte ich auch diesem Baum davon. Sein massives Wurzelsystem war beinahe ebenso ausladend wie sein Geäst. Ich legte mein Handtuch auf eine einladende, bequeme Wurzel und setzte mich, um mit ihm zu plaudern.

«Herr – oder Frau Morton-Bay-Feige, je nachdem, was zutreffend sein mag – kannst du mir, der du über eine Quelle unendlicher Weisheit verfügst, sagen, warum wir Menschen mit Katzen und Hunden, ja sogar mit Pferden, Ziegen und Schweinen und noch vielen anderen Tieren sprechen, obwohl wir nie eine verbale Antwort erhalten und sie auch gar nicht erwarten, während wir nur selten mit Bäumen, anderen Pflanzen oder Flüssen und Steinen sprechen?»

Die Stimme des Baumes war klar vernehmlich und hallte in meinem empfänglichen Bewußtsein wie eine Glocke wider.

Ich fühle deinen Humor und deine Freude. Ich verstehe, woher diese Empfindungen kommen. Während deiner jüngsten Reise hast du vielerlei Verhaftungen an geistigen Ballast gelöst, wodurch sich dein Wissen um die inneren Reiche der Natur erweitert hat. Ich werde deine vorwitzige Frage ernsthaft überdenken, denn sie stellt einen Hinweis auf eine Veränderung im menschlichen Bewußtsein dar. Die Anzahl jener Leute, die tatsächlich mit Bäumen und anderen Pflanzen sprechen, ist zur Zeit im Ansteigen begriffen.

Für den Menschen der Gegenwart ist es schwierig, eine derartige Möglichkeit zu akzeptieren. Ihr sprecht ohne weiteres mit euren Tie-

ren und könnt euch sehr gut in sie einfühlen, denn der Mensch ordnet sich ja selbst dem Tierreich zu.

Vom menschlichen Standpunkt aus befindet sich das Pflanzenreich eine Stufe tiefer, deshalb könnt ihr nicht erkennen, daß der Mensch eine Synthese aus dem Reich der Mineralien, Pflanzen und Tiere darstellt. Euer urteilender Verstand betrachtet Pflanzen als Wesen, die weder über Gefühle noch über bewußte Intelligenz verfügen. Diese Unfähigkeit, eine Wahrheit zu verstehen und zu erfassen, ändert jedoch nichts an der Wahrheit selbst. Sie begrenzt lediglich eure Fähigkeit, mit dem Leben so in Beziehung zu treten, wie es IST, *anstatt wie ihr es seht.*

Durch das anbrechende neue Zeitalter wird der Mensch – um überleben zu können – feststellen müssen, daß die Natur, die ihr außerhalb eurer selbst wahrnehmt, nur die Spiegelung eurer eigenen inneren Natur darstellt. Viele Menschen fühlen, daß die Verbindung mit dieser erweiterten Schau zu dieser Zeit erfolgt, so wie auch du sie momentan erlebst.

Meine Vorwitzigkeit war verschwunden, aber die Freude und die Ausgelassenheit hatten sich sogar noch verstärkt. «Danke, Herr oder Frau Baum. Ich habe deiner Mitteilung nichts hinzuzufügen. Ich wünschte nur, daß mehr Leute derartige Gespräche führen könnten. Für mich ist es jedenfalls klar, daß wir uns alle ‹neue Triebe› wachsen lassen sollten, um uns Bäume oder Topfpflanzen zu Freunden und Gefährten zu machen.»

Laut lachend sprang ich auf die Beine, um zum Fluß zu laufen. Ich war schon fast außer Reichweite des Baumes, als sich meine Zehen in der dünnsten seiner weitverzweigten Wurzeln verfingen und ich der Länge nach auf die Nase fiel. Der Baum hatte zuletzt gelacht ... Herr oder Frau Baum!

Schon in meiner frühen Jugend liebte ich die Zurückgezogenheit in der Stille der Natur. Zwischen Feldern, Hecken und den

Ufern zahlreicher Flüsse genoß ich die Ruhe meiner Umgebung, gelöst und voller Vertrauen. Dabei konnte ich all das Werden und Vergehen in der Natur verfolgen.

In diesen Momenten der Stille, die für mich eine Art lebendigen Schatz darstellten, pflegte ich meinen Tagträumen nachzuhängen – wie das Leben wohl sein könnte, welche Fähigkeiten ich gerne besäße etc. ...

Ich lehnte mich bereits in jungen Jahren gegen die Tatsache auf, daß ich geboren worden war. Durch die Geburt war mir eine äußerst schmerzhafte Prüfung auferlegt worden. Mein Eintritt ins Leben war keineswegs einfach gewesen. Als ich dann die Schule besuchte, vor allem in der Zeit zwischen sieben und vierzehn Jahren, war ich bereits zum chronischen Rebell geworden. Jegliche Aufgabe oder Disziplin, die man mir auferlegte, war Zielscheibe meines inneren Zorns, und in der Privatschule, die ich besuchte, waren Rohrstock und Prügelstrafe anerkannte Erziehungsmethoden, was für mich besonders schlimm war.

Hier herrschte eiserne Disziplin, und der strenge, exzentrische Schulvorsteher war gefürchtet. Angesichts der herablassenden Haltung und Gewalttätigkeit dieser Lehrer und ihres Unterrichtssystems brannte meine Wut in konstanter Auflehnung. Die Jahre des Kämpfens, in denen ich all meinen Witz gegen den der Lehrer einsetzen mußte, veränderten mein Leben grundlegend. Ob bewußt oder unbewußt, diese Lehrer beleidigten und provozierten meine Intelligenz und mein Empfinden für Fairneß. Dadurch legten sie den Grundstein für mein Mißtrauen gegenüber jeglicher Form von Autorität, Disziplin und Reglementierung. Gleichzeitig fand ich jedoch heraus, daß ich der Natur vertrauen konnte – ihr war ich immer willkommen. Im Kontakt mit der Natur schien sich eine innere Kammer meines Herzens zu öffnen, und durch diese Öffnung erfuhr ich eine große Bereicherung. In der Begegnung mit Menschen gelang es mir nie, ähnliches zu erleben.

Mein Geist gab sich mit bereits bewiesenen Gedankengängen nicht zufrieden. Statt dessen vergrub er sich wie ein Abtrünniger, undiszipliniert und ungeschult, tief in den Gefilden der Phantasie. Die acht Jahre meiner Schulzeit stellten eine einzige langweilige Last für mich dar, während die völlig andersartige Erfahrung draußen in der Ruhe und Einsamkeit der Natur mein Interesse und meine Neugier erregte.

Den einzigen Ausgleich für die in der Schule verbrachte Zeit fand ich im naheliegenden Botanischen Garten. Nach dem Unterricht schwang ich mich immer sofort auf mein Fahrrad, um mich so schnell wie möglich dieser wunderbaren Zerstreuung zu widmen. Die Gewächshäuser zogen mich an wie der Honig die Fliegen. Die Gärten gehörten zur Universität von Cambridge. Die riesigen Gewächshäuser nahmen einen relativ großen Bereich der Gärten ein, und ihre warme, dampfende Luft hieß mich jedesmal von neuem willkommen. Fremdartige, gewundene Blüten seltsam gewachsener Pflanzen kletterten und krochen in geordneter Üppigkeit aus Töpfen und Beeten hervor. In meinem Bemühen, all das in mich aufzunehmen, stand ich mit großen Augen da und machte mich im Laufe der Zeit mit jeder Pflanze vertraut, die hier zu finden war. Vom allerersten Besuch an entspann sich zwischen mir und dieser exotischen Natur eine Liebesgeschichte.

Es war vorherbestimmt, daß ich – als akademische Null – für meinen Vater auf unserem Land arbeiten würde, während mein ältester Bruder, der in der Schule geradezu geniale Leistungen erzielte, auf die Universität nach Cambridge gehen sollte. Mit fünfzehn verließ ich die Schule, und meine Liebesgeschichte mit der Natur war beendet. Vorbei war es mit dem einsamen, ungeregelten Umherstreifen. An seine Stelle traten die starren Regeln der Landwirtschaft. Vorbei war das Wunder, die Ehrfurcht, dieser Hauch von Verehrung. Statt dessen wurde mir ein vorgegebener Zyklus von Saat und Ernte auferlegt. Die Spontaneität, die ich gekannt hatte, wurde von ständig wachsender

Verantwortung erdrückt. Die Wildheit blumenübersäter Wiesen, hell plätschernder Bäche, majestätischer Wälder und kühler, stiller Teiche mußte der harten Realität von Pflügen und Säen, Insektenvertilgung und Ernte Platz machen. Immer wieder, jahrein, jahraus. Es war ein Ritual, das ich zugleich liebte und haßte.

Obwohl ich die Verbundenheit mit der Natur liebte, verabscheute ich instinktiv die arrogante menschliche Haltung des Beherrschenwollens. Intuitiv schreckte ich vor der Entfremdung zwischen Natur und Landwirtschaft zurück. Die Routine, die Last der Arbeit, die endlosen, sich wiederholenden und jahreszeitbedingten Zyklen, all das wog so schwer, daß sich die innere Flamme meiner einstigen Verbindung zur Natur auf ein schwaches Glimmen reduzierte. Es war ein subtiler Zwang, dem ich mich unterwarf. Ich versah die Ketten der Gefangenschaft mit dem Zeichen der Freiheit, damit ich überleben konnte. Mit dieser großen Illusion führte ich mich selbst hinters Licht und bahnte mir in dem Glauben, ich sei frei, für die nächsten dreißig Jahre den Weg durch das Leben. Obwohl ich den Mantel der Täuschung in versteckter, unterbewußter Verzweiflung eng um mich zog, brannte das Licht der wahren Freiheit weiterhin in meinem Inneren und sorgte dafür, daß mein geordnetes Leben im Laufe der Jahre in sich zusammenbrechen mußte, um eine andere Möglichkeit, einen anderen Weg aufzuzeigen, den ich beschreiten konnte.

Mein Schulabgang bedeutete den Verlust meiner früheren Unschuld im Umgang mit der Natur, einer Unschuld, die nicht mehr wiedergewonnen werden konnte. Ich hatte jedoch immer einen Lieblingsplatz, an den ich mich zurückzuziehen pflegte – Byrons Pool Woods. Dieser Wald lag in der Nähe von Granchester, dem Stammsitz der Vorfahren des berühmten Dichters Lord Byron, und von Zuhause aus brauchte ich nur wenige Minuten mit dem Fahrrad, um dorthin zu gelangen. Byrons Pool Woods – bei diesem Namen überkommt mich auch heute noch eine Art angenehmer Schauer, eine bleibende Erinnerung, die mit vielen Details verbunden ist. Byrons Pool Woods war ein Mekka für Naturliebhaber, ein geschichtsträchtiger, geheimnisumwitterter Ort. Am Waldrand lag ein großer Teich, der von einem Fluß gespeist wurde. In etwa eineinhalb Metern Tiefe konnte man noch die vagen Umrisse einer alten Mühle erkennen. Wir Kinder konnten an einer bestimmten Stelle bis zu den Überresten der alten Grundmauern waten, die an der anderen Seite tief ins Wasser abfielen. Dort habe ich – von den kalten, dunklen Wassern von Byrons Pool umgeben – schwimmen gelernt.

Das nahe Wehr, von grünen Algen ganz überwachsen, regulierte den Wasserstand während der winterlichen Überschwemmungen. Im Sommer aber, wenn wir das Badewetter genossen, rann nur ein dünner Wasserstrahl über die breite Plattform hinter den alten, handbetriebenen Schleusen. Stundenlang saß ich dort allein und starrte ins Wasser. Flüsse, Ströme, Bäche – Wasser übte auf mich immer eine Faszination aus, ich stand wie unter einem Bann, den ich nur schwer erklären kann. Jedesmal, wenn ich mich in der einsamen Gesellschaft eines Flusses befand, überkam mich eine heftige Sehnsucht – eine Sehnsucht, die ich nicht verstand und in ihrer Tragweite auch nicht erfassen konnte.

Auf irgendeine Weise entstand da im Herzen eines Jungen eine Verbindung, eine spontane Beziehung zur Natur. Gleichgültig, worin diese Verbindung eigentlich bestand, sie überstieg alle physischen Begrenzungen. Was damals in mir zu keimen begonnen hatte, trat jetzt einladend und mit neuer Frische wieder an die Oberfläche. Ich fühlte mich ermutigt, einer inneren Wahrheit zu folgen, einem Traum, durch den meine Verbindung zur Natur lebendig und aktiv werden konnte. Ich war nicht mehr allein, sondern mit allem Lebendigen bewußt vereint.

Als ich achtzehn war, überredete mich ein Freund, die Ferien mit ihm in einem Sommerlager zu verbringen, das von einer kirchlichen Organisation abgehalten wurde. Dort traf ich Treenie – sie stach aus der Gruppe kichernder Mädchen deutlich hervor, und ich fühlte mich sofort zu ihr hingezogen. Mit ein wenig Schwindelei änderte ich den Dienstplan ab, und schließlich begegneten wir einander beim morgendlichen Abwasch, wo sich unsere Hände in der schaumigen Seifenlauge berührten. Bei aller Bescheidenheit – Treenie fand mich geradezu umwerfend!

Die Sonne schien jeden Tag – drinnen und draußen. Es war seit Jahren der heißeste Sommer in England, und Treenie und ich wanderten die gesamte Gegend und die Strände der Robin Hood Bay ab. Wir verliebten uns – und daraus entstand eine Liebe, die die Jahre überdauerte, wuchs, umfassender wurde und erblühte.

©G.WILSON '87

3. KAPITEL

November

Ich habe es immer genossen, in ziemlich regelmäßigen Abständen durch den nahegelegenen, halbtropischen Regenwald zu wandern. Gewöhnlich war das eine recht irdische Angelegenheit, wo ich die erstaunlichen Schöpfungen der Natur ihres Aussehens, ihres Nutzens und ihres Erfindungsreichtums willen bewunderte. Ich spürte, daß ich gerne wieder einen Besuch in diesem Wald machen würde, um mich auf eine andere Weise mit meiner Umgebung in Verbindung zu setzen. Die Natur wies mich darauf hin, daß es viele Ausdrucksebenen jenseits der physischen gibt – das Formlose jenseits der Form –, und ich wollte herausfinden, ob ich die Barrieren auf meine Weise beseitigen konnte. Ich hatte das dumpfe Gefühl, daß mein Vorankommen von einem bestimmten Faktor abhing, wie z. B. ein Auto auf Treibstoff und Fahrweise des Lenkers reagiert. Ich mußte herausfinden, ob ich das Auto, der Lenker oder beides gleichzeitig war.

Bei meiner Geburt holte man mich mit einer Zange ans Licht der Welt. Meiner Ansicht nach verursachte der Druck auf meinen Kopf (der ganz beträchtlich ist, wie ich in Erfahrung bringen konnte) eine Abnormität des Gehirns. Lachen Sie nicht! Ich meine das sehr ernst. Ich habe nie jemanden getroffen, der einen schlechteren Orientierungssinn hatte als ich. Ich verirre mich im Kaufhaus. In einen Supermarkt zu gehen, ist ein unglaubliches Glücksspiel für mich. Vermutlich bin ich der einzige Erwachsene, den man zur Abholstelle für verlorengegangene Kinder bringt! Jetzt können Sie vielleicht verstehen, was ich meine. Ich bin jemand, der sich bereits unter ein paar Bäumen verirren kann. Können Sie sich vorstellen, wie das erst im Wald mit mir aussieht? Anstatt mich in gefährliche Situationen zu begeben, in denen Treenie einen Blut- oder Suchhund benötigen würde, um mich aufzuspüren, mache ich mich meist mit einem unserer Freunde auf den Weg, der mich ohne weiteres mit Bäumen oder Steinen reden hören kann, ohne zu glauben, ich würde spinnen. An einem angenehm sonnigen Tag machte ich mich mit meinem Freund Gerhard zu einem Erkundungsgang durch den Wald auf. Bei dieser Gelegenheit wollte ich mich auch mit den Bäumen unterhalten. Erwartungsgemäß ist auch Gerhard ein geborener Naturliebhaber. Er ist eher zart gebaut, mittelgroß, und seine sensiblen grünen Augen, die aus dem bärtigen Gesicht hervorleuchten, wandern ständig über Boden und Bäume, um die feineren Aspekte der Natur in sich aufzunehmen. Für ihn ist ein Gang durch den Busch eine Art Liebesbezeugung, erweiterter Ausdruck seiner Liebe zur wilden Natur. Er ist der ideale Gefährte für solche Wanderungen, denn er spürt intuitiv, wenn ich allein sein möchte. Dann geht er fast unmerklich seiner Wege, um sich auf seine eigenen Interessengebiete zu konzentrieren.

Die felsige Schlucht war nur einer der vielen waldbedeckten Ausläufer des steil abfallenden New England-Plateaus. Große Felsblöcke, die aus dem hochaufragenden Steilhang herausgerissen worden waren, übersäten die Schlucht, wo sich ein kalter, klarer Bach ungeachtet der üppigen Vegetation, die den Wasserlauf fast zu ersticken drohte, den Weg durch den halbtropischen Bewuchs bahnte. Ich saß auf einem kleinen, bequemen

Stein, der von einem gegenüberliegenden Felsblock weit überragt wurde. Die Oberfläche war größtenteils von einer dicken Moosschicht bedeckt, die einen idealen Nährboden für den Nestfarn darstellte, der sich punktförmig über den Stein verteilte. Das Leben auf diesem Felsblock spielte sich fast gänzlich in schattiger Feuchtigkeit ab, die ein perfektes Mikroklima darstellte. In meinem Inneren fühlte ich den Felsen gewaltige Ausmaße annehmen, wobei die Farne in meinem Bewußtsein wie Bäume aufzuragen schienen. Ich sandte diesem riesigen Felsblock und der übrigen Energie, die er umfaßte, einen Gedanken des Willkommens und der Anerkennung. Das Wasser, das um und über die Felsen floß, erfüllte die Luft mit einem Rauschen, das von den Zikaden in der Umgebung begeistert aufgenommen und noch verstärkt wurde. Durch all die Geräusche der lebendig pulsierenden Schlucht hindurch vernahm ich ganz klar die Stimme des Bewußtseins im Felsen.

Du bist willkommen. Wir begrüßen deine Haltung, die Respekt und Bewunderung widerspiegelt. Die Wälder sind schon viel zu lange ausgebeutet worden, um eure Bedürfnisse auf physischer Ebene zu decken. Jetzt ist es Zeit, unsere Energie mit der der Menschheit auf höheren, feinstofflichen Ebenen zu verschmelzen.

Der Lärm des Wassers und der Zikaden, die mit dieser Stimme im Wettstreit um meine Aufmerksamkeit zu stehen schienen, bereitete mir Konzentrationsschwierigkeiten. Die Worte flossen in mein Bewußtsein ein, und jegliches Geräusch befand sich außerhalb dieser Erfahrung, doch ich fühlte mich abgelenkt.

Leiste dem Wasser und den Geräuschen des Lebens keinen Widerstand. So wie eine Brise durch die nachgiebigen Blätter eines Baumes hindurchstreicht, solltest du deinen Widerstand aufgeben.

Laß dein Wesen von der inneren Kraft dieser Wasser durchströmen und reinigen. Hier wird etwas Einzigartigem Ausdruck verliehen. Jeder Bereich der Schlucht verfügt über eine essentielle, spezifische Wesensart, und jede dieser Zonen hat dem Menschen eine besondere Gabe zu bieten.

Das verwirrte mich. Schließlich und endlich – Bach bleibt Bach und Schlucht bleibt Schlucht. Wie konnte diese Unterschiedlichkeit im Verein mit der Einheit überhaupt bestehen?

«Willst du damit andeuten, daß die Wasser-Energie des Flusses eine andere ist, sobald er das Tal erreicht hat? Wie ist das möglich, wenn es sich doch – logischerweise – um dasselbe Wasser handelt?»

Mein Freund, in der Natur wird nur die physische Widerspiegelung, die du als deine Welt ansiehst, dem prüfenden Blick der Logik standhalten. Du bist dabei zu lernen, wie man eine feinere Welt mit ihrer höheren Wahrheit erfassen kann, um selbst ein Teil davon zu werden. Als Antwort möchte ich eine Gegenfrage stellen: Angenommen, ihr bildet eine Menschenkette, die mehrere Meilen lang ist. Würde dann der Charakter der einzelnen Abschnitte unverändert bleiben?

Diese Idee war mir zwar neu, doch ich begriff, worum es ging. Eine Menschenkette (die ja nur aus Menschen besteht) würde sich aus genauso vielen Einzelwesen zusammensetzen, wie zur Bildung der Kette nötig waren. Ich war nie auf den Gedanken gekommen, daß sich dieses Konzept auch auf einen Fluß oder eine Schlucht anwenden ließe. Aber warum nicht? Der Fluß, der an unserem Haus vorbeiführt, kam mir in den Sinn. Aber natürlich! Ich konnte ja die energetische Veränderung, die zwischen meinem Lieblingsplatz am Fluß und anderen Abschnitten stattfand, ebenfalls spüren. Sicherlich ist «mein» Teil des Flusses einzigartig. Warum sollte das nicht für Flüsse, Bäche und Wasserläufe im allgemeinen gelten? Es war ein ungewöhnlicher Gedanke. Dadurch wurden viele Fragen aufgeworfen, die sich aufgrund logischer und verstandesmäßiger Überlegungen immer mehr verwirrten. Ich kämpfte, um das Gleichgewicht zwischen physischer und metaphysischer Realität zu bewahren.

Ich spürte, wie ein leichter Schauer durch das Bewußtsein des Felsblockes ging ... ein Hauch von Ironie.

Du mußt genausoviel aufnehmen können, wie du erfragt hast. Vergiß die Fragen, die auf Logik und Wissen beruhen. Bade statt dessen im Strom der höheren Energien. Sieh, fühle und forsche jenseits der physischen Form, und deine Erfahrung wird dich im richtigen Augenblick, einem Wasserfall gleich, mit einer Kaskade der Wahrheit erfüllen.

Wir ließen den Felsblock in der Schlucht hinter uns und setzten unseren Weg fort, um aus dem dichten tropischen Unterholz schließlich auf einen hohen Felsgrat zu gelangen, von dem aus wir unser Ziel bereits sehen konnten: den Wasserfall.

Angesichts der riesigen Bäume, die hier auf dem Felsrücken eine Art natürlicher Allee von etwa hundert Metern Länge bildeten, fühlten wir uns beinahe wie Zwerge. Schuppentannen, Eukalyptusbäume, Tristanien (eine Art Myrtenbaum) und andere Giganten bildeten die Pfeiler dieser Kathedrale des Waldes, während das wogende Laubwerk hoch über unseren Köpfen die Decke formte. Dieser Ort war vom Schweigen beherrscht. Es erweckte ein Gefühl der Ehrerbietung, und man konnte spüren, daß ein einziger achtloser Schrei den Zauber zerstört hätte. Ich konnte die Energien in den feinstofflichen Bereichen aufsteigen fühlen, unbenennbar zwar, aber offensichtlich aktiv. Aus dieser kollektiven Kraft flossen die Worte in mein Bewußtsein ein.

Gut, daß ihr diesen Ort aufsucht. All jene, die liebevollen Herzens unter uns wandeln, heißen wir willkommen.

Es ist weise, hierher zu kommen, um sich einzufühlen, zu bewun-

dern und Ehrerbietung zu erweisen. Achtung und Verehrung könnten den Eingang in die höheren Wirklichkeiten der Natur auftun.

Nur wer sanft und demütig an diese Pforten pocht, kann Schritt für Schritt Einlaß in die feineren Welten finden.

Lerne dein Selbst zu begreifen, und verstehe, was es bedeutet, Mensch zu sein, denn es gibt noch vieles zu lernen. So wie jeder Baum über Wurzeln verfügt, die seine Vorläufer sind, gibt es auch in jedem planetaren Zeitalter eine fühlende Spezies.

Kannst du vielleicht nur für einen Augenblick begreifen, daß der Mensch von heute nur den Vorläufer einer neuen menschlichen Rasse darstellt?

Genau das wird entstehen, wenn die Menschheit aus den Ruinen der Zivilisation von neuem hervorgeht. Es ist schon viele Male geschehen, und es wird sich noch oft wiederholen. In jedem Zeitalter erreicht der Mensch den Gipfel der Macht. Bisher hat er immer die Macht der Zerstörung gewählt. So wie ein Baum seinem Samen entsprechend gestaltet ist, muß auch der Mensch ernten, was er gesät hat. Erst wenn der Mensch den Gipfel höchster Weisheit erlangt hat, wird dieser Zyklus ein Ende haben. In diesem Moment wird ein neuer Schwerpunkt entstehen.

Im gegenwärtigen Zyklus hat der Mensch wieder einen Punkt erreicht, an dem er den Samen seiner eigenen Zerstörung in Händen hält. Dies wird den Anfang und zugleich das Ende bedeuten.

Nach dieser Mitteilung verfiel ich in besorgtes Schweigen. Die ominösen Untertöne verursachten mir Unbehagen, und ich stand der Erfahrung selbst zu nahe, als daß ich objektiv bleiben konnte. Ich erhob mich von dem Baumstamm, auf dem ich gesessen hatte, und ging auf eine der Schuppentannen zu, um sie/ihn zu umarmen.

«Ist es wirklich so schlimm?» fragte ich. Ich hörte nichts, fühlte mich aber von einer Klarheit erfaßt. Es schien, als wäre ein negativer Brennpunkt plötzlich ausgeschaltet worden, um von der erleuchtenden Kraft einer positiven Energie erfüllt zu werden. Ich hatte Worte der Hoffnung, des Lebens und der Kontinuität vernommen. Das Ende *ist* der Anfang, der Anfang *ist* das Ende; denn das Leben setzt sich in einem zyklischen Kontinuum in Form einer Spirale fort. Es ist unmöglich, angesichts der Unendlichkeit einen endlichen Standpunkt einzunehmen und ihn in dieses Kontinuum einzufügen. Daher muß sich auch unser Denken erweitern und dieser Spirale folgen. «Danke», flüsterte ich dem Baum zu.

Als wir zum Wasserfall hinuntergingen, fühlte ich, wie sich die Energie auf dem Felsgrat in einen riesigen Phönix verwandelte, der sich frei und triumphierend hoch über die Bäume erhob. Das Wasser stürzte aus mehreren hundert Metern Höhe über die Felswand herab und ergoß sich in das tiefe, kalte Bekken zu meinen Füßen. Der Platz war von Bäumen gesäumt. Schuppentannen drängten sich am Rande der Felswände eng zusammen. Lianen legten sich in eleganter Lässigkeit über die verschiedenen Bäume, wobei ihre großen, gewundenen Ranken an zusammengerollte Schlangen aus einer sagenumwobenen Zeit erinnerten. An diesem behüteten, abgeschiedenen Ort, vom umliegenden Wald verborgen, erzeugten die warmen Strahlen der Sommersonne, die auf das Wasser fielen, einen schimmernden Sprühnebel der Schönheit. Ich hatte an mehreren Stellen Blutegelbisse, und das Blut rann langsam und beständig in das Wasserbecken, doch es gelang mir, die Sache mit Humor zu nehmen. Die Blutegel waren mit meinem Körper «eins» geworden. Mir lag nicht sehr viel an ihrem Wohlergehen, als ich sie – vollgesogen und aufgebläht von meinem Blut – von den Knöcheln löste. Ich akzeptierte jedoch, daß sie eben das Ihre getan hatten, und zwar sehr wirkungsvoll. Ich fühlte mich nicht als Opfer, ich war lediglich eine wandelnde Blutbank.

Ein angenehmer Lufthauch, der durch das herabstürzende Wasser erzeugt wurde, kühlte den Schweiß auf meiner Stirn. Sehnsüchtig blickte ich auf das kalte Wasser, mit dem ich meine zahllosen Mückenstiche zu lindern beabsichtigte. Trotz Hemd und Cordhose hatte ich an Beinen, Schultern, Armen und Nakken unzählige Stiche davongetragen, wenn ich stehengeblieben war, um in mein Tagebuch zu schreiben. Es ist eine Ironie, denn mein Einfühlungsvermögen gilt ja nicht der abgetrennten physischen Form, sondern lediglich der intelligenten Energie, die sich als eine Spezies ausdrückt. Unglücklicherweise ist mir bis jetzt noch kein Schutz vor der physischen Form (der Mücke) geboten worden, sogar während ich mit der geistigen Kraft kommuniziere, die ihr zugrunde liegt.

Vor etwa einem Jahr, als ich einmal im Spätsommer am Fluß lag und mich sonnte, bat ich eine dicke, neugierige (und uneingeladene) Märzfliege, mich nicht zu beißen. Ich fühlte sofort ein starkes Aufwallen von Märzfliegen-Energie, und trotz der ebenso starken Zweifel, die in mir aufstiegen, vernahm ich die Worte, die sich in meinem damals noch skeptischen Bewußtsein formten.

Die Fliege kann deine Bitte nicht erfüllen. Ein solches Geschöpf kennt keinen freien Willen. Die Fliege ist eine Lebensform, die einem genau vorgeprägten Verhaltensmuster folgt, und das ist das Einzige, was sie tun kann. Teil dieses Verhaltensmusters ist es, die Nahrung in Form von Blut aus warmblütigen Säugetieren zu beziehen.

Ich frage dich nun, wäre es möglich, ein Geschöpf wie diese Fliege mit Toleranz und Verständnis, ja sogar mit Liebe zu betrachten? Eine derartige Haltung hätte zweierlei Auswirkungen. Erstens reduzierte sie die Wahrscheinlichkeit, Opfer der Fliege zu werden ganz erheblich, und zweitens wäre es unmöglich für dich, Opfer deines eigenen Trennungsbewußtseins und deines Mangels an Verständnis zu werden.

Das war vielleicht eine Fliege!

Ich nahm an, daß hier am Wasser, wo mein Blut mittlerweile in Strömen aus den Bißstellen floß, dasselbe Prinzip gültig war. Meine Aufmerksamkeit richtete sich auf die herabstürzenden Wassermassen. Der Versuch einer Beschreibung würde der wahren Schönheit des Wasserfalls keineswegs gerecht werden. Ich kann nur seine Pracht schildern, doch es ist weit mehr, denn er verfügt noch über eine weitere Eigenschaft. Der Wasserfall erzeugt eine Art magnetischer Anziehung, aber nicht im physischen Sinne, sondern auf eine Weise, die meine Gedanken und Gefühle dann und wann im Lauf des Tages zu ihm lenkt. Unter dem Tosen der wild brausenden Kaskaden sprach ich laut mit dem Wasserfall.

«Danke, Wasserfall, danke, daß du mich wieder hierher eingeladen hast. Danke, daß du mir das Gefühl vermittelt hast, ein Teil der Natur zu sein, anstatt mich als abgetrennte Einheit zu sehen. Was ist das Besondere an diesem Wasserfall? Was zieht mich und andere an, wenn man von deiner physischen Schönheit absieht?»

Die innere Energie des Wasserfalls schien unermeßlich. Alle physischen Begrenzungen schwanden dahin, als der Wasserfall die innere Welt völlig ausfüllte – er war alles, was IST. Er erfaßte mich, und ich war es nun, der sich über die Felswand ergoß. Gleichzeitig erfaßte ich ihn, indem ich ihn mit liebevollem Interesse beobachtete.

Ich heiße euch beide willkommen. Sei wachsam, bedenke, ich bin nicht der Wasserfall, noch bist du die Hand, die da schreibt. Beachte den Unterschied und zugleich die Ähnlichkeit. Du bist Intelligenz, die nach Erweiterung strebt und nach ihrer eigenen Bestimmung sucht – nach der Erkenntnis ihres Wesens.

Dasselbe gilt auch für mich.

Im Sinne dieser Ganzheit lassen wir unsere Identität und die Verhaftung an die physische Form hinter uns, um zu dem einen *Bewußtsein zu verschmelzen. Für meine Energie ist das die Realität des Lebens. Für dich ist deine physische Identität das, wofür du dich hältst; eine Verhaftung, die über Jahrtausende hinweg entstanden ist. Es ist eine mächtige Gedankenform, ein starker Glaube, von dem es sich zu lösen gilt. Genau das mußt du als deine Herausforderung ansehen.*

Dieser Wasserfall ist ein Brennpunkt von Energien. Viele andere Wasserfälle bündeln Kraft in einem stärkeren oder geringeren Ausmaß. Es ist immer eine feinstoffliche Energie, die gewöhnlich über das menschliche Wahrnehmungsvermögen hinausgeht.

Ich schwamm und tauchte eine Weile im kalten, klaren Wasser. Die Worte und deren Erleben waren geschwunden, nicht so aber die zarte Schönheit dieser Wildnis, die mich umgab. Gerhard wirkte hoch oben auf den Felsen wie eine Puppe. Er jauchzte, doch seine Stimme ging im Tosen des Wassers beinahe unter.

Nachdem er sich einige Zeit später zu mir gesellt hatte, erzählte ich ihm von meinem Erlebnis. Er schwieg eine Weile, während seine Augen weit in die Ferne zu blicken schienen.

«Ich kann sehr gut nachempfinden, was du da beschreibst. Worte sind zwar nicht meine Stärke, aber wenn ich am Wasserfall stehe, erscheint es mir so, als höre ich das Lied unseres Schöpfers. Es ruft eine unglaubliche Glückseligkeit in mir hervor. Ich fühle mich ausgeglichen und zufrieden. Ich spüre, daß ich selbst alles SEIN bin. Ich gehöre den Steinen und dem Wasser. Ein ungeheures Gefühl – eine Seligkeit. Gott selbst könnte sich nicht besser fühlen.»

Und er hatte gemeint, Worte seien nicht seine Stärke!

Eines Tages früh am Morgen, als die ersten Sonnenstrahlen die Nebel durchbrachen und die zart-feuchten Schleier in höhere Regionen verbannten, ging ich zum Fluß hinunter. Ich suchte diesmal einen anderen Platz auf. Es gab keinen bestimmten Grund dafür, ausgenommen vielleicht den Schwarm Fliegen, der mich begleitete. Ich setzte mich auf einen umgestürzten Baumstamm, der tief im Schatten lag. Es war ein geschicktes Manöver, denn die Fliegen suchten immer noch nach der warmen Morgensonne und verließen mich daraufhin schnell.

Meine Gedanken wanderten zu meiner Mutter, die am unteren Ende der Welt lebt. Es machte mich traurig, daß sie mit zunehmendem Alter mehr und mehr unter Arthritis zu leiden hatte und wohl kaum Gelegenheit haben würde, eine Szenerie wie diese hier zu bewundern. Eine Kiebitz-Familie flog vorbei und unterhielt sich mit schrillen Schreien, während sie dem Flußlauf folgte. Ihre Rufe hatten nichts Warnendes an sich, als sie den neuen Tag begrüßten. Äschen sprangen im Fluß, während sich Süßwasserheringe anstrengten, ihre größeren Rivalen zu übertrumpfen und wie Quecksilber an der Morgensonne aufblitzten. Eine Fächerschneppe flog vom gegenüberliegenden Ufer auf und landete nur eine Armeslänge von mir entfernt auf dem Baumstamm. Mit wippendem Schwanz saß sie da und sah mich einen Moment lang aus ihren kleinen, glänzenden Augen an, wohl überlegend, ob ich eine Bedrohung darstellte oder nicht. Mit einem abschließenden Schwung der Schwanzfedern flog sie wieder auf, ruhig und doch hatte ihre Anwesenheit irgendwie lärmend gewirkt.

Vor mir tat sich ein strahlender Morgen auf. Ich war von dem Wunsch beseelt, dieses wunderbare Szenario aufzurollen und den magischen Augenblick einzufangen, um ihn in einem hübschen kleinen Päckchen meiner Mutter nach England zu schikken, damit sie das Privileg dieser Freude mit mir teilen konnte. Allein diese Vorstellung! Beim Öffnen des Päckchens würde sich vor ihren Augen eine der schönsten Landschaften Australiens entfalten. Ein klarer, glitzernder Fluß, noch ganz frisch vom ersten Regen, voll von schimmernden Fischen, die an der Sonne springen, und gekrönt wird das zauberhafte Bild noch von Kiebitzen, Schuppentannen und Careyas. Trauerweiden drängen sich um einen Platz am einen Ufer, während glatte Kiesel einen freundlichen Strand auf der gegenüberliegenden Seite bilden. Meine Mutter würde das gurgelnde Kichern des Wassers hören, das die stillen Tiefen des langsamen Flußlaufes hinter sich läßt und sich sprudelnd und lärmend in das flache, steinige Bett ergießt, während die leise Berührung des Eisvogels elektrisch blau aufblitzt, wenn er auf dem Wasser landet und diesem Geschenk der Natur eine weitere Dimension der Schönheit hinzufügt.

Tau, der in glitzernden Perlen an unzähligen Grashalmen hängt, wo sich in jedem Tropfen ein winziger Regenbogen spiegelt, in seiner Frische viel reicher als irgendein begehrtes Juwel, das für auskristallisiertes Alter steht – all das würde meine Mutter sehen. Aus irgendeinem Grund weiß ich, während ich diese Schönheit bestaune und meine liebevollen Erinnerungen an sie in meinem Herzen wachrufe, daß sie in einem geheimen Winkel ihrer Seele dieses Geschenk erkennt und daran teilhat.

Ich saß eine Weile im Schatten, während mir die Erinnerungen an meine Eltern durch den Kopf gingen. Bestimmte Episoden hatten mich mit Freude und Begeisterung erfüllt, andere wiederum mit Bedauern, doch all das war geprägt vom Stempel der Unvermeidlichkeit, als ob das Schicksal seinen Lauf ginge, gleichgültig, was sich ihm in den Weg stellt. Steht es uns frei zu wählen? Oder besteht diese Freiheit darin, daß wir überhaupt keine Wahl haben?

Wenn wir in einem Bezugsrahmen von Ursache und Wirkung leben, heißt das nun, daß wir die Auswirkungen ertragen müssen, bevor wir die Ursache ändern können, um eine andere Wirkung zu erzielen? Mit anderen Worten: Ist unsere Wahl aufgrund vergangener Ursächlichkeit vorherbestimmt, was bedeuten würde, daß man eigentlich keine Wahl hat? Der Schatten verschwand lautlos, als ich den Baumstamm hinter mir ließ, um zum Haus zurückzugehen und zu frühstücken. Nachdem ich das Gatter geschlossen hatte, hielt ich an unserer schattigen Laube inne, wo Reihen von Zikadenpalmen eine Bank ganz für sich in Anspruch nahmen. Als ich die Laube betrat und die jungen Palmen betrachtete, rief meine Nachdenklichkeit erneut Erinnerungen in mir wach, diesmal an den Wald, wo ich auf die Elternpalme gestoßen war, die hier auch Burrawongpalme genannt wird. Das sind keineswegs seltene Bäume, doch diese Palme trug in der Mitte eine große zapfenförmige Samenkapsel. Ein versuchsweises Ziehen, und ich hatte die Samenkapsel samt ihrem Gewicht von fünfundzwanzig Kilogramm in Händen.

Jeder Same hatte etwa die Größe einer Kastanie, und alle hundertfünfzig Samen hingen bauchig und schwer an dem kräftigen, dicken Mittelstamm. Mit Hilfe meiner Freunde, die mich begleiteten, wickelten wir die stachelige Kapsel in mein Hemd und wechselten uns beim Nachhausetragen ab. Innerhalb weniger Wochen lösten sich die Samen, die von unerwartet kräftiger, orangeroter Färbung waren, aus der Kapsel. Ich verteilte die Samen anschließend in engen Reihen in einige flache Kästen, die mit Humus gefüllt waren. Ihr helles Orange wurde bald zu einem stumpfen Braun, und für die nächsten achtzehn Monate lagen sie scheinbar leblos da. Wir hatten die Samenkapsel am Ostersonntag im April gefunden, und erst im November des darauffolgenden Jahres brachen lange Pfahlwurzeln aus den schlummernden Samen hervor. Treenie und mir war klar, daß bald mehr Aktivität von ihnen ausgehen würde, als wir uns daran machten, sie in große Pflanzsäcke aus Plastik umzusetzen. Während wir daran arbeiteten, fühlten wir eine feine Energie von den Pflanzen ausgehen, die uns ihre Kraft und die Fülle an Vitalität erahnen ließ. Obgleich die Samen beim Eintopfen nur eine einzige Wurzel aufwiesen, streckten sich schon nach wenigen Wochen die ersten Palmwedel dem Licht entgegen, während die nußähnlichen Samen ihre gespeicherte Energie freigaben. Unter normalen Umständen werden die meisten Samen auf dem Waldboden von Tieren angeknabbert und gefressen oder in späteren Wachstumsstadien von Insekten durchbohrt und zerpflückt; nur wenige der vielen Samen würden tatsächlich zu einer richtigen Palme heranwachsen. Unter unseren Bedingungen trieben die meisten Samen jedoch aus und begannen ihr langsames Wachstum, um sich zu großen, wohlgestalteten

Palmen zu entwickeln. Neugierig überlegte ich, wie diese Pflanzenenergie wohl beschaffen sein mochte, und so sandte ich meine ersten fragenden Gedanken an ihre Intelligenz aus.

«Wo ist euer Platz im Plan des Lebens?» fragte ich.

Komm her!

Das war unmißverständlich ein Befehl, und ich war äußerst erstaunt. Ich hatte erwartet, daß das Zentrum der Palmen-Energie von den Pflanzen ausgehen würde, die vor mir standen. Statt dessen war der Befehl – wenn auch in meinem Bewußtsein und somit unabhängig vom physischen Raum – direkt hinter mir spürbar. Er ging von einer Gruppe großer Zikadenpalmen aus, die im Schatten eines Gummibaumes in unserem Garten wuchsen.

Ich ging zu den Palmen hinüber und setzte mich vor sie hin.

«Also gut», sagte ich, «da bin ich.»

Ich fühlte einen Energieschub, so als hätte sich die Präsenz der Zikadenpalmen erhöht und verstärkt.

Deine Frage hat keinen wirklichen Sinn. Auf physischer Ebene ist unsere Energie in diesem Zeitalter nicht mehr so bedeutend, wie sie einmal war. Wir gehören einer alten Art an, und unsere Ahnenkette als Palmen reicht in der objektiven Zeit sehr weit zurück.

Einst, in einer längst vergangenen Zeit, spielte unsere Energie im Übergangs- und Umbildungsstadium vieler Pflanzen eine lebenswichtige Rolle.

Ich verdaute diese Mitteilung schweigend.

«Uns erschien es besonders wichtig, diese Zikadenpalmen zu ziehen. Ich bin mir nicht sicher, warum dieses Gefühl so intensiv war. Ich frage mich nur plötzlich: Habt ihr etwas mit der ganzen Sache zu tun?»

Es ist kein Zufall, daß ihr gerade unsere Art großzieht und unsere Energie fördert. Wir repräsentieren ein großes Zeitalter der Pflanzen und der immerwährenden Veränderung. Unsere Art hat das Werden und Vergehen von Tieren und Vögeln erlebt. Wir sind mit diesem alten Bewußtsein verbunden, und selbst wenn es sich nicht mehr im physischen Sinne manifestiert, kann Bewußtsein nicht einfach aufhören zu existieren. Das mußt du begreifen. Wir sind das Bindeglied zu ausgestorbenen Arten. Durch uns kannst du mit dem Bewußtsein einer nicht mehr verkörperten Natur in Kontakt treten.

Es ist eine äußerst subtile Beziehung, und doch werden dadurch unbewußte Erinnerungen in dir wachgerufen. Längst vergessene Verbindungen zu einer uralten Vergangenheit werden wieder zutage treten und dein Bewußtsein erfüllen.

Diese Kontaktaufnahme ist von besonderer Wichtigkeit. Auch wenn du die Auswirkungen deiner Handlungsweise nicht direkt erfahren wirst, gestatte deinem Geist, das Konzept von der Verbundenheit zu überdenken, wo Vergangenheit und Gegenwart und Gegenwart und Zukunft nicht mehr voneinander getrennt sind. Stell dir all das in einer Kugel zusammengerollt vor, die weder einen Anfang noch ein Ende hat, sondern nur ein Jetzt.

Auf diese Weise bewahrt die Natur alle Bindeglieder zwischen den verschiedenen Wandlungsstadien. Und so wie die Natur alles in ihrem Bereich Liegende fortwährend verändert – physisch und metaphysisch –, so wandelt sie auch den Menschen.

Es gibt Zeiten, in denen dieser Wandel langsam, schrittweise und kaum merklich erfolgt. Manchmal werden aber auch Riesenschritte getan, die von einem entsprechenden Schock oder Trauma begleitet sind.

Bereite dich auf einen großen Schritt vor, aber sei beruhigt, denn gleichgültig wie es nach außen scheinen mag, ein solcher Sprung bedeutet immer Fortschritt.

Ich muß zugeben, ich war sehr mit Gedanken und Spekulationen über die Vergangenheit beschäftigt gewesen, als ich mich an die Palmensetzlinge gewandt hatte, aber jetzt drehte sich die intensive Energie, die mich durchströmte, ständig um die eindrucksvolle Botschaft, die meine Aufmerksamkeit in Anspruch nahm.

Bereite dich auf einen großen Schritt vor. Und wieder war die Verbindung zwischen Gegenwart und Vergangenheit spürbar, als an meinem geistigen Auge Erinnerungen aus meiner Jugend vorüberzogen.

Ich war zehn Jahre alt, als es in Granchester eine Überschwemmung gab. Ich erinnere mich lebhaft daran, daß mein Vater mit seinem geliebten Austin ganz vorsichtig die überflutete Straße am Byrons Pool entlangfuhr. Es war eine aufregende Sache, den Wagen unter so ungewöhnlichen Umständen zu waschen, wobei mein Bruder bis auf die Knochen naß wurde. Das Wasser ging wieder zurück und hinterließ in Byrons Pool Woods Schutt und stinkenden Schlamm, der von den tobenden Wassermassen angeschwemmt worden war. Ich erinnere mich, daß ich zusammen mit drei anderen Jungen den Schutt untersuchte, um zu erforschen, welche Veränderungen das Wasser mit seiner Kraft wohl bewirkt hatte, als wir nach einigem Umherstreifen an einen Wassergraben gelangten.

Heute ist mir klar, daß diese Rinne lediglich ein kleiner Bach war, der in den Wald einbog, um sich etwas weiter flußabwärts wieder mit dem Hauptstrom zu vereinigen. Im Laufe der Zeit hatte sich der Fluß durch einen Einschnitt im Wald seinen Weg gebahnt und allmählich eine etwa einen Meter tiefe Wasserrinne aus dem Boden herausgewaschen. Dieser Abschnitt lag im Schatten, und das Wasser war immer seicht und kühl, doch die großen, bunten Elritzen blitzten in leuchtenden Rot- und Blautönen im klaren, funkelnden Wasser.

Obwohl die Überschwemmung schon zurückgegangen war, schoß das Wasser als schmutzigbrauner Sturzbach durch den Graben, der sich zu unserem Erstaunen verbreitert und um etwa einen Meter vertieft hatte. Das Abenteuer lockte, und seine offensichtliche Gefährlichkeit stachelte unseren Wagemut nur noch an. Wir untersuchten die Sache genauer und stellten bald Überlegungen an, ob man den Graben wohl noch überspringen konnte.

«Natürlich kann man», stellte Lennie verächtlich fest. Obwohl er noch so jung war, zeichneten sich bei ihm bereits die kräftige Statur und der enorme Brustkorb seines Vaters ab. Bei diesem Anblick bezweifelte keiner von uns, daß er den Sprung schaffen würde. Terry ging bis zum Rand des Grabens und warf einen Blick auf das schäumende Wasser.

«Ich kann hinüberspringen.»

Das stimmte ebenfalls. Terry war ein begeisterter Athlet, der in allen Sportarten hervorragende Leistungen erbrachte und allen anderen in unserer Gruppe überlegen war, sobald es um körperliche Geschicklichkeit ging.

Eddie verdeutlichte sein Können lautstark: «Na klar, den Sprung schafft doch jeder.» Und wer hätte das angesichts seiner langen, schlaksigen Beine bezweifelt?

Aller Augen richteten sich jetzt auf mich. Ich stellte mich an den Rand des Grabens, blickte ins schmutzige Wasser und dann zur anderen Seite hinüber. «Oho!» dachte ich, «das ist ja um einiges weiter weg!»

«Kein Problem», sagte ich, «der ist gar nicht so breit.» Was angesichts meiner inneren Zweifel eine Lüge war.

Wir wandten uns um und gingen ein paar Schritte zurück, um genügend Anlauf zu nehmen. Dann begann das Springen. Eddie war der erste. Mit einem weit ausholenden, mühelosen Sprung setzte er über den Graben hinweg, wie wir es erwartet hatten. Lennie und Terry folgten ihm gleich darauf. Ich nahm Anlauf, doch knapp bevor ich zum Sprung ansetzte, bremste ich ab, so daß ich gerade noch am Rand zu stehen kam, wo ich taumelnd um mein Gleichgewicht rang. Für einen Augenblick herrschte Stille ... einen halben Atemzug lang, und dann setzten die Spottrufe ein.

Beschämt und mit brennender Röte im Gesicht machte ich kehrt, um einen zweiten Versuch zu wagen. Ich rannte schnell bis zum Graben vor und versagte wieder. Ein drittes Mal – und wieder das gleiche Ergebnis. Ich ließ den Rest des Tages über mich ergehen, war aber dankbar, als wir endlich nach Hause kamen und ich mir die verächtlichen Bemerkungen und den versteckten Hohn nicht mehr anzuhören brauchte.

In dieser Nacht lag ich stundenlang wach, gequält vom Gedanken an einen Sprung, den ich nicht gewagt hatte. Der Unterricht am darauffolgenden Tag war erträglich, denn Eddie, Lennie und Terry besuchten eine andere Schule, und so hatte niemand von meinem Versagen erfahren. Als ich mit dem Fahrrad nach Hause fuhr, nahm ich diesmal eine andere Route, die durch Granchester und an Byrons Pool Woods vorbeiführte. Ich ließ das Fahrrad an der Weißdornhecke am Eingang stehen und ging durch den Wald bis zum Graben.

Angespannt stand ich am Ufer – bereit, den Riesensprung vorwärts zu wagen. Als ich ganz ruhig dastand, ohne auf Druck oder Spott gefaßt sein zu müssen, erkannte ich, daß ich den Sprung als solchen nicht fürchtete, und doch lauerte irgendwo im Hintergrund eine vage, beunruhigende Angst. Ich starrte ins schmutzige Wasser, das durch den aufgewirbelten Schlamm bedrohlich tief erschien. Das war das Problem. Ich mußte ins Wasser sehen können, ich brauchte eine klare Sicht, um zu erkennen, was vor mir lag. Wenn ich fiel, mußte ich wissen, was mich erwartete, aber mit dem braunen, trüben Wasser schlich sich etwas Unbekanntes ein, kaum merklich und doch stark genug, um mich zu demoralisieren. Im Bewußtsein meines Versagens wandte ich mich um, nahm einen kurzen Anlauf und rannte dann auf den Graben los, um den Sprung zu tun – und er mißlang – und mißlang – und mißlang – und mißlang – und mißlang – und GELANG!

Beim sechsten Versuch flog ich geradezu über den Graben hinweg und landete etwa einen Meter vom Rand der gegenüberliegenden Seite entfernt. Ein schier unglaubliches Gefühl überkam mich. Ich hatte weit mehr als nur einen Graben übersprungen. Der Graben war lediglich ein Symbol. Ich hatte das Unbekannte bezwungen. Mein ganzes Leben lang mußte ich mich großen Sprüngen stellen und mich immer wieder über weitere unbekannte Hindernisse hinwegsetzen. Und jetzt hatte die Intelligenz einer uralten Palmenart diesen Sprung erneut von mir gefordert. Nie zuvor war das UNBEKANNTE, dem ich begegnen mußte, so groß gewesen wie jetzt. Jetzt ging es nicht mehr um einen physischen Schritt, sondern um einen Bewußtseinssprung. Ich mußte den Satz über jenen Graben hinweg wagen, der durch meine eigene Angst – die Angst vor dem Unbekannten – entstanden war.

Nachdem wir unser Nomadendasein aufgegeben hatten und an unseren jetzigen Wohnort gezogen waren, bestand unsere Tochter Tracey darauf, einen Weihnachtsbaum aufzustellen, da wir jetzt über genügend Platz dafür verfügten. Wir hatten einige Jahre in Wohnwagen zusammengepfercht verbracht und stimmten in diesem Punkt alle mit ihr überein. Also machte ich mich eines schönen Tages auf die Suche nach einem passenden Baum.

Wir haben einige hoch aufgewachsene Schuppentannen auf unserem Grundstück, und ich dachte mir, es müßte nicht schwierig sein, einen jungen Baum unter ihnen zu finden. Beim Spaziergang durch den Busch entdeckte ich auch einige kleinere Bäume, erhielt jedoch auf meine vorsorglichen Fragen immer eine ablehnende Antwort – keiner wollte in einen Topf verpflanzt werden. Ich kehrte also mit leeren Händen zu unserem Morton-Bay-Feigenbaum zurück und entdeckte ganz nahe am Stamm eine etwa einen Meter hohe Schuppentanne, die sich hier zu behaupten versuchte. Aha, dachte ich mir, angesichts des großen Baumes hat sie ohnehin keine Zukunft, also wird das unser Weihnachtsbaum. Obwohl eine Seite ein wenig schwächlich entwickelt war, erschien mir der Baum für unsere Zwecke ideal. Die Entscheidung war getroffen, und ob er nun wollte oder nicht, das war unser Weihnachtsbaum. Auf meine Frage hin zeigte sich die Schuppentanne sehr bereitwillig, und ich begann sie auszugraben.

Es war von Anfang an eine schwierige Sache. Ich war der größten Pfahlwurzel nur auf einer Länge von etwa zwanzig Zentimetern gefolgt, als sie bereits unter einer der riesigen Wurzeln der Morton-Bay-Feige verschwand. Also legte ich den Spaten beiseite und richtete meine Gedanken auf die Schuppentanne. «Es tut mir leid, aber ich werde deine Wurzel durchtrennen müssen. Das könnte dein sicherer Tod sein. Ich möchte dir eine Chance geben und schlage deshalb vor, daß du die Energie aus deinen Wurzeln abziehst. Morgen werde ich dich dann ausgraben und in einen großen Topf verpflanzen.»

Am nächsten Tag brachte ich den passenden Behälter mit, durchtrennte die Wurzel und löste die Schuppentanne aus dem Erdreich. Mit dem kurzen Wurzelstumpf und dem einzigen Büschel Nebenwurzeln sah der Baum ziemlich traurig aus, als ich ihn in den Topf setzte und das Erdreich festdrückte. Schon nach wenigen Stunden ließ er ganz matt den Wipfel hängen. Also umwickelte ich den stacheligen Stamm mit etwas dünnem, weichem Blumendraht, um den Baum zu stützen und besser für dekorative Zwecke einsetzen zu können. Der Baum wurde von den Kindern geschmückt, was ihm ein festliches Aussehen verlieh, und am Weihnachtstag dankten wir ihm durch unsere Bewunderung und Liebe für seinen Beitrag zu unserem Fest.

Nach dem Neujahrstag stellten wir die Schuppentanne an ein schattiges Fleckchen im Freien, wo sie regelmäßig gegossen wurde. Ich erwartete eigentlich, daß sie sterben würde, bevor ich sie sich selbst überlassen konnte, denn trotz des Wassers, das wir ihr gaben, hatte sie keine Wurzeln, um das lebenspendende Naß aufzunehmen. Sechs Monate später löste ich den Draht sorgsam von einem kräftigen, robusten Bäumchen, das sich in seinem Topf sehr wohl zu fühlen schien und für das kommende Weihnachtsfest bereit war. Es war Mitte November, sechs Wochen vor dem besagten Tag, als ich den Impuls verspürte, mich auf diesen Baum einzustimmen.

«Sag, haben sich die anderen Schuppentannen geweigert, unser Weihnachtsbaum zu werden, weil du einen anderen Platz zum Leben gebraucht hast, oder wolltest du speziell mehr Kontakt zu uns herstellen? Und wie hast du die Verpflanzung überlebt, die ja nahezu brutal verlaufen ist?»

Ich sah die Schuppentanne an, die ruhig und unbewegt dastand, während der Zweifel alte Wunden in meinem Bewußtsein wieder aufbrechen ließ.

Sei ruhig, mein Freund. Laß dich nicht in alte Gedankenmuster hineinziehen. Gib dem neuen Impuls nach. Der Zweifel ist ein fixiertes Muster, das Verwirrung erzeugt und dir deine Erfahrung unmöglich macht. Entspanne dich. Als Antwort auf deine Frage möchte ich dich auffordern, die physischen Aspekte einer Baumverpflanzung einmal beiseite zu lassen. Bewußtseinsmäßig bin ich von keinem der einzelnen physischen Bäume getrennt, die du ursprünglich nehmen wolltest. Man könnte sagen, jeder Baum entspricht einem Aspekt des einen *Bewußtseins. Darin liegt deine Herausforderung. Im Studium von Pflanzen und anderen physischen Lebensformen ist eurer Wissenschaft ein großer Durchbruch gelungen, aber was die feineren Lebensbereiche wie Energie oder Bewußtsein angeht, ist erst sehr wenig entdeckt und anerkannt.*

Aus diesem Grund fiel deine Wahl auf mich, denn ich als Baum konnte dir die Kraft deiner eigenen Liebe bewußt machen. Meine lange Wurzel wurde zerstört und die Verbindung zur Erde und ihren Elementen ausgelöscht. Doch in dem Zeitraum, wo ich Gelegenheit hatte, meine Energie abzuziehen, geschah dies auf einer nichtphysischen Ebene, die eure Wissenschaft nicht kennt. Wäre man mir mit Undankbarkeit, Gleichgültigkeit oder Nachlässigkeit begegnet, wäre ich bald darauf gestorben, denn meine energetische Reserve war und ist mit deiner eigenen spirituellen Energie verbunden.

Das innere Licht – die Kraft, welche deine Familie repräsentiert – wurde für mich zum Anschluß an ein Energieversorgungsnetz. Du und deine Familie, ihr habt mich am Leben erhalten. Aufgrund dieser Nahrung hatte ich genügend Kraft, einen neuen Wurzelstock zu bilden.

Ich hielt inne und ging die Worte, die aus der Stille so mühelos in mein Bewußtsein eingedrungen waren, nochmals durch. Darüber hinaus versuchte ich, die Wahrheit und Weisheit des Lebens nicht in Zweifel zu ziehen, aber mir kam doch der Gedanke, daß es nahezu unmöglich wäre, diese Erfahrung zu beweisen. Im nächsten Augenblick erfolgte auch schon die Reaktion auf diesen Gedankengang.

Beweise sind zu einer Art Besessenheit der Menschen geworden. Es ist eine Verhaftung des Intellekts, die in zunehmendem Maße zur Einschränkung anstatt zur Erweiterung des Horizonts führt. Der Beweis wird nur allzu leicht zur Verneinung des SEINS, *und darin liegt auch die Ursache vieler Tragödien. All jene, deren Herz von diesen Worten berührt wird, benötigen keinen Beweis, und all die anderen würden ohnehin keinen akzeptieren.*

So wie du meinen individuellen Reifungsprozeß als Baum niemals physisch erleben wirst, solltest du auch nicht danach streben, das Reifen jener Samen mitzuerleben, die du in die Herzen der Menschen pflanzt, die zu verstehen suchen. Bleibe offen und gelöst. Ich bin dir jeden Tag nahe, und unser Wachstum geht Hand in Hand vonstatten. Versuche deine spirituelle Energie öfter mit der des Pflanzenreiches zu verbinden. Laß uns öfter miteinander sprechen, so daß wir beide Nutzen daraus ziehen können.

Zwischen dem Platz, wo unser Christbaum immer im Freien steht, und den Zikadenpalmen haben wir eine Krepp-Myrte. Das ist ein großer sommergrüner Strauch, der in der warmen Jahreszeit prächtige rote Blüten trägt. Dieser spezielle Strauch beherbergt eine Reihe von Epiphyten (Scheinschmarotzern), hauptsächlich Geweihfarne. Er ist ein fürsorglicher Gastgeber, der in den kühleren Wintermonaten Sonne und Licht und in den heißen Sommermonaten stellenweise schützenden Schatten bietet.

Eine der Pflanzenarten, die seine Gastfreundschaft genießen, bewundere ich besonders. Sie hat viele Namen: Alter Moosbart, Salomonsbart, Langmoos; aber ich glaube, der bekannteste und zugleich irreführendste ist die Bezeichnung «Spanisches Moos». Der richtige Name lautet Tillandsia. Sie gehört zur Familie der Bromeliengewächse, ist ebenfalls ein Epiphyt und hängt in den tropischen Wäldern Amerikas in langen, silbergrauen Bahnen von den Wirtsbäumen. Eher einem grauen, buschig-flockigen Moos ähnlich, setzt sie sich aus einer Reihe winziger, miteinander verwobener Pflänzchen zusammen, die keine Wurzeln benötigen und sich von den Stoffen ernähren, die aufgrund der ständigen Feuchtigkeit ihrer natürlichen Umgebung in der Luft enthalten sind. In einem warmen Klima oder unter Glas gedeiht sie sehr gut. Obwohl sie sicherlich nicht jedermanns Geschmack ist, gefällt sie mir besonders gut. Wir ziehen das Spanische Moos auf einem alten Tannenzapfen, der als Verankerung wie auch als natürlicher Feuchtigkeitsmesser dient. Der Zapfen öffnet sich bei Trockenheit weit, bleibt aber fest verschlossen, wenn man ihn – den Bedürfnissen der Pflanze angepaßt – feucht hält. Da unser Klima so mild ist, hängt die Pflanze im Freien auf einem Baum, und zwar gut in Sichtweite, damit wir uns am Anblick ihrer zarten Schönheit freuen können. Ich nahm an, daß unser Spanisches Moos mit dieser Lösung recht glücklich war, doch eines Tages beschloß ich, es zu fragen. «Empfindest du deine Unterbringung als passend, Spanisches

Moos, ist es dir angenehm, von uns bewundert zu werden?» Auf feinstofflicher Ebene konnte ich spüren, daß sich die Energie der Pflanze verstärkte – und es war eine Energie von viel größerem Ausmaß als das kleine Moosbüschel vor mir.

Ich betrachte es als Vorzug, daß du unsere Energie als Teil deines Lernprozesses über die Vereinigung aller Wesenheiten ausgewählt hast.

Diese Worte – still und doch kraftvoll – erinnerten mich sofort daran, wie ich die Pflanze in einem Laden in Sydney gekauft hatte. Ich erinnerte mich auch, wie sehr ich mich gefreut hatte, als ich sie in dem Blumenladen entdeckte. So seltsam es klingen mag, es ist die einzige Erinnerung, die mir von diesem Besuch in Sydney geblieben ist.

Wenn ein Mensch so starke Gefühle für eine Pflanze aufbringt wie du, werden wir unweigerlich davon beeinflußt. Heute hast du herausgefunden, warum das so ist. Du besitzt das Privileg, dich bewußt und willentlich mit uns in Verbindung setzen zu können. Wir freuen uns über diesen Kontakt und werden alles in unserer Macht stehende tun, um dieses Erleben in dir zu fördern.

Während meiner Meditation am frühen Morgen war mir physisch vor Augen geführt worden, wie meine Kommunikation mit dem Pflanzenreich aussieht. Ich befand mich auf einer Lichtung in einem hellen, nicht allzu dichten Wald. Ich wurde von einer Kraft geführt und unterwiesen, die ich mit Sicherheit als den «Geist des Waldes» bezeichnen kann.

Blicke auf deine Hände und deinen Körper.

Ich hielt meine Hände vor mir hoch und sah, daß ein Licht von ihnen ausging. Es erinnerte stark an eine Aura, doch die Energie war deutlich anders. Ich konnte dieses Licht von meinem gesamten Wesen ausstrahlen fühlen.

Jetzt betrachte den Baum, der direkt vor dir steht.

Der Baum, der am nächsten stand, befand sich in etwa zwanzig Metern Entfernung. Es war eine mir unbekannte Baumart mit herrlich dunkelgrünem Laub. Doch genau wie ich strahlte der Baum Licht aus, das um seinen Stamm und seine Blätter wirbelte und sich von einer unsichtbaren Kraft gelenkt bewegte.

Sende dein Bewußtsein zu dem Baum hin. Lenke es auf den Baum und umarme ihn liebevoll.

Während ich mich noch fragend an den Baum «herantastete», schoß das Licht aus meinem Körper und meinem Wesen hervor und umarmte den Baum in Sekundenbruchteilen, wobei es sich mit der Energie des Baumes vereinte. In dieser Verbindung fühlte ich, wie die jetzt aktivierte Intelligenz der Natur den Kontakt begrüßte.

Das zeigt dir deutlich, daß eine spirituelle Vereinigung stattfindet. Jedesmal, wenn du deine Aufmerksamkeit bewußt auf eine Pflanze oder irgendeinen anderen Aspekt der Natur projizierst, drückt sich das durch die Aktivität des Lichts aus. Weder Zeit noch Raum können diese Vereinigung unterbinden. Wir haben dir die Möglichkeit gegeben, diese Wahrheit direkt zu sehen, damit du dich leichter von deinen Zweifeln befreien kannst. Innerhalb gewisser Grenzen kann Zweifel durchaus von Nutzen sein, doch wenn man ihn aus Gewohnheit weiter aufrechterhält, kann er genau jenes Strahlen zerstören, das du wahrgenommen hast.

Laß es einfach zu, daß sich deine Wahrnehmung erweitert . . . und verstehe.

Jetzt stand ich nicht nur mit einem einzelnen Baum in Verbindung, sondern mit dem ganzen Wald, es war *ein* strahlendes Licht. Meine Wahrnehmung erhob sich über den Wald hinaus, wo ich ein gemeinsames Strahlen sah, das sich aus unzähligen einzelnen Lichtern zusammensetzte, vereint und verschmolzen in einem einzigen, glühenden Leuchten. Und höher, weit über dem Wald erstrahlte ein noch stärkeres Licht ... und mehr ... hinaus, hinaus ... hinein, hinein ..., bis ich jenseits aller Vision oder Wahrnehmung wußte, daß all das Licht in einem himmlischen Strahlen verschmolz.

Als ich jetzt auf dem Rasen stand und das Spanische Moos auf seinem Wirtsbaum vor mir hängen sah, wußte ich um unsere Verbindung, und der Raum zwischen uns spielte keine Rolle.

Das Leuchten ist es, das die Kommunikation in unserem vereinten Bewußtsein darstellt. Deine Gedanken werden dadurch von uns erfaßt, und in dem Maße, wie du empfänglich wirst, kannst du uns näher kennenlernen.

Wie Luftblasen, die zur Wasseroberfläche emporsteigen, wird dir das Gewahrsein vom Höheren Selbst her zufließen. Strebe stets danach zu erkennen, *anstatt* Wissen *zu erlangen, denn das ist der Weg, den du gewählt hast. In diesem* Erkennen *wirst du unsere Energie in einem viel größeren Ausmaß als jetzt begreifen. Dieses* Begreifen *ist realisierte Erkenntnis, das lebendige Wort.* Erkennen *ist raum- und zeitlos und an keinerlei Gesetze gebunden.*

Mein Verstand gab sofort eine Demonstration seiner Unbeständigkeit, als ein bestimmter Gedanke in mir auftauchte.

«Sag, was geht da eigentlich vor? So oft folgt eine Pflanze der anderen mit einer ganzen Kette von Ideen oder Konzepten. Ist das beabsichtigt?»

Das Spanische Moos bewegte sich leicht im Windhauch.

Der einzige Grund dafür bist du selbst. So wie dein inneres Leuchten dich – nämlich dein wahres Wesen – in die Natur hinausprojiziert, so zeigen sich damit auch deine Stärken, Schwächen und Bedürfnisse.

Selbst wenn sich deine Fragen vielleicht unterscheiden, bleibt die Wurzel dafür doch meist dieselbe. Es ist also nur natürlich, wenn zur Befriedigung deiner Bedürfnisse eine Erfahrung die andere überlappt, sich aus ihr ergibt oder mit einem anderen, scheinbar vergangenen Erlebnis zusammenfällt.

Mir schwindelte angesichts dieser plötzlichen Erkenntnis. Es war eine erweiterte Sichtweise. Ich beschloß, mir eine Pause zu gönnen.

Morgen ist auch noch ein Tag . . ., glaube ich!

4. KAPITEL

Dezember

Es bedrückt mich, daß der Mensch die Trennung von der Natur als akzeptierte Realität hinnimmt, so weit, daß sich diese Einstellung fest etablieren konnte. Daher auch Mensch *und* Natur anstatt der Mensch *aus* der Natur. Eine Ausgabe von *Chamber's Dictionary* Mitte dieses Jahrhunderts definiert die Natur auf sehr treffende Weise als jene Kraft, welche die Welt erschafft und im Gleichgewicht hält. Ich finde diese Definition äußerst gelungen. Die Dimensionen der Erhabenheit, Größe und Zeitlosigkeit werden dadurch in unserer Vorstellung heraufbeschworen, doch gleichzeitig wird damit auch eine Frage aufgeworfen. Befinden wir uns als Menschheit jenseits bzw. über dieser Kraft, oder geht eine derartige Betrachtung so weit über unser Begriffsvermögen hinaus, daß uns diese Realität für immer verlorengegangen ist? Nach einiger Beobachtung würde man annehmen, daß die Menschheit eine Facette der Natur darstellt, eine womöglich noch nicht voll ausgereifte, latente Intelligenz. Ich verwende das Wort «latent» absichtlich. Bedauerlicherweise demonstrieren all die Kriege, an deren Gewalt wir alle mehr oder weniger beteiligt sind, die sich verschlimmernde Umweltverschmutzung und der ständig wachsende Prozentsatz geistig und seelisch überforderter Menschen in unserer Gesellschaft nur zu deutlich, daß *Intelligenz* nicht an vorderster Stelle des menschlichen Strebens steht. Im besten Fall läßt sich eine von Gier gekennzeichnete intellektuelle Arroganz erkennen. Gott sei Dank greift der normale Alltagsmensch in Krisenzeiten jedoch auf die besten Eigenschaften zurück, die dem Menschen innewohnen. Aber das genügt nicht mehr. *Wir* sind die Natur, die wir mißbrauchen. Die Verbindung mit der Natur wiederherzustellen bedeutet, in unser inneres Selbst vorzudringen, um uns mit der zeitlosen Weisheit, die in uns allen wohnt, von neuem zu verbinden. Es sind nur wenige, die keine Chance erhalten, den Kontakt zur Natur herzustellen, doch nur äußerst wenige nehmen sich für dieses Geschehen genügend Zeit. Wir sind wehleidige Hypochonder, die blind ins Nirgendwo laufen. Wie – wo – wann wird es enden? Übernehmen wir die Verantwortung für uns selbst, oder schieben wir alles auf die imaginären «anderen», von denen wir glauben, daß sie den Wirrwarr verursacht haben, in dem wir uns jetzt befinden?

Ich habe erlebt, daß dieses Verbundensein mit der Natur über die physische Verbindung hinausgeht und letztlich einen spirituellen Vorgang darstellt. Anscheinend sind wir aufgefordert, allein, demütig und verwundbar dem *Geist der Natur* gegenüberzutreten, der paradoxerweise der *Geist des wahren Selbst* ist. Es ist nicht länger nötig, von Mensch *und* Natur zu sprechen, sondern eher von der Menschheit *als* Natur. Innerhalb dieses Rahmens ergibt sich eine Verbindung – eine Verbindung der Freude –, einer Freude, die sich triumphierend über alle äußeren Belastungen erhebt und den Augenblick zur Vollendung führt.

An einem sonnigen Morgen saßen Treenie und ich mit unserer Freundin Yvonne in ihrem Wohnzimmer und plauderten. Der Raum war hell, und überall standen Töpfe mit Farnen. Eine

Wand bestand aus einer Fensterfront, die vom Boden bis zur Decke reichte und einen herrlichen Ausblick auf den nahen Regenwald bot, der sich wie ein grüner Teppich über den Hang zum New England-Plateau hinaufzog. Süß duftende Schlingpflanzen und weichblättrige Sträucher schienen nur darauf zu warten, ins Haus zu klettern und in der leichten Brise, die kaum merklich aus dem nahen Wald herbeiwehte, pochten sie mit sanfter Beständigkeit ans Fenster. Unser Gespräch verlief spannend und intensiv, aber meine Aufmerksamkeit wurde von einer kleinen, gefleckten Jade-Pflanze abgelenkt, die in einem Tontopf draußen vor dem Fenster stand. Die breite Veranda beherbergte eine bunte Sammlung verschiedenster Pflanzen, die im großen und ganzen sich selbst überlassen waren. Für die Pflanzen im Haus sah die Sache anders aus; die zahlreichen Farne gediehen aufgrund der Fürsorge und Aufmerksamkeit, die ihnen gewidmet wurde. Ich erkannte die Jade-Pflanze wieder. Ich hatte sie Yvonne vor zwei Jahren gegeben, als wir fortgegangen waren. Sie war nicht weiter gewachsen. Der Topf war groß genug, um Raum für weiteres Wachstum zu bieten, aber sie fristete ein kümmerliches Dasein – sie war verkrüppelt, aber zäh und immer noch am Leben.

«Wie würde es dir denn gefallen, wenn ich aus dir einen Bonsai machte?» fragte ich auf geistigem Wege.

Die Energie der Pflanze intensivierte sich augenblicklich.

Das wäre mir äußerst angenehm. Meiner Form nach bin ich bereits ein Bonsai.

Ich sah Yvonne mit einem unschuldigen Lächeln an.

«Magst du diese kleine buntgefleckte Pflanze da draußen?» fragte ich sie.

«Möchtest du sie?»

Bei Yvonne kann man nicht um den heißen Brei herumreden. Ich wußte, daß jegliches «Äh» oder «Ähem» sinnlos war. Klarheit und Ehrlichkeit waren in diesem Fall angebracht.

«Ja, ich möchte sie. Ich würde gerne einen Bonsai aus ihr machen», antwortete ich.

«Dann gehört sie dir», meinte Yvonne.

Das war also erledigt.

Ich sah mir die Jade-Pflanze nochmals an – sie war krumm, verdreht, ja beinahe grotesk. Seltsam, wenn ich früher daran dachte, aus einer Jade-Pflanze einen Bonsai zu machen, fühlte sich das immer verkehrt an. Aber diesmal war es richtig.

Am nächsten Tag versuchte ich, der Sache mit der buntgefleckten Jade-Pflanze weiter nachzugehen. Ich scheine mich zwar zu wiederholen, aber sie gehört auch zu meinen Lieblingspflanzen. Die Jade-Pflanzen-Energie verfügt über eine eigene Qualität, die eine bestimmte Reaktion in mir auslöst, einen Schwall des Wiedererkennens, das Gefühl, daß es *noch etwas anderes* gibt. Ich setzte die kleine, verkrüppelte Pflanze neben mir ab und stellte ihr die Frage, die mich am brennendsten interessierte. «Warum bist du nicht weiter gewachsen? Obwohl du ganz krumm aussiehst, fühlst du dich ziemlich anders an. Aber was ist dieses ‹Andere›?»

Bist du bereit, dein Begriffsvermögen noch ein bißchen weiter auszudehnen?

Ich seufzte. «Was kommt jetzt wohl wieder? Aber warum nicht?»

Du und ich – wir beide wissen/haben gewußt – um diesen Augenblick. Ich habe darauf gewartet, daß das geschieht. Ich bin so gewachsen, wie es für mich nötig war. Stimmt es nicht, daß du keinerlei Interesse an mir gezeigt hättest, wenn ich ein wohlgewachsenes Exemplar meiner Art darstellte?

Ich war verblüfft – es stimmte tatsächlich.

Die Raum-Zeit ist ineinander verschlungen. Sie existiert, und doch auch nicht. Zeit ist für deinen Erfahrungsbereich etwas Relatives. In deiner physischen Welt verrinnt die Zeit. In den inneren Reichen ist sie jedoch nicht existent. Es wird sein . . . es ist . . . es war, das ist alles eins. Es sind verschiedene Orte im selben Zyklus des Jetzt. Der Augenblick, in dem du mich zum zweiten Mal erhalten solltest, bestand bereits, bevor ich auch nur als jener Setzling zu wachsen begann, als den du mich einmal eingepflanzt hast.

Das läßt sich noch weiter zurückverfolgen.

Als du mich als Ableger von meiner großen Elternpflanze entfernt hast, war auch dieser Akt bereits vorher bekannt, schon bestimmt, bevor du auch nur von dieser Pflanze wußtest oder auch nur daran denken konntest, einen Ableger von einer Jade-Pflanze zu ziehen. Und so setzt sich die Kette fort – weiter und weiter zurück – weiter und weiter vorwärts; alles steht in Zusammenhang – keinerlei Zufall – keine Beiläufigkeit; die Wahl wird getroffen – obwohl es keine Wahl gibt.

«Moment mal, warte ein bißchen. Die Wahl, obwohl es keine Wahl gibt, das kommt mir bekannt vor. Aber daß man diesen Gedanken auf eine so weltliche Handlung wie das Ziehen eines Ablegers vor vier Jahren anwenden soll, erscheint mir geradezu lächerlich.»

Ich hatte meine Ungehaltenheit deutlich zum Ausdruck gebracht, aber die Jade-Pflanze fuhr fort, als wäre sie gar nicht unterbrochen worden.

Es kommt immer eine höhere Wahrheit zum Ausdruck. Eine weit größere Intelligenz als das, was der Mensch als Intelligenz bezeichnet, bewahrt in einer scheinbar chaotischen Welt die Ordnung.

Der Mensch behauptet, Intelligenz drücke sich als Denkvorgang aus, während er in Wirklichkeit nur den Intellekt mißt. Sogar die scheinbare Bedrohung des Gleichgewichts auf diesem Planeten durch den Menschen ist nichts weiter als eine Bewegung in einem unverstandenen Traum.

Nein, selbst die Wahl, die der Ableger einer vergessenen Jade-Pflanze in den weiten Ebenen Australiens trifft, ist kein beiläufiges Ereignis und auch kein Zufall. Ich bin gewachsen, wie ich gewachsen bin. Ich bin dem Wachstumsmuster gefolgt, das für mich das vollkommene war.

Intelligenz IST.

Die Intelligenz entscheidet, wer oder was einem Muster der Deformation folgen soll, einer Travestie dessen, was du als vollkommen bezeichnen würdest. Auch wenn die physische Form verunstaltet oder verkrüppelt erscheinen mag, gibt es keinen Fehler, denn in der unendlichen Suche nach der Wahrheit, der Erweiterung und dem Gleichgewicht ist in einer solchen Schwierigkeit ein Geschenk enthalten. Es ist eine sehr seltene Gabe, die sich dahinter verbirgt.

Akzeptiere eine bescheidene, verkrüppelte Jade-Pflanze. Meine Andersartigkeit ist meine Vollkommenheit. Betrachte deine eigenen Ansichten und Denkprozesse auf gleiche Weise in dem Wissen, daß dein Erleben lediglich ein weiterer Blickwinkel des einen *Spiegels ist.*

Solange es notwendig ist, werden wir gemeinsam wachsen – ob das nun in diesem Augenblick schon beendet ist oder erst in vielen Jahren. Es wird kein Zufall sein, sondern die Wahl, die wir getroffen haben. Und das wird kein physisches, sondern ein geistiges Ereignis sein.

Die Energie beruhigte sich, und die stille Botschaft war zu Ende. Ich blieb eine Weile in dieser beschaulichen Stimmung sitzen. In den letzten Tagen hatte ich mich bedroht gefühlt. Ich hatte mich gefragt, ob meine Erfahrungen mit Pflanzen – daß ich ihnen zuhören und mit ihnen reden kann – echt oder nur eingebildet waren. Auch mit Treenie hatte ich mich darüber unterhalten, wobei ich keine Antwort von ihr erwartete – es gab nichts zu fragen –, sondern Ehrlichkeit, da ich hoffte, ihre Einsichten könnten mir meine eigene Klarheit wieder vor Augen führen. Ich hatte Yvonne in der vagen Hoffnung besucht, daß mir unsere Gespräche dabei helfen würden, die versteckte Bedrohung von ihrem Standpunkt aus zu sehen; statt dessen... kam ich mit der Jade-Pflanze nach Hause.

Vielleicht war es das. Ich spürte Erregung in mir aufsteigen. Vielleicht war die Jade-Pflanze die Antwort. Eine Antwort, die mir vier Jahre, bevor ich die Frage kannte, gegeben worden war. Vielleicht... wenn... aber..., mir schwindelte unter dem plötzlichen Ansturm so vieler neuer Ideen. Erstaunlicherweise stellte sich heraus, daß ich die Worte der Jade-Pflanze voll und ganz akzeptieren konnte, obwohl sie mich mit der ganzen Wucht dieser Pflanze getroffen hatten. Ich fühlte mich wohl. Die Bedrohung war verschwunden. Ich überlegte. Was hatte sich verändert? Warum konnte ich all das in diesem Moment akzeptieren, während ich mich in einem anderen Augenblick ängstlich und verwirrt zurückzog? Die innere Stimme war deutlich hörbar.

Die Wahrheit gleicht einer Welle, die den Strand berührt. Hoch schießt sie empor, ihre Kraft preßt den Sand unter sich zusammen, und der Sand weiß um die Welle. Dann geht die Flut zurück. Der Sand ist trocken, und er weiß weder um die Welle noch um ihre Herkunft. Mit der Mittagssonne sind die Zweifel schon sehr stark geworden ..., bis die nährenden Wellen der Wahrheit von neuem heranströmen.

Auf diese Weise fühlst du die Gezeiten von Wahrheit und Zweifel in deinem Herzen aufsteigen und verebben. Sei deshalb nicht betrübt, denn das ist für den Menschen so natürlich wie das Werden und Vergehen der Wellen auf einem Strand.

Erkenne dein Selbst als einzelnes Sandkorn an den Ufern der Menschheit. Du hast die Wahl: Entweder du läßt dich von den Wellen der Wahrheit nähren und sättigen, oder du läßt sie (wie so viele andere auch) einfach wieder ablaufen, da sie die harte Schale der Gleichgültigkeit nicht zu durchdringen vermögen.

Du kannst – allerdings nur für dich selbst – über Ebbe und Flut herrschen. Wenn die Flut zurückgeht, kannst du dich an den salzigen

Nachgeschmack der Wahrheit erinnern, und in dieser Erinnerung wirst du für immer um die Wahrheit wissen.

Ich sah meine krumme, verkrüppelte Jade-Pflanze an. Ich fühlte eine Achtung in mir aufsteigen, wie ich sie nie zuvor gefühlt hatte. Plötzlich sah ich die Pflanze mit anderen Augen, als hätte sich ein Schleier gelüftet.

Die Sonne brannte erbarmungslos von einem wolkenlosen Himmel, es war wieder ein sehr heißer Tag. Die Hitze hielt schon eine Woche lang an, was für unser Tal eher ungewöhnlich war, und so diente uns der kühle Fluß jeden Nachmittag als Zufluchtsstätte. Als die Hitze eines Nachmittags wieder ihren Höhepunkt erreicht hatte, ging ich gerade durch den Garten in Richtung Fluß.

Bitte pflück meine Blüte und entferne sie aus dieser Hitze.

Ich blieb stehen und sah plötzlich die Rosen in ihrem Mulchbeet vor mir. Die Knospe einer einzelnen roten Rose war aufgebrochen und voll erblüht. Für die Pflanze selbst war die Hitze nicht zu stark, wohl aber für die Blüte, und ich staunte darüber, daß die Rose ihre einzige wertvolle Blüte zu schützen suchte. Ich holte die Gartenschere, schnitt die Rose ab und stellte sie dann in einer schlanken, wassergefüllten Vase an einen zentralen Platz in unserem Wohnzimmer. Die Luft hier war bedeutend kühler, und der Duft der roten Rose vereinte sich freudig mit der Atmosphäre des Raumes.

Einige Tage später hatte sich die Hitze immer noch nicht gelegt, ja sie wurde sogar noch stärker, und am späten Nachmittag war es auch im Wohnzimmer unerträglich heiß. Die Rose, die unter kühleren Bedingungen noch länger frisch geblieben wäre, starb. Unter dem Einfluß der Hitze verfärbten sich die

Spitzen ihrer Blütenblätter dunkel. Ich sandte meine Liebe bewußt an die dahinwelkende Rose aus, die mich trotz ihres traurigen Zustandes in ihrer Schönheit rührte.

«Ich danke dir, sterbende Rose. Danke, daß du deinen Duft und deine Schönheit mit uns geteilt hast. Ich wünschte, wir hätten dich länger am Leben erhalten können.»

Trauere nicht um eine sterbende Rose. Ich sterbe, und doch lebe ich, denn bin ich nicht auch die Rose im Garten, alle Rosen in allen Gärten, alle Rosen in allen Vasen? Meine Blütenblätter sind ausgetrocknet, aber hätte ich eure Liebe nicht gefühlt, wäre bereits am ersten Tag alles zu Ende gewesen. Sieh doch, kein einziges Blütenblatt ist abgefallen.

Die Kraft derer, die das Pflanzenreich lieben, ist Träger einer Nahrung. Auf diese Weise hast du mich genährt. Ich singe das Lied eines schwindenden Leuchtens, doch in diesem unsichtbaren Leuchten lebe ich. Der physische Tod ist nur von geringer Bedeutung. Der Tod ist unser ständiger Begleiter, er ist in jedem Augenblick bei uns, und doch ist er bedeutungslos. Tod bedeutet: «ohne Leben», aber das trifft nicht zu. Nur die Form, die physische Hülle kann hingegeben werden.

Das Leben ist unendlich, allgegenwärtig und ständig neu im Entstehen.

Ich lebe im Leuchten meiner Blüte. Im Strahlen deines Wesens lebe ich für immer.

Unsere Energien sind vereint, und in dir bin ich heil.

Die stille Stimme schwieg, und während ich die Rose von neuem betrachtete, fühlte ich, wie sich ihre Energien sammelten. Der Gehalt dieser Bilder und Worte bedrückte mich. Vielleicht war ich einfach zutiefst berührt, die Rose spürte mein Unbehagen jedenfalls.

Zwinge deinen Verstand nicht, unsere Wahrheit in deine erstarrten Begriffe zu kleiden. Sei gelöst und offen. Laß meine Worte frei und leicht in dich einfließen.

Du brauchst nichts zu erfassen und festzuhalten. Mach aus meinen Worten kein Wissen. Belasse die Ideen in ihrer Verschwommenheit, so daß sie noch eine Verschiebung durchlaufen können, weiter eindringen und ihre eigene Energie zum Ausdruck bringen, bis sie – genau zum richtigen Zeitpunkt – eine höhere Wahrheit präsentieren.

Ich kann niemals sterben, auch als Blume nicht, denn ich bin ein Teil von dir. Eine solche Behauptung ist eine Herausforderung für dich. Trotz meiner Hinweise versucht dein Verstand sofort, all das zu erfassen und zu verstehen.

Mein Freund, laß das Herz eine Wahrheit erkennen, die der Verstand noch nicht zu fassen vermag. Erklärungen werden dabei sinnlos. Das Wissen, das nur auf einer physischen Realität begründet ist, kannst du beiseite lassen. Du mußt dich auf eine andere Welt einstimmen, eine Dimension, die innerhalb und zugleich außerhalb deiner eigenen liegt.

Nimm die Dinge von Herzen an, auch wenn der Verstand unterdessen rebellierend im Käfig seiner Gedankengebilde umherwandert.

Wenn du eine physische Realität erfährst, akzeptierst du sie und glaubst daran, weil du sie sehen kannst. Verweigere dich einer ebenso gültigen Weisheit einer höheren Ebene nicht, nur weil sie unsichtbar ist.

Richte deine Zuversicht auf das Erkennen *aus. Vertraue dem Selbst. Ich werde nichts weiter sagen – ich kann dein Unbehagen fühlen.*

Bedenke: Liebe ist das Band und gleichzeitig die Befreiung.

Ich fand es ziemlich anstrengend, Bilder, Ideen, Gedanken, Gefühle und Worte in mich einfließen zu lassen, die ich nicht leicht unterbringen konnte. Sie paßten nicht in mein Weltbild. Ich fühle mich oft wie jemand, der allein auf einer winzigen Insel steht. Die Insel besteht aus den mir bekannten und akzeptierten Ansichten, also aus dem, was jedermann als real erachtet. Welle für Welle beginnt das Unbekannte, das Nichtbeweisbare, meine Insel wegzuschwemmen, so daß ich den Boden unter den

Füßen verliere. Ich habe den Eindruck, daß unsere allgemein akzeptierten Wahrheiten in etwa so fest wie Sand sind. Es scheint mir so, als müßte ich den Felsen einer höheren Wahrheit erklimmen, wohl wissend, daß ich – sobald ich mich sicher fühle – wiederum auf den nächsthöheren steigen muß, auf dem neue Regeln gelten. Erst jetzt begreife ich allmählich, daß ich mir den schwierigsten Schritt meines Lebens vorgenommen hatte – mich voller Vertrauen in unbekannte Gewässer vorzuwagen. Doch der Reiz durchzuhalten ist stärker.

Endlich war die Hitzewelle vorüber. Die Wolken, die sich tagsüber angesammelt hatten, glitten langsam und schwer über das Tal. Regenwolken hingen bedrohlich über mir, als ich am Fluß anlangte, diesmal nicht um zu schwimmen, sondern um in das dort wartende Bewußtsein einzutauchen. Ich saß da, das aufgeschlagene Tagebuch auf den Knien, und sandte mein Bewußtsein auf den Fluß aus. Mit dem Wortstrom kam gleichzeitig ein leichter Nieselregen auf, den der Wind flußaufwärts herbeiwehte.

Deine Hoffnung, die mit Erwartung nur so geladen ist, dämpft unsere Kommunikation auf dieselbe Weise wie der Regen deine Fähigkeit zu schreiben.

Meine Feder, die sich über das Papier bewegte, formte nur halbe Wörter und Satzfetzen. An den Stellen, die feucht geworden waren, blieb nichts von dem, was ich zu schreiben versuchte, auf dem Papier haften.

Nun, mein Freund, wenn du dich voll erwartungsgeladener Hoffnung auf uns einzustimmen versuchst, wirkst du auf uns wie die feucht gewordenen Seiten deines Tagebuchs, da du nur einen Bruchteil dessen aufnehmen kannst, was wir dir zu übermitteln suchen.

Ich zog mich verzweifelt zurück.

Im trüben Spiegel der Selbstbetrachtung konnte ich einen kurzen Blick auf meine unterbewußten Erwartungen erhaschen. Entmutigt und schweren Schrittes kehrte ich zum Haus zurück, während mich der Regen völlig durchnäßte. Ich warf mein Tagebuch auf den Schreibtisch und setzte mich nachdenklich hin. Wie sollte ich Gedanken bewältigen lernen, von deren Existenz ich nicht einmal wußte? Es war ein geradezu lächerliches Problem. Was war zuerst da – die Henne oder das Ei? Wenn Erwartungen auf bestimmten Gedankenmustern beruhen und Hoffnung eine unbewußte Aktivität des Verstandes ist, wie kann ich diesem Kreislauf dann entrinnen? Als ich aus dem Fenster sah, bemerkte ich, daß es aufgehört hatte zu regnen. Aus irgendeinem Grund erschien mir das wie eine spöttische Geste der Natur, die sich über meine Versuche, ihre Weisheit auf Papier zu bannen, lustig machte. Die stillen Worte des Flusses drangen aufrichtig und offen in meinen verwirrten, aufgewühlten Geist ein.

Wir verspotten dich nicht. Du kannst dich tatsächlich glücklich schätzen, daß dir das Leben eine so perfekte Spiegelung deiner Erwartungen gezeigt hat. Das Donnergrollen in deinem Unterbewußtsein verursacht Störungen im Fluß, der zwischen uns besteht. Du bist dir der Kraft der Gedanken noch nicht wirklich bewußt. Gedanken stellen eine ungeheure Kraft dar, wenn sie konzentriert und gelenkt werden. Unterdrückte und unbewußte Gedanken oder Sehnsüchte rufen eine Verzerrung jener Klarheit hervor, die wir zu vermitteln suchen.

Ein unterbewußtes Gedankenmuster stellt eine Unterbrechung zwischen uns dar. Bevor du fähig bist, die volle Kraft konzentrierter Gedanken einzusetzen, mußt du sie klären, reinigen und verfeinern.

Denkmuster, die von Verwirrung, Einengung und Unterdrückung geprägt sind, stellen eine Gefahr für den Denker selbst dar, da sie immer bestrebt sind, ihn zu beherrschen. Gedanken sollten nicht eingekerkert werden. Blicke in die Verliese deines Bewußtseins und befreie all die eingeschlossenen Gedanken. Laß sie los. Erhebe keinerlei Ansprüche auf sie. Sei ihretwegen nicht beschämt, sondern laß sie einfach frei.

Damit das gelingt, mußt du die Gedanken anerkennen, deren du dich schämst. Akzeptiere ihre Existenz. Sprich sie wie einem liebevollen Freund gegenüber laut aus, oder sprich sie in die Stille hinein. Auf diese Weise werden sie befreit und können dich durch ihre unausgesprochene Täuschung nicht mehr in ihrem Bann halten.

In der Befreiung der Gedanken wirst du auch deine eigene Befreiung finden. Durch die Freisetzung der Gedanken, die damit in dein Wachbewußtsein treten, wirst du das Denken meistern.

Nach diesem Zwiegespräch war ich verwirrt und ziemlich aufgewühlt. Eine Art Schock saß mir immer noch in den Gliedern. Ich war mir meiner Erwartungen und eingekerkerten Gedanken nicht bewußt gewesen, aber – um ehrlich zu sein – über die Schatten, die tief in meinem Inneren hin- und herhuschten, wußte ich durchaus Bescheid. Ich wollte keine Gefangenen in den Zellen meiner Denkmuster festhalten, aber ich war mir nicht sicher, ob ich sie freilassen konnte bzw. was geschehen würde, wenn ich es versuchte.

Der Tag traf auf die Nacht und verschmolz mit ihr, doch am nächsten Morgen lastete eine Wolke schwer auf mir. Die unterbewußte Verhaftung an längst vergangene Ängste fesselte sie an mich. Ich begriff, daß eine Vergangenheit, die mit ungelösten Problemen beladen ist, immer gegenwärtig bleibt, und man wird ständig an sie erinnert, bis man die Fähigkeit entwikkelt hat, seine Probleme zu lösen. Durch diese Handlungsweise bringt man die Vergangenheit zur Ruhe.

Die Gedanken glitten mit täuschender Leichtigkeit durch mein Bewußtsein, als ich in die ersten Strahlen der noch tiefstehenden Morgensonne blinzelte und einen Blick auf den Gummibaum warf, der in der Nähe stand.

Wenn ich nur nie wieder von Zweifeln geplagt würde! Trotz meiner pessimistischen Gedanken konnte ich das Bewußtsein des Baumes in meinem Geist lebendig und wach werden fühlen. Wenn ich mit dem, was ich wußte, doch nur Frieden schließen könnte!

Es tut mir wirklich sehr leid, mein Freund. Wir können dir keine Beweise liefern. Was brauchst du denn? Würde ein von uns geführtes und aufgezeichnetes Gespräch, das gleichzeitig noch von einem Dutzend oder sogar von tausend Leuten angehört wird, deine Bedürfnisse befriedigen?

Oder wärst du dann nur eines von vielen verwirrten Opfern, die nach weiteren Beweisen suchen? Nur indem du begreifst, wer du bist, wirst du Frieden finden. Aufgrund dieser Erkenntnis wird sich der Beweis als ein Geschenk enthüllen, das nur von jenen benötigt wird, die die Realität ihres eigenen Lebens nicht akzeptieren können.

Der Zweifel hindert dich, dein Selbst zu akzeptieren. Ich brauche dir nicht zu sagen, daß der Zweifel ein Schloß an der Pforte zur größeren Wirklichkeit, zu erweiterten Möglichkeiten ist. Der Zweifel ist jener Teil des Verstandes, der darum kämpft, die Kontrolle zu bewahren. Der Zweifel versucht zu spekulieren und aus der Spekulation heraus einen bekannten Weg zu beschreiten.

Es ist unmöglich, so vorzugehen und gleichzeitig in ein höheres Bewußtsein einzutreten. Da gibt es keinen Platz für Zweifel, keinen Raum, in dem der Zweifel seine Ängste ausdrücken könnte. Der Zweifel zerstört die Zuversicht. Die Zuversicht kennt kein Wissen und strebt auch nicht nach Wissen, denn in der Zuversicht selbst ist der Augenblick vollkommen.

Der Weg des Vertrauens ist eine Reise, die über Raum, Zeit oder dimensionale Begrenzungen hinausgeht. Der Verstand kann nicht sondierend vorauseilen, um den Weg zu erkunden. Ja, man kann ihn weder durch die Peitsche noch durch bestimmte Techniken, sondern nur durch das Vertrauen beherrschen. Es geht um das Erkennen *im Augenblick.*

Bitte versteh das richtig. Die Vergangenheit ist bekannt, während das Erkennen *nur im Augenblick, dem ewigen Jetzt geschieht.*

Kannst du eine Herausforderung von solcher Größe annehmen?

Kannst du auf die Gesellschaft der großen Herde der Zweifler verzichten, um ein einsamer Hirte des Vertrauens zu werden?

Ein leichtes Unbehagen überkam mich. Es stand nicht unbedingt mit den Zweifeln in Zusammenhang, sondern eher mit einer vagen, inneren Unruhe, die ich nicht identifizieren konnte. Ich beschloß, sanft mit mir umzugehen, anstatt in mein Inneres zu starren und die dort lauernden Gefühle hervorzuzerren und zu früh ans Licht zu holen. Ich fühlte die Zuneigung, die mir dieser Baum, ja die Natur selbst entgegenbrachte. Die stille Antwort überraschte mich.

Sieh doch einmal, um wieviel leichter es dir jetzt schon fällt, das Vorhandensein einer höheren Wahrheit anzunehmen. Du kämpfst nicht mehr wochen- und monatelang gegen die belastende Logik des Zweifels an.

Gib dich für den Augenblick damit zufrieden, daß du die Anwesenheit einer höheren Wahrheit akzeptierst. Sie wird sich in dein Bewußtsein einfügen und dich zum richtigen Zeitpunkt umhüllen und erfassen.

Ja. Ich fühlte, daß es so war. Ich wurde nicht mehr eine schmerzerfüllte Woche um die andere von Zweifeln geplagt. Der Zweifel war immer noch ein wildes Raubtier, aber seine Zähne waren bereits stumpf, und er konnte mein Vertrauen nicht mehr zerfleischen und zerreißen. Und doch lag er ständig auf der Lauer und knurrte mir seine Drohung aus dem Hintergrund zu. Ein Gefühl der Dankbarkeit überkam mich, denn ich wußte, daß ich das ganze letzte Jahr über Hilfe erhalten hatte, ja daß ich beinahe wie ein Kind umsorgt worden war.

Ich ging die aufgezeichneten Ereignisse im Geist durch. Es war ein Jahr des Schmerzes, der Konfrontation und der Entscheidung gewesen. Entweder setzte ich meinen längst gewählten Weg fort, oder ich mußte mich völlig von all dem abwenden.

Aufgrund von Verwirrung und Zweifel zu zögern bedeutete, noch tiefer in Stagnation und Mutlosigkeit zu versinken.

Ich seufzte: «Ich bin so froh, daß das Schlimmste schon hinter mir liegt und die Entscheidung getroffen ist.»

Gut, daß du dir der Hilfe bewußt bist, die dir zuteil geworden ist. Eines Tages wirst du wissen, daß dein Schmerz auch der unsere war, deine Verwirrung unser Mitgefühl, dein Zweifel unsere Sorge.

Wir haben unser Reich auf dich ausgedehnt, um einen Bund zu besiegeln. Dadurch kann die gegenseitige Hingabe wachsen, zur Blüte gelangen und schließlich Früchte tragen. Wir werden uns eines Tages auf anderen Ebenen begegnen. Wir werden in einem so hellen Leuchten aufeinander treffen, daß sich dir die Wahrheit für immer unverhüllt zeigen wird.

Ich war einige Tage lang von einem seltsamen Gefühl der Desorientierung erfüllt. Es schien, als hätte ein Teil tief in meinem Inneren einen Riesenschritt getan, während mein übriges Selbst nicht wußte, wie und wo dieser Schritt zu vollziehen war.

Da war eine innere Unruhe, ich fühlte mich nicht im Gleichgewicht. Das Unvermeidliche geschah: Eine Erkältung, beginnend mit den typischen Halsschmerzen, kündigte sich an.

Das war gestern.

Heute machte sie sich bereits deutlich bemerkbar. Die Drüsen schwollen an, die Stirnhöhlen waren verstopft, und hinter den Augen fühlte ich einen leichten Schmerz pochen. Jetzt hatte ich eine Entschuldigung, um mich zu verstecken und mich eine Weile dem Selbstmitleid hinzugeben. Es gibt nichts Besseres als Grippe oder eine Erkältung, wenn man einer Sache aus dem Weg gehen will!

Auf meine Bitte hin ging Treenie zur Apotheke, sobald sie offen war, und kam mit einer Schachtel Halspastillen zurück, die sie mir mit einem bemerkenswerten Mangel an Mitgefühl aufs Bett warf.

Während sie abwesend war, war *etwas geschehen*.

Ich hatte zum zweiten Mal Richard Bachs *Illusionen* gelesen, etwa zwei Jahre, nachdem ich zum ersten Mal auf das Buch gestoßen war. Das Buch wirft einige Fragen auf. Wo ist die Grenze zwischen Realität und Illusion? Wer entscheidet, was real und was unwirklich ist? Gehen wir alle von einer gemeinsamen Anschauung aus, oder kann jeder seine unabhängige Sicht von der Welt haben, zwar isoliert, aber trotzdem real? Wieviele unserer Erfahrungen bestehen aus Illusionen, die auf unserem Vorverständnis von Realität aufbauen?

Ich habe gesehen, wie sich ein Mann eine lange Nadel in den Arm stach. Es war kein Trick, es war tatsächlich eine Nadel. Er fühlte offensichtlich keinen Schmerz. Er war nicht in Trance. Er hatte sich selbst beigebracht, wie es möglich ist, seine Identität aus seinem Arm oder einem beliebigen anderen Körperteil abzuziehen. Daher spürte er keinen Schmerz in einem Arm, der nicht der seine war. Stechen Sie mir die Nadel in den Arm und ... SCHMERZ. Wer hat nun die richtige Realität? Und wer lebt in der Illusion?

Ich weiß jedenfalls, was mir angenehmer ist. Ich überflog den Begriff der Einschränkung. Wir werden durch die Konditionierung unserer Gedanken eingeschränkt; von dem, was wir glauben, erreichen zu können; durch Dinge, von denen wir annehmen, daß sie uns die Zustimmung unserer Mitmenschen sichern, wodurch wir unser Selbstwertgefühl festigen – eine weitere Illusion. Und so weiter und so fort ...

Während ich mich allmählich durch dieses Gewirr düsterer Gedanken hindurchkämpfte, tauchte plötzlich ein Licht auf, das rasch näher kam und mir die Erleuchtung brachte. Irgend etwas machte «klick» ... es war ein großer Schritt ...

Wenn all das, was ich mit der Natur erlebe, eine Illusion ist, die nur meiner Phantasie entspringt – dann ist das durchaus in

Ordnung. Es macht mir Spaß. Wer hat etwas Besseres zu bieten? Vergiftete Nahrung und verschmutzte Luft? Ist das besser? Den Glauben an Tod, Angst und Gier aufrechtzuerhalten – sind das vielleicht bessere Grundlagen? Eine dogmatische Religion mit einem urteilenden Gott? Ist das besser? Meine Erfahrungen sind erhebend, erweiternd, liebevoll, kreativ und intelligent. Wer kann mir eine bessere Realität – oder Illusion – anbieten? Wenn ich eine tiefe Liebe für alles Lebendige empfinde und spüre, daß diese Liebe von der Natur erwidert wird, wer hat da noch eine bessere Illusion zu bieten? Wenn ich Liebe und Mitgefühl für die Menschen entwickle, wenn ich genau das tue, was ich tun möchte und dabei glücklich bin, wer könnte mir noch mehr bieten?

Plötzlich traf es mich wie ein Schlag. Wogegen kämpfe ich an? Kämpfe ich gegen das Angebot von Liebe, Frieden, Erweiterung, Kreativität, Einsicht und Intelligenz, gegen die Möglichkeit, *mich* und das SEIN zu begreifen? Weswegen kämpfe ich dagegen an? Will ich weiterhin am allgemeinen Glauben an Schmerz, Leid, Tod, Mühsal und Krankheit festhalten und annehmen, der Mensch sei Opfer seines Unglücks – wenn ich weiß, daß ich sein kann, wer ich bin, wo ich bin und wann ich bin? Genau ... *jetzt.*

Nachdem mir Treenie die Halspastillen aufs Bett geworfen hatte, nahm ich eine davon ... und *wußte.* Ich leugne nicht, daß es in der Alltagsrealität Schmerz, Angst, Zweifel und Sorge gibt, aber ich bin auch nicht gezwungen, an einer solchen Anschauung festzuhalten und damit die kreative, intelligente Liebe der Natur zu verneinen. Ich beschloß, daß Schmerz, Leid, Angst und Zweifel für mich ein Ende haben sollten. Wir alle haben die Wahl. Ich will keine Erkältung und keinen schmerzenden Hals. Ich brauche weder die Erkältung noch die Halsschmerzen. Das habe ich alles schon ausprobiert. Jetzt brauche ich es nicht mehr. Ich bin frei. Ich nehme meine Erlebnisse an. Ich glaube an meine Erlebnisse. Ich weiß, was ich weiß. Ich kann mein Geschenk zur

Bereicherung des Lebens auf den Seiten dieses Buches anbieten, aber es spielt keine Rolle, wie viele oder wie wenige es annehmen. Ich will es. Mir macht es Spaß. Mit dem Gefühl freudiger Erregung kletterte ich aus dem Bett. Ich wußte, daß mir ein Durchbruch gelungen war. Ich ahnte zwar noch nicht, wohin er führen sollte, aber der Schritt allein war schon genug. Um diese Erkenntnisse öffentlich bekannt zu geben und dadurch auch verwundbar zu werden, erklärte ich Treenie und der übrigen Familie, daß ich keine Halsschmerzen und keine Erkältung zu haben gedächte. Dann erzählte ich ihnen von dem, was mit mir geschehen war. Sie begrüßten den Großteil meiner Worte mit einem unterdrückten Schmunzeln und einem abwartenden Gesichtsausdruck.

Jetzt ist der Tag zu Ende, und ich sitze hier bei meiner Jade-Pflanze. Während ich diese wunderbare Pflanzenenergie beschreibe, habe ich keine Erkältung und keine Halsschmerzen mehr. Es dauerte ungefähr dreißig Minuten, bis alle Symptome gänzlich verschwunden waren. Das macht Spaß!

Der kleine, dunkelblaue Bonsai-Topf war das ideale Gefäß. Ich war beinahe ein wenig stolz, als ich auf die Jade-Pflanze blickte, die, eine lange Wurzel lässig über einen kleinen Flußkiesel gelegt, in dem Topf wuchs, als wäre sie nie woanders gewesen. Die Jade-Pflanze und ich hatten uns bewußt zusammengetan und so die ideale Möglichkeit gefunden, unsere Synthese zum Ausdruck zu bringen. Die krumme, verdrehte Gestalt, die in ihrem vorherigen Topf häßlich ausgesehen hatte, wurde zur absoluten Schönheit. Sie war beinahe schon zu vollkommen.

Ich lenkte meine Gedanken auf die Jade-Pflanze. Sie würde zuhören und würde mich verstehen.

Hörst du das Lied unseres Triumphes? Spürst du, wie das kosmische All in deinem Wesen aufsteigt? Wir freuen uns mit dir, mein Freund.

Du bist im Begriff, jene Schritte zu tun, die dich zum Meister deines Schicksals machen. Sonst wärst du nur Treibholz, das oben am Strand der Hilflosigkeit angeschwemmt wird und allen Vorübergehenden ausgeliefert ist. Verstehst du unsere Vereinigung jetzt? Die Zeit zwischen der Zeit hört auf zu existieren. Ich singe in deinem Herzen, denn du bist mein Schöpfer.

Weite dein Bewußtsein noch mehr aus und verstehe. Du warst es, der mich geschaffen hat, damit ich dir sagen kann . . . du bist Schöpfer. Du, aus der Menschenwelt.

Durch deinen Willen, deine Gedanken, deine Phantasie und deinen Glauben läßt du es so geschehen.

Da ist etwas in dir, das weiß.

In allen Menschen wohnt etwas, das weiß.

Das Leben wird sich dir jedoch nicht enthüllen, wenn du Schicht für Schicht Informationen anhäufst.

Das nennt man Wissen. Wissen ist statische Information. Das Leben enthüllt sich durch den Vorgang des Erkennens. Erkennen *ist Information in Bewegung, die frei und spontan erhalten bleibt. Die Wissenschaft ist auf Wissen fixiert, vor allem auf jene Art von Wissen, die sich mit Sinneswahrnehmungen vereinbaren läßt.*

Trotz all der Instrumente, die die Wahrnehmungsfähigkeit der menschlichen Sinne weit überschreiten, wird all das erlangte Wissen wieder in eine Sinneswahrnehmung rückübersetzt, bevor es als Information registriert werden kann.

Wenn etwas nicht gesehen, gehört, gefühlt, gerochen oder gekostet werden kann, wird es vom physischen Menschen nicht aufgenommen. Die fünf Sinne des Menschen: die vier Wände und der Deckel eures Gefängnisses. Laß sie beiseite. Eine Berührung kann feinstoffliche Formen nicht erfassen. Die Augen werden die Realität nicht erkennen. Die Ohren sind nicht imstande, das Lied des Universums zu hören. Du kannst die Nahrung der Engel nicht kosten und den Duft einer höheren Wahrheit nicht riechen. Wir freuen uns, weil du beginnst, dich der selbst auferlegten Ketten zu entledigen.

Verwende deine physischen Sinne, genieße sie, aber glaube niemals auch nur einen Moment lang, daß sie eine abgeschlossene Realität darstellen. Dein Herz weiß es – aus Erfahrung.

Glaube, glaube!
Was auch immer du glaubst – ist so.

Meine Aufregung steigerte sich. Der schmerzende Hals, die Kopfschmerzen und die Erkältung waren *wirklich* verschwunden. Waren sie jemals eine Realität gewesen, oder waren sie nur eine Illusion, die ich geschaffen hatte, um mich dahinter zu verstecken? Was es auch sein mochte, ich war Herr über diese Dinge. Ich war aufgeregt, denn ich hatte das nie zuvor erlebt. Was ist Illusion? Was ist wirklich? Eines weiß ich mit Sicherheit – ich weiß nicht, wohin ich gehe, aber ich bin bereit, die Reise zu genießen. Erweiterung – Liebe – Kreativität – Natur – Erkennen. Hat irgend jemand etwas Besseres anzubieten?

Die Zeit vergeht, doch das Gefühl der Veränderung, der inneren Veränderung, ist nicht geschwunden. Ich spüre eine innere Lebendigkeit, ein Gewahrsein, so scharf und klar wie nie zuvor. Ich spüre, daß ich – furchtlos und ausgeglichen – am Rande einer mystischen Einsicht stehe. Auf irgendeine seltsame Weise weiß ich, obwohl mir dieses Wissen nicht bewußt ist. Ich habe keine Ahnung, wohin mich meine Verbindung mit der Natur führen wird, aber ich habe mich dieser Reise voll und ganz verschrieben, stärker als je zuvor. Die innere Erfüllung liegt auf diesem Weg, und ich mag mich nicht länger aufhalten.

Der Zweifel wirft keine grauen, melancholischen Schatten mehr auf den sonnenbeschienenen Horizont, mein Schritt beschleunigt sich auf natürliche Weise. Der Wandel ist ein offensichtlicher Bestandteil unseres Lebens. Ich sehe die Veränderung mit einer nie dagewesenen Klarheit. Jetzt kann ich dem Prozeß, in den ich eingebunden bin, vertrauen. Ich kann dem, wer ich bin, in der Gewißheit vertrauen, daß nur der vollkommenste Ausdruck der Natur/des Selbst dabei hervortreten wird. Ich habe selbst gewählt, dies anzunehmen, auch wenn die Wahl vor langer Zeit getroffen worden ist. Wie vielen von uns ist es bestimmt, eine Verbindlichkeit, die sie einmal eingegangen sind und der sie sich spirituell verpflichtet fühlen, wirklich zu erfüllen?

Ich vermute, daß es zur Zeit eine beträchtliche Anzahl von Menschen auf der Erde gibt, die ihren Weg konsequent beschreiten. Und ich glaube auch, daß in diesem Zeitalter die größte, explosionsartige Veränderung aller Zeiten im menschlichen Potential stattfinden wird, wenn sich all diese Leute bewußt mit ihrer Bestimmung im Leben auseinandersetzen. Das waren meine Gedanken und Gefühle, während ich in mein Tagebuch schrieb, und vor mir auf dem Tisch stand die Jade-Pflanze in ihrem dunkelblauen Bonsai-Topf.

Der Zeitraum, über den du nachdenkst, ist vorherbestimmt.

Und zwar nicht von einem allmächtigen Gott, sondern von der Menschheit selbst. Überdenke die tiefe Wahrheit einer einfachen Parabel: Denn was der Mensch sät, das wird er ernten.

Du kannst aus einem Rosensteckling keine Jade-Pflanze machen – du kannst nicht Arroganz säen und Demut ernten. Das Spektrum des Lebens ist riesig.

Das Leben ist unverständlich, wenn man nur einen kurzen Zeitraum anerkennt – nämlich die Dauer eines Menschenlebens. Das Leben ist unverständlich, wenn man Erfahrung als die Gesamtsumme vieler Leben betrachtet.

Das Leben ist ein einziges, riesiges Kontinuum in der Materie, aber auch außerhalb von ihr. Ohne Anfang – ohne Ende.

Heute ist es ein Ausflug in den verdichteten Ausdruck bewußten Seins, und morgen schon ein verfeinertes Bewußtsein. Jeder Tag jedes Lebens erzeugt ein Gleichgewicht. Ohne die höheren Bewußtseinswelten würde eure physische Existenz bald im Wahnsinn enden. Was ist der Grund dafür? Könnten es zufällige Ereignisse sein?

Könnte es sein, daß das gesamte irdische Leben ein Mißgeschick oder ein Zufall von Raum und Zeit ist?

Oder hat die Menschheit möglicherweise die Wahl getroffen, zur Synthese des Lebens zu werden, wo das Physische mit dem Geistigen verschmilzt? Wenn das zutrifft, könnte es dann nicht sein, daß sich die Natur nicht außerhalb des Menschen befindet, sondern die Menschheit statt dessen reflektiert, sie in sich trägt und enthält, physisch wie auch geistig? Kann Spekulation eine Antwort bestätigen, oder erfordert sie, gelebt und erfahren zu werden und durch das Sein *zur Antwort zu werden?*

Ich starrte die Jade-Pflanze an. Das war ja beachtlich!

«Woher weißt du all diese Dinge?» fragte ich.

Wozu eine Frage stellen, wenn du die Antwort ohnehin schon weißt? Möchtest du weiterhin deine Spiele spielen? Bist du noch nicht bereit, das Erkennen *zu akzeptieren?*

«Ist ja schon gut. Ich akzeptiere es. Ich weiß, so wie du weißt. Das Leben ist eine riesige, universelle Intelligenz. Das Leben in der Natur, das Leben im Menschen: ein Leben, eine Intelligenz. Wenn du weißt, so weiß auch ich. Wir alle wissen. Dieses Wissen IST. Das Leben IST. Doch wir Menschen haben so vieles wieder wegzulassen, nicht mehr zu wissen und abzulegen. Unglaube, Zweifel, begrenzte Realitäten, hypnotische Einschränkungen, eine endlose Reihe falscher Auffassungen und konditionierter Gedankenmuster – all das ist noch ein Teil von uns, den wir zu bewältigen haben – ihr jedoch nicht.»

Ich schleuderte ihr meine Worte beinahe wie eine Herausforderung entgegen. Was für eine Ungereimtheit! Mit einem Blick auf die Jade-Pflanze erfaßte ich den unglaublichen physischen Unterschied, der zwischen uns bestand. Ich konnte sie ohne die geringste Schwierigkeit zertreten, aber im feinstofflichen Bereich ragte sie so hoch auf, daß ich sie wie einen Berg der Bewußtheit erklimmen konnte, von dem aus ein Blick in die Zukunft möglich war. Da, schon wieder – warum vorausschauen? Ich bin hier – jetzt. Das genügt.

Was du über eure Einschränkungen sagst, stimmt durchaus, auch wenn sie selbstauferlegt und daher nicht real sind. In unserem Reich scheint das Licht in unverminderter Reinheit, stets einladend und allgegenwärtig. Dieses Strahlen enthüllt uns, welchen Platz wir im großen Plan des Lebens einnehmen – das Jetzt. Für den Menschen tritt jedoch eine größere Wahrheit zutage. Ihr seid als Schöpfer geboren. Götter von vergessener Macht, Blätter, die von einem Baum gefallen sind und nicht mehr wissen, daß sie ihm angehören.

Ihr versucht zu entwickeln, was bereits entwickelt ist. *Ihr sucht zu entdecken, was bereits entdeckt* ist. *Ihr seid bestrebt, etwas in der materiellen Welt hervorzubringen, was ihr durch Erkennen zum Sein bringen könntet. Ihr versucht, eure Illusionen zu untermauern, damit ihr leichter an sie glauben könnt. Ihr entwickelt eure Schwächen und verneint dadurch den Weg der euch innewohnenden Kraft . . . und doch sind wir Eins . . . und meine Liebe umfängt euch.*

Die letzten Worte trafen mich völlig unvorbereitet. Die Liebe war fühlbar, als die Worte mit unendlicher Sanftheit in mein Bewußtsein einströmten. Es war ein Nachgeben der Energie, gepaart mit einer so überwältigenden Liebe, daß ich mich umsah, weil ich beinahe erwartete, die Materialisierung eines Naturgeistes im Raum vorzufinden. Aber nein. Alles, was ich sehen konnte, war der dunkelblaue Bonsai-Topf – und die Jade-Pflanze.

Weihnachten kam – und damit auch die gesamte Familie. Duncan, erschöpft von seinem hektischen Lebensstil, kam aus Sydney angereist. Adrian fuhr mit dem Motorrad von Melbourne los und brachte uns ein neues Familienmitglied, seine

Verlobte Jo. Die Schuppentanne wurde wieder ins Wohnzimmer gestellt, mit Lichtern und Rauschgold festlich geschmückt, und strahlte unter dieser Verwandlung. Ich bemerkte, daß sie wesentlich höher geworden war, und das hieß: noch ein Weihnachtsfest, und dann würde sie das freie Wachstum im Garten genießen dürfen.

Während der Feiertage versuchte ich mehrmals, mich wegzustehlen, um mich auf die Natur einzustimmen, doch jedesmal verloren sich meine Gedanken, die von familiären Angelegenheiten beladen waren, in den Überlegungen väterlicher Fürsorge. Mein Geist war durch den Ansturm so vieler Persönlichkeiten, die Geschwindigkeit, das Temperament und die Entschlossenheit, mit der die Kinder alles nur Mögliche aus dem Familientreffen herausholen wollten, ziemlich überlastet.

Zu meiner eigenen Bestürzung stellte ich fest, daß ich ihrem Eindringen mit Widerwillen begegnete. Ich war insgeheim verärgert, daß mich der Druck, der durch die Anforderungen der Familie entstand, von der Natur isolierte. Nachdem ich ein wenig genauer hingesehen hatte, erkannte ich jedoch den Egoismus, der hinter diesen Gedanken steckte. Da war meine Familie und die Kinder, und ich hatte nichts Besseres zu tun, als mich über die Störung eines Geschehens zu ärgern, das mit unendlicher Geduld auf mich warten würde, bis ich bereit war. Ich begriff bald, daß *ich* aus dem Tritt geraten war und dabei die Realität des *Jetzt* aus den Augen verloren hatte. Und genau so, wie unsere herangewachsenen Kinder mich brauchten, brauchte ich sie: um des Gleichgewichts und der Liebe willen, die so einzigartig menschlich sind.

Ich gab meine Zurückgezogenheit am Flußufer für die Spontaneität, den Überschwang, die Energie der Jugend und ihre Urlaubsbegeisterung hin.

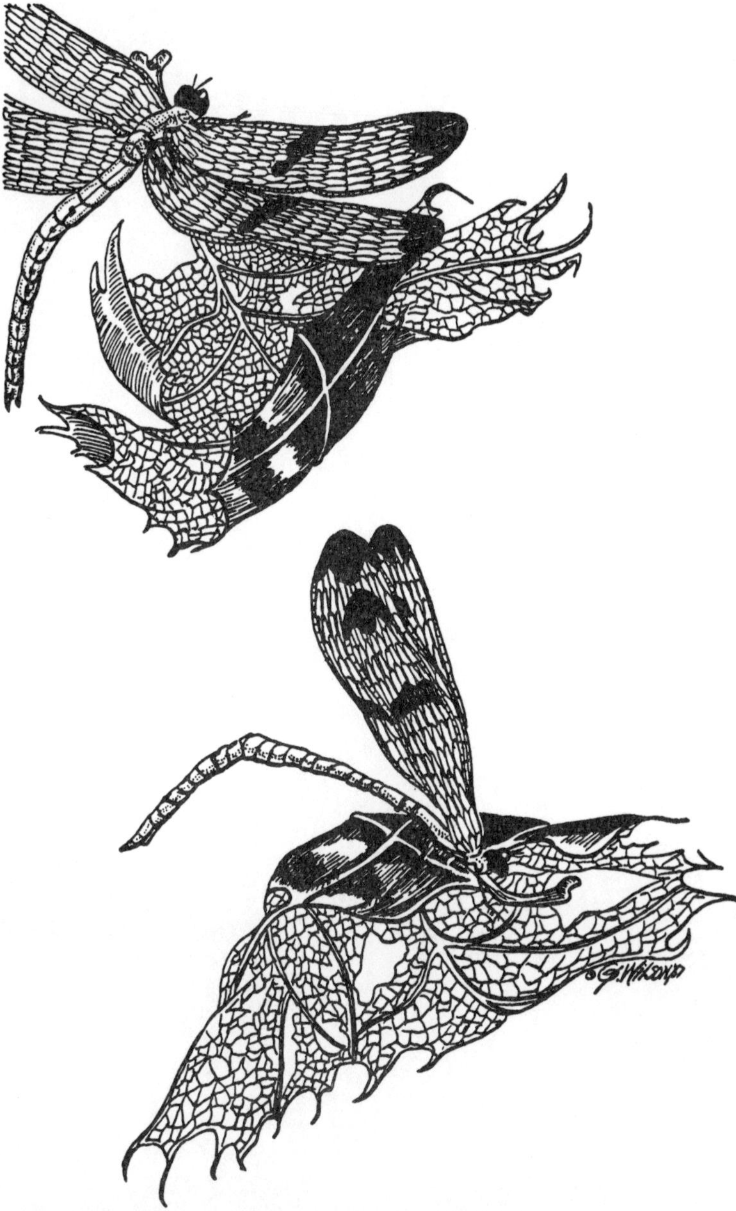

5. KAPITEL

Februar

Unter Schwimmen, Angeln, Plaudern, Lachen und dem Wiedererleben des wertvollsten menschlichen Geschenks – unserer eigenen Familie – verflog der Januar im Nu. Die Schulferien füllten unser Haus mit Besuchern, mit kichernden Mädchen und lärmenden Jungen, wo ein Tag den anderen jagte und die übervolle Zeit in einem endlosen Wirbel von Aktivität rasch verrann.

Als Duncan, Adrian und Jo wegfuhren, tat es mir richtig leid, sie gehen zu sehen. In meinem Inneren fühlte ich wieder jenen Raum, der zwar niemals leer ist, aber doch unerfüllt bleibt, wenn wir die alltägliche körperliche Gegenwart geliebter Menschen vermissen.

Plötzlich und ganz abrupt waren die Ferien vorüber, und der Schulbus hielt wieder mit quietschenden Bremsen vor dem Gartentor, um Russel und Tracey, unsere zwei widerwilligen Schulgänger, abzuholen. Als sich das Leben in und um unser Haus wieder beruhigt hatte, konnte ich den Fluß besuchen gehen. Mein Gemüt, durch all das Erlebte bereichert und befriedigt, war nun ausgeglichen und ruhig. Mein Bewußtsein dehnte sich in der Stille einer zeitlosen Natur aus.

Das Wasser war jetzt nicht von den Algen getrübt, die sich im warmen Januar-Wetter stark vermehrt hatten, denn ein schwerer Sommerregen hatte das Flußbett gewaschen und geputzt, jeden Stein frisch gescheuert und poliert und die Kiesbänke mit liebevoller Sorgfalt neu angeordnet. Auch Fische waren wieder zu sehen. Die Äschen blitzten beim Sprung silbern auf, während ich mich an einer schattigen Stelle, wo nur ein paar Sonnenstrahlen durch das Laub hindurchdrangen, über mein Tagebuch beugte.

Es war heiß, sehr heiß, und die Sonne brannte erbarmungslos vom wolkenlosen Himmel. Ich sprang erst aus dem Gebüsch auf, als die Ameisen ihre dritte Attacke starteten. Ich hatte auf einen Waffenstillstand gehofft. Die kleinen Ameisen, die von der sengenden Hitze ganz wild geworden waren, hatten mich von meinem Lieblingsfelsen, vom Sprungbrett und jetzt auch noch aus dem schattigen Gebüsch vertrieben.

Schließlich saß ich ziemlich unbequem auf der abfallenden Seite eines großen Felsblocks, der im flachen Wasser stand. Ich war mir ziemlich sicher, daß sich die Ameisen dadurch geschlagen geben würden. So war es auch, doch zwei dicke Märzfliegen beschlossen nun, mich äußerst interessant zu finden und umschwirrten meinen Kopf mit monotonem Gesumm. Mit wild gestikulierenden Bewegungen scheuchte ich sie weg, da ich keineswegs erpicht darauf war, einen ihrer bösen, schmerzhaften Bisse abzubekommen. Die nächste Attacke war wirklich hinterlistig – es war ein Unterwasserangriff von einem Schwarm Stichlingen und einigen großen Flußkrebsen. Die Stichlinge waren kein Problem, aber die Krebse – autsch!

Ich gewann allmählich den Eindruck, daß ich wohl zum falschen Zeitpunkt hergekommen war – vielleicht sind Flüsse ja doch nur zum Schwimmen da. Trotz der starken Strömung war die Oberfläche glatt, während schimmernde, bunt gesprenkelte Libellen das Wasser vor mir absuchten und akrobatische Leistungen vollbrachten, die sogar die Grazie der vorbeischießenden Schwalben noch überstieg. Ein Gefühl der Freiheit erfaßte mich, breitete sich aus und kreiste durch mein Bewußtsein.

Es wirkte sich wie eine Art Verschärfung aus, wie ein erhöhtes Gewahrsein von ungeheurer Klarheit. Einen Moment lang dachte ich an alte Zweifel zurück, die ich schließlich bewältigt und überwunden hatte. Die Begeisterung durchströmte meinen ganzen Körper. Ich zweifelte nicht mehr länger an der Intelligenz der Natur.

Ich verschließe mich den Worten, die aus der Stille in mein Bewußtsein einfließen, jetzt nicht mehr. Die Stille verbirgt sich hinter dem Schleier der Zweifel, verdeckt durch die dichte Materie der physischen Realität. Es gab kein Aufwallen der Kraft im Fluß, nichts, worauf man sich zu konzentrieren hatte, doch viel klarer und deutlicher als je zuvor strömten die stillen Worte in mich ein.

Die Stille bewegt sich jenseits deines Fassungsvermögens.
Horch genau hin.

Plötzlich kam eine Brise auf, wie aus dem Nichts, und der Wind sang wieder in den Nadeln der Careya, die in der Nähe stand.

Im Inneren all der Geräusche des Windes und seines Singens in den Nadeln, des Windes und der wirbelnden, schwatzenden Blätter, des Windes und der platschend springenden Äschen, des Windes und des gurgelnd seufzenden Wassers, des Windes und der sich wiegenden, tanzenden Bäume erreichte und durchbohrte mich ein anderer Klang, süß und schmerzlich, doch viel zu fein, als daß man ihn benennen könnte, und trieb mir ungewollt die Tränen in die Augen.

Diese *Verzückung* spielte auf meinen Sinnen wie der Bogen auf Violinsaiten. Der Klang, der außen war, bewegte sich nach innen. Er ging in Stille über und erstreckte sich in einer unendlichen Welle von Zartheit, Klarheit und Einsicht durch mein Bewußtsein. Plötzlich sprang eine Äsche mit lautem Klatschen beinahe unter meiner Nase empor, und der Wind setzte aus. In der Stille wurde alles bewegungslos.

Wie unzulänglich deine Sinne doch sind. Von deinem Wesen aus habe ich die Stille erfahren, aus der ich stamme.

Wie begrenzt – aber verzage nicht.

Vor wenigen Wochen hätte selbst diese flüchtige Erfahrung dein Wahrnehmungsvermögen überschritten, ausgeschlossen durch die Selbstbezogenheit, in der der Mensch lebt.

Ich mußte aufstehen. Das Kribbeln und Stechen hatte sich in einen Krampf verwandelt, und als ich mein beinahe totes Hinterteil vom Felsen erhob, spürte ich das Blut in die betäubten Stellen strömen. Ich stöhnte laut auf.

«Da zeigt sich, wie eingeschränkt ich bin», murmelte ich, während ich ein paar Schritte machte, um den Kreislauf in Schwung zu bringen.

«Aber ich verstehe, was du mit dieser Selbstbezogenheit meinst. Sie macht eine erweiterte Sicht des Lebens unmöglich.»

Gehe sanft mit deiner Menschlichkeit um. Es ist ein Privileg, eine Ehre, Mensch zu sein.

Bewahre in deinem Bewußtsein die Gewißheit, daß du – ein Mensch – nicht auf körperliche Erfahrungen beschränkt bist. Du – ein Mensch – kannst das Universum in seiner Gesamtheit und Einheit erfahren. Diese Erfahrung wird jedoch deine normale Identität in Zusammenhang mit einem menschlichen Körper nicht auflösen. Das Bewußtsein wird sich ausdehnen, und alles wird Teil deines erweiterten Wesens. Deine Identität wird der Körper von Erde und Mensch *– der Menschheit selbst – sein, anstatt der Körper irgendeines Mannes – irgendeines Menschen. Jetzt geh und genieße den Fluß. Ich kann dein Unbehagen bereits spüren.*

Mich überkam ein Gefühl, das am ehesten mit Belustigung zu vergleichen wäre. Ich wußte, daß «Belustigung» nicht ganz das richtige Wort war. Vielleicht könnte man sagen, daß ich in diesem Moment die leichteren Seiten des Lebens zu schätzen wußte. Ich hatte den Eindruck, daß *ich* selbst diese Realität war. Heftig schwitzend hüpfte ich in der sengenden Hitze von einem Fuß auf den anderen und versuchte angestrengt, mir die wütend beißenden Ameisen vom Leib zu halten, die in Schwärmen über meine Füße krabbelten. Je mehr ich schwitzte, desto aufgeregter und aggressiver wurden sie. Es war Zeit, Schluß zu machen und schwimmen zu gehen.

Unsere allzu häufigen Angelausflüge während der Ferienzeit hatten Russells Appetit nach mehr angeregt, und jedes Wochenende begann mit der Frage: «Papa, können wir angeln gehen?» Im Grunde bedeutete das, daß ich als Transportmittel und Packpferd erforderlich war, denn Angeln interessiert mich nicht sonderlich. Russell hingegen tritt mit einer Angelrute in der Hand in einen tranceartigen Zustand ungeheurer Konzentration und Geduld ein, ganz im Gegenteil zu seiner sonst eher ungeduldigen Natur, die er zuhause an den Tag legt.

Vermutlich hatte ich mich zu oft gedrückt, so daß Russ eine neue Taktik entwickelte. Er hatte bemerkt, daß einer unserer Freunde, John Caporale, anfallsweise Begeisterung für das Angeln zeigte, die einmal stärker, einmal schwächer war. Mit vollendeter Geschicklichkeit schilderte ihm Russ die fantastischsten Anglerbedingungen in den leuchtendsten Farben, was sogar den faulsten Fischer noch hinter dem Ofen hervorgelockt hätte.

John erlag dieser List und saß an Russells Haken fest. Einige Wochenenden lang fuhren sie mit unterschiedlichem Erfolg zu den Stränden und Flüssen in unserer näheren Umgebung.

Eines Nachmittags beschloß ich, sie zum brackigen Einzugsgebiet des Bellinger River zu begleiten, eine Gelegenheit, die Natur in einem völlig anderen Gebiet zu erkunden.

Gegenüber der etwas steinigen, mit Grasbüscheln bewachsenen Sandbank, auf der wir saßen, wagte sich die dichte Vegetation eines Mangrovensumpfes kühn bis ins Wasser vor. Das Wasser, das gegen unsere Füße plätscherte, war sauber, doch in der Tiefe reflektierte es ein brackiges Braun, so daß seine Farbe an dunklen Tee erinnerte, der teilnahmslos in den Ozean strömte.

Das scharfe, weithallende Gebell der Kettenhunde auf der nahen Farm unterbrach die Stille, die von den sanft gegen die Ufersteine schlagenden Wellen getragen wurde. Aus einem hoch aufragenden Bambusgehölz drangen die krächzenden Rufe der Krähen, während die Schwalben in ihrer unermüdlichen Suche nach Insekten über die Wasseroberfläche glitten. Das Leben bestand aus Geschäftigkeit, einem ständigen Tun und Treiben.

Zehn weiße Reiher, die mit sichtlich kräftigen Flügelschlägen in den Aufwind zu gelangen versuchten, flogen an uns vorbei und steuerten von ihrem Instinkt geführt auf ein unbekanntes Ziel zu. Höhe und Lautstärke des Hundegebells änderten sich abrupt, als sich eine immer mehr anwachsende Herde Friesischer Rinder um die Stallungen versammelte. Das tägliche Melkritual sollte gleich beginnen.

Meine Gedanken schweiften in die Vergangenheit zurück. Ich erinnerte mich daran, daß ich selbst zehn Jahre lang dieses tägliche Ritual vollzogen hatte. Es war eine altvertraute Routine. Ich verspürte keinen Neid, als das zischende Saugen der Melkmaschine mit seinem beständigen, rhythmischen Pochen einsetzte. Das Geräusch, das der Wind herbeitrug, war nicht allzu laut, doch es verstärkte sich in den Ohren dessen, dem dieses spezielle Pulsieren vertraut war. Nein! Ich wollte nichts mehr von dieser Vergangenheit. Die Peitsche der Notwendigkeit hatte mich so viele Stunden eine Arbeit tun lassen, die ich verabscheute, doch ich hatte mich der von meiner Angst erzeugten Illusion unterworfen. Es war die Angst, daß meine Bedürfnisse auf keine andere Weise zu decken waren als durch die Unterwerfung unter ein System, für das ich keinerlei Achtung empfand. Eine Angst, die mein Vertrauen zusammengekauert und geschlagen in eine finstere Ecke verbannt hatte.

Jetzt kann ich Zeiten der Untätigkeit genießen, Zeit, um die leeren Räume des Augenblicks zu fühlen. Zeit, um die Leere und die Einsamkeit zu erkunden und festzustellen, daß sie voll und reich ist. Ein herausforderndes Paradoxon: Ich brauche Zeit, um die Zeitlosigkeit zu entdecken.

Eine Pause trat ein, und abgesehen von einem heftigen Wind, der sich bemerkbar machte, setzte alles andere aus. Ich sprach mit dem Fluß und dem Mangrovensumpf, die mir im Vergleich zur vertrauten Energie meines Platzes am Fluß mit seinen Bäumen und der gewohnten Freundlichkeit sehr fremdartig erschienen. Den Fluß empfand ich als weit von mir entfernt, obwohl er meinem Bewußtsein zugänglich war. Sein Charakter, der von einer mir fremden Umgebung geprägt war, berührte meine verletzlichen Gefühle mit roher Gleichgültigkeit.

So breit ich auch bin, so andersartig ich mich ausdrücken mag, so schnell ich verebbe und fließe, so unterscheide ich mich doch nicht von dem Fluß, mit dem du kommunizierst. Ich bringe eine andere Qualität zum Ausdruck, so unterschiedlich wie ein Finger und eine Zehe – und so gleichartig.

Die Fremdartigkeit, die du spürst, ist deine eigene Reaktion auf die Umgebung. Sie wird weder vom Fluß erzeugt noch von ihm beherrscht. Deine Emotionen sind deine Antwort.

Behagen oder Unbehagen, Empfänglichkeit oder Befremden, es ist deine Wahl – oder, um in diesem Fall etwas genauer zu sein: deine Reaktion.

In der Reaktion hat man keine Wahl. Lerne, Bereitschaft zu üben anstelle nur zu reagieren, denn dazwischen liegen Welten.

Der Wind war merklich stärker geworden und wehte kühl vom Wasser herüber, was den beiden begeisterten Anglern jedoch zu entgehen schien. Das einzige, was sie schließlich bemerkten, war die mangelnde «Bereitschaft» der Fische, die sie zu fangen gehofft hatten.

Von der magischen Energie der Sonne inspiriert und ermutigt, besuchte ich unseren Fluß immer häufiger. Als ich eines Morgens auf meinem Lieblingsplatz saß, fiel mein Blick flußaufwärts auf eine Trauerweide. Die jüngsten Überschwemmungen hatten sie nackt und blattlos zurückgelassen. Die schlanken Zweige schimmerten in einem unglaublich zarten Goldton, der sich vor dem Hintergrund der dichten, dunkelgrünen Careyas, die den gesamten Wasserlauf flußaufwärts säumten, besonders gut ausmachte.

Die Trauerweide, die sich geschmeidig vor den heftigen jahreszeitbedingten Winden beugt, welche das Flußbett entlangheulen; diese Trauerweide, die die Wasseroberfläche in ruhiger Gelassenheit zärtlich berührt: Sie kann in ihrer widerstandslosen Stärke alles ertragen. Flexibilität ist die wesentliche Eigenschaft der Weide. Von den kräftigen Careyas, die sich am Ufer drängen, eingeengt, streckt sich die Weide in ihrer Suche nach Licht weit über den Fluß hinaus und überdauert. Obwohl die Careyas stark und standfest sind, werden doch bei jeder Überschwemmung vereinzelte Bäume aus ihrer Verwurzelung gerissen und vom tosenden Wasser hin- und hergeworfen, bis sie zerbersten.

Die Weide überdauert.

Sie leistet der aufsteigenden Kraft der zermalmenden Fluten keinen Widerstand. Während sie bis zur Hälfte im Wasser steht, winden und drehen sich ihre Zweige und tanzen nach der Melodie des Flusses ... bis die Flut zurückgeht.

Die Weide ist wieder frei, und rasch ersetzen neue Blätter ihr zerzaustes Laubwerk. Ihre Stärke ist verborgen, doch aus Weidenholz werden die besten Kricketschläger angefertigt, die stark und elastisch sind.

Die Weide überdauert.

Der zarte Windhauch des Flusses berührte die goldenen Bögen und tanzte in einer Wellenbewegung durch den Baum. Es war die Poesie der feinsten Berührung der Natur. Ein Gefühl der Dankbarkeit regte sich in mir. Von so viel Schönheit umgeben zu sein, gepaart mit einer noch viel größeren Wohltat – daß ich mir die Zeit nehmen kann, solch goldene Augenblicke zu erleben: Das ist wahrhaft ein Segen!

Wir sind in liebevollem Gewahrsein miteinander vereint.

Ich war so sehr in dieses Wunder der Schönheit versunken, das sich da vor meinen Augen offenbarte, daß die Worte ganz unerwartet in meinem Bewußtsein auftauchten.

«Ich grüße dich, schlanke Weide. Ich schätze dich sehr für all das, was du repräsentierst.»

War da nicht ein langgezogener Seufzer, der von einer stillen Brise aufgefangen und weitergetragen wurde?

Wertschätzung, Achtung – das ist unter Menschen tatsächlich eine seltene Eigenschaft. Einander zu achten, die Natur und damit das Leben zu achten, erfordert Selbst-Achtung.

So wenige achten ihr eigenes Wesen. Die Energie, die wir von seiten der Menschen meist erfahren, ist Selbst-Verachtung, die tief und bösartig unter dem Schutt unterbewußter Ängste vergraben liegt. Kein Wunder, daß sich so viel Verachtung, ein solcher Mangel an Selbst-Achtung in Krankheiten und bösartigen Gewächsen manifestiert, denn diese Haltung ist eine Bösartigkeit im Geiste.

«Wie sehr bist du dir menschlicher Konditionierungen bewußt? Du scheinst Einsichten auszudrücken, die man von einem Baum gewöhnlich nicht erwarten würde.»

Deine Frage zeigt einen Rückfall in alte Gedankenmuster an. In der Welt der Natur, auf die du dich einstimmst, ist ein einzelner Baum eine Illusion. Ich bin eins *mit der Weiden-Energie. Weltweit* bin ich und sind wir eine *Energie. Ich stehe mit der Energie aller Bäume in Verbindung, ich bin nicht abgetrennt. Was* IST, *nenne es Intelligenz, Gott, Natur, wie auch immer, ist die Kraft, die in unserem Saft fließt.*

Ich bin und wir sind *reine Intelligenz in der von uns bewußt gewählten Ausdrucksform. Man hat dich bereits darauf hingewiesen: Genieße deine fünf Sinne, verwende sie weise, um deine physische Dimension zu erfahren, aber laß nicht zu, daß sie deine seelische Ausdrucksmöglichkeit behindern. Der menschliche Erfahrungsbereich ist heute auf die konditionierten Anschauungen eines abtrünnigen Verstandes beschränkt. Trotz der Erscheinungen, die das hervorruft, ist es weder gut noch schlecht.*

Es ist die individuelle Wahl jedes einzelnen.

Auch in der düstersten, abschreckendsten Form persönlichen Ausdrucks gibt es ein Licht.

Und gleichermaßen existiert auch in einem wohlwollenden, begnadeten Menschen die Dunkelheit. *Die Ausdrucksform eines gereiften Wesens, das sich selbst liebt, ist das Gleichgewicht. Der Verstand unterwirft sich der Liebe.*

Das Konzept *Nichts ist gut oder böse, nur das Denken macht es dazu* war mir nicht neu. Doch der Satz *Der Verstand unterwirft sich der Liebe* faszinierte mich. Man kann heute zahlreiche Seminare besuchen, wo man Techniken zur Kontrolle des Verstandes erlernt, um ihn sozusagen diszipliniert an die Leine zu nehmen.

«Ich würde gerne mehr über den Zusammenhang zwischen Verstand und Liebe erfahren», sagte ich im Stillen.

Was gibt es da zu sagen? Liebe ist das, was IST.

Davor beugt sich der Verstand. Wer vom Verstand beherrscht wird, stirbt durch ihn ... und wird wiedergeboren.

Ein Mensch, der das erlebt hat, nimmt auf dieselbe Welt Bezug, betrachtet sich aber aus einer anderen Perspektive.

Er betrachtet das SEIN *mit den Augen der Liebe.*

Andere betrachten das, wovon sie glauben, es sei das Leben, mit den Augen der Angst.

Wenn dich andere in der Wahrnehmung des SEINS *nicht bestärken, wird dich die Liebe aufrecht halten. Wenn alle das unterstützen, woran allgemein geglaubt wird, dient es nur zur Aufrechterhaltung dieser Illusion.*

Es hat mich sieben Jahre bewußten Hinterfragens und oft schmerzlicher Anstrengungen gekostet, das Leben so zu akzeptieren, wie ich es jetzt wahrnehme – nämlich nicht mehr so sehr durch meine Angst getrübt.

Ich bin mir bewußt, daß die Angst nicht verschwunden ist, denn sobald ich locker lasse, beschwört mein Verstand bald wieder die alten Bilder herauf, um meine Hilflosigkeit am Leben zu erhalten.

Also stellte ich eine Frage.

«Werde ich weitere sieben Jahre brauchen, um mich ganz ans Leben hingeben zu können und von jeglicher Angst frei zu sein?»

Auf eine solche Frage gibt es keine Antwort. Du könntest in diesem Augenblick gänzlich von Liebe erfüllt sein und dich in reines Licht *verwandeln, oder du könntest erst nach vielen Jahren sterben und deine Angst hinausschreien. Diese Möglichkeiten existieren beide – es ist deine Wahl.*

Ich habe gewählt.

Jeden Tag gibt mir das Leben die Gelegenheit, meine Wahl

von neuem zu überdenken. Neuerlicher Druck, lukrative Angebote, aber der Preis wäre – wieder auf einem altbekannten Weg zu landen.

Ich kann es nicht tun, aber ich weiß, daß diese Fallstricke ein Geschenk für mich enthalten, denn sie stärken meine Entschlossenheit und klären meine Sicht.

Das Leben bietet nur Aufstieg und Erleuchtung an – aber durch die menschlichen Sinne wahrgenommen ist das nicht einfach zu erfassen oder zu verstehen. Du nimmst die Feinheit wahr, die der Kraft der Weide innewohnt. Elastizität ist ihre Stärke.

Ich erinnerte mich an ein universelles Gesetz: Verwende die Kraft des Gegners gegen ihn selbst.

Diese Kraft ist das Chi.

Viele große Männer und Frauen haben davon Gebrauch gemacht.

Ich stand auf und streckte mich. Die Weide schien unverändert, doch eine gewisse Leichtigkeit umspielte die Zweige und Blätter. Es war etwas, das keine physische Ursache hatte. Ich konnte einen Unterschied feststellen ... und wußte, daß ich selbst dieser Unterschied war. Es vergingen Stunden, während ich in stiller Kontemplation auf dem dicken Brett saß, das uns – flußaufwärts gerichtet – als Sprungbrett diente. Ein plötzlicher, fordernder Windstoß ließ mich aufblicken, und da sah ich den Reisenden flußaufwärts auf mich zukommen.

In vollendeter Harmonie trieben Boot und Insasse auf mich zu. Das Boot – ein großes, vertrocknetes Blatt – war im rechten Winkel gebogen und bildete Segel und Rumpf zugleich.

Der Passagier war eine blaue Libelle, die in wilder Eleganz auf der Spitze des Segels wippte.

Der Anblick von so viel Schönheit inspirierte mich zu einem Gedicht.

Du Reisender, geheimnisvoll libellenblau,
genießt im Boot der weiten Ströme Überschau.
Wohin wird dich dein Segel heute bringen?
Dein Gold des Morgen – wo wirst du's erringen?
Suchst du das Meer der Harmonie zu finden
oder willst du gar ein neues Lied verkünden?
Bist du wie wir im Illusionen-Schleier
der Gier verfangen – oder bist du freier?

Blatt und Libelle waren verschwunden, vom Schwung der Strömung ungestüm auf ihrer Reise vorangetrieben.

Eine Atmosphäre friedlicher Ruhe legte sich über den Fluß.

In der tiefen, dunklen Höhlung flußaufwärts, die sich in Reichweite der Trauerweide befand, ging ein Paar Schnabeltiere früh morgens und spät abends immer auf Futtersuche, aber auch sie verhielten sich im Augenblick ruhig und blieben still in ihrem unterirdischen Tunnel in der satten, schützenden Erde. Ein frecher Felsdrache hastete geräuschvoll auf dem trockenen Laubteppich umher, beinahe als wollte er der Stille eine Herausforderung bieten. In dieser Ruhe war eine Intensität, die mich die Nähe der Natur um so deutlicher spüren ließ.

Es war interessant, denn ich dachte gerade darüber nach, daß mir die Natur keinerlei Verhaltensmuster für den Umgang mit ihr bot. Ich erntete im Garten meine Erfolge und Mißerfolge, wie jeder andere auch. Seltsam, und zugleich gar nicht seltsam. Eine gelenkte Führung in diesem Bereich würde wieder zu einer Abhängigkeit meinerseits führen, unbeabsichtigterweise Hilflosigkeit hervorrufen und aufrechterhalten. Das wäre nicht in meinem Sinne.

Eine solche Führung von seiten der Pflanzenwelt würde deine intuitiven Kräfte, dich mit dem Zentrum des Erkennens *in Verbindung zu setzen, vernichten.*

Die Energie war neu, von einer Qualität oder einem Charakter, den ich zuvor noch nicht erlebt hatte. Das *Erkennen* zeigte mir, wonach ich eigentlich suchte.

Ich ließ meinen Blick das Ufer entlangschweifen, bis ich einen jungen Maulbeerbaum sah, unweit von der Stelle, wo ich saß. Vermutlich war er aus einer Frucht entstanden, die ein Vogel im Flug fallen gelassen hatte. Er beugte sich weit über das Ufer hinaus und sog die Energie der Sonne mit seinen großen, grünen Blättern auf.

«Du bist es also, den ich da höre. Danke für deine Worte, und danke für die seltenen Gelegenheiten, bei denen ich im Wettstreit mit den Vögeln einige deiner Beeren genießen kann. Ich habe deinen Wohlgeschmack auf beiden Seiten des Erdballs kennengelernt.»

Das Erkennen *wohnt im Augenblick – im* Jetzt. *Vorheriges Nachdenken enthält kein* Erkennen, *denn Logik und Vernunft verneinen das Prinzip dieses* Erkennens. *Reagiert man aus Angst, wird das* Erkennen *verneint. Handelt man aus Liebe, so* IST *das* Erkennen *einfach.*

Der Fluß kräuselte sich um das dicke, ins Wasser ragende Brett, auf dem ich saß. Ich zog mir die Kleider aus, faltete mein Handtuch zusammen und legte es an das Ende des Brettes.

Nachdem ich mich – die wärmenden Sonnenstrahlen auf dem Rücken – hingelegt hatte, richtete ich meinen Blick auf das Wasser und starrte in die Tiefe. Eine kleine Wasserjungfer, schlank und zierlich, setzte sich auf einen der Buschgrashalme, die über das Wasser hinausragten. In einer geschmeidigen Bewegung krümmte sich ihr langer, schlanker Leib, während der Schwanz ins Wasser tauchte. Obwohl ich es nicht genau sehen konnte, wußte ich, daß sie mit Hilfe der Legeröhre Eier ins Wasser pumpte, die sich dann irgendwo festsetzen würden, bis die Zeit des Schlüpfens gekommen war. Gleich darauf war die

Wasserjungfer verschwunden, aber ich konnte eine der vielen großen Libellen sehen, die mit nach unten gebogenem Leib ihre Eier ablegte, indem sie in einer Reihe längerer Flüge hie und da die Wasseroberfläche kurz berührte.

Das Wunder von Geburt ... und Wiedergeburt?

Wenn im Frühling die Larven aus dem Ei schlüpfen, wird in der materiellen Wasserwelt ein Räuber geboren. Gefräßig und ewig hungrig, ist die Libellenlarve für alle Lebewesen ihrer Größe tödlich. Sie ist ein Tiger der Tiefe. Kaulquappen, die wesentlich größer sind als sie, sterben, wenn sie von dieser Killerlarve angefallen und ausgesaugt werden. Im Laufe der Zeit vollendet sich der natürliche Zyklus, und die Larve klettert auf einen Stein oder ein Stück Holz, wo sie der lichteren Atmosphäre der Luft ausgesetzt ist. Anschließend erfolgt die Metamorphose. Es kommt der Augenblick, wo die Hülle der Larve aufplatzt und eine Libelle triumphierend ans Licht der Welt tritt. Eine Pause ... einige wenige Stunden, um kräftige Enzyme durch die Flügel zu pumpen, Zeit, sie zu trocknen, zu festigen und zu stärken ..., und dann erhebt sich ein neues Geschöpf in die Lüfte. Hat die Larve in der Welt des Wassers um die nahende Geburt gewußt, die sie in die feine Welt der Luft führen würde? Hatte die Libelle irgendeine Erinnerung daran, daß sie der Wasserwelt im Tod entging, um in eine Welt der Luft hineingeboren zu werden?

Das Symbol hing über dem Fluß und verwirrte mich mit seiner offenkundigen Aussage. Wissen wir, woher wir geboren werden?

Vielleicht werden wir als wildes Raubtier in eine materielle Welt geboren, in der wir alles uns umgebende Leben terrorisieren und zerstören. Im Lauf der Zeit, wenn sich der Kreis aufgrund unserer unbewußt getroffenen Wahl schließt, sterben wir für diese materielle Welt.

Ist das unsere Metamorphose?

Werden wir im reinen Licht des Geistes wiedergeboren? Erheben wir unsere Schwingen, um mit der großen Kraft, die uns die Meisterung des Denkens verliehen hat, aufzusteigen, frei, um uns von Höherem zu nähren, frei, um im Sonnenlicht des SEINS zu baden?

Beschließen wir vielleicht in unserem Streben nach Vervollkommnung, wieder von neuem in die Welt der Materie einzutreten für ein kürzeres oder längeres Verweilen, weil wir die Sehnsüchte und Ängste beseitigen wollen, die diese dichte Atmosphäre durchtränken und unsere Gedanken und Handlungen vergiften? Könnte es sein, daß wir die Libellen des Universums sind, vertieft in das kosmische Spiel einer selbsterschaffenen Welt, nach Reinigung und Klärung strebend, welche nur durch Erfahrung möglich sind?

6. KAPITEL

März

Immer wieder zieht es mich ganz intensiv an den Fluß, es ist ein beständiges Drängen, das mich ruft.

Die Sonne scheint . . ., der Fluß ruft . . ., und ich gehorche.

Eines Morgens, als ich wieder diesem intensiven Drängen gefolgt war, saß ich auf unserem Sprungbrett, beugte mich über das flirrende, schimmernde Wasser und stellte folgende Frage: «Was ist es, das diesem Ruf Folge leistet?»

Such nicht nach der Trennung. Das Ich, das ruft, ist von dem, das antwortet, nicht getrennt.

Für all jene, die empfindsam genug sind und sich entschlossen haben, ihre feineren Wahrnehmungen zu beachten und zu kultivieren, hält das Leben zahlreiche Aufforderungen bereit.

Für dich ist es der Fluß, der ruft. Der Fluß wird zur Matrix. Das Bekannte fällt in seinen Schmelztiegel zurück. Es wird wiedergeboren: als Erkennendes.

Im Mutterleib der Natur ist das Wasser der Empfänger des Lebens . . ., und es gebiert.

«Heißt das, ich folge einem Ruf des Lebens, damit ich wiedergeboren werden kann?»

Aus deiner Entscheidung heraus bewegst du dich mit dem Leben, wie es IST.

Die trüben Wasser menschlicher Anschauungen würden dich in ihren Strudel der Illusionen zerren, während der klare Fluß der Natur bestrebt ist, die Geburt eines uralten Wesens in dir zu fördern.

Zweierlei Bewegungen wetteifern um deine Aufmerksamkeit. Du mußt diese Energien im Gleichgewicht halten, wenn du unversehrt aus diesem Wettstreit hervorgehen willst.

«Warum fühle ich diese Intensität? Wie ist das möglich, daß hinter meiner ruhigen Lebensart eine wütende Unzufriedenheit gärt und sich dennoch ganz mühelos mit heiterem Annehmen vereint?»

Deine Unzufriedenheit ist ein Segen – sei dankbar dafür.

Beachte, worauf sie sich ausrichtet. Du bist mit der Illusion des Lebens zufrieden. Ein inneres Erkennen *wütet gegen all das, was dir vom* Bekannten *angeboten wird.*

Das Schlachtfeld ist eine natürliche Dynamik, eine gewaltige Kraft, die gezügelt und gelenkt werden will. Und das ist nur durch die Hingabe an das SEIN *möglich. Das ist deine Schulung und dein Schicksal.*

«Es gibt also ein Schicksal?»

Wenn du es so willst, kannst du den Zeitpunkt bestimmen. Das Schicksal ist bewußt akzeptiert worden, doch die Wahl wurde getroffen, bevor das Bewußtsein um sie wußte.

Ich konnte die Begriffe und Ideen, die mir noch ziemlich neu waren, in mir auf und ab wogen fühlen, als schwebten wir ineinander verflochten in einem tiefen, dunklen Teich. Die Wahrnehmung meines eigenen Wesens weitete sich aus, und mit dieser Ausdehnung tat sich ein neues Gesichtsfeld auf.

Die Empfindung war anders als der Blick durch ein Teleskop, wo man mehr von immer weniger sieht. Statt dessen blieb der Sehvorgang derselbe wie zuvor, nur war ich mir nicht mehr bewußt, daß ich durch meine Augen blickte. Ich identifizierte mich mit allem, so daß ich die Dinge nicht *an-sah*, sondern mich in innerer Klarheit mit ihnen *eins* fühlte.

Ich war das Ich, das ich betrachtete.

Es war ein seltsames Erlebnis, neu und vertraut zugleich.

Eine orangerote Libelle ließ sich neben meinem Tagebuch auf dem Sprungbrett nieder. Im nächsten Augenblick war sie verschwunden, und doch verweilte sie gerade deshalb noch an diesem Ort. Aus normaler Sicht betrachtet war der Platz leer, von einer Libelle im physischen Sinne nicht mehr eingenommen, aber mein geistiges Gewahrsein der Libelle war klar und konzentriert vorhanden. Ein Gefühl der Verwirrung überkam mich; mein Verstand war über das Tempo, mit dem der Wandel stattfand, verblüfft.

Ich schloß die Augen und entspannte micht. Der Anblick selbst war verschwunden, doch die Wahrnehmung streifte umher wie ein Kind, das aufgeregt in ein neues Licht blinzelt. War es ein visueller Eindruck, eine Vorstellung oder Realität?

Eine Feinheit, die über alle Feinheit hinausging.

Einen Moment lang hatte ich vom Standpunkt des SEINS aus wahrgenommen. Es war ein Augenblick grenzenloser Zärtlichkeit.

«Warum», fragte ich, «kann ich diese Art von Wahrnehmung nicht aufrechterhalten?»

Was aus einer Matrix hervorgeht, muß wachsen. Würdest du dieses Prinzip leugnen? Kannst du den Klang verleugnen, um die Stille zu hören? Geht die Geburt dem Tod voraus oder der Tod der Geburt, oder sind Geburt und Tod nur eine falsche Sicht von dem, was IST*?*

«Strapazierst du mich absichtlich so?»

Ich hörte nichts, doch die Aufforderung eines klaren, einladenden Flusses überflutete mich mit solcher Intensität, daß ich meine nächste Bewegung nicht niederzuschreiben brauche. Noch bevor ich auf dem Wasser auftraf, entrang sich meinem Herzen ein Schrei. «Laß mich sehen, was ich höre, bitte, laß es geschehen.»

Ich tauchte tief und schwamm weiter, als es mit einem Atemzug überhaupt möglich war. Als ich wieder auftauchte, war ich nicht atemlos, sondern von einem Gefühl der Ehrfurcht erfüllt.

Was war da unten geschehen?

Körperlich fühlte ich mich vom Wasser umhüllt, und während ich schwamm, war mir der Fluß ganz deutlich bewußt . . ., auf einer anderen Erfahrungsebene schwamm ich jedoch im All. Eine riesige Leere, kein blauer, sternenübersäter Himmel umgab mich, nur das reine Nichts. Und dieses Nichts hielt eine Ewigkeit an, während ich nirgendwohin schwamm. Eine Welle der Verzweiflung, ja eine fast panikartige Hoffnungslosigkeit schlug über mir zusammen . . ., und da sah ich ganz nah vor mir einen Stern.

Hinter ihm und um ihn herum schwangen sich andere Sterne ganz zwanglos in ihre Position ein auf ruhigen Umlaufbahnen. Erleichtert schwamm ich auf sie zu und fragte mich, wohin ich mich jetzt wenden sollte und welcher wohl der am nächsten liegende Stern war.

Suche das Heil nicht in seiner zellulären Form, denn was ICH BIN, *ist das* Nichts *des Raumes. Ich schwimme im Universum dessen, was* IST.

Suche nicht nach der Form, sondern sieh, was die Form von innen her belebt.

Hör nicht den Klang, sondern die Stille, die ihn umgibt. Sieh nicht die Form, sondern den Raum, aus dem sie entsteht.

Während ich ins All schwamm, bewegte ich mich ohne zu atmen im Fluß, viel länger, als ein Atemzug gewöhnlich gereicht hätte. Es war eine Verneinung der Zeit.

Im Raum gibt es keine Zeit – keine reale Zeit.
In der Zeit gibt es keinen Raum – keinen realen Raum.
Kannst du das lösen und von der Wahrheit kosten?

Das Wissen war augenblicklich da. Die Erkenntnis brach über mich herein und pochte mit einem heftigen Aufwallen des Blutes in meinem Kopf.

Für die Bruchteile eines Augenblicks blieb die gesamte Welt stehen, und alles SEIN nahm einen Atemzug von purer Neuheit. Und ich war diese Neuheit. Für eine kosmische Libelle schien die Sonne auf hauchdünne Flügel, als die Enzyme einer höheren Wahrheit zu strömen begannen.

Ich tauchte nochmals ... gierig ... Aber da war es nur ein Fluß, in dem ich schwamm.

In meiner Beziehung zur Natur fand eine subtile Veränderung statt. Ich war nicht mehr länger der Beobachter, der von außen zusieht, sondern ich war das Erlebnis selbst – das sich erlebt.

Jahrelang hatte ich den Botschaften der Natur gelauscht, ohne ihnen einen Platz in der Realität einzuräumen. Wenn alle anderen taub waren, war es auch für mich einfacher, mich taub zu stellen. Doch jetzt, in meiner Hingabe an eine innere Wahrheit, stellte ich fest, daß diese seltsame Realität immer mehr von mir forderte. Und ich meine wirklich *fordern!*

Es war ein gewittriger Tag. Die Sonne hatte sich verdrießlich hinter schwere Wolken zurückgezogen, die langsam über den Himmel zogen. Der Wind erhob sich immer wieder und kam für ein paar Augenblicke in heftigen Stößen, um sich dann mit einem weichen Seufzen wieder zu legen.

Der Fluß rief.

Ich saß bequem im Wohnzimmer und versuchte, nicht darauf zu hören.

Warum sollte ich denn nicht in aller Bequemlichkeit auf die Weisheit der Natur hören? Warum zum Fluß, das ist doch auch nur ein Ort wie jeder andere ... Aber der Fluß rief.

Mit einem Seufzer erhob ich mich aus meinem Lieblingssessel, holte das Tagebuch und machte mich auf den Weg zum Fluß. Als ich an der Morton-Bay-Feige vorbeiging, bemerkte ich ein Häufchen frischen Kuhdung, der mit hellgrünen Fliegen übersät war. Hell und schimmernd summten sie in Schwärmen umher. Ich hatte diese Fliegen zuvor nie bemerkt.

Wohl ein paar Herbstfliegen, die noch spät schlüpfen – ein kurzer Flug und dann die Paarung – bis daß der Winter sie scheidet, dachte ich launig.

Ich hielt mich besonders vorsichtig am Geländer fest, als ich langsam den steilen Pfad über den buschbewachsenen Abhang hinunterging, der zu meinem Refugium am Fluß führt. Eine halbe Stunde vorher hatte es in Strömen geregnet, und der Weg bestand nur aus lehmig-nasser Schlüpfrigkeit. Auf halbem Weg glitt ich aus. Unglaublich! Nach fünfundzwanzig Jahren gelang mir eine perfekte Judorolle, wie ich sie im Unterricht in meiner Teenagerzeit gelernt hatte. Ich beendete die Rutschpartie mit einem lehmverschmierten Arm, aber im übrigen war ich nicht zu sehr mitgenommen.

«Na, wenn's das nur wert ist», grollte ich ... ganz, ganz leise.

Gleichmütig wie immer folgte der Fluß seinem Lauf. In diesem Augenblick hätte kein anderer Ort der Welt weniger einladend und zugleich geheimnisvoll aussehen können. «Irdisch» war das Wort, das mir angesichts dieser Stimmung durch den Kopf ging. Ich setzte mich auf das Sprungbrett, und wie auf ein Stichwort kam ein heftiger Windstoß den Fluß entlang, zerrte an meinem Tagebuch und spielte gleichgültig mit den flatternden Seiten. Die blasse, verwaschene Sonne guckte hinter einer Maske aus grauen Wolkenfetzen hervor. Um mich herum sang im Geäst der Bäume mein Freund Wind sein einzigartiges Schöpfungslied, bis die Blätter durch die Luft peitschten.

Würdest du den Wind leugnen, während du den Fluß akzeptierst?

Obwohl der Wind mit einem heftigen Stoß ins Geäst über mir gefahren war, blieb ich verhältnismäßig unbehelligt. «Ich bin bereit, dich als bewußte Energie zu akzeptieren, so wie jeden anderen Aspekt der Natur auch», antwortete ich.

Ich fühle, daß du es ehrlich meinst.

War es Zufall? Der Wind sank zu einem unglaublich sanften Murmeln ab.

In der Einheit, aus der ich stamme, gewahre ich deine Einstimmung auf die Natur. Ich bin an jedem Moment deiner Erfahrungen beteiligt. Ich bin der Wind und bestehe aus Luft – einem Grundelement.
Für dich bin ich Leben.
Für diese Welt bin ich Leben.
Für das Jenseits existiere ich in einem nicht existenten Zustand.

Es folgte eine Pause. Ich hatte nichts zu erwidern. Ein ungeheurer Windstoß, der die Bäume um mich herum schüttelte, erschreckte mich mit seiner plötzlichen Heftigkeit. In einem Anflug von Humor murmelte ich «tüt tüt».

Der Wind hatte sich gelegt, die Bäume standen unbewegt da. Eine seltsame Bewußtheit entstand um mich herum. Ich hatte unrecht. Die Dinge waren nicht so, wie sie mir erschienen. Die Blätter über mir wogten und tanzten immer noch und sangen die hohe Melodie des Windes ..., und doch herrschte statische Windstille in meinem Sein.

Eine Dualität der Erfahrung zeichnete sich ab. Da war Wind – und kein Wind. Da war Klang – und Stille. Bewegung – und Ruhe.

Jeder Vorgang bot sich meinem physischen und geistigen Selbst in seinem besonderen Moment der Wahrheit dar.

Meine Herausforderung bestand in der Verschmelzung dieser Bewegungen, ohne eine der Erfahrungen dabei zu verneinen. Es galt, beiden zu folgen und sie als IST anzunehmen.

Freude und Zärtlichkeit traten an die Oberfläche meines Bewußtseins. Ich blickte mit meinem inneren Auge liebevoll auf die zwei Aspekte meines Selbst, beide wach und zugleich behaglich in ihrer Zweisamkeit. Für einige Augenblicke gewahrte die Bewußtheit des IST eine Dreiheit von Identität ..., und dann brach die Sonne hervor und tauchte die gesamte Erfahrung in das Licht ihrer Erleuchtung.

Ich wurde zum Ich des alltäglichen Lebens. Ich wurde zum Ich, das weiß, wer ich bin. Ich wurde zum Ich, das IST.

So wie ich den kraftlosen Halt abgestorbener Blätter von einem Baum löse, werde ich alte, verbrauchte Konzepte aus deinem schwachen Griff lösen. Dein Weg ist ein Weg der Hingabe. Willst du frei werden, mußt du loslassen. Nach menschlichem Ermessen erfordert das Mut. Es ist der Weg des Un-Wissens, wissend, daß das Erkennen IST.

Ich lächelte angesichts der Absurdität einer unzulänglichen Sprache.

Ja, du lächelst vielleicht, aber die Natur kann sich nur durch dich *in* deiner *Sprache ausdrücken.*

Während wir imstande sind, deine Ansichten vom Leben zu erwei-

tern, aufzulösen, zu ersetzen und neu zu beleben, bist du Herr über deine Worte.

«Möchtest du, daß ich neue Worte gebrauchen lerne, um mein Vokabular zu erweitern?»

Nur im Sinne eines natürlichen, organischen Vorganges. In dem Maße, wie du fließt und dich erweiterst, wird sich deine Fähigkeit, alles zum Ausdruck zu bringen, mit dir entwickeln.

Wie gesagt – wir wünschen Offenheit und Einfachheit. Deine Gabe besteht in der Kommunikation durch Einfachheit. Zerstöre sie nicht.

«Ich nehme an, du beziehst dich auf das menschliche Ich, das ich kenne. Klug zu sein erscheint mir nicht sonderlich erstrebenswert.»

Du bist klug genug. Die Einstimmung auf die Natur erfordert weder Schläue noch Klugheit.

Demut benötigt man dafür. Demut, um deine dir innewohnende Größe anzuerkennen, und eine Demut, die diese Größe als Teil des universellen SEINS *begreift.*

Erinnere dich, mein Freund, wenn du die sonnendurchfluteten Räume in deiner erwachenden Erfahrung des Nichts bereist, erinnere dich an den Wind und seine Substanz – Nichts, kein Ding.

Die Worte hatten etwas Geheimnisvolles an sich. Wir Menschen sind ein Geheimnis, vom Geheimnis umgeben. Was für ein Hohn ist es doch, sein Leben mit der Suche nach Geld und Vergnügen zuzubringen, wenn man dafür das Mysterium des SEINS opfern muß. Auf Traceys Kaffeetasse stehen folgende Worte: *Das Leben ist kein Problem, das gelöst werden muß, sondern ein Geheimnis, das es zu leben gilt.*

Dieser Augenblick war vom Geheimnis beherrscht, das voll

Intensität in Wind und Lebenskraft vibrierte. Vielleicht geht es im Leben darum, ständig zu fragen, ohne eine Antwort zu suchen, aber das ist nicht leicht zu erreichen, weil wir dann mit den Begriffen *Loslassen* und *Sein* konfrontiert sind. Das sind vage Worte mit vager Bedeutung, doch ich vermute, es ist unser Schicksal, diesen Begriffen Sinn zu verleihen.

Fragen bedeutet vielleicht, daß wir suchen, um zu erforschen, nicht aber, um auszubeuten. Es ist viel mehr ein Suchen als ein Finden, um das Leben als offenes Abkommen mit Gott zu leben, anstatt auf die Suche nach einem nicht vorhandenen Abschluß zu gehen. Wie sollte das, was kein Ende hat, jemals seinen Abschluß finden?

Der Tag war ruhig, aber der Himmel war bedeckt. Diesmal war es nicht der Fluß, der mich rief, sondern ich verspürte das Bedürfnis, mich mit ihm zu unterhalten.

Als ich mich dem Wasser näherte, vermißte ich das Funkeln der tanzenden Lichtpunkte, das nur die Sonne hervorrufen kann. Eine erwartungsvolle Ruhe lag über dem Fluß, dessen Lebendigkeit trotzdem deutlich spürbar war.

Eine Flasche, die auf den Wellen tanzte, trieb auf mich zu. Sie schwamm rasch an der Trauerweide vorüber und kam schnell und zielstrebig auf das alte Brett zu, auf dem ich saß.

Als sie langsam über die teichähnliche Vertiefung trieb, die den Schnabeltieren als Jagdgebiet diente, geriet sie plötzlich aus dem Fluß der Strömung und drehte sich in langsamen, wirbelnden Bewegungen verzweifelt im Kreis.

Die Strömung zog weiter, doch die Flasche konnte ihr nicht mehr folgen. Wie viele Menschen kenne ich, denen es ebenso ergeht?

Wie lange habe ich mich selbst hilflos im Kreis gedreht als einer, der dem Strom des Lebens nicht folgen kann?

Viele Fragen tauchen in mir auf, während ich die beinahe stillstehende Flasche beobachte, aber es war keine Antwort erforderlich. Das Gefühl der Sinngebung, das uns motiviert, vermittelt uns die Illusion, daß wir uns im Hauptstrom des Lebens befinden. In Wahrheit drehen wir uns jedoch in einem toten Seitenarm langsam im Kreis, während die aufsteigende Woge der Aktivität an uns vorüberzieht. Wir besitzen ein göttliches Recht auf Leben, das wir nie verlieren können, doch die Entscheidung, dem Hauptstrom zu folgen, anstatt in toten Gewässern zu verweilen, müssen wir selbst treffen.

Die gesamte Menschheit ist im Fluß des Lebens enthalten, doch die trägen, tiefen Stellen und die flachen Stromschnellen sind oft trügerisch. Wenn du bewußt und wachsam durch die Welt gehst, kannst du sie richtig deuten; wenn nicht, bist du ihnen ausgeliefert.

Eine Bewegung im Wasser unter mir erregte meine Aufmerksamkeit. Ein Leoparden-Aal bewegte sich mit zielstrebiger Wendigkeit die Felsvorsprünge am Ufer entlang. Seine Absicht war offenkundig – er befand sich auf Futterjagd. Geschmeidig und ruhig suchte er nach seiner Beute, wobei er den Kopf mit tödlicher Effizienz in jedes Loch und jede Felsspalte gleiten ließ. Er war nicht besonders groß, knapp einen Meter lang. Einige Leoparden-Aale erreichen bis zu zwei Meter Länge und tragen einen breiten, gefleckten Streifen auf dem Rücken. In unserem Flußabschnitt sind sie die Beherrscher der Unterwasser-Welt. Ein aufgeregter, nur halb ausgewachsener Wels schoß aus einer Felsspalte hervor. Der Aal ignorierte ihn und setzte seine langsame, sorgfältige Inspektion mit wachsamer Intensität fort. Vermutlich standen Flußkrebse auf seinem Speiseplan!

Der Aal verfügt über eine gewisse Zielstrebigkeit, und der Hunger ist seine Motivation. Beachte jedoch, wie klein der Flußabschnitt ist, der von jeweils einem Aal beherrscht wird.

Ich kannte die territorialen Gewohnheiten dieser Tiere. Jeder Aal steckt am Flußufer einen «Claim» seiner Wahl ab. Einige der größeren und weniger lästigen Aale (sie sind weniger erregbar und nicht so kampflustig) trifft man halb versteckt unter im Wasser liegenden Baumstämmen an. Manchmal ließ sich einer von ihnen den weichen Bauch streicheln, wobei er sich unter der sanften Berührung meiner Finger halb zur Seite legte. Im Laufe eines Sommers war es mir gelungen, mit bestimmten Aal-Individuen eine echte Verbindung herzustellen.

Es ist nicht Ziel der Menschheit, ein Gebiet abzustecken und für immer dort zu verweilen. Nur die Angst muß sich an einen Bereich klammern, den sie das Zuhause nennt und als Ort der Sicherheit betrachtet. Es gibt Wesen, deren Bedürfnisse und Ziele auf diese Weise erfüllt werden, denn sie erreichen wahres Wachstum, indem sie Wurzeln schlagen. Aber der Mensch ist kein Baum.

Werden die Wurzeln beschnitten, so daß sie kein Gebiet jemals ihr eigen nennen, läßt sich dadurch ein größeres Wachstum erzielen.

Laß das Besitzen dort beginnen, wo es nicht mehr benötigt wird. Solange die Sicherheit den Besitz fordert, bedeutet das lediglich Stagnation hinter der Maske des Komforts, der dich bindet.

Der Fluß fließt immer weiter.

Dein Zuhause soll eine Basis für dich sein – aber niemals der Sinn selbst. Sonst werden dich deine Grenzen beherrschen, so wie ein Aal von seinem Territorium beherrscht wird.

Was siehst du, wenn du ins Wasser blickst? Das Wasser von letzter Woche, von gestern . . .? Oder ist es frisch, ewig fließend, ewig neu?

Ich schäme mich beinahe, es niederzuschreiben, aber von meinem begrenzten Standpunkt aus hatte ich den Fluß nie als völlig *neu* betrachtet. Ich sah immer denselben Fluß und dasselbe Wasser. Meine Augen belogen mich, und mein Verstand nährte diese Lüge auch noch. Das Wasser ist neu, es ist eine beständige Neu-heit, und obwohl ich das verstandesmäßig begriffen hatte, waren meine Augen nie über ihre Konditionierung hinausgegangen.

Trotzdem hatte ich die «Neu-heit» des Wassers gefühlt.

Seine Lebendigkeit war mir bewußt gewesen, nur meine Augen hatten sich getäuscht.

Jetzt ... betrachtete ich den Fluß mit anderen Augen.

Was erwartete ich? Nahm ich an, daß er anders aussehen würde? Nein, er sah aus wie immer. Und wieder war *ich* der Grund des Unterschieds. Ich erkannte, daß der Unterschied niemals im Betrachteten, sondern nur im Betrachter liegt.

Als ich den steilen Pfad wieder hinaufkletterte, dachte ich weiter über das «frische» Wasser nach. Mit «frisch» meine ich soviel wie «neu». Es war gerade Essenszeit, und ich ging in die Küche, wo mir Treenie pochierte Eier auf Toast anbot. Während ich sie beim Zubereiten der Mahlzeit beobachtete, begriff ich, daß das «Frischwasser-Prinzip» auch auf Menschen zutrifft. Wenn ich morgens aufwache, sehe ich dann durch die Täuschung meiner Augen die Frau von gestern, oder kann ich eine neue Treenie sehen, indem ich sie «von neuem» betrachte? Wenn ich eine neue Treenie sehe und sie einen neuen Michael, wird unsere Beziehung frisch, neu, vital und lebendig sein. Sehen wir in einander jedoch nur den Partner von gestern, schaffen wir dadurch die Ursache für Stagnation und Wiederholung in unserer Beziehung.

Ihr selbst stellt immer den jeweils verursachenden Faktor dar.

Betrachtest du die Menschen von heute mit den Augen von gestern, verläßt du dadurch den Hauptstrom des Lebens, um in einem Wirbel der Stagnation zu verharren.

Bei einigen unglücklichen Leuten nennt sich das Ehe. Sieh deinen Lebenspartner und alle anderen Menschen im Augenblick jeder Begegnung als völlig neu *an.*

Auf diese Weise kannst du auf einem beschränkten Gebiet verweilen und doch im frischen Strom des Lebens dahingleiten.

Anstatt das Leben zu suchen, wird das Leben vielmehr dich suchen. Damit enthüllt sich das Paradoxon. Ein unstetes Leben, das man jedoch durch die Augen von «gestern» betrachtet, verneint jegliche Bewegung oder Veränderung.

Lebst du dein Leben aber auf einem kleinen Stückchen Land von deinem Zuhause aus und betrachtest es mit den Augen des Heute, so wirst du zu jener Öffnung, durch die das Leben ewig frisch und neu hindurchfließen kann.

Aber auch für jene, die weit umherziehen und immer in Bewegung sind, die alles Leben ewig wachsam und stets offen durch die Augen dieses Augenblicks *betrachten, wird das Leben selbst zum Segen.*

Ich war still, denn angesichts der Größe und des Wachstums, die mich noch erwarteten, verspürte ich eine tiefe Demut.

Es gab eine Zeit, in der das Tal, in dem wir leben, von dichten Wäldern bedeckt war, die die Abhänge des Hochplateaus geradezu überfluteten. Unter all den Bäumen war die riesige Cedrela, das australische «Mahagoni», der König. Außerdem war sie der einzige Laubbaum des Waldes. Diese Zeit ist vorbei. In seiner Narrheit hat der Mensch den wertvollen Baumbestand geplündert und das Tal bar seines ursprünglichen Reichtums zurückgelassen. Nur einige wenige Cedrelas haben überlebt, da ihr Holz zum wertvollsten und begehrtesten von allen zählt.

Ich saß in unserem Garten unter einem dieser Bäume und studierte die wenigen Cedrelas, die zwischen den Zitronenbäumen verteilt nahe bei unserem Haus standen. Obwohl die Bäume für ein ungeschultes Auge groß erscheinen mochten, waren sie mit knapp siebzehn Metern Höhe lediglich Schößlinge. Die rauhe Rinde war von unzähligen schmarotzenden Orchideen überzogen, die sich von Ast zu Ast ihren Weg bahnten, um alles mit einer dichten Decke fleischiger Blätter zu umhüllen. In den Gabelungen der dicken Äste drängten sich große Orchideen zu einem Dickicht zusammen, das mit seiner Blütenpracht einen wohltuenden Ausgleich in jeder Jahreszeit bot. Hier und da sah man die fransigen Wedel von Geweihfarnen, die sich mit lässiger Gleichgültigkeit an den verschiedensten Stellen angesiedelt hatten, durch das Laubwerk leuchten.

Der Herbst hatte bereits begonnen, doch die Cedrelas waren noch grün geblieben. Viele Wochen sollten noch vergehen, bevor die winterliche Kälte die Versorgung der Blätter mit den nötigen Säften verhindern würde.

Ich bin kein Botaniker und weiß über das Alter der verschiedenen Baumarten kaum Bescheid, aber die Energie der Cedrela fühlt sich für mich sehr alt an. Es scheint, als hegten diese Bäume die Weisheit einer längst vergangenen Art, auch wenn sie nicht-physischer Natur ist. Ihre Wurzeln gehen über den normalen Wahrnehmungsbereich eines Baumes hinaus.

Der bewölkte Himmel umrahmte einen weiteren grauen Tag und erzeugte eine brütende Atmosphäre. Die Energie schien jedoch auf den längst vergessenen Glanz eines früheren Zeitalters ausgerichtet. Ich fühlte, wie mein Bewußtsein auf seltsame Weise in die Vergangenheit gezogen wurde. Wie auf einer Wolke aus Licht schwebte es über die brütende Intensität hinweg, um in eine andere Dimension visueller Eindrücke emporzusteigen. Aus einer inneren Schau, die sich hoch über das Tal erhob, blickte ich auf riesige Wälder in einem Bereich ohne Zeit.

Was ich dabei wahrnahm, grenzte an Einbildung, denn es war viel mehr ein «Fühlen» als ein «Sehen» der Vision. Meine Augen hätten beim Anblick eines urzeitlichen, üppig wuchernden Waldes, der von Cedrelas überragt wird, sicherlich protestiert, da er sich an einer Stelle befand, an der heute nur mehr sanfte, grüne Weiden liegen, auf denen hauptsächlich Kikuya (eine Art Elefantengras) wächst.

Diese Wahrnehmung führte mich zu der Annahme, daß meine Augen nicht die ganze Wahrheit zu erfassen vermochten, sondern nur eine Ebene einer Wahrheit, mit der wir in unserer Gesamtheit in Verbindung stehen. Die Filme von heute strafen das alte Sprichwort «Sehen heißt glauben» lügen. Unser Sehvermögen ist begrenzt, denn es füttert uns gleichermaßen mit Täuschung und Falschem wie mit korrekten Eindrücken. Meine Wahrnehmung ließ mich auch vermuten, daß sich mein Leben reicher gestalten würde, wenn ich mich für verschiedenste Erfahrungen öffnete, anstatt im dreidimensionalen Bereich visueller und auditiver Eindrücke zu verweilen.

Mit der Stille kam die Klarheit.

Die Zeit, in der große Wälder viele Täler wie dieses hier ausfüllten, ist nicht von dieser Zeit getrennt.

In der Dimension, auf die sich die Menschheit bezieht, sind die Wälder verschwunden, während die noch bestehenden von Ausrottung bedroht sind. Das geschieht so im Vorübergehen.

Dies ist die Realität, mit der der Mensch in Übereinstimmung lebt, doch es ist nicht die Realität des SEINS.

Wenn euch das Leben nicht das exakte Gesetz von Ursache und Wirkung für euer Realitätsempfinden zur Verfügung stellte, wärt ihr lernunfähig. Lernen erfordert, daß man die Polarität jeder Handlung erfahren kann. Und doch ist der Mensch nicht auf die physische Realität beschränkt.

Er kann seine erweiterten Fähigkeiten aktivieren, um sich in die Bereiche höherer Wahrheit und Realität vorzuwagen.

Fliege hoch über die Wälder und erfülle dein Herz mit Freude, denn diese Wälder sind realer als die Illusion, die ihnen ein physisches Gegenstück verweigert.

Einen beängstigenden Augenblick lang protestierte der logisch argumentierende Verstand angesichts dieser dualen Erfahrung gegen den erleuchteten Geist, aber er gab schließlich nach. Soweit das innere Auge reichte, war das Tal von einem dichten Teppich üppiger Wälder bedeckt, während sich ein glitzernder Fluß kristallklaren Wassers in weichen Schlangenlinien unter dem Baldachin der Bäume dahinwand.

Während ich als unendliches Seelen-Selbst auf das Land hinabblickte, saß mein begrenztes physisches Selbst ruhig und zufrieden mit dem Tagebuch auf den Knien in einem Stuhl. Weil ich diese Erfahrung ganz bejahen konnte, fühlte ich mich sehr wohl. Die sanfte Synthese im Erleben zweier Selbste, von denen jedes im Widerspruch zur sinnlichen Wahrnehmung der anderen Erfahrungsmodalität stand, war nicht so sehr eine Errungenschaft, sondern vielmehr eine Sache der Hingabe.

Wenn du Auflehnung, Zweifel und Verneinung aufgibst, hast du dabei nichts zu verlieren, im Gegenteil, du gewinnst Einsicht und Mut.

Durch die Hingabe des Selbst an einen fortlaufenden Prozeß geht alles Bekannte *verloren, währenddessen du dir das* Erkennen *ermöglichst – und das kann niemals zum* Bekannten *werden. «Erkennen ist verwirklichtes Wissen.»*

Der Augenblick, in dem das Bekannte *zündet und nur die Asche der Wahrheit zurückläßt, ist ein spontanes* Erkennen.

Die Konzentration der Energie schwand, und traurig kehrte ich in die begrenzte Normalität zurück. Die physische Welt wurde zum Brennpunkt der Aufmerksamkeit und stieß mich wieder in die Illusion der Einsamkeit zurück. Die Cedrelas um mich herum waren beim besten Willen eben doch nur Bäume, die in unserer Welt wuchsen und die zugleich weit entfernt, getrennt und ohne Verbindung zu unserer Welt bestanden.

Ich glaube, das Wohl aller Völker dieser Erde liegt in der Entwicklung jener Fähigkeit, die uns unseren Platz im Plan des Lebens erkennen läßt. Solange wir fernab von der Natur leben, isolieren wir uns von einer tieferen Beziehung zueinander und sind nicht imstande, der *einen* Gattung Mensch zu vertrauen und sie zu akzeptieren.

Der März beendete ein weiteres Kapitel, als ich achtsam und vorsichtig wieder zu meinem Platz am Fluß hinunterging. Der Tag schien von einer gewissen Intensität erfüllt, und als ich mich auf unseren Badesteg setzte, wirkte der Fluß so lebendig, daß allein mein Hiersein als Beobachter meine gesamte Aufmerksamkeit in Anspruch nahm. In den Tiefen unter mir schwamm ein Goldbarsch in langsamen, trägen Kreisen umher. Er war ein Neuankömmling, und ich bewunderte den zarten Goldschimmer, mit dem jede seiner Schuppen gezeichnet war. Es war ein kühner Fisch, der sich offensichtlich kaum bedroht fühlte und mit schielenden Augen zu mir heraufstarrte. Flußaufwärts flogen zwei Enten auf, die ein kurzes Stück Anlauf auf der Wasseroberfläche nahmen, bevor sie sich in die Luft erhoben. Ein gelber Schmetterling zog vorbei und hob und senkte sich in seinem sprunghaften Flug.

Äschen und Süßwasserheringe sprangen im Wasser, während Fächerschneppen und blaue Zaunkönige zwitschernd und schimpfend im Geäst über mir umherflatterten. Es war wirklich ein besonderer Tag.

Kannst du denn die Vollkommenheit nicht in jedem Tag und jedem Moment erkennen?

Ich war etwas erstaunt über diese Frage, da ich völlig in meinen Gedanken und Gefühlen versunken gewesen war. Obwohl ich mich für die feinstofflichen Energien des Flusses geöffnet hatte, überraschten sie mich nun doch. Die Frage schmerzte mich auch ein wenig. Um ehrlich zu sein: nein, ich konnte die Vollkommenheit noch nicht an jedem Tag und in jedem Augenblick fühlen. Ich würde es zwar gerne, aber ich werde immer noch sehr stark von meiner Umgebung beeinflußt.

Wenn jeder Moment in deinem Bewußtsein neu geboren wird, wirst du keinen Schmerz mehr erleiden. In der Wiedergeburt kann sich das Neugeborene für die Vollkommenheit entscheiden.

Wieder fühlte ich ein leichtes Erstaunen in mir. Der Hinweis auf den Schmerz war von besonderer Bedeutung für mich. In den Jahren in Tasmanien hatte ich mir ein Rückenleiden zugezogen, das aufgrund schlechter medizinischer Betreuung chronisch geworden war. Rückblickend muß ich anerkennen, daß dieser Schmerz ein wichtiger Katalysator in meinem Leben gewesen ist, doch bis zum damaligen Tag hatte er mich ständig verfolgt, und auf Monate der Freiheit folgten immer wieder Phasen intensiven Schmerzes. Nachdem gerade eine Woche Rückenschmerzen und Unbeweglichkeit hinter mir lagen, hätte ich viel darum gegeben, endlich davon befreit zu werden.

Du brauchst es nur aufzugeben, dir das Leid zu wünschen.

Plötzlich fühlte ich Zorn in mir aufsteigen. Die Behauptung, ich hätte den Wunsch zu leiden, war geradezu lächerlich. Ganz unerwartet intervenierte der Fluß auf physischer Ebene. Im Wasser unter mir schritt eine Wasserschildkröte mit würdevoller Langsamkeit das Flußbett entlang. Der lange, schlangenartige Hals war weit vorgestreckt, während sie mühelos gleitend vorüberzog. Diese graziösen Bewegungen eines sonst so plumpen Geschöpfs standen in krassem Gegensatz zum schwerfälligen Kriechen einer Landschildkröte. Ich bin nicht sicher, ob die australische Schildkröte ins Wasser gewandert ist oder ob sie es nie verlassen hat; es war jedenfalls ein kluger Schachzug. Keine der Schildkröten hier sind ans Land gebunden.

Die Landschildkröte trägt ihre schwere Last und kommt dabei langsam voran.
Schwerkraft bedeutet Druck.

Im Fluß wird die Schildkröte um ihr eigenes Gewicht erleichtert. Die Schwerkraft stellt für sie keinen Druck mehr dar. Es ist keineswegs eine naturgegebene Schwerkraft, die den Menschen einschränkt, sondern die Schwerkraft einer begrenzten, fixierten und einengenden Denkweise.

Würdest du all deine schweren Lasten dem Fluß des Lebens anvertrauen und dich vom SEIN *tragen lassen, könnte sich die von dir erfahrene Freiheit nicht in Rückenschmerzen manifestieren.*

Nur das Gewicht einer Überbelastung macht sich in Form von Schmerzen bemerkbar.

Unbewußtes – Unterbewußtes – Bewußtes – diese Last wird auf einer mentalen Ebene getragen, welche die physische Kapazität bei weitem übersteigt. Diese Überbelastung manifestiert sich als Krankheit, Unbehagen, Schädigung und Schmerz.

Die Worte waren klar, und intellektuell war ich mir ihrer Bedeutung schon längst bewußt. Aber wie? Wie läßt man los?

Ein solcher Schritt erfordert Hingabe. Er erfordert die Hingabe des Ego mit all seinen kleinen Ichs, die ums Überleben kämpfen.

Es ist wirklich nicht schwierig. Du brauchst nur die Wahrheit anzunehmen – und zu leben.

DIESER AUGENBLICK IST VOLLKOMMEN. *Sei dir dessen bewußt. Werde dazu. Lebe es. Atme es. Bewahre es dir. Mache es zu deiner Mitte.*

Die Vollkommenheit wird sich von einer unbequemen, schmerzhaften, beanspruchenden, unangenehmen, begrenzten Perfektion . . . in eine Vollkommenheit von Freiheit, Frieden, Annahme, Erweiterung und Uneingeschränktheit verwandeln. Das Leben wird von der Erstarrung in die Beweglichkeit übergehen. Der Schmerz ist ein Symptom. Die Ursache dafür ist Erstarrung.

Das Aufbrechen der Erstarrung mag Schmerz verursachen, sie zu bewahren ist *Schmerz. Erstarrung leistet Widerstand, fließende Beweglichkeit jedoch nicht – auch der Schmerz nicht.*

Beweglichkeit ist nicht, was du tust, sondern wie du es tust.

Beweglichkeit oder Erstarrung, jedes ist ein geistiger Zustand in Aktion. Die Behandlung einer Krankheit kann die Auswirkungen beheben, aber die Ursache bleibt ungelöst. Sie wirkt bestenfalls als Katalysator, durch den die Ursache erkannt und behoben wird.

Du kannst die Freiheit der Beweglichkeit erlangen, indem du dir bewußt machst, daß du bereits alles besitzt, was du dir wünschst. Dein Körper sagt dir: «Laß das Leiden los, erlaube mir, geheilt zu werden.» Du hingegen antwortest: «Nein, ich brauche den Schmerz, damit ich nicht vergesse, daß ich unfrei bin.» Laß ihn los. Du bist frei. Mach es dir bewußt.

In meinem Kopf drehte sich alles. Ich nahm einen tiefen Atemzug, atmete langsamer. Stille trat ein. Frei und leicht vernahm ich einen Dialog in meinem Inneren. Ich fühlte keinerlei Verhaftung an die Gedanken oder deren Bedeutung. Es ist möglich. Ich kann schmerzfrei sein. Ich brauche den Schmerz nicht mehr, sobald ich die Freiheit akzeptiere. Aber – ich kann ja die Freiheit nicht akzeptieren, weil ich gerade begriffen habe, daß ich sie nicht erkenne. Ich weiß nicht, was Freiheit ist.

Wie ein sanftes Flüstern durchdrang die Klarheit meinen inneren Dialog.

Freiheit ist *jetzt*. Sie kann in keinem anderen Raum und keiner anderen Zeit real sein. Nur *jetzt,* für immer. Auch das hatte ich schon lange gewußt, aber wiederum nur in meinem Kopf: als Idee, als Konzept. Niemals real. Denn ich hatte Schmerzen.

Vielleicht ist das ein weiterer Neubeginn. Ich fühlte eine Bewegung, während die Erkenntnis Kopf und Herz miteinander verband. Es paßt.

Die Wasserschildkröte kam zurück und trieb in bedächtigen, stoßartigen Bewegungen quer über den Fluß. Als sie sich den Felsen neben dem Badesteg genähert hatte, kam sie langsam an die Oberfläche, wobei ihr Kopf das Wasser in kleinen, klaren Ringen teilte. Mit geöffnetem Maul schnappte sie nach Luft.

Plötzlich sah sie mich. Unsere Blicke begegneten sich einen Moment lang ... und dann verschwand sie schnell in einer Welle und tauchte tief ins Wasser ein. Ich hörte keine Worte, aber in ihrem durchdringenden Blick hatte ich eine klare Botschaft gelesen.

Wer von uns beiden hat den härteren Panzer?

Als ich aufstand, schoß ein heftiger Schmerz durch meine untere Rückenpartie, so daß ich die verkrampften Muskeln sorgsam strecken und lockern mußte.

Ich spürte das Gewicht meiner Grenzen und meiner Erstarrung, als ich in die leere Tiefe starrte.

«Wer wohl?»

7. KAPITEL

April

Von Kindheit an wußte ich um die Verbindung zur Natur, diesen mystischen Faden, der über Verstand und Herz hinausgeht und mich mit einem geheimnisvollen, unbekannten Element in Kontakt brachte. Die mystischen Schriften aller Zeitalter beweisen, daß ich damit nicht allein war, doch aus irgendeinem Grund ist es der Menschheit insgesamt nicht gelungen, diese innere Wahrheit zu erkennen.

Die Großstädte mit ihren erstickenden Menschenmassen bieten weder Raum noch Zeit, um das Selbst zu entdecken, das weitere Realitäten zu erleben vermag. Ich hatte Glück, denn in meiner Jugend war ich von goldenen Weizenfeldern umgeben; da gab es grüne Wiesen und Wälder mit Eichen, Buchen, Sykomoren, Ulmen und anderen Freunden; da waren kühle Bäche und geheimnisvolle Teiche. Und später lernte ich als Erwachsener die Pracht der australischen Küstenlandschaften kennen, den dampfend feuchten Regenwald, die Hochlandseen, die kristallklaren, vom Menschen noch nicht vergifteten Flüsse und die Berge, die geradewegs zu den Sternen aufblicken. All das war immer leicht zugänglich. Unser früheres Zuhause befand sich in einer Umgebung, wo sich die Extravaganz der Natur noch ungezügelter entfaltete. Es lag in einem idyllischen Tal, unweit von unserem jetzigen Wohnort. Das Gebiet umfaßte Regenwald, Hügel und kleine Täler in einer außerordentlich harmonischen Verbindung. Ein Fluß wand sich am Fuße der Berghänge in Schlangenlinien entlang und bildete so eine natürliche Grenze für uns. Auf einer Strecke von mehreren hundert Metern zog sich ein Bambusdickicht am Fluß entlang, das üppig gedieh und mit jedem Sommer größer wurde.

Das Bambusdickicht wurde zu meinem Versteck und Heiligtum. Es war ein Ort, wo ich mich in Selbstmitleid ergehen oder den Schmerz eines verletzten Ego abschütteln konnte – ein Ort der Stille. Ein schmaler, verborgener Pfad wand sich durch das Dickicht hindurch, bis man zu einem Baumstamm gelangte, der mit seiner gesamten Länge im Fluß lag. Da er flußabwärts gerichtet war, bot er dem Wasser keinen Widerstand. Er lag bereits lange Zeit im Flußbett. Ich nannte diesen Ort «Eidechsen-Terrasse», das beste Versteck zum Sonnenbaden.

Baumstamm, Fluß und Bambus bildeten einen Ort der Synthese, eine Matrix ganzheitlicher Energie. Auch nachdem wir unser früheres Zuhause aufgegeben hatten, kehrte ich noch oft zu den neuen Besitzern zurück, und nachdem wir eine Weile geplaudert hatten, machte ich mich auf den Weg zum Bambushain.

An einem dieser Tage ging ich gegen Mittag zum Bambushain hinunter, um mich bewußt mit den Energien der Natur wiederzuverbinden, die ich dort, als ich noch von Zweifeln und Konflikten geplagt war, erfahren hatte. Ich kroch in die Mitte des Hains und setzte mich, das Tagebuch auf den Knien. Der Zauber war so stark wie eh und jeh.

Die Sonnenstrahlen tanzten in langsamen, rhythmischen Mustern über die dichte Decke herabgefallener Blätter, auf der ich saß. Kühl und geheimnisvoll rief der Bambus Erinnerungen von Freude und Leid in mir wach, die ich nicht mehr getrennt voneinander wahrnehmen konnte, denn die Zeit hatte sie miteinander verschmolzen. Derselbe Fluß, dem ich auch zu Hause immer begegne, seufzte still, als er um meinen Baumstamm einen Bogen machte. Peitschenvögel riefen ihren rollenden, verzögerten Schrei hinaus, und ein schnalzender Laut zerriß die Stille des Hains.

Die Erde verströmte ein stechend-üppiges, organisches Aroma, während sich die Stille wie ein unsichtbarer Nebel herabsenkte. Um mich herum zeichneten sich die weichen, grünen Säulen der Bambusstämme gegen den blauen Himmel ab. Erst in einer Höhe von etwa dreieinhalb Metern waren diese schlanken Pfeiler von elastischer Stärke mit dünnen Ästchen und Blattwerk versehen. Ein Windhauch stahl sich leise durch die blaßgrünen Blätter über meinem Kopf, so daß die Schatten und sonnigen Flecken in einem lautlosen Tanz hin und her hüpften und den Zauber mit einem Hauch von Bewegung versahen. Friede, ein Friede jenseits aller Worte umhüllte mich und hielt mich für ein paar zeitlose, wertvolle Augenblicke sicher in seinen Armen.

Deine Gegenwart ist uns willkommen. Du stellst gerade wieder eine Verbindung zu einer Bewußtheit her, die schwachen Augen ähnelt, die an der Sonne blinzeln. Im Gegensatz zu deinen Augen kann das Bewußtsein jedoch das strahlende Licht ertragen, stärker werden und wachsen, um sich einer ständigen Erweiterung zu öffnen.

Du hast oft in unserer Mitte geweilt, doch du warst damals blind und taub für unsere feinen Energien und die sanfte Stimme der Wahrheit. Jetzt bist du mit der Geburt der Ganzwerdung, die du bereits im Herzen nährst, zu uns zurückgekehrt.

Wir heißen dich als Mensch, als Menschheit, willkommen.

Der Mensch ist von einer *Art, von* einer *Energie. In unserer Mitte befindet sich – in deinem ganzheitlichen Wesen enthalten – die gesamte Menscheit.*

Das Gefühl des Friedens intensivierte sich und wurde zu einer inneren Bewegung, die längst vergessene, tief vergrabene Emotionen in mir zum Klingen brachte. Die Einheit von Freude und Leid war mir auf einmal bewußt. Meiner normalen Sinneswahrnehmung gemäß waren Freude und Leid getrennt und drückten sich in äußerst unterschiedlichen Gefühlen und Reaktionen aus. In Wirklichkeit sind Freude und Leid innerhalb dieser Erfahrungen eins. Freude enthält Leid, und Leid erweitert und erfüllt die Freude nur. Ich weine oft aus dem Schmerz eines begrenzten Selbst heraus, doch das Weinen ist eine verwirrte Reaktion auf eine transzendente Freude, die einen Hauch von Schmerz in sich trägt. Ich verstehe diese Emotionen nicht. Ich kenne ihren Ursprung nicht. Ich kann sie nicht identifizieren. Ich weiß aufgrund meiner Erfahrungen mit höheren Realitäten nur, daß die Freude ohne den Schmerz verflacht. Ohne das «Zur-Erde-Fallen» gibt es auch keinen transzendierenden «Höhenflug».

Der innere Frieden wandelte sich um in eine feine, beinahe stechende Vibration. Es war, als fühlte ich eine innere Verschiebung, einen Augenblick der Trennung, und dann setzte die Dualität der Erfahrung wieder ein.

Licht und Schatten tanzten um mich herum, so daß die hellen Flecken auf meinem Körper und dem Bambus hüpfende Muster bildeten. Ich war verwirrt, denn es schien, als würde der Bambus um mich herum in einzelne Teile zerfallen und sich auflösen, während mein eigener Körper von diesem magischen Tanz des Lichts gefangen war. Als ob mich ein Windstoß inneren Ursprungs emporgehoben hätte, wurde ich aus dem Bambus hinausgeweht und gelangte in ein Universum farberfüllter Klänge und klangerfüllter Farben.

Nun bestand ich nicht mehr länger aus Bruchstücken. Als einzelnes, geeintes Wesen beobachtete ich von Milliarden innerer «Ichs» aus, wie ich mit dem menschlichen Gesang von Schmerz . . . und Freude *eins* wurde.

Finde deine Mitte in dem, was IST.

Der menschliche Verstand klammert sich oft mit aller Heftigkeit an eine winzige Wahrheit. Umarme sie, mach sie dir zu eigen, aber verleugne die große Wahrheit nicht, deine Wahrheit, die menschliche Wahrheit.

Horche auf das gemeinsame Lied aller Menschen, aber hab keine Angst, dein eigenes zu singen. Tanze nach der Musik, die dein Wesen durchströmt. Folge dem Stern in deinem Herzen, bis du dich voll und ganz im SEIN *befindest.*

Nimm am Spiel des Lebens teil, aber beachte die goldene Regel: Der Spieler kontrolliert die Bewegungen, der Spieler ist der Beweger, der Spieler ist der Bewegte.

Meine innerliche Betrachtung des Lebens veränderte sich in dem Maße, wie sie sich erweiterte. Mir fehlen die Worte, um die sichtbaren Klänge zu beschreiben, aus denen ein unfaßbares Netzwerk im Raum entstand, und ich weiß auch nicht, wie man die Idee der reinen Energie erklären soll, aus der sich neue Welten bildeten.

Die Erfahrung der Ganzheit erreichte ihren Höhepunkt... zeitlos..., bis ich wie ein Blatt im Sturm von einem heftigen Windstoß erfaßt wurde..., mein Erfahrungsbereich verengte sich... und schließlich fand ich mich wieder inmitten von tanzenden Lichtpunkten, die über blaßgrüne Bambusstämme hüpften.

Ich fühlte mich vorübergehend etwas zittrig. Die Subtilität dieser Erfahrung war überwältigend. Sie konnte nur allzu leicht von Selbstzweifeln zerstört werden. Ich stand auf, um den Pfad zur Eidechsen-Terrasse hinunterzuklettern, die momentan nur erreichbar war, wenn man durch das herbstlich kühle Wasser schwamm. Meine introvertierte Stimmung hielt mich jedoch davon ab, als ich tief in Gedanken versunken am Ufer stand. Jedesmal, wenn ich einen Zustand dieser Verzückung erlebe, enthüllt sich mir dabei ein Paradoxon. Ich hatte Trennung und Verbundenheit gleichzeitig erfahren. Ich war erfüllt von dem Wissen, daß Zersplitterung und Ganzheit untrennbar sind.

Trennung und Verbundenheit, Zersplitterung und Ganzheit – sie alle sind Fasern in einem einzigen, universellen Faden. All diese Fäden werden als eine Energie in die menschliche Erfahrung verwoben, und nur wir sind diejenigen, die die Fasern voneinander trennen.

Trennung ist ein Konzept. Und zwar eines, an das wir glauben. Ein Konzept, das zum allgemein anerkannten Gesetz geworden ist. Wenn man an eine falsche Auffassung glaubt, ändert das jedoch nichts an der Wahrheit. Die Wahrheit – alles Lebendige miteinander verbunden – IST.

Ein beständiger Regen hatte die letzten Tage begleitet, und genauso beständig stieg der Fluß immer höher und höher. Am vierten Morgen schlitterte ich durch den triefenden Busch den Hang zur Wasserpumpe hinunter, um den elektrischen Motor abzustellen und damit spätere Probleme zu vermeiden. Unter mir stieg das Wasser ruhig und ohne die Heftigkeit an, die von starken Regenfällen gewöhnlich ausgelöst wird.

Das Wasser war angestiegen und schlug schon gegen unser Sprungbrett. Nur mit großer Anstrengung gelang es mir, das schwere, alte Brett höher in den Busch zu ziehen und in Sicherheit zu bringen. Dieser Ort, den ich so sehr liebe, liegt genau an einer Flußbiegung. Selbst wenn der Fluß nur wenig Wasser führt, ist der hervortretende Fels zu beiden Seiten von Wasser umgeben, so daß man sich beinahe wie auf einer Insel fühlt.

Als ich dort im Regen stand, schien sich der angeschwollene Fluß zu meinen Füßen beinahe zu spalten. Das Wasser bewegte sich mit turbulenter Energie in die kleine Bucht hinein, während es auf der anderen Seite sanft und schnell flußabwärts strömte.

Als ich stromaufwärts in den Regen blickte, schien es mir, als stünde ich in der Mitte des Flusses, als beeilte sich das Wasser, meinem inneren Ruf zu folgen. Lange stand ich so da und fühlte den Fluß in seiner ganzen Wesenheit. Aus meiner inneren Welt kannte ich ihn als Quelle der Freude und Inspiration. Das Wasser floß nun nicht mehr um mich herum, denn meine Bewußtheit dehnte sich immer mehr aus, umhüllte den Fluß und ließ ihn durch das Zentrum meines Wesens hindurchströmen. Und mit ihm kam eine überwältigende Freude und Dankbarkeit. Ich rief laut in den Regen hinaus:

«Danke für alles, was du mir gegeben hast. Du hast mir eine Ehre erwiesen, die ich nicht mißbrauchen werde.»

Die Freude wuchs, und Tränen mischten sich unter die Regentropfen auf meinen Wangen.

Wir haben dir nichts gegeben.

Wir haben dir nichts gezeigt.

Du bist es, der gelernt hat, die Früchte anzunehmen, die jederzeit für den Menschen bereitstehen. Die Frucht menschlicher Weisheit fällt sanft in jede Hand, die sich ihr in Liebe und Demut entgegenstreckt. Diese Frucht kann nicht vom Baum des Lebens gepflückt werden oder als junger Trieb geraubt werden.

Du bist es, der ins Wasser geblickt und darin die Spiegelung der Wahrheit gesehen hat. Wenn die Augen der Menschen von Angst geblendet sind, werden nur Habsucht und Gier reflektiert. Du hast die Klarheit der Natur dazu verwendet, jene Klarheit wahrzunehmen, die den Herzen der Menschen innewohnt.

Der Reichtum eines ganzheitlichen Lebens hat deine Freude wachsen lassen und die Tränen zum Vorschein gebracht.

Ich stand ganz still da und war gänzlich in einer realen Welt versunken, in der die Bewegungen der Natur einer absoluten Ordnung folgen. Draußen auf dem Fluß schwamm ein kleines, schwarzes Etwas, das meine Aufmerksamkeit auf sich zog und mich in mein übliches Realitätsempfinden zurückholte. Ich hatte mich oft gefragt, wie die Schnabeltiere wohl bei Hochwasser zurechtkamen. Jetzt wußte ich es. Ähnlich einem Blatt, das der Wind verspielt hin und her weht, trieb das Schnabeltier im Wasser, das sich in feinen Wellen kräuselte. Im einen Augenblick streckte es die kurzen, mit Schwimmhäuten versehenen Beine aus und beobachtete mit hellen Augen, was vor sich ging, um im nächsten Moment in das schlammig braune Wasser zu tauchen und die reichhaltige Nahrung zu verzehren, die das Hochwasser mit sich gebracht hatte.

Es war kein Kampf mit der Strömung, kein Versuch, seine Meisterschaft zu beweisen: Das Schnabeltier nahm die Kraft und Energie des Flusses zu Hilfe und nutzte sie. So wie der Adler die heftigen Aufwinde hoch oben in den Lüften meistert, beherrschte das Schnabeltier die wirbelnden Wassermassen. Ich dehnte mein Bewußtsein auf diesen unschuldigen Meister aus und las seine Absicht, als er tief ins Wasser eintauchte. Wir waren eins, und im verwirrenden Strudel von Wasser und Schutt verlor sich jegliche Sinneswahrnehmung und Orientierung.

Das Schnabeltier fraß, sah sich um und glitt geschmeidig mit tolpatschiger Grazie dahin – es war ein Meister in seiner Welt.

Plötzlich verlor ich den Kontakt und stand allein und tropfnaß auf dem Felsen. Ich fragte mich, ob ich das eben wirklich erlebt hatte. Ich stand da und beobachtete, Schüler und Lehrer, während mich ein einsames, uraltes Wesen, primitiv und einzigartig, lehrte, wie man die Strömungen des Lebens beherrscht . . ., mühelos.

Es kam ein Augenblick, plötzlich, mitten im Fluß; doch das Schnabeltier tauchte nicht wieder auf.

So verschwinden wir, jeder zu seiner Zeit und auf seine Weise, doch wie das Schnabeltier werden auch wir zu einem anderen Zeitpunkt an einem anderen Ort wieder auftauchen, um im Fluß des Lebens zu schwimmen. Es ist nur *ein* Fluß, in dem alles Leben schwimmt. *Ein* Fluß, *ein* Leben. *Eine* Bewegung, die in *einem* Moment erfolgt. Nicht der Fluß ist das Geheimnis, sondern das Schwimmen.

Ich stand wie gebannt da, während der Regen, der in dicken Tropfen durch das Laubwerk über mir fiel, Regenmantel und Kleider durchnäßte.

Irgendwo war das Schnabeltier wieder aufgetaucht. Obwohl ich es nicht sehen konnte, fühlte ich doch seine Gegenwart mit derselben Sicherheit wie die Verheißung eines neuen Morgens.

Über den Autor

Michael J. Roads wurde 1937 in Trumpington, Cambridge, in England geboren. 1964 wanderte er nach Tasmanien (Australien) aus, wo er zwölf Jahre lang Vieh- und Milchwirtschaft betrieb. Während dieser Zeit wandte er sich von konventionellen Methoden ab und ging zu einer Form der organischen Bewirtschaftung über. Dieser Schritt hatte auch eine dramatische innere Veränderung zur Folge, die seine Wiederverbindung mit der Natur ermöglichte.

Nach dem Verkauf ihrer Farm im Jahre 1976 reisten Michael und Treenie Roads zusammen mit ihren vier Kindern fast ein Jahr durch Australien. 1977 gründete Michael Roads die Homeland Foundation Community im Bellinger Valley, die nach dem Findhorn-Modell aufgebaut ist.

Sein erstes Buch, *A Guide to Organic Gardening in Australia*, war das erste dieser Art in Australien und kam 1976 heraus. Sein zweites Buch, *A Guide to Organic Living in Australia*, erschien 1977. Beide Bücher wurden in Australien Bestseller.

Neben seiner Arbeit als Autor leitet Michael Roads auch Seminare. Er hält Vorträge über den «Geist der Natur» und führt zusammen mit Treenie Workshops durch zum Thema «Was es bedeutet, frei zu sein».

Peter Neumann

AL GORE
Eine Biographie

Deutsche Verlags-Anstalt
Stuttgart München

Für Barbara

Die Deutsche Bibliothek – CIP-Einheitsaufnahme

Ein Titeldatensatz für diese Publikation
ist bei Der Deutschen Bibliothek erhältlich

Satz: EDV-Fotosatz Huber/Verlagsservice G. Pfeifer, Germering
Druck und Bindearbeit: GGP Media GmbH
Diese Ausgabe wurde auf chlor- und säurefrei gebleichtem,
alterungsbeständigem Papier gedruckt.
Printed in Germany

ISBN 3-421-05431-2

Inhalt

1. Kapitel
Wer ist Al Gore?

Es ist Mittwoch, der 16. Juni 1999, früher Nachmittag – CNN berichtet live vom Marktplatz des Städtchens Carthage in Tennessee. Einige tausend Menschen warten dort auf Albert Gore Jr., den Vizepräsidenten der Vereinigten Staaten, der heute offiziell bekanntgeben will, daß er für die Präsidentschaftswahl im November 2000 kandidiert.

Bis Gore auf der Bühne erscheint, vergeht fast eine Stunde. Erst spielt die Band der örtlichen High School, anschließend spricht der Gouverneur von Tennessee, ein bulliger Südstaatler mit tiefer Stimme. Er preist Gore als echten Freund, als bodenständigen Sohn eines Farmers, tief verwurzelt in der fruchtbaren Erde seiner Heimat. Dann ist es soweit: Gore und seine Frau Tipper treten auf die Bühne. Auf halbem Weg zum Rednerpult bleiben sie stehen, und der Vizepräsident wendet sich der jubelnden Menge zu; er nimmt seine Frau in den Arm, strahlt über das ganze Gesicht und winkt in die Kameras.

Hier, auf den Stufen des Gerichts in Carthage, hatte Gore vor fast 25 Jahren seine Kandidatur für das Repräsentantenhaus angekündigt, und immer dann, wenn Gore eine weitere Sprosse auf der Karriereleiter zu nehmen gedachte, kehrte er an diesen Platz zurück, um seine Entscheidung offiziell zu verkünden: 1984, als er sich um einen Sitz im Senat bewarb; 1988, als er zum ersten Mal für das Weiße Haus kandidierte, und 1992, als Stellvertreter von Bill Clinton.

Die Ansprache heute sei die wichtigste in seinem Leben, heißt es in den Zeitungen. Gore ist sich der Bedeutung des Ereignisses bewußt; in seiner »Wahlkampfuniform« – dunkelblauer Anzug und rote Krawatte – steht er am Rednerpult und schreit die Anspannung geradezu aus sich heraus. Er weiß, daß ihn die Medien für einen Langweiler halten, für einen schlechten Redner, dem Charisma und Führungsstärke fehlen, um Menschen für sich einzunehmen. Heute will er alles richtig machen, ein Siegertyp sein, ein Visionär und ein »großer Kommunikator«. Er redet vom Wohlstand und der Sehnsucht nach Mitmenschlichkeit, davon, daß Amerika die Chance habe, seine Werte zum stärksten Motor des Fortschritts werden zu lassen. Die Lücke im Haushalt sei geschlossen – jetzt gehe es darum, die neuen Defizite zu bekämpfen: das Anständigkeitsdefizit, das Fürsorgedefizit und das Familiendefizit. »Ich weiß, wie das geht!« brüllt Gore nach jedem Absatz seiner Rede wild entschlossen in das Mikrofon. Doch obwohl ihm seine Anhänger aufmunternd Beifall spenden, kann Gore seine Nervosität kaum verbergen. Wenn ihn die Menge mit »Gore, Gore!«-Sprechchören unterbricht, wirkt der Vizepräsident fast überrascht. Ein Lächeln huscht dann über seine Lippen; er blickt kurz auf, holt tief Luft und liest den nächsten Abschnitt seiner Rede vom Teleprompter ab. Viermal, so zählt ein Reporter, habe sich Gore während der knapp dreißig Minuten den Schweiß aus dem Gesicht gewischt.

Auch wenn seine öffentlichen Auftritte gelegentlich den Eindruck vermitteln, er rede zum ersten Mal vor großem Publikum, so ist Al Gore kein Neuling im politischen Geschäft. Seit fast einem Vierteljahrhundert gehört der amtierende Vizepräsident zum inneren Zirkel der Macht, zur politischen Elite seines Landes. Schon als junger Abgeordneter – Anfang der achtziger Jahre – beeindruckte er mit seinem Wissen über Rüstungs- und Sicherheitspolitik. Im Alter von 36 Jahren zog er in den Senat ein. Nur vier Jahre später bemühte sich Gore um die Nominierung zum Präsidentschaftskandidaten der Demokratischen Partei. Gore unterlag, doch der Senator aus Tennessee hinterließ einen bleibenden Eindruck; Bill Clinton machte ihn 1992 zu seiner Nummer Zwei. Nach zwei Amtsperioden als Vizepräsident will Gore nun an die Spitze.

Daß sich Gore um die Nachfolge Clintons bewirbt, ist nur konsequent – er selbst hat aus seinem Wunsch, Präsident zu werden, nie ein Geheimnis gemacht. Das Ungewöhnliche an Gores Kandidatur ist deshalb nicht die Tatsache als solche, sondern der Umstand, daß die Öffentlichkeit über einen Politiker, der so viele Jahre lang hohe Ämter bekleidet hat und als einflußreichster Vizepräsident in der amerikanischen Geschichte gilt, kaum etwas zu berichten weiß. Es scheint, als habe sich Gore jahrelang auf Zehenspitzen über die Korridore der Macht bewegt. Abgesehen von den weithin bekannten Oberflächlichkeiten – sein mangelndes Talent als Redner etwa –, ist über Gore kaum geschrieben oder nachgedacht worden. Daß er als Vizepräsident in den zurückliegenden Jahren zwangsläufig im Schatten der schillernden Figur Clinton stand, hat die Sprachlosigkeit in bezug auf Gore nur akzentuiert. Während sich mit den Berichten, Porträts und Büchern über Bill Clinton ganze Archive füllen lassen, genügt für Gore bislang eine Schublade. Erst jetzt, da Gore direkt auf das *Oval Office* zusteuert, fängt man in den USA damit an, sich für die Person zu interessieren, die schon bald zum mächtigsten Mann der Welt werden könnte. Und es überrascht nicht, daß am Beginn der Analyse meist die Erkenntnis steht, daß der Vizepräsident bisher wenig mehr als ein großes Fragezeichen geblieben ist, ein »Mysterium«, das es zu ergründen gelte.

Der Fernsehjournalist Ken Bode meint: »Wir müssen mehr über Al Gore erfahren, viel mehr.« Ronald Brownstein von der *Los Angeles Times* glaubt, die größte Herausforderung für Gore bestehe darin, klarzumachen, wer er eigentlich sei. Nach sieben Jahren als Vizepräsident, so Brownstein, sei das Bild, das Amerika von Gore habe, noch immer »undeutlich und verschwommen«.

Wer also ist Al Gore? Wofür steht er? Was treibt, was bewegt ihn? Welche Erfahrungen und Eigenschaften prägen seine Persönlichkeit? An welchen Vorstellungen und Werten orientiert sich sein Handeln? Was sind die Koordinaten seines politischen Denkens? Und welche Bedeutung hat all dies für die zukünftigen Entscheidungen eines möglichen Präsidenten Gore? Hier ein Versuch, die Persönlichkeit Al Gores in wenigen Stichworten zu skizzieren:

Ehrgeiz. Im Gegensatz zu Bill Clinton, für den das Fortkommen in Schule und Universität eine Möglichkeit darstellte, der Armut und der Gewalt in seiner Familie zu entkommen, entstammt Al Gore einem behüteten Elternhaus. Auch sein Antrieb, an die Spitze der Gesellschaft vorzustoßen, geht auf die Eltern zurück. Gores Vater – Albert Gore Sr. – war zwar ein Farmer, doch Gore Sr. wollte mit aller Macht der Enge von Carthage entkommen, und der Schlüssel dazu war harte Arbeit. Er belegte Abendkurse, schloß sein Studium als Jurist ab und startete eine beeindruckende politische Karriere, die ihn bis in den Washingtoner Senat führte. Seine ultimative Ambition, Präsident der Vereinigten Staaten zu werden, blieb ihm jedoch versagt. Im tiefsten Innern, so dachte Gore Sr., war er doch stets ein Farmer geblieben.

Als mit Al Gore Jr. endlich der von Gore Sr. lang erwartete Sohn geboren wurde, übertrug der Vater all seinen unerfüllten Ehrgeiz auf das Kind. Gore Sr. vermittelte seinem Sohn genau die Leistungsethik, die ihn selbst so weit gebracht hatte. Anerkennung und Zuneigung seiner Eltern mußte sich Al Gore erarbeiten – in der Schule genauso wie auf den Tabakfeldern in Carthage. Diese Form der konditionalen Liebe hatte Gore so sehr verinnerlicht, daß er sich zum Kriegseinsatz in Vietnam meldete, obwohl er das Engagement Amerikas in Südostasien für falsch hielt. Daß sich der vom Vater anerzogene Ehrgeiz in einer politischen Karriere kanalisieren würde, war nicht von Beginn an klar, doch 1976 hatte Gore Jr. mit seiner Kandidatur für das Repräsentantenhaus auch hier den aus der Sicht seines Vaters richtigen Kurs eingeschlagen. Auf die Idee, mit nicht einmal 40 Jahren für die Präsidentschaft zu kandidieren, brachte ihn wiederum sein Vater. Er scheiterte im ersten Anlauf, doch das Ziel verlor Gore Jr. nicht aus dem Blick. Die Vizepräsidentschaft war auf dem Weg ins *Oval Office* ein logischer Schritt, auch wenn Al Gore das Amt noch kurze Zeit davor als »Sackgasse« bezeichnet hatte.

Im Dezember 1998 starb Gore Sr. Er wird den Tag nicht mehr erleben, an dem sein Sohn den Amtseid des Präsidenten schwört. Gore muß seinem Vater nichts mehr beweisen, wohl aber sich selbst. Das höchste Amt im Staat ist Gores Lebenstraum – ein egoistischer Traum, denn mit der Erfüllung seines Ehrgeizes verbindet sich zunächst kein Projekt, keine Vision: »Albert Gore wird alles sagen oder tun, um Präsident zu werden, und er wird sich rechtschaffen dabei fühlen«, resümiert der Kolumnist Rich Lowry in der Zeitschrift *National Review*.

Umweltpolitik. Außerhalb der USA ist Al Gore vor allem wegen seines Buchs »Wege zum Gleichgewicht« bekannt. Darin beschreibt Gore auf beeindruckende Weise das Ausmaß der ökologischen Krise, ihre Ursachen, und er gibt mit seinem »globalen Marshallplan für die Umwelt« ein Programm vor, um die Rettung des Planeten zum »zentralen Organisationsprinzip unserer Zivilisation« zu machen. Als das Werk 1992 erschien, feierten Umweltaktivisten in der ganzen Welt den kommenden Vizepräsidenten als »Öko-Gorbatschow«. Der Politiker aus Tennessee, der im übrigen als eher konservativ galt, nahm auf dem Feld der Umweltpolitik einen dezidiert progressiven Standpunkt ein.

Die Sorge um die Bewahrung der natürlichen Lebensgrundlagen wurde Gore nicht in die Wiege gelegt, obwohl er in »Wege zum Gleichgewicht« erklärt, wie sein Bewußtsein für ökologische Zusammenhänge schon auf der Farm seines Vaters geschärft wurde. Gore entdeckte das Thema als Student in Harvard, wo er eine Vorlesung des Klimaforschers Roger Revelle hörte. Als er später für einige Semester an der theologischen Fakultät der Universität in Nashville eingeschrieben war, knüpfte Gore die seiner Meinung nach grundlegende Verbindung zwischen der ökologischen Krise und den geistigen Defiziten der christlich-abendländisch geprägten Industriegesellschaft. In »Wege zum Gleichgewicht« nimmt die Beschäftigung mit der »spirituellen Krise« der Zivilisation demzufolge einen prominenten Platz ein.

Das Thema Ökologie entwickelte sich zu Gores wichtigster thematischer Triebfeder. Die Leidenschaft, mit der er für international verbindliche Abkommen zur Reduzierung der Treibhausgase kämpft und jeden Dollar im Haushalt der Umweltbehörde verteidigt, ist nicht gespielt. Als Vizepräsident der Vereinigten Staaten befindet sich Gore mit seinen Auffassungen jedoch im ständigen Widerspruch zur Politik der Regierung, deren zweithöchster Repräsentant er ist. Gores Ideen zu Ökologie und Nachhaltigkeit widersprechen der Praxis in einem Land, dessen Wohlstand auf dem hemmungslosen Verbrauch der natürlichen Ressourcen beruht. Seine Gegner werfen ihm deshalb vor, er stelle mit seinen Ansichten den *American Way of Life* in Frage, und natürlich haben sie recht. Doch Gore ist kein Revolutionär. Sein Denken ist radikal, sein Handeln nicht.

Unsicherheit. Das dritte Motiv, das Gores Persönlichkeit erklärt, ist ein Charakteristikum, das seine gesamte Persönlichkeit überlagert. Es läßt sich am besten mit dem Begriff »Unsicherheit« beschreiben. Gore hat es im Laufe der Jahre bis fast an die Spitze der Vereinigten Staaten gebracht, doch bis heute befindet er sich auf einer existentialistischen Suche nach sich selbst. Gore hat nicht verstanden, was ihn im tiefsten Innern bewegt, wer er ist und wo er hingehört. Er weiß von dieser Schwäche, und die quälenden Versuche, mehr über sich herauszufinden, durchziehen seine gesamte Karriere. In »Drama of the Gifted Child« – einem Buch der Psychoanalytikerin Alice Miller, das Gore jedem neuen Mitarbeiter zur Pflichtlektüre gibt – heißt es über das Phänomen des »talentierten Kindes«: »In allem, was sie tun, sind sie gut, häufig sogar exzellent. Sie werden bewundert und beneidet. Sie sind erfolgreich, wann immer sie erfolgreich sein wollen – aber es bedeutet ihnen nichts. Hinter all dem steckt ... das Gefühl, daß ihr Leben keinen Sinn hat.«

Die Wurzeln für Gores Sinn- und Identitätskrise liegen in seiner Jugend. Gores Heimat ist Carthage, Tennessee, doch zur Schule ging er in Washington, dort, wo sein Vater als Senator wirkte. Hin- und hergerissen zwischen dem einfachen Landleben in Tennessee und dem hektischen Treiben der Hauptstadt, war Gores einziger Fixpunkt der Vater, über den er sich definierte. Die Entwicklung einer eigenständigen Persönlichkeit schien entbehrlich, gab doch der Vater die Ideale und Werte vor, die für Al Gore maßgeblich sein sollten. In Vietnam wurde Gore bewußt, wie sehr er sich bis dahin von fremden Vorstellungen hat leiten lassen. Das Theologiestudium in Nashville sowie die mehrjährige Arbeit als Journalist waren Versuche, sein Leben auf eigene Füße zu stellen. Die Suche nach dem wahren Selbst hatte begonnen; bald aber mußte Gore feststellen, daß der Impuls, der vom Vater ausging, noch immer sein Leben dominierte. Als er 1976 für das Repräsentantenhaus kandidierte, schlug er den Pfad ein, den Gore Sr. für ihn vorgesehen hatte. Die Bitte an den Vater, sich nicht in seine Wahlkampagne einzumischen, änderte nichts daran, daß Al Gore von der Öffentlichkeit als »Sohn des Senators« wahrgenommen wurde.

Gores Methode, mehr über sich herauszufinden, bestand in der strukturierten Aufnahme von Wissen. Er glaubte, die systematische Akkumulation von Fakten bringe ihm dem Kern seiner selbst näher.

1984, als Gore zum ersten Mal für den Senat kandidierte, begleitete ihn ein Psychologe, mit dem er auf langen Busfahrten die Fachliteratur über Familiendysfunktionalität und Identitätsstörungen diskutierte. Gore wurde zu einem Spezialisten auf diesem Feld, doch die Frage, die ihn eigentlich bewegte, blieb nach wie vor unbeantwortet: Wer bin ich?

Als Politiker beschränkte sich Al Gore zumeist auf Themen, die hohen technischen Verstand erforderten. Einige Kommentatoren meinen, Gore sei von technischen Details geradezu besessen. In seiner frühen Karriere als Abgeordneter und Senator ging es bei Gores Initiativen im Parlament fast immer um die Lösung menschlicher Probleme durch die fortschreitende Entwicklung der Technologie – dies galt für den Aufbau eines Netzwerks von Supercomputern genauso wie für seine Vorschläge im Rahmen der Rüstungskontrolle. Wenn Gore zu moral- oder wertbezogenen Fragen Stellung nehmen sollte, entschied er sich meist für einen kompromißlosen Standpunkt. Aus der an Logik und Konsequenz orientierten Sicht Gores war dies nur folgerichtig, auch wenn ihn die liberalen Medien dafür als selbstgerecht und moralistisch beschimpften.

Die gescheiterte Präsidentschaftskandidatur von 1988 und der tragische Unfall seines Sohnes im Jahr darauf waren für Gore entscheidende Wendepunkte. Noch stärker als zuvor stellte er sich selbst und sein Handeln auf den Prüfstand. Die Suche nach der eigenen Identität ging in eine neue Runde. Gore zog sich aus der Politik weitgehend zurück und arbeitete an seinem Buch über die Umweltkrise. Daß der Selbsterfahrungsprozeß die Form eines Sachbuchs annahm, ist für den »Wissenschaftler« Gore typisch, doch die starken autobiographischen Bezüge des Werks sind unübersehbar. Für Gore ist Ökologie die Wissenschaft vom Gleichgewicht, und wenn Gore davon schreibt, daß das Buch eine »Suche nach echtem Verstehen der globalen ökologischen Krise und der Art, wie sie gelöst werden kann«, ist, dann werden die Parallelen zu Gores eigenem Problem ganz deutlich. Gore beschreibt die »Sucht« des Menschen nach Verbrauch der Natur und verwendet dafür die Metapher der Familiendysfunktionalität. Die tiefere Ursache für das gestörte Verhältnis unserer Zivilisation zum eigenen Planeten sei spiritueller Art.

Gores Suche nach dem eigenen Gleichgewicht war mit seinem Buch zur Umweltkrise vorläufig abgeschlossen. Er widmete sich wieder der Politik, wurde Vizepräsident unter Clinton. Daß Gore in der Zwischenzeit noch immer keine gereifte und sich selbst bewußte Persönlichkeit geworden war, ließ sich an seinen öffentlichen Auftritten ablesen. Wenn Gore im Fernsehen mit Ross Perot über die nordamerikanische Freihandelszone NAFTA diskutierte, dann war er selbstsicher und schlagfertig. Ging es allerdings nicht um die Sache, sondern um ihn selbst, dann offenbarte sich wieder die Unsicherheit, die aus dem mangelnden Verständnis der eigenen Persönlichkeit resultierte. Gore mißtraut seinen Gefühlen – auch deshalb wirkt er häufig so hölzern und steif.

Der Ehrgeiz, Präsident zu werden; das Engagement für die Umwelt; die Unsicherheit in bezug auf die eigene Persönlichkeit – welches der drei Motive beschreibt Al Gores Persönlichkeit am besten?

Als Gore 1992 sein Buch über die globale Umweltkrise veröffentlichte, wurde er von einigen radikalen Umweltschützern der Inkonsequenz bezichtigt. Die ersten zwei Kapitel von »Wege zum Gleichgewicht« würden sich wie eine Anklage gegen das bestehende Wirtschafts- und Gesellschaftssystem lesen, die nur eine totale Umkehr zur Folge haben könne. Mit seinem »globalen Marshallplan« skizziere Gore jedoch im dritten Teil seines Buchs ein Programm, das weit hinter den

Erwartungen zurückbleibe, die er in den Kapiteln davor geweckt habe. Auch wenn die Kritik ungerecht scheint, so illustriert sie einen wichtigen Wesenszug Gores. Während seiner gesamten politischen Laufbahn hat sich Gore nicht davor gescheut, auch unangenehme Wahrheiten bis an ihren logischen Schlußpunkt zu denken – das politische Handeln, das hieraus folgte, war jedoch stets von Taktik und politischen Rücksichten geprägt. Gore kennt die Politikmaschinerie genau, und ihm ist bewußt, daß ihm das Insistieren auf weitgehenden Maßnahmen – so konsequent diese auch sein mögen – eher schaden würde als nützen. Geht es, wie im Falle der Umweltpolitik, darum, durch einschneidende Maßnahmen die Funktionsweise des gesamten politischen und ökonomischen Systems zu verändern, so könnte ein Eintreten für allzu radikale Maßnahmen das Ende seiner Ambition bedeuten, eines Tages Präsident der Vereinigten Staaten zu werden.

Während des Aufstiegs in der politischen Hierarchie hat Gore mehrfach seine umweltpolitische Überzeugung für die politische Karriere geopfert. Aus pragmatischer Sicht mag man dies als notwendigen »Pakt mit dem Teufel« in Kauf nehmen; auch für Gore selbst scheint dies eine akzeptable Rechtfertigung, solange er nicht die Position erreicht hat, die ihm das Durchsetzen weitgehender Maßnahmen erlaubt. Die Frage also lautet: Wird Gore versuchen, seine umweltpolitische Agenda in die Realität umzusetzen, wenn sich der Traum vom Amt des Präsidenten erfüllt hat?

Gore wird – nach einem möglichen Wahlsieg – zuerst ein neues Ziel definieren. Sein Ehrgeiz wird sich dann darauf richten, im Jahr 2004 als Präsident bestätigt zu werden. Dies bedeutet, daß sich Gore – zumindest während der ersten vier Jahre im *Oval Office* – mit unpopulären oder weitreichenden Initiativen zurückhalten wird. Erst wenn die persönliche Ambition als Triebfeder entfällt, wird Gore versuchen, sein umweltpolitisches Programm mit aller Konsequenz in die Tat umzusetzen. Gore ist ein leidenschaftlicher Umweltschützer, in erster Linie aber ist er ein ehrgeiziger Politiker, und als solcher orientiert er sich zunächst am politisch Opportunen.

Als größtes Handicap für Gores Weg zur Präsidentschaft könnte sich die Unsicherheit über die eigene Persönlichkeit herausstellen. In keiner anderen Demokratie konzentriert sich die Aufmerksamkeit der Medien (und der Wähler) so sehr auf die Persönlichkeit und den Charakter des Spitzenkandidaten wie in den USA. Und in keinem anderen Land wird dem Bewerber für das höchste Amt im Staat ein so großes Talent abverlangt, sich selbst und seine Familie in Szene zu setzen.

Gore ist bewußt, daß er seine Persönlichkeit vermarkten muß, möchte er Präsident werden. Der Gedanke daran bereitet ihm Unbehagen, weiß er doch selbst nicht genau, wer er ist und welcher Teil seiner Persönlichkeit für die Öffentlichkeit interessant sein könnte. Für die Mehrheit der Amerikaner blieb der Vizepräsident deshalb bislang ein Mann ohne Eigenschaften. Seit einiger Zeit versucht Gore nun, dem nüchternen und emotionslosen Image Farbe zu verleihen. Der Erfolg war bislang bescheiden. Als Gore Ende 1997 in einer Talkshow behauptete, seine Frau und er seien das Vorbild für den populären Roman »Love Story« von Erich Segal gewesen, lästerte ganz Amerika über den »leidenschaftlichen Liebhaber« Gore, der seinem Chef Clinton wohl in Sachen Liebe noch einige Lektionen erteilen könnte. Ebenso kontraproduktiv war ein Werbespot, der Gore als bodenständigen Farmersohn aus Tennessee darstellte. Die Presse reagierte hierauf mit boshaften Berichten über Gores Jugend als Sohn eines einflußreichen Senators, der eine Privatschule in Washington besuchte, ein Mann, der den Akzent der Südstaaten »als Fremdsprache« erlernen mußte.

Gores Berater stellen die Schwierigkeit, das Image des Präsidentschaftskandidaten mit Charisma anzureichern, als bloßes Vermittlungsproblem dar. Gore sei im kleinen Kreis eine faszinierende Persönlichkeit, er tue sich jedoch bei öffentlichen Auftritten schwer. Doch solange sich Gore in der eigenen Haut unwohl fühlt, solange er nicht bis an den Kern der eigenen Identität vorgestoßen ist, solange wird Gore kaum die nötige Strahlkraft entwickeln können, um Menschen für sich einzunehmen. In diesem Sinne steht Gore sich selbst und seinem Ziel, Präsident der Vereinigten Staaten zu werden, am meisten im Weg.

Al Gore hat nie als Tellerwäscher gearbeitet, und doch ist sein Leben eine amerikanische Erfolgsgeschichte. Nahezu ohne Bruch führte sein Weg vom einfachen Abgeordneten bis zum Amt des Vizepräsidenten. Als Nummer Zwei hinter Bill Clinton hat sich Gore in den zurückliegenden Jahren einen Namen als effizienter und mächtiger Berater im Hintergrund gemacht. Kein Vizepräsident vor ihm hat die Entscheidungen seines Präsidenten so stark beeinflußt wie Gore. Er hat der Präsidentschaft Clintons seinen Stempel aufgedrückt. Eine Bilanz der Clinton-Jahre wäre ohne den Namen Gore schlicht unvollständig. Der Preis dafür war Zurückhaltung und absolute Loyalität. Je weniger Gore von der Öffentlichkeit wahrgenommen wurde, desto größer waren die Spielräume, die ihm sein Vorgesetzter einräumte.

Jetzt, da für Gore die höchste Position im Staat zum Greifen nahe ist, gelten die Spielregeln, die Gore zum »erfolgreichsten Vizepräsidenten aller Zeiten« haben werden lassen, nicht mehr. Gore kann sich in keine Nische mehr zurückziehen – alle Scheinwerfer sind auf ihn gerichtet, und nur er selbst kann die letzten Hürden nehmen, um sich den Traum von der Präsidentschaft zu erfüllen. Ob Gore am 20. Januar 2001 den Amtseid des Präsidenten sprechen wird, hängt davon ab, ob er sich gegen George W. Bush durchsetzen kann. Wer 43. Präsident der Vereinigten Staaten wird, steht am 7. November 2000 fest. Die Geschichte von Al Gore läßt sich – bis auf das letzte Kapitel – schon jetzt erzählen. Sie beginnt in Carthage, Tennessee.

2. Kapitel
Von Tennessee nach Vietnam

Nirgendwo ist Amerika amerikanischer als in der Heimat von Al Gore, in Tennessee. Weil der Staat im amerikanischen Bürgerkrieg gegen die Nordstaaten kämpfte, gehört Tennessee traditionell zum Süden der USA, und doch trennen Tennessee vom Golf von Mexiko noch mehr als 800 Kilometer. Fast 150 Jahre lang – von der Gründung des Bundesstaats bis in die dreißiger Jahre – war Tennessee wenig mehr als ein riesiges Mosaik kleiner und mittelgroßer Farmen. Vor allem Tabakpflanzer und Viehzüchter machten sich im Becken zwischen den südlichen Ausläufern der Appalachen und dem Mississippi breit.

Von ihren Landsleuten aus dem urbanen Nordosten werden die Tennesseeans als Hinterwäldler verspottet, als provinziell und zurückgeblieben. Und doch treibt es jedes Jahr Hunderttausende Touristen in den kleinen Staat, in die Nationalparks im Norden, in die »Welthauptstadt der Country-Musik«, nach Nashville, oder nach Memphis, wo Elvis Presley, der *King of Rock 'n' Roll,* seine Karriere begann und wo sein Grab eine Pilgerstätte geworden ist.

Eine Autostunde östlich von Nashville, der Hauptstadt von Tennessee, liegt Carthage, ein Dorf mit zweieinhalbtausend Einwohnern, einer High School und einem Einkaufszentrum. Dieser unscheinbare Ort ist die Heimat der Gores.

Die Ahnenlinie der Familie läßt sich bis zum Revolutionskrieg am Ende des 18. Jahrhunderts zurückverfolgen. Als die 13 amerikanischen Kolonien mit der Unabhängigkeitserklärung vom britischen Mutterland abfielen und die Truppen des englischen Königs besiegten, erhielten viele Soldaten als Auszeichnung ein Stück Farmland. Noch bevor Tennessee im Jahr 1796 in die amerikanische Union aufgenommen wurde, kamen die Gores so in den Besitz einer Landwirtschaft in der Grafschaft Overton.

Als Nachfahren englischer Baptisten unterschied sich die Familie Gore kaum von den anderen Bewohnern Tennessees zu dieser Zeit. Im Gegensatz zu entfernten Verwandten im benachbarten Mississippi, die es als Großbauern bis an die Spitze der lokalen Gesellschaft brachten, schlugen sich die Gores auf ihrem Stück Land mehr schlecht als recht. Allen Gore, Jahrgang 1869, pflanzte Tabak und Gemüse, hatte eine Kälberwirtschaft und hielt Geflügel.

Schon eine Fahrt in das 90 Kilometer entfernte Nashville war zu Anfang des 20. Jahrhunderts mühsam. Es gab kaum Straßen, der Süden der USA war nicht elektrifiziert, und auch die Eisenbahn machte einen großen Bogen um Overton County. Der Horizont der Gores reichte demnach kaum über die Grenzen der eigenen Farm hinaus.

Cordell Hull, ein Jugendfreund von Allen Gore, öffnete für die Gores das Fenster zur Welt. Im Gegensatz zu Allen war für Hull das Leben auf der Farm nie genug. Er studierte Jura, wurde Rechtsanwalt und ab 1907 Abgeordneter im Repräsentantenhaus, der ersten Kammer des amerikanischen Parlaments. Später war Hull Außenminister unter Franklin D. Roosevelt und erhielt 1945 für seine Mithilfe beim Aufbau der Vereinten Nationen den Friedensnobelpreis.

Selbst in seiner Zeit als aktiver Politiker hielt Hull stets engen Kontakt zu den Gores. Er besuchte die Familie regelmäßig auf ihrer neuerworbenen Farm in Carthage, nur wenige Kilometer von Overton entfernt, diskutierte nächtelang mit Allen über öffentliche Angelegenheiten und weckte so bei dem Familienoberhaupt der Gores das Interesse für Politik.

Der Vater von Al Gore wurde 1907 geboren; Albert Gore Sr., der einzige Sohn von Allen Gore, verließ bereits in jungen Jahren die vorgezeichneten Bahnen des Landlebens. »Wenn du raus willst, dann mußt du hart arbeiten«, lautete sein Credo. Vom Willen getrieben, der Enge Carthages zu entkommen, arbeitete Albert schon während seiner Schulzeit als Ausfahrer und verdiente sich auf diese Weise das Geld, das er für den Besuch des Colleges benötigte. Obwohl Albert immer wieder einzelne Semester aussetzen mußte, weil er die Studiengebühren nicht bezahlen konnte, war er der erste Gore, der an einer höheren Bildungsanstalt eingeschrieben war. Einige Zeit unterrichtete er an einer Schule, und noch bevor Albert im Alter von 26 Jahren das College endgültig abgeschlossen hatte, war ihm bereits ein Vertrag als Vorsteher einer Dorfschule sicher.

Als Direktor einer Schule – so klein sie auch gewesen sein mag – war Albert in Carthage hoch angesehen. Das Ziel seiner Ambitionen war die Stellung jedoch nicht. Von den lebhaften Debatten seines Vaters mit Cordell Hull inspiriert, zog es den jungen Mann vielmehr in die Politik. Gore bewarb sich zunächst als Schulaufseher für die Grafschaft Smith, fiel beim ersten Anlauf durch, rückte jedoch nach dem plötzlichen Tod des Amtsinhabers auf den Posten nach.

Neben seiner Beschäftigung als Schulaufseher hörte Albert Jura-Vorlesungen an der YMCA-Abendschule in Nashville. Gore organisierte die Fahrt dreimal wöchentlich. Nach dem Ende des Studienabends setzte sich Albert stets in die Lounge eines Hotels nahe des YMCA, wo er sich für die nächtliche Heimfahrt stärkte. Ein ums andere Mal bediente ihn dort eine junge Kellnerin namens Pauline LaFon: »Wann immer sie arbeitete, stieg mein Kaffee-Konsum beträchtlich«, kommentierte er später scherzhaft. Die zwei lernten sich kennen und wurden ein Paar; 1937 heirateten sie.

Pauline entstammte einer hugenottischen Kaufmannsfamilie aus dem Nachbarstaat Arkansas. Ihr Vater hatte während der Weltwirtschaftskrise fast sein gesamtes Vermögen verloren, so daß die LaFons zu Beginn der dreißiger Jahre beinahe mittellos waren. Pauline, ebenso ehrgeizig wie ihr späterer Mann, schrieb sich an der Vanderbilt-Universität in Nashville ein und finanzierte sich ihr Jura-Studium durch Nebenjobs. Daß eine Frau die Universität absolvierte, war zur damaligen Zeit keinesfalls selbstverständlich. Tatsächlich hatte es vor Pauline nur eine einzige Frau bis zu einem Diplom an der Vanderbilt-Universität gebracht.

Albert und Pauline Gore waren für das ländliche Tennessee der damaligen Zeit ein außergewöhnliches Ehepaar, doch sie paßten gut zueinander. Für beide war Bildung der Schlüssel zum sozialen Aufstieg aus vergleichsweise bescheidenen Verhältnissen geworden; und beide hatten sich ihre Examen aus eigener Kraft erarbeitet. Außergewöhnlich ehrgeizig, kam weder für Pauline noch für Albert das einfache Leben auf einer Farm in Betracht. Mit ihren Jura-Abschlüssen stand beiden die Welt offen, und sie nutzten ihre Chance.

Für ein kurzes Jahr war Albert Regierungsbevollmächtigter im Arbeitsministerium des Staates Tennessee, während Pauline für einen Anwalt in Arkansas arbeitete. 1938 kam die Gelegenheit, auf die beide gewartet hatten: Der Wahlkreis, in dem auch Gores Heimatort Carthage lag, wurde vakant. Für Albert Gore Sr. begann nach seiner Wahl eine politische Karriere, die mehr als drei Jahrzehnte dauern würde. Bis 1952 war er Mitglied des Repräsentantenhauses, danach 18 Jahre lang einer von zwei Tennesseeans im Washingtoner Senat, der zweiten Kammer des amerikanischen Parlaments.

Albert Gore Sr. war als Politiker ein Populist im Sinne des Wortes: bauernschlau und bodenständig, immer ein offenes Ohr für die Anliegen der Menschen in seinem Wahlkreis und ein konsequenter Vertreter ihrer Interessen. Im Wahlkampf von 1938 zog er mit seiner Geige und zwei befreundeten Country-Musikern von Farm zu Farm und gab für die Bauern kleine Konzerte. Zwei Jahre später verbot ihm Pauline den Einsatz seiner bevorzugten Wahlkampfwaffe: »Zukünftige Führer spielen keine Violine«, soll sie zu ihrem Mann gesagt haben.

Die beiden Gores, Pauline und Albert, führten eine für diese Zeit sehr moderne Ehe. Pauline gab schon wenige Wochen nach Alberts Wahlsieg ihre Anstellung als Anwältin endgültig auf – dies jedoch nicht, weil Albert dies so wollte, sondern weil es in den Südstaaten als unziemlich galt, wenn ein angesehener Politiker seine Ehefrau »zum Arbeiten schickte«. Pauline war fortan die Sekretärin im Washingtoner Abgeordnetenbüro ihres Mannes. Ihr Aufgabengebiet umfaßte jedoch weit mehr als das Verfassen von Briefen und die Verwaltung des Terminkalenders. Sie formulierte Gesetzestexte und überarbeitete Reden, kümmerte sich um die Organisation der Wahlkampagnen, sprach mit Vertretern von Interessenverbänden und nahm die öffentlichen Auftritte ihres Mannes wahr, wenn dieser wegen Krankheit oder Zeitmangels verhindert war. »Albert Gore Sr. hatte eine genaue Vorstellung davon, was getan werden sollte«, schrieb ein Biograph der Gore-Familie, »Pauline dagegen schien immer zu wissen, was tatsächlich getan werden konnte.«

Alberts warmer Tennessee-Akzent, sein Temperament und der rauhe Charme des Farmersohns paßten in das Bild eines Politikers aus dem Süden; die Aufgeschlossenheit und Intelligenz des jungen Ehepaares dagegen, ihre fortschrittliche Partnerschaft und Arbeitsteilung, widersprachen den Vorurteilen, die die *Yankees* im nördlichen Washington vom provinziellen Süden des Landes hatten, und so wurden die Gores rasch beliebte Mitglieder der Washingtoner Gesellschaft.

Die Vereinigten Staaten hatten Anfang der dreißiger Jahre eine schwere Krise durchschritten. Die Masseneinwanderung aus Osteuropa und Asien, die unaufhaltsam wachsenden Städte und vor allem die Große Depression, die Weltwirtschaftskrise, die mit dem Schwarzen Freitag an der New Yorker Börse 1929 ihren Anfang genommen hatte, verunsicherten und bedrückten die Menschen im Land. 1933 zog mit Franklin Delano Roosevelt ein Politiker ins Weiße Haus ein, der mit seinem *New Deal* einen Aufbruch aus der Misere versprach. Auf Initiative Roosevelts beschloß der Kongreß (beide Kammern des amerikanischen Parlaments) eine Flut von Sanierungs- und Nothilfeprogrammen. Von Roosevelts Maßnahmen profitierten zunächst vor allem Geschäftsleute und Bauern, ab 1935 allerdings auch Arbeiter und Arbeitslose, die in den Genuß von Lohnzuschüssen und einer am europäischen Modell orientierten Sozialversicherung kamen. Eines der erfolgreichsten Projekte des *New Deals* war die *Tennessee Valley Authority* (TVA), ein Regionalprojekt für das gesamte Tennessee-Stromtal, mit dessen Hilfe Wasserkraftwerke, Industrieanlagen und Kanäle gebaut, die Landwirtschaft modernisiert und 30 000 Menschen neue Arbeit gegeben wurde. Die Tennesseans, und ganz besonders Albert Gore, feierten Roosevelt als Retter aus der ökonomischen Misere.

Zu einer nachhaltigen Wirtschaftsbelebung trugen die großangelegten Nachfrageprogramme Roosevelts im Rückblick jedoch nur wenig bei. Erst der Zweite Weltkrieg brachte die Wirtschaftsleistung des Landes auf den Stand von vor

1929 zurück. Dies änderte nichts daran, daß Roosevelt das amerikanische Volk durch seine Politik, ganz besonders aber durch seine Person »aus lähmender Verzweiflung und hoffnungsloser Apathie herausgeführt, daß er ihm den Mut zum neuen Anfang wiedergegeben und gestärkt hat« – so der Historiker Erich Angermann. Die vermeintlich heilbringende Wirkung keynesianischer Nachfrageprogramme gehörte seit dieser Zeit zum Standardrepertoire der politischen Grundüberzeugungen von Albert Gore Sr.

Alberts vielleicht wichtigste Errungenschaft als Parlamentarier war der *National Highway Defense Act* von 1956, ein 50-Milliarden-Dollar-Programm in der Tradition des *New Deal*, mit dem das nationale Autobahnnetz ausgebaut und modernisiert wurde. So entstanden nach und nach fast 60 000 Kilometer neuer Straßen, die alle größeren Städte des Landes miteinander verbanden. Die Initiative trug dazu bei, daß gerade ländliche Regionen – wie eben Tennessee – Anschluß an die urbanen Zentren fanden. Sein Engagement für eine (damals) fortschrittliche Industriepolitik, das heißt für staatlich finanzierte Infrastrukturprojekte, brachte Albert Jahre später die heftige Kritik von Umweltschützern ein. Ganz im Widerspruch zum Denken seines Sohnes, der zu einem Vorreiter der ökologischen Sache avancierte und die Ökologie mit der Ökonomie zu versöhnen suchte, schlug sich Albert Gore Sr. in einem Artikel viele Jahre später auf die Seite der Traditionalisten: »Ökologie ist heutzutage ein Modewort. Vielen, die es in den Mund nehmen, ist offensichtlich nicht klar, daß Ökologie etwas mit Ökonomie zu tun hat, daß das Wohlergehen des Menschen von seiner Existenz abhängt. Obwohl die Bewahrung ... der Atmosphäre, eines unschuldigen Streifen Walds oder einer unberührten Landschaft noble Bestrebungen sind, gibt es dennoch höhere Ziele: das höchste ist, den Menschen mit dem Nötigsten seiner Existenz auszustatten – mit Nahrung und Unterkunft und einer sinnvollen Arbeit. Bevor wir bewahren können, müssen wir zunächst erschaffen.«

Der Weltkrieg, die Neuordnung Europas, die Anfänge des Kalten Krieges bestimmten die politische Tagesordnung, doch diese Themen wichen im Süden der USA recht bald einer anderen Frage: Die Aufhebung der Rassentrennung und die Durchsetzung der Bürgerrechte für farbige Amerikaner. Zwar wurden die Schwarzen nach Ende des Bürgerkriegs mit einem Zusatz zur amerikanischen Verfassung aus ihrem Status als Sklaven befreit und galten fortan als freie Amerikaner – zur tatsächlichen Gleichberechtigung aber war es noch ein weiter Weg. Auch in Tennessee herrschte bis in die fünfziger Jahre ein Apartheid-System, das in Eisenbahnen, Theatern, Schulen, Krankenhäusern, Restaurants und allen sonstigen öffentlichen Einrichtungen nach Hautfarbe trennte. Diese Praxis wurde durch ein Urteil des Obersten Gerichts aus dem Jahr 1896 gedeckt, das hierfür den Leitsatz »separate but equal« (getrennt, aber gleichberechtigt) prägte. Nach dem Zweiten Weltkrieg, als Amerikaner aller Hautfarben gleichermaßen ihr Leben opferten, wurden die Stimmen lauter, die nach einem Ende der Rassentrennung riefen. Während vor allem Intellektuelle aus dem Nordosten der USA die entsprechenden Initiativen der Regierung unter Präsident Truman begrüßten, sahen viele weiße Farmer und Arbeiter im Süden des Landes ihren materiellen Status und das gesamte gesellschaftliche Gefüge in den Südstaaten bedroht. Zum *Casus belli* geriet ein Urteil des Obersten Gerichts aus dem Jahr 1954, in dem die Richter dem Grundsatz »separate but equal« widersprachen und die Rassentrennung an öffentlichen Schulen aufhoben.

Für Albert, zu dieser Zeit bereits Senator und einer der wichtigsten politischen Repräsentanten des Südens, wurde die Rassenfrage mit dieser Gerichtsentscheidung zur Existenzfrage. Fast alle Kongreß-Mitglieder aus den Südstaaten unterzeichneten das sogenannte *Southern Manifesto,* eine Erklärung, in der sich die Politiker dazu verpflichteten, dem Urteil zur Aufhebung der Rassentrennung »mit allen legalen Mitteln« Widerstand zu leisten. Der aggressive Ton des Papiers reflektierte durchaus die Stimmung einer Mehrheit der (weißen) Bevölkerung. Albert jedoch, der genau wußte, wie die Menschen in seiner Heimat über das Urteil des Gerichts im fernen Washington dachten, widerstand diesmal der populistischen Versuchung. Strom Thurmond, Senator aus South Carolina und Wortführer der Rassentrennungsbefürworter, forderte Gore während einer Senatssitzung mit lauter Stimme zur Unterschrift auf. Gore, ebenso ungehalten, schrie Thurmond an: »Zum Teufel nochmal: Nein!«

Obwohl Albert niemals zu einem Vorkämpfer für die Bürgerrechte der Schwarzen wurde, stand das *Southern Manifesto* seinen Vorstellungen von einem liberalen Rechtsstaat diametral entgegen. Alberts Senatskollege Estes Kefauver brachte das für Gore wichtigste Argument in einer Rede vor dem Senat zum Ausdruck: »Die Entscheidung des Obersten Gerichts ist das geltende Recht dieses Staates ... Wir können uns nicht vom Obersten Gericht abspalten.«

Das Vermächtnis von Albert Gore Sr. geriet nicht in Vergessenheit. Zu seinem Begräbnis im Dezember 1998 (er starb im Alter von 90 Jahren) sagte Präsident Clinton, daß Gore Sr. mit seiner Opposition zum *Southern Manifesto* dazu beigetragen habe, »den Süden wieder an die Entwicklung im Rest von Amerika anzukoppeln«.

Sohn des Senators

Albert Gore Sr. war Politiker mit Leib und Seele geworden, doch gründeten er und Pauline auch eine Familie. Im Jahr 1938, während der ersten Wahlkampagne für das Repräsentantenhaus, brachte Pauline ein Mädchen zur Welt, Nancy Gore. Zehn Jahre später, am 31. März 1948, wurde das zweite Kind geboren. Der *Nashville Tennessean*, die regionale Morgenzeitung, brachte die freudige Nachricht tags darauf als Meldung auf der Titelseite: »Gestern gebar Mrs. Pauline Gore in Washington einen Sohn ... Das andere Kind der Gores, die zehnjährige Nancy, war zu diesem Zeitpunkt zu Hause und rief jede Nummer im Telefonbuch der Gores an, um die Neuigkeit allen Angehörigen mitzuteilen.« Das Baby bekam, der amerikanischen Tradition folgend, den Namen seines Vaters: Albert (Al) Arnold Gore Jr.

Al Gore verbrachte seine Kindheit an zwei Orten: in Carthage, auf der elterlichen Farm, und in Washington, wo seine Eltern arbeiteten und die meiste Zeit des Jahres verbrachten.

Während der Wochenenden und in den sitzungsfreien Wochen des Parlaments war Al in Tennessee, den Rest der Zeit verbrachte er mit seiner Schwester und den Eltern in einem Appartement im achten Stock des Fairfax Hotels im Washingtoner Regierungsviertel.

Für Albert Gore Sr. ging mit der Geburt von Al ein langgehegter Wunsch in Erfüllung. »Ich schämte mich fast für das Verlangen, das wir damals hatten«, erzählte Pauline in einem Interview der *Washington Post*, »aber wir hatten so lange auf einen Sohn gewartet. Nun, mir war das eigentlich egal, aber mein Mann wollte unbedingt einen Stammhalter.«

Der stolze Vater hatte während der langen Jahre des Wartens eine sehr genaue Vorstellung davon entwickelt, was für ein Mensch aus Al werden sollte: keinesfalls ein verwöhntes Kind der Washingtoner Gesellschaft, kein *spoilt brat*, ein ungezogener Halbstarker, der sich in den nahezu feudalen Salons der Eisenhower-Ära wohler fühlte als bei harter und ehrlicher Arbeit. Alberts Bild von einem perfekten Sohn sah anders aus. Sein Sohn, so dachte Albert, habe die besten Voraussetzungen, weit besser als die eigenen; wenn Al verstehen würde, Ziele zu formulieren und unermüdlich auf sie hinzuarbeiten, dann könnte er all das erreichen, was ihm selbst versagt blieb – vielleicht sogar das Weiße Haus (1956 verfehlte Gore Sr. die Nominierung zum Vizepräsidentschaftskandidaten nur knapp). Al, so dachte Gore Sr., solle es dabei nicht leichter haben, er müsse lernen, sich Anerkennung durch rastlosen Einsatz, durch Leistung und Zähigkeit selbst zu verdienen. Für den Sohn des so ehrgeizigen Vaters wurden die Erfahrungen seiner Kindheit zum Anathema; eine Erfahrung, die ihn bis heute nicht ruhen läßt. Nach der Beziehung zu seinem Vater befragt, antwortete Gores Frau Tipper, eine Kinderpsychologin, in einem Interview: »Schon mal was von Ödipus gehört?«

In den ersten Jahren seines Lebens verbrachte Gore viel Zeit auf der Farm in Carthage, und wenn der heutige Vizepräsident davon erzählt, gerät er leicht ins Schwärmen: »Wenn du ein kleiner Junge bist, und du hast die Wahl zwischen dem achten Stock eines Hotels und einer großen Farm mit Pferden, Kühen, Kanus und einem Bach, dann ist das eine leichte Entscheidung.«

William und Alota Thompson, ein Landarbeiterpaar aus Carthage, wurden im Jahr 1953 als Verwalter des Hofs eingesetzt, weil Albert Sr., ein Jahr nach seiner Wahl zum Senator, keine Zeit mehr hatte, sich selbst um die Farm zu kümmern. Die Thompsons wurden für Al zu Ersatzeltern; noch heute nennt er Alota liebevoll seine »zweite Mutter«. Gordon, der Sohn von Alota und William, war Al's erster und engster Freund; die zwei Jungs tauschten Football-Sammelkarten, paddelten auf dem Caney Fork River, der die Farm seiner Eltern durchfloß, und sie stritten darum, wer den schöneren Hund habe. Als Al, Jahrzehnte später, im Senat ein Hearing zur Schichtarbeit in der Industrie abhielt, lud er Gordon, der in einer Fabrik nahe Carthage arbeitete, als Zeugen vor.

Auch wenn Gore Sr. meist in Washington oder auf Reisen war, behielt er die Erziehung seines Sohns genau im Auge. An die Thompsons gab er die Anweisung, seinen Sohn schon früh zur Arbeit auf dem Feld heranzuziehen und ihm genau zu berichten, wie Al sich machte. Bereits während der Grundschulzeit half Al bei der Ernte, schnitt Tabak und fuhr zusammen mit den Thompsons das Heu ein. Der Knabe, der Kontrolle seines Vaters wohl bewußt, arbeitete hart – genau so, wie es von ihm erwartet wurde. »Al war ein bescheidener, respektvoller, ein angenehmer Junge«, berichtete Alota einer Gore-Biographin.

Und doch waren die Rollen klar verteilt. Eines Tages spielte Al, zusammen mit Gordon, seinem Ersatzvater einen Streich. Nach einem anstrengenden Einsatz auf dem Feld bewarfen sie William von einem Versteck aus mit Maiskolben. Thompson fackelte nicht lange und verpaßte seinen »Söhnen« eine Tracht Prügel. Weinend schrie Al: »Das erzähl' ich meiner Mutter. Du arbeitest für meinen Vater. Sie wird Dir nicht erlauben, mich zu schlagen!«

Als Al sieben Jahre alt war, zogen die Popes auf die Farm. Gore Sr. engagierte den Vater der Familie, um die Aufzucht des Viehs zu überwachen. Der Sohn Terry, nur ein Jahr jünger als Al, gesellte sich zu Gordon und dem Sohn des Senators. Die drei bildeten eine Clique; im Sommer schwammen sie auf dem Bach der Gores um die Wette, und Al berichtete seinem Vater stolz, daß er stets vor den anderen am Ziel war.

Bis zur vierten Klasse ging Al in Carthage zur Schule. So ernsthaft und zuverlässig verhielt sich Al dort, daß seine damalige Lehrerin, Eleanor Smotherman, oftmals nicht »ganz sicher war, ob da nun ein Kind vor mir sitzt oder ein Erwachsener«.

An den Teil seiner Kindheit, den er in Washington verbrachte, erinnert sich Al Gore weniger enthusiastisch. Albert Sr. und Pauline bemühten sich, ihrem Sohn die Aufenthalte in der Hauptstadt so angenehm wie möglich zu gestalten. Gore Sr. spielte mit seinem Sohn Flaggenraten, wenn die beiden auf dem Weg vom Hotel zum Kapitol an den vielen ausländischen Botschaften in Embassy Row vorbeiliefen. Doch oft hatte Al das Gefühl, eine »Teilzeitverpflichtung« zu sein. Viele Abende verbrachte er alleine in der Hotelsuite seiner Eltern. Wenn der umtriebige Senator und seine Frau den kleinen Al an ihrem Leben teilhaben ließen, dann waren es meist repräsentative Anlässe, Fototermine, Auftritte bei Wohltätigkeitsveranstaltungen oder langwierige (für Al höchstwahrscheinlich gleichermaßen langweilige) Empfänge. Eine bekannte Aufnahme zeigt Al auf dem Schoß von Richard Nixon, damals Eisenhowers Vizepräsident.

Während der Zeit in Washington entwickelte Al eine intensive Beziehung zu seiner um zehn Jahre älteren Schwester Nancy, die ein Washingtoner Mädcheninternat besuchte und häufig sein Babysitter war. Nancy war in vielerlei Hinsicht das Gegenteil von Al, möglicherweise auch, weil der Vater der Erziehung seiner Tochter weniger Bedeutung beimaß. Dem »geborenen Anpasser« Al (so die Mutter in einem Interview) stand mit Nancy ein Freigeist gegenüber, ein Wirbelwind, der vor allem nach Selbstverwirklichung strebte. »Nancy«, so Pauline Gore, »hörte sich an, was ihre Eltern von ihr wollten, um ihre Erwartungen geschickter umgehen zu können, während Al genau dasselbe tat, um zu wissen, wie er unseren Wünschen besser entsprechen konnte.« Al bewunderte seine

Schwester wegen ihrer Selbständigkeit und geistigen Unabhängigkeit.

Nancy, eine äußerst attraktive und stets von Männern umlagerte junge Frau, schrieb sich nach der High School an der Vanderbilt Universität in Nashville ein, studierte Jura und wurde zu einer Mitbegründerin des *Peace Corps*, eines von John F. Kennedy initiierten freiwilligen Entwicklungsdienstes. In Europa arbeitete sie einige Jahre für internationale Organisationen und kehrte schließlich nach Tennessee zurück, wo sie mit ihrem Mann, einem Rechtsanwalt aus Mississippi, eine Kälberzucht betrieb. 1984 starb die langjährige Kettenraucherin an Lungenkrebs.

Zu Beginn der vierten Klasse verlagerte sich Al's Lebensmittelpunkt vollends nach Washington. Er wurde in St. Alban's eingeschult, einer anglikanischen Knabenschule. St Alban's zählte (damals wie heute) zu den besten Schulen des Landes; die Ehemaligen-Liste liest sich wie ein *Who is Who* der amerikanischen Politik. Mehrere Generationen der Kennedys drückten hier die Schulbank, und auch George Bush, der ehemalige Präsident, erarbeitete sich hier seinen Schulabschluß. Albert Gore Sr. machte keinen Hehl daraus, daß die Einschulung seines Sohnes auf St. Alban's etwas mit der eigenen Bildungserfahrung zu tun hatte: »Ich wollte meinen Sohn irgendwie für meine eigenen Unzulänglichkeiten entschädigen«, erzählte Gore Sr. der *Washington Post*. »Mir war es immer peinlich, wenn ich auf einer Konferenz der einzige war, der im Tennessee-Slang redete. Etwas anderes konnte ich nicht. Also wollte ich, daß meinen Kindern dies erspart blieb.«

Alberts Sohn kehrte fast jedes Wochenende auf den Hof der Familie nach Carthage zurück. Daß er die Schulferien in Tennessee verbrachte, stand ohnehin fest. Al verkraftete den ständigen Wechsel zwischen Washington und Carthage gut – ein Wechsel, der weit mehr beinhaltete als das dauernde Hin und Her zwischen zwei Orten, die 1000 Kilometer voneinander entfernt lagen. In Washington war er der Sohn eines einflußreichen Senators, unter den Augen seines Vaters und der Öffentlichkeit; in Carthage dagegen durfte er Kind sein, auch wenn sein Vater ihn aus der Ferne kontrollierte.

Das Leben des Teenagers Al Gore drehte sich in Carthage um das *B & B Drive-In,* wo er und seine Freunde nach dem Ernte-Einsatz bei Hamburgern und Cola den Tag ausklingen ließen; es kreiste um den Hof der Gore-Familie und um die *New Salem Missionary Church*, die lokale Kirche, das soziale Zentrum des Dorfs. Im fünf Kilometer entfernten Elmwood hatte die Familie Armistead einen kleinen Laden; Al kaufte hier regelmäßig ein, und so lernte er die damals 16-jährige Donna kennen, die im Geschäft ihrer Eltern regelmäßig aushalf. Sie war zwei Jahre älter als er; dennoch hatte der junge Gore den Mut, sie zu fragen, ob sie nicht mit ihm ausgehen wolle. Nach einigem Zögern willigte Donna ein; sie war neugierig auf den Senatoren-Sohn aus Washington, der die berühmte Schule besuchte. Mit zwei anderen Freunden fuhren sie noch am selben Tag in das örtliche Autokino. Donna und Al brachten den gesamten Abend damit zu, über ihre Freunde, über das Leben auf dem Land und ihre Zukunft zu reden: »Ich war sehr beeindruckt von ihm«, erinnerte sich Donna später. Die hochgewachsene High-School-Basketballspielerin wurde Al's erste und einzige Freundin, bis er seine spätere Frau traf.

Al ging bei den Armisteads ein uns aus, er wurde Teil der Familie. Daß Gore aus einem prominenten Elternhaus stammte, merkte man ihm nicht an. »Er hatte nur wenig Geld«, erzählt Donna, »seine Erziehung ähnelte wohl mehr der eines Kindes in den dreißiger Jahren. Wenn etwas nicht absolut nötig war, dann bekam er es nicht. Wenn er sich nicht selbst um etwas kümmerte, dann war es nicht da.«

Im Gegensatz zu vielen anderen Jungen seines Alters hatte Gore kein Auto; einzig den Lieferwagen seiner Eltern durfte er hin und wieder benutzen, einen alten *Studebaker*. Al, so Donna, fuhr den Wagen so lange, »bis er in seine Einzelteile zerfiel«. Al und Donna blieben bis zum Ende von Al's Schulzeit ein Paar. Wenn Al in Washington war, dann schrieb er Donna jeden Tag einen Brief, manchmal sogar zwei. Konnte Al am Wochenende nicht zurück nach Carthage, dann rief er sie zuverlässig jeden Samstag abends um halb acht Uhr an.

Das »zweite Leben« von Al verlief in strengeren Bahnen. St. Alban's war in mancher Hinsicht eine typische Klosterschule. Die Pennäler wurden physisch und intellektuell gedrillt, immer im Bewußtsein, als Absolventen früher oder später zur geistigen, politischen und ökonomischen Elite des Staates gehören zu sollen. Jegliche Aktivität, die nicht im Stundenplan vorgesehen war – Besuche in Kneipen etwa oder Ausflüge in das nahegelegene Mädcheninternat St. Agnes –, war den Schuloberen suspekt und wurde dementsprechend hart geahndet.

Al fügte sich in die geforderte Disziplin rasch ein. Als sehr guter und vielseitig engagierter Schüler erwarb er sich den Respekt seiner Lehrer und Mitschüler. Er belegte Kurse im kreativen Schreiben und Zeichnen, spielte in der Schulmannschaft Basketball und Football, im letzten Jahr sogar als Kapitän des Schulteams. Keiner seiner ehemaligen Mitschüler weiß Schlechtes über ihn zu berichten, und doch galt Gore als abwesend und verschlossen. »Es blieb immer eine Distanz zwischen Al und dir«, erzählt einer von Gores besten Freunden aus St. Alban's. Nur seine engsten Vertrauten wußten von seiner Freundin Donna; und von Carthage, seinem »anderen« Leben auf der Farm in Tennessee, erfuhr man von Al praktisch nichts.

Al besuchte in seinem letzten Schuljahr einen Kurs in *Government*, Regierungslehre. Die Schüler trafen sich einmal wöchentlich und bereiteten für jede Sitzung ein »Gesetz« vor; meist ging es dabei um aktuelle politische Themen. Jeder Teilnehmer gehörte entweder zum »liberalen« oder zum »konservativen« Block. Das jeweilige Gesetz wurde, ähnlich wie in einem richtigen Parlament, kontrovers debattiert und am Ende der Sitzung abgestimmt. Al war Anführer der Liberalen und hielt am Anfang jeder Stunde den Eröffnungsvortrag seiner »Fraktion«. Auf diese Weise mußte Al zu allen brisanten Fragen der Zeit in freier Rede Stellung nehmen.

Immer wieder beschäftigten sich die Schüler damals mit der Rassenfrage – ein Thema, das im Amerika der sechziger Jahre stets brisant war. Den »Marsch auf Washington« im

August 1963, als 200 000 Menschen gegen die Rassentrennung demonstrierten und Martin Luther King seine berühmte Ansprache mit den Worten »I have a dream« hielt, hatte Al nur am Fernseher verfolgt. Von Malcolm X und den militanten Bewegungen, die sich unter dem Schlachtruf *Black Power* zusammenfanden, wußte Al höchstens aus der Zeitung. Trotzdem ergriff er in St. Alban's stets Partei für mehr Bürgerrechte und die Aufhebung der Rassentrennung. Den ultrakonservativen Barry Goldwater, Präsidentschaftskandidat der Republikanischen Partei im Jahr 1964, griff Al wegen dessen Positionen zur Bürgerrechtsbewegung und der von Goldwater im Stile des Kommunistenjägers Joseph McCarthy proklamierten »linken Gefahr« scharf an.

In seinen Referaten verurteilte Al auch die amerikanische Intervention in der Dominikanischen Republik, die 1965 wegen einer angeblich drohenden sozialistischen Revolte von Präsident Johnson, einem Demokraten, veranlaßt wurde. Ebenso vertrat Gore den Standpunkt, Amerika solle seine Beziehungen zum kommunistischen China intensivieren, und propagierte in diesem Zusammenhang die Doktrin vom »Wandel durch Handel«.

Al's vielfältige Talente, sein Engagement und »das Verlangen, bei allem das Beste zu geben« (so ein Lehrer), brachten ihm gelegentlich den Spott seiner Mitschüler ein. Seine Freunde nannten ihn schlicht »Gorf«. Im Jahrbuch von 1964 stand unter einer Karikatur von Al: »Leute, die keine Schwächen haben, sind schrecklich.« Im Jahrbuch seiner Abschlußklasse, 1965, wurde diese Eigenschaft weit positiver interpretiert – dort heißt es: »Al ist in vielen Dingen erschreckend gut. Football-Kapitän, herausragend im Basketball und im Diskuswerfen, Anführer der Liberalen Partei im *Government*-Kurs, Stipendiat und außergewöhnlicher Künstler: Al glänzt in vielen Bereichen. Beliebt und respektiert zugleich, scheint Al die ideale Verkörperung des amerikanischen jungen Mannes zu sein. Es wird voraussichtlich nicht lange dauern, bis Al die Spitze erreicht. Wenn es soweit ist, werden all seine Klassenkameraden zu sich sagen: ›Ich wußte, daß aus diesem Kerl etwas wird.‹«

Als bester Schüler eines (für St. Alban's) im übrigen schwachen Jahrgangs gewann Al einen *National Merit Award*, eine Auszeichnung, die es ihm erlaubte, das College seiner Wahl zu besuchen. Al entschied sich für die Harvard-Universität in Cambridge, nahe Boston.

Vor dem Studienbeginn lag für Gore Jr. ein wichtiges Ereignis mit privaten Auswirkungen: der Abschlußball auf St. Alban's. Bei der festlichen Zeremonie im Mai 1965 lernte Gore eine junge Frau kennen, die damals – knapp ein halbes Jahr jünger als er – die Mädchenschule St. Agnes besuchte. Ihr Name war Mary Elizabeth Aitcheson; von Kindheit an wurde sie schlicht Tipper gerufen, ein Kosename aus einer spanischen Ballade. Am Abend des Abschlußballs machte ein guter Freund von Gore, Gordon Bealls, Tipper und Al miteinander bekannt. Gordon ging zum damaligen Zeitpunkt regelmäßig mit Tipper aus – Al störte das wenig. Er rief die neue Bekannte an und verabredete sich mit ihr. Schnell entwickelte sich eine feste Beziehung, und Al beendete seine Verbindung zu Donna, die daraufhin alle Briefe, die ihr Freund im Laufe der vergangenen drei Jahre geschrieben hatte, verbrannte. Als Gore in Harvard zu studieren begann, waren sich Al und Tipper bereits so nah, daß – einem Studienfreund Gores zufolge – »Tipper im Studentenwohnheim zum Inventar gehörte«.

Tipper kam in Arlington, Virginia, vor den Toren Washingtons, zur Welt. Ihre Eltern trennten sich, als sie drei Jahre alt war, so daß Tipper vor allem von ihrer Mutter großgezogen wurde. Aus Tipper wurde ein selbstbewußtes und eigenständiges Mädchen, durchaus ähnlich Al's Schwester Nancy. Sie liebte Rockmusik, spielte in der Mädchenband *The Wildcats* Schlagzeug und ließ während ihrer Schulzeit keine Party aus. Wegen ihrer Aufgeschlossenheit und aufgrund ihres attraktiven Äußeren war Tipper auf St. Alban's ein ständiges Gesprächsthema. Nach ihrem Schulabschluß folgte sie Al nach Boston. Sie studierte am Garland College und der Boston University; in Nashville erwarb sie schließlich einen Abschluß in Kinderpsychologie.

Unruhige Jahre in Harvard

Als Al Gore im September 1965 in Harvard mit dem Studium – Hauptfach Government (Politikwissenschaft) – begann, war er 17 Jahre alt. Voller Enthusiasmus, befreit von der strengen Disziplin in St. Alban's, engagierte er sich im *Freshman's Council*, der Studentenvertretung für Erstsemester, in der Basketball- und in der Leichtathletikmannschaft. Auf diese Weise knüpfte Al viele Kontakte, und als er im zweiten Studienjahr in das Studentenwohnheim *Dunster House* zog, hatte er bereits einen festen Freundeskreis. Al verkehrte mit Tommy Lee Jones, der nach seinem Studium in Hollywood Karriere machen würde, Bob Somerby, heute ein bekannter Komiker, und Michael Kapitan, einem vielbeachteten Künstler. Das Zimmer teilte Gore mit seinem besten Freund, John Tyson, einem schwarzen Football-Spieler aus New Jersey, der heute als Geschäftsmann und Entwicklungshelfer in Afrika tätig ist.

Daß ein Weißer – noch dazu aus dem Süden – mit einem Farbigen auf einem Zimmer wohnte, war damals auch im liberalen Harvard keine Selbstverständlichkeit. In einem Interview mit *Vanity Fair* berichtete Tyson Mitte der achtziger Jahre, daß Gore ihn gelehrt habe, »keine Vorurteile zu haben«. Eine Anekdote blieb Tyson besonders im Gedächtnis: »Ich erinnere mich daran, daß Gore eines Tages sein Mofa nahm und meine Schwester vom Flughafen abholte. Sie saß auf dem Rücksitz, und die beiden fuhren quer durch Boston. Sie dürfen nicht vergessen: Das war Boston in den sechziger Jahren!«

Weil Al dringend einen Leistungsnachweis in einem naturwissenschaftlichen Kurs vorlegen mußte, besuchte er ein Seminar von Roger Revelle, einem Geophysiker und Ozeanographen. Die Begegnung mit Revelle war für Gore ein prägendes Erlebnis, denn Revelle war es als einem der ersten Wissenschaftler gelungen, den steigenden Kohlendioxid-Gehalt in der Atmosphäre nachzuweisen. »Professor Revelle«, so Gore später in seinem Buch »Wege zum Gleichgewicht«, »erläuterte, daß höhere Konzentrationen von CO_2 etwas hervorrufen würden, was er den Treibhauseffekt nannte, durch den die Erde erwärmt würde.« Für eine ernsthafte Bedrohung des Weltklimas gab es damals noch keine Anzeichen, aber Gore war von den Erkenntnissen Revelles fasziniert. Auch nach Abschluß des Seminars besuchte Gore den Forscher regelmäßig in seinem Büro und lieh sich Berichte und Artikel zu Klima- und Umweltfragen aus – viele Jahre, bevor das Thema von den Medien aufgegriffen wurde.

Die Semesterferien nutzte Gore, um seinen Horizont zu erweitern. Bei der *New York Times* machte er als Laufbursche erste Bekanntschaft mit dem Journalismus; in Memphis belegte er einen Sommerkurs in der Geschichte Tennessees. Im Rückblick profitierte er am meisten von einem Gastaufenthalt an der Universität von Mexiko City, wo er sein Schulspanisch aufpolierte – eine Fähigkeit, die ihm in den späteren Wahlkämpfen bei der wachsenden hispanischen Gemeinde in den USA viele Pluspunkte einbrachte.

Der für seinen weiteren Lebensweg vielleicht wichtigste Aufenthalt außerhalb von Cambridge führte Gore im März 1966, kurz nach seinem 18. Geburtstag, zurück nach Tennessee. Al mußte sich zur Musterung melden, und er wußte, was das bedeuten würde: Sobald er sein Studium abgeschlossen hatte, würde er eingezogen und als Soldat nach Vietnam geschickt.

Die amerikanische Jugend probte in den wilden sechziger Jahren den Aufstand. Dies lag nicht allein am Konflikt in Vietnam. Aus den eher kleinbürgerlich geprägten Eisenhower-Jahren der fünfziger Jahre ging eine neue Generation rebellischer Jugendlicher – weißer Hautfarbe und meist aus dem gutsituierten Mittelstand – hervor, die sich dem traditionellen *American Way of Life* verweigerte. Ihr Protest richtete sich gegen Rationalität und Vermassung, gegen Anpassung und Konsumkultur. Auf den Bestseller-Listen fanden sich die Werke von Allen Ginsberg oder Paul Goodman, die eine »offene Gesellschaft« ohne Hierarchien und Leistungszwang propagierten. Ihren Ausdruck fanden diese Gedanken in den ersten Hippie-Gemeinden, wo die freie Liebe praktiziert und mit Drogen experimentiert wurde. Die Songs von Bob Dylan oder Canned Heat (»On the Road Again«) wurden zu Symbolen dieser *Counter Culture*, einer Gegenkultur.

Hinzu kam die sogenannte *Negro Revolution*, das Drängen der Schwarzen nach Gleichberechtigung. Unzufrieden mit der eigenen materiellen Situation und enttäuscht über die schleppenden Fortschritte der Bürgerrechtsbewegung, entlud sich die Frustration der farbigen Amerikaner in immer heftigeren Exzessen der Selbstzerstörung. In den »Ghettoaufständen« ab Mitte der sechziger Jahre – in Harlem oder Chicago etwa – verloren fast 200 Menschen ihr Leben.

Beide Bewegungen, *Counter Culture* und *Negro Revolution*, hatten zunächst wenig miteinander zu tun, trafen sich jedoch in der Ablehnung des Vietnamkriegs, der das amerikanische Selbstbewußtsein wie kein anderes Ereignis seit dem Bürgerkrieg erschütterte. Präsident Johnson hatte 1964 vom Kongreß die unbeschränkte Vollmacht zur Kriegführung in Vietnam erhalten und verstärkte nach und nach die Präsenz amerikanischer Truppen. Ende 1965 waren 200 000 GI's in Vietnam, 1968 fast eine halbe Million. Obgleich sich schon 1964 an den Universitäten von Berkeley, Wisconsin und Michigan die erste Opposition gegen das amerikanische Engagement in Vietnam regte, blieben die Proteste anfangs recht verhalten. Der Widerstand verbreiterte sich erst, als das Fernsehen allabendlich von den gefallenen Soldaten berichtete, als bekannt wurde, daß die amerikanische Armee an Massakern beteiligt, daß zum »Aufspüren« des Feindes Napalm und Entlaubungsmittel eingesetzt wurden, daß der Krieg nicht zu gewinnen und die von Amerika protegierte Regierung in Südvietnam alles andere als demokratisch war.

Al Gore machte aus seiner Ablehnung des Vietnamkriegs keinen Hehl. In einem bemerkenswerten Brief, den er damals an seinen Vater schrieb, heißt es: »Wir [die USA] stehen dem Kommunismus mit unversöhnlicher Antipathie – besser gesagt Paranoia – gegenüber ... Meine feste Überzeugung ist es, daß diese psychologische Krankheit – in diesem Falle eine nationale Besessenheit – dazu führt, daß das Opfer herbeiführt, was es am meisten fürchtet. Es beunruhigt mich, daß die USA genau das tun: Das Einsetzen – und wenn nicht Einsetzen, dann zumindest das energische Unterstützen – von faschistischen, totalitären Regimen im Namen des Kampfes gegen den Totalitarismus. Griechenland, Südvietnam und ein großer Teil Lateinamerikas. Das beste Beispiel ist für mich immer noch die US-Armee.«

Daß Gore die amerikanische Armee mit einem faschistischen Regime verglich, würde ihn Jahre später in einige Erklärungsnot bringen. Im Harvard der sechziger Jahre hätte seine Erklärung wohl kein Aufsehen erregt. Die Studentenbewegung wurde in Cambridge – wie in anderen Universitätsstädten auch – von den Linken der *Students for a Democratic Society* (SDS) angeführt, einer Organisation, die ihren Ursprung in der Bürgerrechtsbewegung hatte, sich im Laufe des Vietnamkriegs aber radikalisierte und mit den *Weathermen* sogar eine terroristische Abspaltung hervorbrachte. Das Verbrennen von Musterungsbescheiden gehörte damals fast zum alltäglichen Ritual. Im Herbst 1966 traktierten die Studenten den Verteidigungsminister Robert McNamara nach einem Auftritt in Harvard mit Beschimpfungen; sein Auto wurde bei der Abfahrt mit Steinen beworfen. Ein Jahr später nahmen einige SDS-Leute den Personalchef der Chemiefirma *Dow* als Geisel, weil *Dow* im Auftrag der amerikanischen Regierung Napalm produzierte.

Al war zu dieser Zeit ein gefragter Gesprächspartner in studentischen Kreisen, denn sein Vater war Mitglied im Auswärtigen Ausschuß des Senats und noch dazu einer der prominentesten Kritiker des Vietnamkriegs (ebenso wie Senator Fulbright aus Arkansas, für den damals Bill Clinton arbeitete). »Alle waren hinter Al her«, berichtete Studienfreund John Tyson, »besonders die Radikalen wollten, daß er bei ihnen mitmacht und daß er ihnen – über seinen Vater – Einblicke verschafft. Sein Vater war ja damals so etwas wie ein Held für uns.« Doch Al verlieh seiner Überzeugung, daß der Krieg unmoralisch sei, keinen Ausdruck. Im Gegenteil. Er zog sich zurück, war fast nur noch im Park seines Studentenwohnheims zu finden und verbrachte die meiste Zeit mit seiner Freundin Tipper.

Warum engagierte sich Al nicht aktiv gegen den Krieg – so wie viele seiner Kommilitonen? Gegenüber Roger Rosenblatt, einem bekannten Autor und Al's Tutor in Harvard, äußerte Gore, daß er die Absichten der Anti-Vietnam-Bewegung unterstützt habe, nicht aber die Taktik: »Da stimmte irgendwas nicht mit der Auswahl der Ziele. Die Aktionen richteten sich gegen die Universität, weil sie das bequemste Ziel war, und das paßte mir nicht.« Der Gore-Biograph Bob Zelnick findet eine weniger schmeichelhafte Erklärung. Er schreibt, daß die »allgemeine Annahme unter seinen [Al's] Freunden in Harvard war, daß der junge Gore ein politisches Amt im Auge habe und deswegen seine politische Zukunft berücksichtigen müsse«. Ob aus Differenzen über die Wahl der einzusetzenden Mittel oder aus Angst um die politische Zukunft: Gore – gewissermaßen im Zentrum des Orkans – betrachtete die Anti-Vietnam-Bewegung nur aus sicherem Abstand.

Im Laufe des Jahres 1968 spitzte sich der Konflikt um Vietnam zu. Die Vietcong hatten mit der sogenannten »Tet-Offensive« bewiesen, daß – trotz aller Meldungen des amerikanischen Militärs über vermeintlich vernichtende Schläge gegen die Rebellen – kein Ende des Krieges absehbar war. Das Massaker von *My Lai*, bei dem US-Soldaten mehr als 450 wehrlose vietnamesische Zivilisten töteten, brachte selbst den eher konservativen Mittleren Westen gegen die Vietnam-Politik Johnsons auf. 1968, so schreiben Historiker, war das »Alptraumjahr« der jüngeren amerikanischen Geschichte.

Inmitten des Aufruhrs fand im August in Chicago der Parteitag der Demokraten zur Nominierung des Präsidentschaftskandidaten für die Wahl im November statt. Präsident Johnson lehnte eine weitere Kandidatur ab, und so stand sein Vizepräsident Humphrey gegen den Politikwissenschaftler Eugene McCarthy aus Minnesota, der für ein Ende des Engagements in Vietnam eintrat. Al unterstützte McCarthy, ebenso wie ein großer Teil der Studentenbewegung. Als Vorsitzender des Komitees »Jugend Tennessees für McCarthy« organisierte Gore sogar einen Teil seines Wahlkampfs. Doch auf dem Parteitag war Gore wie vom Erdboden verschluckt.

Vor den Toren des Kongreßzentrums versammelten sich viele Tausend Pro-McCarthy-Studenten, die sich – als Humphrey schließlich zum Kandidaten erkoren wurde – mit der Polizei heftige Straßenschlachten lieferten. Gore erinnert sich nur daran, daß er »mit einer Menge Leute in einem der Parks stand. Auf der Straße fuhren viele Armeefahrzeuge und Jeeps, die Aufnahmen von der Masse machten und die Gesichter der Demonstranten filmten.« Gore war nicht Teil des wütenden Protests; er gehörte zu den »Gaffern« am Rande, und als die Ausschreitungen an Schärfe zunahmen, verfrachtete ihn seine Schwester in ihr Hotelzimmer, wo Gore die Nacht über in der Badewanne schlief.

Ganz ähnlich verhielt sich Al, als die Studentenunruhen in Harvard ihren Höhepunkt erreichten. Am 9. April 1969 besetzten etwa 300 Studenten das Hauptgebäude der Universität, stürmten das Büro des Rektors und hängten die schwarz-roten Fahnen des SDS aus den Fenstern. Viele, die sich an der Aktion beteiligten, hatten mit dem SDS wenig zu tun – zum größten Teil, so der Journalist Alan Wirzbicki, waren es schlicht junge Leute mit einer »Affinität für Marihuana, Rock 'n' Roll und Aufmerksamkeit«. Am Morgen des darauffolgenden Tages, gegen fünf Uhr, ließ die Universitätsleitung das Gebäude von der Polizei räumen; 196 Studenten wurden verhaftet, viele verletzt. Die Brutalität, mit der die Staatsmacht dabei vorging, hielt ein Reporter der Studentenzeitung *The Crimson* in einem Bericht fest, der noch am selben Tag erschien: »Ein kleines braunhaariges Mädchen wurde gegen die Holzvertäfelung des Raums gedrückt. Ein Polizist schrie sie an: ›Wenn du da nicht stehen bleibst, dann brech' ich dir deinen verdammten Schädel.‹«

Al Gore war – wieder – nur ein interessierter Zuschauer: »Ich lief an diesem Tag am Universitätsgebäude vorbei. In mir kamen eine Menge Emotionen hoch, aber mit der Besetzung hatte ich nichts zu tun.« Die Aktion vom 9. April und ein nachfolgender Streik, an dem sich mehr als 10 000 Studenten beteiligten, bewirkten unter anderem ein Ende des Programms zur Ausbildung von Reserveoffizieren an der Universität – eine Forderung, die Gore damals unterstützte.

Trotz aller Zurückhaltung gingen auch an Al Gore die Begleiterscheinungen der Studentenrevolte nicht völlig spurlos vorüber. Wie Gore in einem Fernsehinterview 1988 bekannte, drehte er sich ab und zu einen Joint, den er – im Gegensatz zu der berüchtigten Aussage Clintons – nicht nur rauchte, sondern auch inhalierte. Gore behielt die Gewohnheit fast zehn Jahre bei; als er 1976 das erste Mal für das Repräsentantenhaus kandidierte, habe er jedoch damit aufgehört.

In der Abschlußarbeit seines Politikstudiums untersuchte Gore den Einfluß des Fernsehens auf Präsidentschaftswahlkämpfe. Am Ende des Textes wirft Gore die Frage auf, ob eher »schwächere«, wenig telegene Kandidaten – wie zum Beispiel Harry Truman, der das Medium nach eigenem Bekunden haßte – überhaupt noch eine Chance auf die Präsidentschaft hätten oder ob sich alle zukünftigen Kandidaten an dem Modell John F. Kennedys orientieren würden. Kurioserweise wird genau diese Frage – dreißig Jahre später – von amerikanischen Kolumnisten im Zusammenhang mit Al Gore aufgeworfen: Kann ein Kandidat, der im Fernsehen derart hölzern und steif wirkt, im Fernsehzeitalter eine so wichtige Wahl gewinnen?

Mit dem Ende des Studiums wurde für Al aus der abstrakten Frage nach der Sinnhaftigkeit des amerikanischen Engagements in Vietnam eine sehr persönliche und konkrete. Gore hatte sich mustern lassen, und da die Behörden wußten, wann er sein Studium abschließen würde, war es nur noch eine Frage der Zeit, bis ihm der Einberufungsbescheid zugehen würde. Sollte er – gegen seine tiefste Überzeugung – den Wehrdienst antreten und in Vietnam sein Leben riskieren? »Ich habe ernsthaft erwogen, nicht zum Militär zu gehen«, sagte Gore viele Jahre später. Möglichkeiten, sich um die Entsendung nach Vietnam zu drücken, gab es zu jener Zeit viele. Bill Clinton beispielsweise schrieb sich für das Reserveoffiziersprogramm ein und verflüchtigte sich anschließend nach Oxford in England, um dort gegen den Vietnam-Krieg zu demonstrieren. George W. Bush, Gores republikanischer Konkurrent bei der Präsidentschaftswahl 2000, beteiligte sich an einer Pilotenausbildung der texanischen Nationalgarde – eine Einheit, die vor einer Verlegung nach Vietnam sicher war. Gore hätte ebenso – wie viele seiner Kommilitonen in Harvard – für einige Jahre in Kanada oder Schweden untertauchen können. Die einfachste Möglichkeit jedoch war, ein Aufbaustudium zu beginnen.

Die Entscheidung fiel an einem Abend im Sommer des Jahres 1969 zu Hause in Carthage. »Er, seine Mutter und ich saßen im Wohnzimmer und sprachen darüber«, erinnerte sich Gore Sr. in einem Interview mit der *Washington Post*: »Er sagte, er sei gegen den Krieg … Wir diskutierten all die Dinge, die junge Männer zu dieser Zeit anstellten, um dem Wehrdienst zu entkommen. Wir redeten über seine gesetzlichen Verpflichtungen – seine Mutter war in dieser Beziehung auf dem neuesten Stand.« Nach einem Spaziergang mit dem Vater versicherte ihm seine Mutter Pauline, daß sie ihn bei jeder Entscheidung unterstütze, »auch wenn das heißen würde, für einige Zeit nach Kanada zu gehen«. Nach einem weiteren Gang über das Anwesen der Gores – diesmal alleine – gab Al seine Entscheidung bekannt: »Ich werde mich an das Gesetz halten, obwohl ich der einzige aus meiner Klasse in Harvard bin, der das tut.«

Al Gore machte sich die Entscheidung nicht leicht, doch der Opposition gegen den Krieg stand letztlich eine Reihe von Erwägungen gegenüber, die die Verpflichtung gegenüber dem eigenen Gewissen mehr als aufwogen. Die eigene Karriere spielte dabei wahrscheinlich keine Rolle, obwohl ihm sein Mentor in Harvard, der Professor Martin Peretz, ausdrücklich dazu riet, diesen Aspekt in seine Entscheidung einzubeziehen. Ausschlaggebend waren für Al damals zwei andere Überlegungen: Zum einen hätte die Verweigerung bedeutet, daß ein anderer junger Mann aus Carthage – vielleicht sogar ein Freund aus der Grundschule – an seiner Stelle einberufen worden wäre: »Die Einberufungsliste war kein Geheimnis«, so Gore, »und jeder konnte sich ausrechnen, wer als nächstes dran war … Ich konnte mir nicht vorstellen, die Hauptstraße entlangzulaufen und so zu tun, als sei nichts passiert. In einer kleinen Gemeinde sind solche Dinge einfach weniger abstrakt als in New York City.«

Noch wichtiger war für Al der Gedanke an seinen Vater. Gore Sr. hatte als Senator für eine strengere Waffenkontrolle, für Bürgerrechte und ein baldiges Ende des Vietnamkriegs votiert und machte sich damit im konservativen Tennessee extrem verwundbar – sein Gegenspieler, Bill Brock von den Republikanern, beschuldigte Gore Sr., Jugendliche dazu anzustiften, sich um ihre »patriotische Pflicht« zu drücken. Ein Sohn, der genau das tat, hätte Gore Sr. im Wahlkampf des Jahres 1970 zweifellos den elektoralen Todesstoß versetzt. Al war sich dessen voll bewußt und wollte alles vermeiden, was die Wiederwahl des von ihm so bewunderten Vaters aufs Spiel gesetzt hätte. Gores Freund Tyson drückte es so aus: »Vielleicht glaubte Al, daß er der Antikriegsbewegung den besten Dienst erweise, wenn er nach Vietnam gehe und auf diese Weise seinem Vater bei der Wiederwahl helfe.«

Gore meldete sich in Newark im Bundesstaat New Jersey zum Dienst an der Waffe. Er durchlief einige Tests und wurde schließlich dem Luftwaffenstützpunkt Fort Rucker in Alabama zur Grundausbildung zugeteilt; danach sollte er in Vietnam als Armeejournalist dienen. Tipper und Al wohnten während der Grundausbildung in einem Wohnwagen nahe der Kaserne, und wann immer es die Zeit erlaubte, fuhr Al ins benachbarte Tennessee, um seinem Vater bei Wahlkampfauftritten uniformiert zu assistieren. In einem Wahlwerbespot erklärt Gore Sr. – neben Al (natürlich in voller Montur) stehend – mit theatralischer Stimme: »Ich habe die gleiche Verpflichtung wie mein Sohn – meinem Land zu dienen und den Menschen von Tennessee.«

Am 19. Mai 1970 heirateten Al und Tipper in der pompösen *Washington Cathedral* in der amerikanischen Hauptstadt, nur einen Steinwurf von seiner Schule St. Alban's entfernt. Tommy Lee Jones, Bob Somerby und Michael Kapitan, die Freunde aus der Studienzeit in Harvard, begleiteten den Bräutigam zum Traualtar. Gore Sr. posierte pressewirksam in einer Weltkriegsuniform, die er niemals benutzt hatte.

Doch die Rechnung des Senators ging nicht auf. Mit 48 zu 52 Prozent der Stimmen verlor Gore Sr. 1970 seinen Sitz im Senat. Eine mehr als 32 Jahre währende politische Karriere war damit beendet. Zum Machtwechsel kam es am Wahltag im November ebenfalls im Weißen Haus. Ein Republikaner, Richard Nixon, löste mit nur 0,7 Prozent Vorsprung vor Hubert Humphrey den Amtsinhaber, Präsident Johnson, ab. Obwohl Nixon ein baldiges Ende des Vietnamkonflikts versprochen hatte, sollte der Krieg noch mehr als vier Jahre dauern.

Vietnam

Gore Jr. war über die Wahlniederlage seines Vaters bitter enttäuscht. Er empfand die Abwahl als ungerecht; Gore Sr. sei das Opfer einer üblen Kampagne geworden, und obendrein habe man die Wahl von oberster Stelle her manipuliert. Nixon, so Al's Verschwörungstheorie, habe mit seinen Kontakten im Verteidigungsapparat dafür gesorgt, daß Al's Einberufung nach Vietnam verzögert wurde, weil eine mögliche Verwundung des Sohns zu Stimmenzuwächsen für den Vater geführt hätte. Bis heute fehlen jegliche Belege für diese Hypothese, und selbst Journalisten, die den Gores ansonsten wohlwollend gegenüberstehen, bezeichnen das Konstrukt als »abenteuerlich«.

Erst viele Jahre später hatte sich Gore mit der Niederlage seines Vaters abgefunden. Vergessen hat er die Demütigung indes nie – auch beim Begräbnis seines Vaters durfte die Erinnerung nicht fehlen: »Einige sagen, er verlor die Wahl, weil er fest zu dem stand, an was er glaubte – als Anwalt der Bürgerrechte und als Gegner des Krieges in Vietnam. Mein Vater verlor die Wahl, aber sein Gewissen gewann, und das ist die Lehre, die ich daraus zog.«

Im September 1970, gut anderthalb Monate vor der Wahl, hatte Al bereits die Mitteilung bekommen, daß die Entsendung nach Vietnam unmittelbar bevorstehe – der *Nashville Tennessean*, die Hauszeitung von Gore Sr., brachte die Nachricht auf Seite eins. Al, der zu diesem Zeitpunkt die Grundausbildung abgeschlossen hatte und bereits einige Monate für die Armeezeitung des Stützpunkts in Fort Rucker arbeitete, bekam jetzt Informationen über seinen Einsatzort und hatte einige Wochen Zeit, sich mental auf den Militärdienst in Vietnam vorzubereiten.

Im Dezember war es soweit: Am ersten Weihnachtsfeiertag landete Gore in Saigon, meldete sich bei seiner Einheit, die nur wenige Kilometer vom Militärflughafen entfernt stationiert war, und wurde dort mit dem Standardgewehr der amerikanischen Armee, einer M-16 Automatik, sowie Munition ausgestattet. Für den 21jährigen begann damit die bis dahin intensivste Erfahrung seines Lebens.

Nixon hatte im Wahlkampf das Schlagwort vom »ehrenvollen Frieden« geprägt, doch hiervon war man weit entfernt. Ein »ehrenvoller Frieden« – das bedeutete nach der Interpretation Nixons den Rückzug der Amerikaner bei gleichzeitiger Bestandsgarantie für die nichtkommunistische Regierung in Südvietnam. Diese Vorstellung, so wußte immerhin die Spitze des Militärs sehr genau, kam der Quadratur des Kreises gleich, denn die südvietnamesische Armee war ohne amerikanische Unterstützung gegen die Truppen des Vietcong und gegen die hochmotivierten nordvietnamesischen Streitkräfte weitgehend wehrlos. Nixons Politik der »Vietnamisierung«, also des sukzessiven Abzugs der US-Streitkräfte, bedeutete demnach wenig mehr als die allmähliche Einsicht in die militärische Niederlage.

Ein halbes Jahr vor Gores Dienstantritt in Vietnam hatte Nixon die Besetzung Kambodschas angeordnet. Der Einmarsch löste in den USA gewalttätige Ausschreitungen aus: Ein Drittel aller Universitäten befand sich im Ausstand; an der Kent-Universität in Ohio wurden am Rande einer Straßenschlacht vier Studenten durch Bereitschaftspolizisten erschossen. Im Februar 1971 fielen die Soldaten der südvietnamesischen Armee, unterstützt von amerikanischen B 52-Bombern, in Vietnams nordöstlichen Nachbarstaat Laos ein – ein ebenso verlustreicher wie kontraproduktiver Feldzug.

Die Armee, die Al bei seiner Ankunft in Saigon vorfand, spiegelte die tragischen Verwerfungen in der Heimat wider; traut man dem Urteil vieler Veteranen, dann war die Truppe schlicht kampfunfähig. Je aussichtsloser die Lage an der Front, desto tiefer wurde die Kluft zwischen den Einheiten im sicheren Hinterland, meist Berufssoldaten, und den sogenannten *Grunts* (deutsch: Grunzer), den jungen Wehrdienstleistenden, die als Kanonenfutter in die gefährlichen Kampfgebiete beordert wurden. David Hackford, damals ein *Grunt* und heute ein angesehener Journalist, erinnert sich: »Praktisch kein Offizier verbrachte seine Zeit mit den *Grunts*. Die meisten höheren Ränge waren von den kämpfenden Truppen isoliert ... Wenn eine Schlacht im Gange war, dann schwirrten sie mit Hubschraubern ein und fällten Entscheidungen, die kein Mensch am Boden verstand.«

Mehr als 38 000 US-Soldaten hatten bis Ende 1970 ihr Leben verloren, und trotzdem wurden jeden Monat fast ebenso viele junge Männer neu einberufen, darunter viele Farbige oder Amerikaner aus der Unterklasse, die die gesetzlichen Ausnahmeregelungen (z.B. für Studenten) nicht in Anspruch nehmen konnten. Das Durchschnittsalter der amerikanischen Soldaten im Zweiten Weltkrieg war 26; im Vietnamkrieg lag es bei 19 Jahren.

In allen Einheiten hatten sich Anti-Kriegskomitees gebildet; die Soldaten trafen sich zu Sitzungen in sogenannten Kaffeehäusern nahe der Stützpunkte. Es wird über Hunderte von Untergrundzeitungen berichtet, die innerhalb der Truppe zirkulierten. In den Kasernen spritzten sich die Soldaten Heroin; sie verkehrten mit Prostituierten oder vergewaltigten Mädchen aus der Umgebung. Ihre Frustration ließen die GI's allerdings ebenso an ihren unmittelbaren Vorgesetzten aus: *Fragging* (deutsch: splittern) nannten die Soldaten das nächtliche Werfen einer Splittergranate in den Schlafraum eines Offiziers – das Verteidigungsministerium zählte allein zwischen 1969 und 1971 fast 400 dieser Vorfälle. Ab 1971 – die Vietnamisierungsstrategie von Präsident Nixon war in vollem Gange – wollte kein Soldat das letzte Opfer des Konflikts sein, und so verweigerten ganze Kompanien den

Marschbefehl. Die Zahl der Deserteure erreichte im Jahr 1971 den höchsten Wert, den die US-Armee jemals zu verzeichnen hatte. Neben der Desertionsrate stieg ab 1970 auch die Zahl der unehrenhaften Entlassungen auf zuletzt insgesamt eine halbe Million an – für viele Soldaten war diese Aussicht geradezu ein Anreiz.

Al Gore war kein *Grunt*. Sein Standort lag viele Kilometer von der Front entfernt in Saigon, dort, wo die vietnamesische Bevölkerung noch am ehesten von der amerikanischen Präsenz profitierte. Man machte mit den Amerikanern Geschäfte, statt sie zu erschießen. Der Stützpunkt Bien Hoa beheimatete neben der Presse-, Kommunikations- und Personalabteilung der Armee, zu der Al Gore gehörte, vor allem die 20. Ingenieursbrigade, allesamt gut ausgebildete Berufssoldaten, die zerbombte Straßen und zerstörte Versorgungseinrichtungen reparierten und deshalb von den Vietcong weitgehend verschont blieben – wissend, daß das Territorium nach dem Abzug der USA ohnehin den Kommunisten in die Hände fallen würde.

Seine größte Angst, so erzählte Al vor der Einberufung seinem Vater, sei nicht, in einem Gefecht zu sterben, sondern selbst einen Menschen töten zu müssen in einem Krieg, den er für falsch hielt. In Bien Hoa bestand diese Gefahr nicht – den gefährlichsten Job, die Bewachung der Kaserne, hatten ab 1970 die Soldaten der südvietnamesischen Armee übernommen.

Natürlich bekamen Al's Kameraden rasch mit, daß Gore kein gewöhnlicher Rekrut war, sondern Sohn eines prominenten Senators aus Tennessee. Michael O'Hara, Armeefotograf und Gores bester Freund in Vietnam, berichtet Bob Zelnick in einem Interview über seine Zeit mit Al Gore: »Sein besonderer Status dauerte ungefähr dreieinhalb Minuten, dann erledigte er seine Pflichten, genauso wie jeder andere.« Die zwei Soldaten verbrachten Dienst wie Freizeit miteinander: »Es war fast wie eine Ehe.« Abends fand man O'Hara und Gore entweder mit anderen Soldaten im Armeeklub, wo es stets amerikanisches *Budweiser*-Bier gab, oder die beiden rauchten im Schlafsaal Marihuana und hörten auf dem gemeinsamen Plattenspieler Rockmusik aus der Heimat. Am Wochenende standen meist Spiele des Basketball-Teams an. Al, so erzählt O'Hara, entwickelte hier besonderen Ehrgeiz. Gab es kein Spiel zu gewinnen, so fuhren die zwei Rekruten zum Baden an die südvietnamesische Küste. Am wichtigsten allerdings war die Buchführung im Armeekalender, wo jeder Rekrut die Restdauer seiner Zeit in Vietnam notierte.

Mit dem Krieg im eigentlichen Sinne kam Gore in Bien Hoa nicht in Berührung, doch seine Aufgabe als Armeereporter führte ihn an die Front, dorthin, wo die *Grunts* zu Hause waren, wo tatsächlich gekämpft wurde und sich der Krieg von seiner häßlichsten Seite zeigte.

Die meisten der Berichte, die Gore für die Zeitung des Stützpunkts verfaßte, fallen zweifellos unter die Kategorie Durchhaltepropaganda – Artikel, die der miserablen Moral der Truppe entgegenwirken sollten, die aber mit den wirklichen Zuständen wenig zu tun hatten. Meist schrieb Gore seine Beiträge in der Armeeredaktion in Bien Hoa, doch ein- bis zweimal pro Woche rückten er und O'Hara aus. Bei diesen Fahrten ins Kampfgebiet sammelte Gore viele Eindrücke, die seine kritische Meinung über das amerikanische Engagement in Vietnam bestätigten.

Mit Entsetzen sah Gore die Dörfer, die von den amerikanischen »Zippo-Brigaden« abgefackelt wurden – Einheiten, die wahllos die Bambushütten der vietnamesischen Landbevölkerung in Brand setzten, weil sie nicht unterscheiden konnten, ob es sich bei den Bewohnern um harmlose Bauern oder um gefährliche Sympathisanten der Vietcong handelte. Einen bleibenden Eindruck hinterließ bei Gore ebenso der Einsatz des Pflanzenvernichtungsmittels »Agent Orange«, mit dem ein Großteil des vietnamesischen Dschungels, insgesamt ein Siebtel des heutigen Staatsgebiets, entlaubt wurde. In »Wege zum Gleichgewicht« schreibt Gore: »Ich ... erinnere mich noch lebhaft an eine Landschaft, die einmal Dschungel gewesen war und nun wie die Oberfläche des Mondes aussah ... [Z]u jener Zeit waren wir sehr froh darüber, denn so hatten unsere Angreifer weniger Möglichkeiten, sich zu verbergen. Jahre später, nachdem ich erfahren hatte, daß Agent Orange im Verdacht stand, die Ursache für Genschäden und Geburtsfehler bei Nachkommen von Soldaten zu sein, dachte ich anders darüber.«

Wenn Gore und O'Hara von anderen Stützpunkten berichteten, bekamen sie nicht selten die Feindseligkeit der *Grunts* zu spüren, die sich neben den »Durchreisenden« aus dem sicheren Hinterland wie lebende Staffage fühlten – noch dazu, wenn sie von den Besuchern fotografiert wurden. Im Februar 1971 schrieb Gore über die Invasion in Laos und flog deshalb mit O'Hara zur Kaserne ins nördliche Quang Tri. Die Soldaten dort waren fast ausschließlich schwarzer Hautfarbe. Gore wollte einen Hubschrauber ablichten, der neben einem Basketballfeld stand, auf dem sich einige Soldaten die Zeit vertrieben. Plötzlich baute sich vor Gore ein farbiger Soldat auf und sagte: »Keine Fotos hier!« Al wiegelte ab, versuchte auf den GI einzureden, doch der wiederholte nur in scharfem Ton: »Keine Fotos hier!« Gore hatte die Drohung verstanden – O'Hara und er zogen ab, ohne Foto.

Im März 1971 veröffentlichte Gore in der Armeezeitschrift *Stars and Stripes* eine Reportage, die auf allen amerikanischen Stützpunkten in der ganzen Welt zu lesen war. Al schickte den Zeitungsausschnitt seiner Frau Tipper nach Tennessee. Tipper setzte sich daraufhin mit dem Herausgeber des *Nashville Tennessean*, John Seigenthaler, in Verbindung, und nur wenige Tage später, am 21. März, wurde der Bericht in der Regionalzeitung nachgedruckt.

Gore schildert darin einen Überfall der Vietcong auf eine Armeebasis nahe der kambodschanischen Grenze: »Um 2.15 Uhr morgens gab es eine Explosion, die jeder hörte. Nach dem ersten Knall folgten weitere Explosionen in schneller Folge ... Der befehlshabende Offizier, Lieutenant James M. Smith aus Anderson, Indiana, war einer der ersten, die draußen waren – barfuß, in Unterhosen, einer Sturmjacke und mit einem Stahleimer ... Die Explosionen dauerten an. Entweder waren es präzise Schüsse oder ... ›Vietcong im Gelände! Vietcong im Gelände!‹ Plötzlich schrien es alle. Die Hunde bellten es.« Fünfzig Absätze lang beschreibt Gore in ermüdender Ausführlichkeit jedes Detail des Vorfalls. In dem Artikel heißt es, die Kaserne sei »überrannt« worden – »die schwierigste Art von Konflikt, die sich ein Soldat vorstellen kann«.

Ein Dutzend Vietcong-Rebellen attackierten in jener Nacht die Armeebasis; fünf amerikanische Soldaten kostete der Einsatz ihr Leben. Der Vorfall war zweifellos dramatisch, doch ein Überfall auf einen Stützpunkt nahe der Front galt in jener Zeit kaum als außergewöhnlicher Vorgang. Daß ein Angriff von 12 Vietcong-Soldaten die »schwierigste Art von Konflikt« sein sollte, der ein amerikanischer Rekrut in Vietnam ausgesetzt war, konnte jedenfalls nur ein Soldat denken, der den Krieg einzig aus sicherer Distanz kannte.

Die Gore-Biographin Betty Buford schreibt begeistert, daß »Gore offensichtlich an allen Plätzen gleichzeitig war, um die sich entwickelnde Handlung zu beschreiben«. In Wirklichkeit war Gore an jenem Tag überhaupt nicht am Ort des Geschehens. Er konstruierte vielmehr die Abläufe aus den Erzählungen der beteiligten Soldaten und addierte zu der ohnehin verklärten Version der GI's eine Prise hausgemachter Dramatik. Über den Wahrheitsgehalt der Geschichte läßt sich demnach nur spekulieren.

Es ist schwer, sich von Gores Aufenthalt in Vietnam ein schlüssiges Bild zu machen. Die meisten Erinnerungen an Gores Wehrdienst stammen von seinen damaligen Kameraden. Gores eigene Äußerungen zu den sechs Monaten in Indochina sind lückenhaft, emotionslos und widersprüchlich.

In der Zeitschrift *Vanity Fair* erzählt Gore beispielsweise, er habe »regelmäßig Wache geschoben ... Wenn sich jemand bewegte, schossen wir und stellten danach erst Fragen.« Sein Freund O'Hara gibt zu Protokoll, daß weder er noch Gore jemals zum Wachdienst eingeteilt waren, weil dies die Aufgabe der südvietnamesischen Einheiten gewesen sei. In einem Interview mit dem Journalisten David Frost bestätigt Gore, daß er niemals »die Häßlichkeit des Krieges gesehen habe, ... so wie viele Leute in der Infanterie. Ich stand niemals einem Menschen gegenüber, den entweder ich zu töten hatte oder der mich töten wollte.«

Al Gores Einschätzung der politischen Situation in Vietnam ist ähnlich widersprüchlich. Gore – daran bestand lange Zeit kein Zweifel – hielt das amerikanische Engagement in Vietnam für unmoralisch, und so betonte er stets, daß er den Wehrdienst mehr aus Pflichtgefühl verrichtet habe denn aus innerer Überzeugung. In einem Brief an einen Freund behauptete Gore Anfang 1971 sogar, er müsse sich nach der Rückkehr aus Vietnam an der theologischen Fakultät einschreiben, um »für meine Sünden hier zu büßen«.

Jahre später hatte sich Gores Beurteilung der politischen Verhältnisse in ihr Gegenteil verkehrt. In einem Gespräch mit der Zeitschrift *New Yorker* äußerte Gore 1994: »Als ich in Vietnam war und einige Südvietnamesen kennenlernte, die eine Machtübernahme durch den Norden und den Verlust ihrer Freiheit wirklich fürchteten, wurden meine simplen Annahmen über die Natur des Konflikts auf die Probe gestellt.«

Zurück in Tennessee

Im Mai 1971 kehrte Al Gore nach Carthage zurück. Gore Sr., Pauline und Tipper bereiteten ihm einen herzlichen Empfang. Doch der heimgekehrte Sohn und Ehemann hatte andere Sorgen. Hinter ihm lag – trotz all der widersprüchlichen Äußerungen im nachhinein – eine schwere, eine prägende Erfahrung; vor ihm standen Entscheidungen über seinen weiteren Lebensweg. Die Auseinandersetzung mit dem Vietnamkonflikt in Harvard und der halbjährige Einsatz in Indochina hatten diese Weichenstellungen nur verschoben.

»Nichts in der Welt« werde ihn dazu bringen, in die Politik zu gehen, soll Al damals gesagt haben. Nach der bitteren Niederlage seines Vaters im Jahr zuvor und der am eigenen Leib erfahrenen Doppelzüngigkeit des amerikanischen Engagements in Vietnam stand eine politische Laufbahn nicht zur Debatte, obwohl ihn sein Vater dazu drängte, eine Kandidatur für den Gemeinderat zu erwägen oder sich wenigstens für ein Jura-Studium einzuschreiben.

Al widersetzte sich dem Rat von Gore Sr. Der junge Vietnam-Veteran brauchte Zeit zum Nachdenken, eine Möglichkeit, die Erfahrung der zurückliegenden Jahre aufzuarbeiten. Seine Frau bezeichnete diese Phase als »Selbstreinigung«.

Der erste Versuch, die selbstgewählte Katharsis zu vollziehen, bestand in körperlicher Arbeit. Gore gründete mit seinem Vater und einem Freund der Familie eine Baufirma, die *Tanglewood Home Builders*. Das Unternehmen spezialisierte sich auf den Bau von Einfamilienhäusern in der Umgebung von Carthage. Für einige Monate legte Al bei jedem der Projekte selbst Hand an. Doch Betonmischen und Wände Verputzen füllten seine innere Leere nicht aus. Zu dieser Zeit, so berichtet Tipper, schlief Al häufig schlecht; ihn plagten Alpträume, und immer wieder brach er mitten in der Nacht zu Spaziergängen über die Farm auf. Langsam reifte in Gore die Einsicht, daß die Arbeit als Bauunternehmer wenig zu dem von ihm betriebenen Erkenntnisprozeß beigetragen hatte. Gore wurde klar, daß er nach einer systematischen Methode suchte, die es ihm ermöglichen würde, seinen Gedanken eine innere Ordnung zu geben. Al hatte in St. Alban's und auf der Harvard-Universität die Vorzüge einer strukturierten Lernumgebung zu schätzen gelernt, und so entschied er, die in Vietnam geborene Idee eines Theologiestudiums zu verwirklichen. Gore schrieb sich an der Vanderbilt-Universität in Nashville ein und hörte fortan Vorlesungen in Theologie und Philosophie.

Al Gore beschreibt die Jahre seines Theologie-Studiums im Rückblick als »eine der gewinnbringendsten Erfahrungen«, die er jemals gemacht habe: »Das Studium half mir dabei, die richtigen Fragen zu stellen.« Es brachte ihn vor allem einen entscheidenden Schritt in Richtung des Themas, das später zu seinem wichtigsten Anliegen wurde, der Umweltpolitik.

Hatte sich Gore in Harvard mit den naturwissenschaftlichen Aspekten einer sich erwärmenden Erdatmosphäre vertraut gemacht, so stellte er in Vanderbilt den Zusammenhang zwischen der fortschreitenden Umweltzerstörung und dem modernen Denken her.

Als besonders wertvoll entpuppte sich ein Seminar von Eugene TeSelles, das den Titel »Religion und die Naturwissenschaften« trug. Zu den Literaturempfehlungen TeSelles gehörte ein damals gerade erschienener Bericht des *Club of Rome*, einer unabhängigen Vereinigung von Wissenschaftlern und Unternehmern, die sich zum Ziel gesetzt hatten, aktuelle Entwicklungen und langfristige Trends aus einer globalen Perspektive zu betrachten und als Ergebnis Empfehlungen für eine verantwortungsvolle Politik zu formulieren. In »Grenzen des Wachstums« werden die Konsequenzen von beschleunigter Industrialisierung, Bevölkerungswachstum, Unterernährung und dem fortgesetzten Abbau nicht erneuerbarer Ressourcen beschrieben. Das eigentlich Neue bestand darin, daß das wirtschaftliche Wachstum und der Zustand der Umwelt miteinander in Verbindung gebracht wurden: Wenn das derzeitige Wohlstandsmodell unverändert fortgeschrieben werde, so der *Club of Rome*, dann habe dies einen »plötzlichen und unkontrollierbaren Zusammenbruch« der Industriegesellschaft innerhalb der kommenden hundert Jahre zur Folge. Dementsprechend folgerte der *Club of Rome*, daß ein Zustand der ökonomischen und ökologischen Stabilität hergestellt werden müsse – ein Motiv, das sich in Gores These vom globalen Gleichgewicht wiederfindet.

Auf der Suche nach einem Grund, weshalb der Mensch bedenkenlos Raubbau an seinen natürlichen Lebensgrundlagen betreibe, beschäftigte sich Gore mit der Evolution des menschlichen Denkens. Das christlich-abendländische Weltbild, so erfuhr Gore, wurzelt in der Annahme Platons, daß Mensch und Natur zwei getrennte Sphären seien. Hieraus resultiere die biblische Auffassung, daß sich der Mensch die Erde zum »Untertan« machen müsse. In letzter Konsequenz habe dieses Denken zu einem geistigen »Dualismus«, zur Trennung von Religion und Wissenschaft, geführt – eine Trennung, die ihre Entsprechung in der Unterscheidung zwischen Moral und Fortschritt finde: » ›Tatsachen‹ «, so schreibt Gore in »Wege zum Gleichgewicht«, »die durch empirisch-wissenschaftliche Methode gewonnen waren, [hatten] an sich und aus sich selbst keine moralische Bedeutung. Nur ›moralische

Erkenntnisse‹ über Dinge, die der Unterscheidung zwischen Gut und Böse dienten, hatten religiöse Bedeutung.«

Am ersten Tag seines Studiums rief Gore bei John Seigenthaler an, dem Herausgeber des *Nashville Tennessean*. Al fragte, ob er als Journalist arbeiten könne. Seigenthaler, ein guter Freund der Familie Gore, erinnerte sich an die Reportage, die Al während seiner Zeit in Vietnam für die Zeitung geschrieben hatte.

Wenige Tage später saß Al zum Vorstellungsgespräch im Büro von Frank Ritter, dem stellvertretenden Chefredakteur. Ritter pflegte am Ende jeder Unterhaltung die sogenannte »Ritter-Frage« zu stellen. Damit, so Ritter, wollte er prüfen, wie ein Bewerber unter Druck reagierte. »Was würden sie tun, wenn ihr Herausgeber sie anweisen würde, eine Geschichte zu schreiben, von der sie wüßten, daß sie falsch ist?« Al, so erinnert sich Ritter an das Gespräch, gab die beste Antwort, die er jemals gehört hatte. Er sagte: »Ich kann mir nicht vorstellen, daß mein Herausgeber so etwas von einem Reporter verlangen würde. Es wäre unprofessionell. Aber wenn er es doch täte, dann würde ich eher zurücktreten und kündigen, als entgegen meinem Gewissen zu handeln.« Gore bekam einen Vertrag.

Anfangs bestand Gores Alltag beim *Nashville Tennessean* aus den Pflichtterminen eines Lokaljournalisten: Gerichtstermine, Verkehrsunfälle, Sportlerehrungen. Ein langhaariger Feuerwehrmann, der wegen seiner Haarpracht aus dem Dienst entlassen wurde, galt unter diesen Voraussetzungen bereits als willkommene Abwechslung. Ebenso der Konflikt um eine Hippie-Kolonie vor den Toren Nashvilles, die von den benachbarten Einwohnern erbittert bekämpft wurde.

Al, so weiß John Seigenthaler zu berichten, war ein durchaus talentierter Journalist mit einem sicheren Gespür für eine gute Geschichte. Mitunter allerdings stand er sich selbst im Weg – meist dann, wenn es um die Formulierung von Berichten ging. Er brauchte manchmal Stunden, um eine kurze Meldung zu Papier zu bringen, und saß nicht selten bis in die frühen Morgenstunden an der Schreibmaschine, um seine

Artikel immer und immer wieder zu überarbeiten. Der Ausruf »Al, wir sind spät dran!«, so erzählt ein ehemaliger Kollege, wurde während seiner Zeit beim *Tennessean* zum geflügelten Wort.

In Washington erschütterte zu dieser Zeit ein politischer Skandal das Vertrauen der Amerikaner in die Politik. Am 17. Juni 1972 waren fünf Männer nach einem Einbruch in das Hauptquartier der Demokratischen Partei im Watergate-Hotel in Washington festgenommen worden. Die Spur der Beteiligten führte direkt ins Weiße Haus. Nach dem Rücktritt einiger hoher Beamter geriet auch Präsident Nixon in das Fadenkreuz der Ermittlungen. Die sogenannten Nixon-Bänder – Abhörprotokolle aus dem *Oval Office* – lieferten die Beweise für die Beteiligung des Präsidenten an einer Reihe von Einschüchterungs- und Vertuschungsversuchen. Mehr noch: Die Aufnahmen offenbarten die fast krankhafte Paranoia des Präsidenten, seine Angst, von »Feinden« umlagert zu sein, die »ausgeschaltet« werden müßten. Noch vor dem formellen *Impeachment* (Amtsenthebung) durch den Kongreß trat Nixon am 9. August 1974 – als erster Präsident in der Geschichte der USA – zurück.

Bob Woodward von der *Washington Post* wurde in dieser Zeit zum Vorbild aller amerikanischen Journalisten, denn er hatte mit seinen Artikeln die Enthüllungen um Nixon ins Rollen gebracht. In allen Redaktionen des Landes versuchte man nun, die vergessene Tradition des investigativen Journalismus wiederzubeleben. Jede Lokalredaktion, so schien es, wollte ihr eigenes »Watergate«. Beim *Nashville Tennessean* sollte Al Gore die Rolle des Enthüllungsreporters übernehmen. Auf Kosten der Zeitung verbrachte er im Sommer 1973 zwei Wochen an der Columbia-Universität in New York, wo er in einem Seminar die Grundlagen des investigativen Journalismus vermittelt bekam.

Die Investition hatte sich gelohnt. Gore kehrte aus New York als Überzeugungstäter zurück, fest entschlossen, der Korruption in Tennessee den Garaus zu machen.

Der erste Einsatz des neuen Enthüllungsjournalisten führte in den Stadtrat von Nashville, damals ein berüchtigter Sumpf aus Filz und Vorteilsnahme. Bereits nach wenigen Wochen war Al im *Nashville Metro Council* bekannt wie ein bunter Hund – so ein ehemaliger Stadtrat: »Er lief immer mit einem Notizblock herum; das war für uns nicht unbedingt angenehm, wenn wir [Stadträte] untereinander sprachen. Denn einige von uns hatten Dreck am Stecken.« Nächtelang arbeitete sich Gore in die Beschlußvorlagen des Gremiums ein, studierte alle Anträge und stieß dabei auf eine Reihe von Unregelmäßigkeiten. Immer wieder hatten Stadträte Initiativen zur Erschließung von kommerziell interessanten Flächen eingebracht und sie anschließend wieder zurückgezogen, um sie nur wenige Wochen darauf wieder vorzulegen. Gores Vermutung: Die Stadträte hielten die Projekte so lange zurück, bis die potentiellen Bauherren Bestechungsgelder bezahlt hatten. Es fehlte bislang nur der Beweis.

Gore mußte nicht lange warten, bis sich eine aufschlußreiche Quelle bei ihm meldete: Ende 1973 wurde er von Gilbert Cohen angesprochen, einem Bauunternehmer, der sich darüber beklagte, daß ein Stadtrat, Morris Haddox, die Erschließung eines Industriegeländes verzögere. Die Geschichte klang vielversprechend, und so entschied Seigenthaler, ein Treffen Cohens mit Haddox zu arrangieren, das von Gore und einigen Fotografen dokumentiert werden sollte. Cohen, der in seinem Jackett ein Mikrofon versteckt hatte, fragte Haddox, was er tun müsse, um sein Projekt durch das Gemeindeparlament zu bringen. Haddox antwortete, daß ihn dies einen Zuschuß kosten würde. Wenige Tage später übergab Cohen dem Stadtrat Haddox 300 Dollar in bar. Gore hatte in der Zwischenzeit über einen Geschäftskollegen Cohens von einem weiteren Stadtrat, Jack Clariday, erfahren, der Geschäfte auf eigene Rechnung betrieb.

Am 5. Februar 1974, einem Dienstag, brachte Haddox den Antrag zur Erschließung des Geländes von Cohen wieder ein. Am Morgen darauf berichtete der *Nashville Tennessean* auf Seite eins detailliert über die Treffen Cohens mit Haddox. Tag für Tag folgten neue Fotos und Enthüllungen. Die von Gore verfaßten Berichte wurden zum Stadtgespräch; die Staatsanwaltschaft klagte Haddox sowie Clariday der Bestechlichkeit an. Gore sagte in beiden Prozessen als Zeuge aus, und bei der Fülle an Beweismaterial, das Gore und seine Kollegen gesammelt hatten, schien eine Verurteilung unabwendbar. Doch Haddox, ein Farbiger, verteidigte sich geschickt. Er vertrat die These, daß das »weiße Establishment« seine Karriere zerstören wolle. Er hätte selbst eine Untersuchung durchführen wollen und sei nur deshalb auf das Angebot Cohens eingegangen. Haddox brachte auf diese Weise die farbigen Jury-Mitglieder auf seine Seite und entging so einer Verurteilung. Jack Clariday wurde zu drei Jahren Haft verurteilt; die Strafe wurde allerdings ausgesetzt, so daß auch er dem Gefängnis entging.

Im Präsidentschaftswahlkampf von 1988 behauptete Gore in einem Interview mit dem *Des Moines Register*, einer Zeitung aus Iowa, er habe mit seinen Berichten »einen Haufen Leute ins Gefängnis befördert«. Eine Zeitung aus Memphis deckte die Übertreibung auf, und Gore mußte sich den Spott seiner parteiinternen Konkurrenten um die Präsidentschaftskandidatur anhören. Morris Haddox erklärte damals im Fernsehen: »Er [Gore] sollte mit der Angeberei aufhören; ich wurde niemals für schuldig befunden.«

Als im Februar 1974 die Berichte über Haddox und Clariday in der Zeitung erschienen, waren Gore und seine Frau bereits in Nashville seßhaft geworden. Al hatte sich fest darauf eingerichtet, die nächsten Jahre beim *Tennessean* zu arbeiten. Die Arbeit als Journalist verschaffte ihm große Befriedigung, und seine Frau, die einen Kurs in Fotografie absolviert hatte, erhielt von John Seigenthaler ebenfalls eine Anstellung bei der Zeitung. Das junge Paar bewohnte ein komfortables Mietshaus am Rande von Nashville; Karenna, die erste Tochter der Gores, kam im August 1973 zur Welt.

Der Höhepunkt seiner journalistischen Karriere wurde mit dem Freispruch von Haddox zum persönlichen Wendepunkt. Ein Kollege berichtet, Al hätte das Urteil der Jury auch Tage später »nicht fassen« können; er sei geschockt und enttäuscht gewesen. Nach einigen Wochen zog Gore die Konsequenzen: Er brach sein Theologie-Studium ab und schrieb sich an der juristischen Fakultät ein – nach eigener Aussage, weil er

»mehr über ein Rechtssystem lernen wollte, das so etwas zuläßt«. Gore Sr. konnte seine Freude über die Entscheidung des Sohnes kaum verbergen. Wenn auch auf halber Flamme, so arbeitete Gore bei der Zeitung weiter – die Entscheidung, eine andere Laufbahn einzuschlagen, hatte er zu diesem Zeitpunkt bereits gefällt.

Ende Februar 1976 erhielt Gore den vielleicht wichtigsten Anruf seines Lebens. John Seigenthaler, sein Chef beim *Tennessean*, teilte dem jungen Kollegen mit, daß Joe Evans nicht mehr für das Repräsentantenhaus kandidieren werde. Joe Evans war der Abgeordnete für Gores Heimatwahlkreis in Carthage, dem 4. Kongreß-Distrikt in Tennessee. Gore schoß das Blut in die Adern. Nachdem er den Hörer aufgelegt hatte, machte er ein paar Dutzend Liegestütze und telefonierte anschließend mit seiner Frau und den Eltern. Noch am selben Tag hatte er entschieden, daß er antreten werde. Es dauerte keine Woche, und Gore hatte seinen Zeitungsjob gekündigt, sich an der juristischen Fakultät (ohne Abschluß) exmatrikuliert, den Lieferwagen für den Umzug nach Carthage bestellt, die Haare geschnitten und die bisherige Dienstkleidung (Hemd und Bluejeans) gegen Anzug und Krawatte getauscht.

Als Gore Anfang März 1976 vor dem Gerichtsgebäude in Carthage seine Kandidatur offiziell bekanntgab, war er der erste Bewerber für den freiwerdenden Sitz. Tennessee war zu jener Zeit fest in den Händen der Demokratischen Partei, und so wußte Gore genau, daß nicht die Auseinandersetzung mit dem Gegenkandidaten der Republikaner, sondern der parteiinterne Vorwahlkampf über den Einzug ins Repräsentantenhaus entscheiden würde.

Gores Hauptgegner war Stanley Rogers, ein konservativer Demokrat aus dem Nordosten Tennessees. Rogers beschuldigte Gore Jr., den Südstaatendialekt »nur als Fremdsprache« gelernt zu haben. Gore, so Rogers, sei zu liberal, zu jung, zu unerfahren und den Sorgen der einfachen Menschen ähnlich entrückt wie Gore Sr. am Ende seiner Amtszeit. Mit Bedacht ließ Rogers Reizworte wie »Vietnam« oder »Bürgerrechte« fallen. Obwohl Rogers mit seiner konfrontativen Strategie zunächst die Oberhand gewann, verlor er im Laufe der Kampagne an Terrain: Gore war programmatisch flexibel genug, um auch konservative Positionen zu übernehmen.

Im wesentlichen bestand Al's Programm jedoch aus den linkspopulistischen Thesen, die schon sein Vater vertreten hatte. Er forderte – im Gegensatz zu seiner späteren umweltpolitischen Agenda – die Abschaffung jeglicher Abgaben auf Elektrizität und Energie sowie die Schließung der vielen Steuerschlupflöcher für Millionäre. Mit dem sicheren Gespür eines Journalisten produzierte er hierzu sein erstes politisches *Soundbite*: Das Steuersystem, so Gore, sei »ein nationaler Witz, der schmerzt, wenn man lacht«.

Natürlich war Al Gores Name ein Bonus in dem Wahlkreis, den sein Vater 14 Jahre lang im Repräsentantenhaus vertreten hatte. Doch Gore Jr. wollte die Wahl selbst gewinnen, und so verbot er seinem Vater, bei Wahlkampfveranstaltungen aufzutreten. Einzig Al's Mutter war als Wahlkampfmanagerin aktiv an der Kampagne beteiligt. Nach den Unterschieden zwischen Vater und Sohn befragt, pflegte sie zu antworten: »Ich habe sie beide trainiert. Bei meinem Sohn war ich erfolgreicher.«

Gore Jr. gewann mit nur 30 Prozent der Stimmen den Vorentscheid um die Kandidatur für die Demokraten. In der eigentlichen Wahl erzielte Al ein Ergebnis von mehr als 96 Prozent – die Republikaner hatten keinen Kandidaten ins Rennen geschickt, nur ein Unabhängiger nahm Gore ein paar Stimmen.

War Al Gore damit am Ziel? Wohl kaum, denn der Weg ins Weiße Haus hatte gerade erst begonnen.

3. Kapitel
Opportunist und Visionär

Gores Ankunft in Washington war eine Heimkehr. In der Hauptstadt hatte er einen Großteil seiner Kindheit verbracht; hier war er zur Schule gegangen und hatte seine Frau kennengelernt. Als Al Gore im Januar 1977 vereidigt wurde, war Tipper im dritten Monat schwanger. Die zweite Tochter der Gores, Kristin, kam im Juni zur Welt. Um Tipper zu entlasten, zog die junge Familie in das Haus von Tippers Mutter in Arlington, eine Viertelstunde vom Regierungsviertel entfernt.

Auch das Parlament, das viele junge Abgeordnete anfangs als einschüchternd und imposant empfinden, war für Al Gore ein vertrauter Ort. Häufig hatte ihn sein Vater ins Büro oder in die Lobby mitgenommen. Als Gore acht Jahre alt war, durfte er während einer Pause sogar auf dem Sitz des Senatspräsidenten Platz nehmen. Viele seiner künftigen Kollegen begrüßten Gore dementsprechend wie einen Verwandten, den man für einige Zeit aus den Augen verloren hatte. Gerade ältere Abgeordnete waren häufig enge Freunde seines Vaters; einige von ihnen hatten Gore Sr. bereits auf der Farm in Carthage besucht und dem (damals) kleinen Al beim Spielen zugeschaut. In diese Kategorie gehörte auch Tip O'Neill – in den Sechzigern ein Weggefährte von Gore Sr. –, der jetzt die Demokratische Partei im Repräsentantenhaus anführte und damit gewissermaßen Gores »Vorgesetzter« war.

Nahe dem Kongreß wies die Verwaltung dem Abgeordneten Gore ein spartanisch eingerichtetes Büro zu. Ein Foto aus dieser Zeit zeigt den 28jährigen Abgeordneten hinter seinem Schreibtisch: Auf dem Sekretär stapeln sich Berge von Akten; ein mickriger Gummibaum ist das einzig dekorative Element; an der Wand des Raums hängt eine riesige Karte seines Wahlkreises, die mit Stecknadeln übersät ist.

Die Markierungen auf der Landkarte im Büro zeigten die Orte der Bürgerversammlungen an, die Gore als Abgeordneter zur festen Institution werden ließ. Er gewöhnte sich in dieser Hinsicht eine strenge Disziplin an. Wenn er sonntags zurück nach Washington flog, um mit seiner Familie in die Kirche zu gehen, hatte Gore stets zwei anstrengende Wochenendtage in seinem Wahlkreis hinter sich. Der Samstag war für Termine mit Farmern, Geschäftsleuten oder Kommunalpolitikern reserviert. Freitags standen stets Bürgerversammlungen an – mehr als eintausend Veranstaltungen dieser Art brachte er als Abgeordneter hinter sich.

Die regelmäßigen Treffen mit seinen Wählern spielten in Gores Vorstellung davon, was ein Abgeordneter zu leisten habe, eine bedeutende Rolle. Auf diese Weise hielt er Kontakt zur Basis und kam seiner Verpflichtung nach, Vertreter der Anliegen der Menschen in seinem Wahlkreis zu sein, ihnen zuzuhören und ihre Probleme aufzugreifen. Andererseits waren die Versammlungen Teil des ständigen Wahlkampfs. Die Abgeordneten des Repräsentantenhauses stellen sich alle zwei Jahre der Wiederwahl, und so kann ein Amtsinhaber nicht früh genug mit der jeweils nächsten Wahlkampagne beginnen. Wo immer ein potentieller Gegner um Unterstützung warb, hatte Gore bereits seine Spuren hinterlassen.

Die Vorbereitung der Versammlungen betrieb Gore mit großer Akribie. In seinem Computer hatte er die Namen aller Anhänger gespeichert, ihren Wohnort, den Beruf und andere Informationen zur Person. In einer weiteren Datei archivierte er die Zeitungsausschnitte der Lokalzeitungen. Gore wußte stets genau, wo seinen Wählern der Schuh drückte, und falls dennoch Fragen offen waren, rief er einen treuen Aktivisten an, der ihm über die Stimmung vor Ort Auskunft gab. Das eigentliche Treffen dauerte dann etwa eine Stunde und fand meist in einem Gemeindezentrum oder einer Schule statt. Gore begann mit einigen Fragen, um die Diskussion in Gang zu bringen, und zog sich anschließend in die Position des Zuhörers zurück, der die Probleme seiner Wähler aufmerksam registrierte. Das Protokoll einer Veranstaltung wurde anschließend im Computer archiviert.

Während sich Gores Aufgabe als Wahlkreispolitiker klar definieren ließ, mußte er in der nationalen Arena eine politische Linie erst finden. Al Gore war nicht als Programmpolitiker, als Vertreter eines bestimmten Standpunkts oder einer Richtung, nach Washington gewählt worden, sondern als junger Sympathieträger und – vor allem – als Sohn eines prominenten Vaters. Die Ansichten, die er im Wahlkampf vorgetragen hatte, entsprachen den Erwartungen seines Publikums – über ein festes Gerüst eigener Überzeugungen verfügte er zu Beginn seiner politischen Karriere nicht. Ohne eigene Standpunkte, so wußte Gore genau, würde es jedoch schwer sein, aus der grauen Masse der Abgeordneten herauszukommen. Das einzige, was ihn bis dahin von seinen Kollegen unterschied, war seine Herkunft: Gore war der »Sohn des Senators«, und er wollte nicht, daß dies auf Dauer sein einziges Kennzeichen bleiben würde.

Im Wahlkampf hatte man ihm vorgeworfen, ein »Tax-and-Spend«-Demokrat zu sein, jemand, der an die Allheilkraft von steuerfinanzierten Regierungsprogrammen glaubte. Zusätzlich stand Gore außerdem unter dem Verdacht, ein sogenannter Harvard-Liberaler zu sein, der die Todesstrafe abschaffen und die nationale Verteidigung vernachlässigen wollte. Im ländlichen Tennessee hatte man kein Verständnis für solche Ansichten. Sollte ihn also nicht das gleiche Schicksal ereilen wie Gore Sr., dann mußte Gore Jr. schleunigst Positionen im Zentrum des politischen Spektrums besetzen.

Im Jahr 1976 stand jedoch ein anderer Demokrat aus den Südstaaten im Blickpunkt: Jimmy Carter, der Gouverneur und Erdnußfarmer aus Georgia, gewann die Präsidentschaftswahl gegen den Amtsinhaber Gerald Ford. Carter war ein eher untypischer Politiker aus dem Süden; er galt als Befürworter einer progressiven Sozialpolitik und wurde in der Außen- und Sicherheitspolitik allgemein dem »linken« Flügel der Demokratischen Partei zugerechnet, weil er die Einhaltung der Menschenrechte zum Leitprinzip der amerikanischen Außenpolitik erklärt hatte. Für Gore war es unter diesen Vorzeichen relativ einfach, sich als »Zentristen« zu profilieren. Zum Ausdruck kam dies in seiner Ablehnung neuer Steuern, der Forderung nach einer Verkleinerung des Staatsapparates oder der Befürwortung einer »starken« Sicherheitspolitik.

Nationale Prominenz erlangte Gore schließlich mit einer Reihe von Themen, die eher »unpolitisch« waren – »Themen«, so heißt es in einem Gore-Porträt der Zeitschrift *U.S. News & World Report*, »die Aufmerksamkeit versprachen, aber keine Kontroverse auslösten«. Anlaß und Arena waren für Gore die Ausschüsse, in denen er Sitz und Stimme hatte: Als Mitglied im Energie- und Handelskomitee sowie im Forschungsausschuß kam er mit einer Vielzahl von Problemen in Berührung, die den Verbraucherschutz betrafen. Gore wurde zu einem Kenner der Materie – er liebte wissenschaftliche Einzelheiten und arbeitete sich bereitwillig in zum Teil außerordentlich komplizierte Zusammenhänge ein.

Seinen ersten großen Erfolg konnte Gore mit einer Initiative zur Babynahrung verbuchen. Um den Natrium-Gehalt ihrer Produkte zu senken, hatte die Syntex Corporation, eine Lebensmittelfirma, den Chlorid-Gehalt ihrer Babynahrung reduziert – ein Detail, das wahrscheinlich nicht einmal den Beamten in der Nahrungsmittelbehörde aufgefallen wäre. Chlorid ist jedoch für die Ernährung von Kleinkindern unerläßlich, und so nahm Gore den Fall zum Anlaß, eine Serie von Anhörungen zum Thema Babynahrung zu veranstalten. Gore beklagte, daß »in den USA alles als vollwertige Babynahrung verkauft werden kann, ... solange es unter hygienischen Bedingungen hergestellt wurde«. Chloridmangel jedoch, so Gore, könne zu Muskelschwund, Hyperventilation, möglicherweise sogar zum Tod des Kindes führen. Das Gesetz – von ihm eingebracht und später verabschiedet – sah Minimalstandards für Babynahrung vor und ermächtigte die Nahrungsmittelbehörde, neue Produkte zu testen und erst nach bestandener Prüfung zum Verkauf zuzulassen. In einem Fernsehinterview äußerte Gore nach der erfolgreichen Verabschiedung des Gesetzes mit großem Pathos, daß die Zunahme des Anteils von Fertigprodukten an der Babynahrung eine wahre Revolution sei, »die wichtigste Veränderung in der Ernährung von Menschen seit Einführung des Kochens«.

Ein anderes Beispiel für Gores Arbeitsweise im Repräsentantenhaus war das Organtransplantationsgesetz. Der medizinisch-technische Fortschritt ermöglichte es ab Ende der siebziger

Jahre, eine Reihe von inneren Organen zu verpflanzen. Doch damals wie heute war die Nachfrage nach gesunden Organen frisch Verstorbener größer als das Angebot. Befreundete Ärzte hatten Gore auf das Problem aufmerksam gemacht. Der junge Abgeordnete vertiefte sich in die Thematik und entwickelte einen eigenen Gesetzesvorschlag. Nach Gores Vorstellung sollte ein nationales Netzwerk geschaffen werden, das die Daten von Spendern und möglichen Empfängern enthielt, so daß im Todesfall ohne Zeitverzögerung festgestellt werden konnte, zu welchem Patienten das betreffende Organ paßte. Gores Initiative stieß auf breite Zustimmung und wurde vom Kongreß beinahe unverändert übernommen. Einzig die Frage, ob die Spender beziehungsweise deren Angehörige finanziell entschädigt werden sollten, war zwischen den Abgeordneten strittig. Gore konnte sich mit seiner Position durchsetzen: »Wir dürfen es nicht erlauben, ... daß der Unterschied zwischen Menschen und Dingen verwischt wird. Menschen sollten nicht als Dinge angesehen werden, die man kauft und verkauft wie Autoteile.«

Technische Lösungen für menschliche Probleme – Gores Begeisterung für Wissen und Wissenschaft manifestierte sich sogar in der Familienplanung. Im Januar 1979 hatte seine Frau die dritte Tochter, Sarah, geboren. Natürlich war die Freude groß, aber Al Gore wollte – genau wie sein Vater – einen männlichen Stammhalter. Mit großem Einsatz widmete er sich den in der einschlägigen Literatur empfohlenen Methoden der Empfängnisbeeinflussung, und schließlich wurden seine Bemühungen von Erfolg gekrönt, denn am 19.Oktober 1982 brachte Tipper einen Sohn zur Welt. Das Baby wurde auf den Namen seines Vaters getauft: Albert Arnold Gore III. war nach Gore Sr. und ihm selbst der dritte »Al Gore« in direkter Folge.

Auf der Karriereleiter

Gore betrieb von Beginn an konsequentes Selbstmarketing. Seine Initiativen drehten sich meist um Belange, die für den Durchschnittsbürger nachvollziehbar und – trotz aller Komplexität – auf einen einfachen Nenner zu bringen waren. Nicht selten verfügten Gores Themen außerdem über ein hohes Maß an »Human Touch«, so daß sich die Medien auf seine Vorschläge stürzten und bereitwillig darüber berichteten. Es ist kein Zufall, daß sich Gore für die Übertragung von Parlamentsdebatten im Fernsehen stark machte; als es im März 1979 soweit war, hieß der erste Redner vor laufenden Kameras Al Gore.

In nur wenigen Jahren brachte es Gore zu einem Bekanntheitsgrad, der für einen jungen Abgeordneten außergewöhnlich hoch war. Die *Jaycees*, eine Verbindung junger Unternehmer, wählte ihn unter die »Zehn herausragendsten jungen Männer Amerikas«.

Die Zahl seiner Auftritte in Fernseh- und Radiotalkshows war jedoch nicht gleichbedeutend mit einem tatsächlichen politischen Einfluß. Ein Neuling im Parlament, so war Gore klar, hatte grundsätzlich zwei Möglichkeiten, seine Karriere voranzutreiben: Entweder beschritt er die Ochsentour und arbeitete sich mühsam bis an die Spitze der eigenen Parlamentsfraktion, oder er umging die interne Hackordnung, wendete sich direkt an die Öffentlichkeit und versuchte, durch mediale Prominenz zu Geltung zu gelangen. Gore Sr. ging den ersten Weg; sein Sohn entschied sich zweifellos für den letzteren. Al Gores Strategie funktionierte allerdings nur zum Teil, denn seine älteren Kollegen durchschauten sehr wohl die Absicht des jungen Abgeordneten aus Tennessee.

Nach den ersten Jahren im Repräsentantenhaus wurde Gore allmählich bewußt, daß er ein Thema finden mußte, das ihm neben der Aufmerksamkeit der Medien auch den Respekt seiner Kollegen erwarb; ein Thema, das es ihm erlaubte, sich in einem wichtigen Feld nationaler Politik als Experte zu profilieren. Der »heilige Gral« amerikanischer Politik war zu Anfang der achtziger Jahre die Sicherheits- und Rüstungspolitik, und so wählte Gore diesen Politikbereich als sein künftiges Spezialgebiet.

Über sein plötzliches Interesse an der Sicherheitspolitik befragt, antwortete Gore in einem TV-Interview mit der Schilderung einer Bürgerversammlung in Tennessee. Eine Gruppe von Schülerinnen, die Gore damals traf, hätten ihn zum ersten Mal mit dem Gegenstand konfrontiert. Auf seine Frage, ob sie mit einem Nuklearkrieg noch während ihres Lebens rechneten, hoben fast alle Mädchen zustimmend die Hand. Das Ergebnis habe ihn derart schockiert, daß er noch am selben Tag beschloß, sich mit der Materie zu beschäftigen.

Gores Ausschußmitgliedschaften hatten nicht im entferntesten mit Sicherheits- oder Außenpolitik zu tun, und so mußte er sich eigenständig in das Thema einarbeiten, ohne auf parlamentarische Ressourcen zurückgreifen zu können. Dreizehn Monate lang, so Gore, habe er sich mindestens acht Stunden wöchentlich mit der Literatur über Atomwaffenkontrolle und Rüstungspolitik auseinandergesetzt. Leon Fuerth, ein ehemaliger Diplomat, den Gore als Mitarbeiter verpflichtete, hielt Privatvorträge und organisierte Gastdozenten, die den Abgeordneten in seinem Büro besuchten und seine Fragen beantworteten.

Aus Gores Beschäftigung mit der Rüstungspolitik resultierte eine wichtige Waffenkontrollinitiative, die es wert ist, in einigen Sätzen erläutert zu werden.

In den sechziger Jahren entwickelten sowohl die USA als auch die Sowjetunion interkontinentale Trägerraketen, die mehrere (atomare) Sprengköpfe transportierten, die auf jeweils unterschiedliche Ziele programmiert werden konnten. In den Kriegsszenarien der Verteidigungsstrategen ging es fortan nicht mehr um die Vernichtung der feindlichen Bevölkerung, sondern um die Zerstörung des gegnerischen Waffenpotentials. Der amerikanische Verteidigungsminister Robert McNamara formulierte auf dieser Grundlage die Theorie, die später als »Gleichgewicht des Schreckens« bekannt wurde. Danach müßte gewährleistet sein, daß nach einem Angriff der Sowjetunion genügend amerikanische Atomwaffen unbeschädigt blieben, um im Gegenzug beim Gegner einen »inakzeptablen Schaden« anzurichten. Die Sicherstellung der sogenannten Zweitschlagskapazität garantierte nach McNamara das Funktionieren der nuklearen Abschreckung. Die US-Verteidigungspolitik stützte sich in der Folge auf eine »nukleare Triade«, bestehend aus landgestützen Interkontinentalraketen, Bombern und Atom-U-Booten. Das bedeutete: Auch wenn die Sowjetunion die landgestützten Waffen in einem Erstschlag zerstörte, konnte beispielsweise mit Atom-U-Booten ein Zweitschlag ausgeführt werden.

Im Laufe der siebziger Jahre änderte sich die Einschätzung der gegnerischen Stärke. Die Überlegenheit der Sowjetunion war im Bereich der landgestützen Atomwaffen so groß geworden, daß man im Pentagon (dem US-Verteidigungsministerium) von einer »möglichen Verwundbarkeit« sprach. Einen Erstschlag hielten die Verteidigungsexperten nach wie vor für unrealistisch, doch sei die Sowjetunion mit ihrem Arsenal im Besitz eines massiven Drohpotentials, das dazu führen könnte, daß die USA im Falle einer internationalen Krise dazu gezwungen wären, den Forderungen der Sowjetunion nachzugeben. Der Wissenschaftler Paul Nitze nannte dies im Jahr 1976 ein »Fenster der Gelegenheit«. Die Planspiele im Pentagon hatten längst pathologische Züge angenommen, doch Ronald Reagan – der Nachfolger von Carter als Präsident – versprach im Wahlkampf 1980, das »Fenster der Gelegenheit« durch massive Aufrüstung und die Entwicklung einer neuen Waffe, der zehnköpfigen MX-Rakete, zu schließen. Die Demokraten, die im Kongreß nach wie vor über die Mehrheit verfügten, lehnten die Pläne ab und plädierten für das Einfrieren der Waffenarsenale.

Der Vorschlag, den Gore im Laufe seines rüstungspolitischen Privatstudiums erarbeitet hatte, entzog sich der traditionellen Konfrontation zwischen demokratischen »Tauben« und republikanischen »Falken«. Gore forderte die Entwicklung einer neuen Interkontinentalrakete, die nur einen Sprengkopf tragen konnte. Von beiden Atommächten verwirklicht, hätte dies zum Ergebnis, daß zur Zerstörung einer feindlichen Waffe jeweils eine eigene Rakete eingesetzt werden müsse. Die Wahrscheinlichkeit, mit einem nuklearen Erstschlag das gesamte Waffenarsenal des Feindes zerstören zu können, würde dadurch drastisch gesenkt, weil nicht – wie bisher – mit einer einzigen zehnköpfigen Rakete bis zu hundert Sprengköpfe des Gegners hätten vernichtet werden können.

Die Republikaner und die Rüstungsindustrie lehnten Gores Vorschlag ab, weil er nicht Aufrüstung, sondern lediglich Umrüstung bedeutete. Die Demokraten beurteilten die Initiative skeptisch, weil sie nicht Abrüstung zum Inhalt hatte, sondern die Doktrin der nuklearen Abschreckung prinzipiell aufrechterhielt. Gore hatte sich zwischen alle Stühle gesetzt und positionierte sich gerade deshalb als rüstungspolitischer Zentrist.

Über Nacht wurde – ganz nebenbei – aus einem Neuling ein gefragter Experte, der zwischen den Standpunkten des Präsidenten und der Führung der Demokratischen Partei vermittelte. Ein Abgeordneter, der zuvor hauptsächlich durch Gesetzgebung im Bereich der Babynahrung aufgefallen war, brachte es auf diese Weise zu einer Schlüsselrolle in der damals wichtigsten Kontroverse der amerikanischen Politik.

Im Jahr 1983 wurde Gores Vorschlag durch eine neue Initiative von Ronald Reagan obsolet. Der Präsident verlagerte das Wettrüsten mit seiner *Strategic Defense Initiative* (SDI) ins Weltall und stellte damit alle bisherigen Annahmen über die Natur des atomaren Konflikts auf den Kopf. Für Gore hatte sich die Investition in das Thema zu diesem Zeitpunkt längst ausgezahlt. Das angesehene Magazin *Washington Monthly* zählte Gore im Jahr 1984 – am Ende seiner Laufbahn im Repräsentantenhaus – unter die sechs einflußreichsten Männer im amerikanischen Parlament.

Obwohl es im Rückblick so scheinen mag, war Al Gore alles andere als ein »geborener« Umweltpolitiker. Das Thema spielte in den ersten Jahren seiner politischen Laufbahn keine herausgehobene Rolle. Ausschlaggebend war nicht etwa das fehlende Interesse Gores, sondern vielmehr die Tatsache, daß dem Schutz der Umwelt im Amerika der siebziger Jahre noch keine breite Aufmerksamkeit zuteil wurde. Umweltpolitik war zu dieser Zeit höchstens ein Randthema. Zwar existierte eine staatliche Umweltagentur, die *Environmental Protection Agency* (EPA), doch sowohl die Behörde als auch die Sache, die sie vertrat, fristeten ein Schattendasein. Vor diesem Hintergrund gebührt Al Gore zweifellos das Verdienst, sich als einer der ersten Politiker in Washington um umweltpolitische Zusammenhänge gekümmert zu haben.

Gores Karriere als Umweltpolitiker begann 1978 mit dem Brief einer Frau aus Tennessee. Die besorgte Mutter berichtete von gesundheitlichen Beschwerden ihrer Kinder, für die sie eine Giftmülldeponie in der Nähe ihres Hauses verantwortlich machte. Eine Firma aus Memphis hatte das Nachbargrundstück gekauft, um dort Abfälle aus der Produktion zu entsorgen. Den mit Pestiziden verseuchten Industriemüll füllte das Unternehmen unbehandelt in Erdlöcher, die anschließend notdürftig zugeschüttet wurden. Von dort gelangten die Giftstoffe auch in das Grundwasser.

Gore nahm den Brief zum Anlaß, sich in das Thema der Giftmüllentsorgung zu vertiefen. Er stieß dabei auf noch haarsträubendere Vorkommnisse. Das von Gore am häufigsten zitierte Beispiel für die Gefährdung durch verseuchten Industriemüll war der sogenannte *Love Canal* (benannt nach seinem Erbauer William Love) nahe den Niagarafällen im Bundesstaat New York. Ein stillgelegter Kanal, der ursprünglich der Energiegewinnung diente, wurde von einer Chemiefabrik jahrelang als Mülldeponie genutzt. Die Firma, so fand Gore heraus, entsorgte hier fast 15 000 Tonnen hochgiftigen Abfalls. Als die Aufnahmekapazität der Deponie an ihre Grenzen stieß, deckte man den Kanal ab und schrieb das Gelände als Wohngebiet aus. Auf dem Grund wurden anschließend Wohnhäuser und eine Schule gebaut. Die Kinder, die auf der ehemaligen Deponie aufwuchsen, litten überproportional häufig an Krebs; ebenso überschritt die Zahl der Fehlgeburten und Behinderungen das Normalmaß. Gore brachte außerdem ans Licht, daß sich auf dem Sektor der Müllentsorgung quasimafiotische Strukturen herausgebildet hatten. So war es üblich, Speditionsfirmen dafür zu bezahlen, daß sie mit Tankwagen über das Land fuhren und giftige Abfälle während dieser Fahrten aus den Kesseln ablaufen ließen.

Der eigentliche Skandal, so Gore, bestand darin, daß all diese Praktiken bislang legal waren. Noch während seiner ersten Wahlperiode im Repräsentantenhaus initiierte Gore deshalb eine Reihe von Anhörungen zum Thema Giftmüllentsorgung. Über ein erstes Bundesprogramm, den sogenannten *Super Fund*, wurde man sich schnell einig: Fast 1,6 Milliarden Dollar bewilligte das Parlament, um in den folgenden fünf Jahren die gefährlichsten Giftmülldeponien beseitigen zu können. Doch an der grundsätzlichen Regelung des Problems schieden sich die Geister. Wer sollte für die Folgekosten von Mülldeponien aufkommen, die viele Jahre zuvor errichtet worden waren? Die Firmen, die ja zum Zeitpunkt der Abfallentsorgung gegen kein Gesetz verstoßen hatten, oder der Staat? Gore sprach sich für eine Finanzierung durch die Verursacher aus: »Die Industrie hat nicht nur die Risiken geschaffen; sie hat auch von den Gewinnen der Produkte profitiert, deren Preise nicht die wahren Kosten widerspiegelten.« Die Position Gores fand – trotz heftiger Opposition aus dem Unternehmerlager – die Unterstützung einer Mehrheit und wurde so zum Gesetz.

Doch die neue Vorschrift litt an ihrem Konstruktionsfehler, denn sie widersprach dem Rechtsgrundsatz, daß ein Fehlverhalten nicht durch nachträgliche Gesetzgebung geahndet werden kann (nulla poena sine lege). Ein Großteil der Mittel, die der Kongreß im Laufe der folgenden Jahre für die Beseitigung für Giftmülldeponien bereitstellte, mußte statt dessen für Gerichtsverfahren aufgewendet werden. Aus den meisten Prozessen ging dabei das jeweils betroffene Unternehmen als Sieger hervor, so daß die Kosten für die Giftmüllbeseitigung letztlich doch von der Allgemeinheit getragen wurden.

Gores umweltpolitische Bilanz aus den ersten Jahren seiner Tätigkeit im Repräsentantenhaus ist nicht ohne Makel: »Bevor er zum Umweltschützer wurde, war Al Gore erst einmal ein Politiker«, schreibt der Ökoaktivist Paul Rauber deshalb fast entschuldigend. Die *League of Conversation*, eine Umweltschutzvereinigung, protokollierte das Abstimmungsverhalten von Al Gore im Repräsentantenhaus und stellte fest, daß Gore in 40 Prozent aller umweltpolitisch relevanten Fragen gegen den von der *League of Conversation* favorisierten Gesetzentwurf votiert hatte. Als Senator (von 1985 bis 1993) verringerte sich dieser Wert auf immerhin noch 27 Prozent.

Wenn es darum ging, Investitionen und Arbeitsplätze in seinem Heimatstaat Tennessee zu sichern, vergaß Gore häufig die umweltpolitischen Überzeugungen, die er an anderer Stelle mit großem Sendungsbewußtsein vortrug. Das bekannteste Beispiel ist der Tellico-Staudamm im Norden Tennessees. Das Mega-Projekt, das unter der Regie der staatlichen *Tennessee Valley Authority* (TVA) ab 1979 durchgeführt wurde, galt unter Fachleuten als »gigantische Verschwendung von Steuergeldern«. Für die Abgeordneten aus Tennessee zählte dieses Argument nicht, denn der Staudamm brachte Geld und Arbeitsplätze in die strukturschwache Region. Daß durch den Bau eine Reihe von geschützten Tieren ausgerottet würde, galt als nebensächlich, bis einige Umweltschützer vor Gericht eine einstweilige Verfügung gegen das Projekt erwirkten, weil der Staudamm gegen das Artenschutzgesetz verstieß. Gore schlug sich damals auf die Seite einer Gruppe der Tellico-Befürworter im Kongreß, die mit einer Entschließung den geplanten Staudamm vom Artenschutzgesetz ausnahmen. Michael Bean, der Vorsitzende der Umweltstiftung *Environmental Defense Fund*, kommentierte das Verhalten der Abgeordneten damals folgendermaßen: »Der Damm wurde mit großem Eifer von einer Reihe sehr mächtiger Leute im Kongreß unterstützt, die willens waren, ihre eigenen politischen Interessen über das öffentliche Interesse am sparsamen Umgang mit Budgetmitteln und am Schutz der natürlichen Umwelt zu stellen.« Auch für Gore traf diese Einschätzung zu: »Ich bin froh, daß der Kongreß diesen Streit jetzt ein für allemal beendet hat«, schrieb er einem Wähler, nachdem das Parlament grünes Licht für den Staudamm gegeben hatte.

Schmuddel-Rock

Im Januar 1983 gab der republikanische Senator von Tennessee, Howard Baker, bekannt, daß er sich aus Altersgründen nicht wieder zur Wahl stellen werde. Gore hörte die Nachricht im Autoradio, als er sich mit einem befreundeten Politiker auf dem Weg zu einem Nachbarschaftstreffen in seinem

Wahlkreis befand. Bis zur Wahl waren es noch fast zwei Jahre, doch Gore signalisierte seinem Beifahrer mit einem breiten Grinsen, daß er sich diese Chance nicht entgehen lassen würde.

Gore war ein erfolgreicher, beliebter und prominenter Abgeordneter, dem kein parteiinterner Konkurrent das Wasser reichen konnte – so geriet die Vorwahlkampagne zum Heimspiel. Ab Anfang 1984 konzentrierte Gore sich deshalb auf seinen Gegenkandidaten im Hauptwahlkampf, den Republikaner. Victor Ashe, ein bulliger Anwalt aus Knoxville im Osten Tennessees, sah sich im Vorteil, denn er konnte mit der Unterstützung des Amtsinhabers rechnen. Außerdem hatten die Demokraten auf Bundesebene mit Walter Mondale einen als schwach und uncharismatisch geltenden Präsidentschaftskandidaten nominiert, der Ronald Reagan in jeder Hinsicht unterlegen war. Trotz des Stimmungstiefs für die eigene Partei trat Gore mit großem Selbstbewußtsein auf, geradezu so, als wäre er der Amtsinhaber. Ashe wirkte gegenüber dem Strahlemann aus Carthage griesgrämig und bitter. Der Vorwurf, Gores Kampagne sei substanzlos und inhaltsleer, konnte dem jungen Abgeordneten nichts anhaben.

Gegen den Rat seines Vaters ließ sich Gore auf eine Reihe von Rededuellen ein, die vom Fernsehen übertragen wurden. Gore kalkulierte wohl, daß er die Debatten allein durch seine Statur und sein dynamisches Auftreten für sich entscheiden würde – ähnlich wie John F. Kennedy im Wahlkampf von 1960, als der damalige Senator aus Massachusetts neben einem schwitzenden und dürftig rasierten Richard Nixon wie ein junger Held aus einer Hollywood-Produktion wirkte. Gore Jr. behielt recht und gewann alle Fernsehdiskussionen mit Ashe souverän. Gore verwies auf die mehr als eintausend Bürgerversammlungen, die er im Laufe der zurückliegenden Jahre abgehalten hatte, und auf seine Anwesenheit bei fast 99 Prozent aller Abstimmungen im Parlament: »Effektivität ist entscheidend«, faßte Gore sein Leitthema zusammen. Fast verzweifelt bot ihm Ashe während einer Debatte einen Zehn-Dollar-Schein, wenn er den Namen Walter Mondales nur einmal über die Lippen brächte. Gore nahm die Banknote, pries

Mondales »Mitgefühl«, versprach, das Geld einem gemeinnützigen Zweck zuzuführen, und holte sogleich zum Gegenangriff aus.

Am 6. November erzielte Ronald Reagan mit knapp 59 Prozent der Stimmen im gesamten Land einen Erdrutschsieg für sich und seine Partei. Doch in Tennessee stimmten die Wähler gegen den Trend. Gore gewann die Wahl mit etwas mehr als 61 Prozent, dem besten Ergebnis, das ein Senator in diesem Bundesstaat jemals erreicht hatte.

Tipper hatte an der raschen Karriere von Al Gore einen ebenso großen Anteil wie er selbst. In einem Interview bezeichnete sie sich als »Miteigentümerin« der Erfolge ihres Mannes und wollte damit andeuten, daß die beiden eine progressive Ehe führten, in der Mann und Frau gleiche Rechte und Pflichten für sich in Anspruch nahmen. Dennoch unterschied sich die Partnerschaft der Gores ganz erheblich von der Ehe der Clintons, wo sich Hillary immer als engste Beraterin ihres Mannes begriff – eine Ehefrau, die im Tätigkeitsfeld ihres Mannes eigenen Ehrgeiz entwickelte und sich aktiv einmischte. Tipper Gore dagegen entsprach eher dem klassischen Bild einer Politikerfrau und beunruhigte die traditionalistischen Wähler im Süden und Mittleren Westen der USA damit weit weniger als die ambitionierte Juristin Hillary Rodham Clinton. Für den Aufstieg ihres Mannes war sie auf diese Weise weit nützlicher als Frau Clinton.

Von Beginn an folgte Tipper ihrem Mann stets dorthin, wo er die beste Perspektive für sich sah: von Boston über Nashville und Carthage nach Washington. Ihr Studium in Psychologie schloß sie in Nashville ab, war aber niemals berufstätig, sondern konzentrierte sich auf die gemeinsamen Kinder. Zu politischen Angelegenheiten äußerte sie sich nicht. Ihre Aktivität in der Öffentlichkeit beschränkte sich vielmehr auf die Schirmherrschaft bei Initiativen gegen Obdachlosigkeit und für die Rechte von geistig Kranken.

In Interviews gab sich Tipper fortschrittlich, wenn sie Frauen dazu aufrief, für Wahlämter zu kandidieren und sich stärker am öffentlichen Leben zu beteiligen. Danach befragt, was dies genau bedeute, offenbarte sich jedoch ein eher traditionelles Rollenverständnis – in einem Interview mit der Zeitschrift *Lifetime* sagte sie: »Frauen können gute Erzieher sein. Sie können die Kinder in ihrer Familie beeinflussen, die Stimmung in ihrer Gemeinde verändern und die Themen ansprechen, die angesprochen werden müssen: Gesundheit, Umwelt, Bildung, das Familienleben ...« Lange bevor Politiker aller Schattierungen in den neunziger Jahren mit dem Schlagwort von den »Familienwerten« eine Rückbesinnung auf traditionelle Tugenden propagierten, hatte die Bewegung in Tipper Gore eine geborene Protagonistin. Das einzige Mal, das Tipper aus dem Schatten ihres Mannes heraustrat, hatte demzufolge mit einer Erziehungsfrage – dem Schutz von Kindern vor Gewalt und Sexualität in den Medien – zu tun.

An einem Nachmittag im Dezember 1984 fuhr Tipper Gore in ein Einkaufszentrum in Arlington, um das aktuelle Album des Rockstars Prince zu kaufen. Das Hausmädchen der Gores hatte den begeisterten Kindern zuvor den Song »Let's go crazy« vorgespielt. Unter großem Gelächter seiner Schwestern und der Mutter hüpfte der zweijährige Albert zum Rhythmus der Musik ausgelassen auf der Wohnzimmercouch herum. Als sich Tipper die restlichen Lieder auf der Langspielplatte anhörte, so schrieb sie später, verging ihr das Lachen. In einem Stück, das »Darling Nikki« hieß, sang Prince von einem Mädchen, dessen Bild er als Masturbationsvorlage benutzte; andere Stücke auf der Platte waren nicht weniger obszön. Tipper hielt es für unfaßbar, daß derart »pornographische« Texte ohne jegliche Einschränkung frei erhältlich waren: »Zuerst war ich geschockt, dann wurde ich ärgerlich. Millionen Amerikaner kauften *Purple Rain* [die Platte von Prince], ohne eine Vorstellung davon zu haben, was sie erwartete. Tausende Eltern schenkten das Album ihren Kindern – viele darunter jünger als meine Töchter.«

Wenige Wochen später traf sich Tipper mit anderen Politikerfrauen, die bei ihren Kindern ähnliche Erfahrungen gemacht hatten. Zusammen mit Susan Baker, der Gattin des damaligen Finanzministers James Baker, gründete sie eine Elterninitiative namens *Parents' Music Resource Cen-*

ter (PMRC). Die wichtigste Forderung der PMRC-Frauen bestand in einer Art freiwilliger Selbstkontrolle der Musikindustrie. Die Plattenfirmen sollten – ähnlich wie bei Kinofilmen – ihre Produkte mit Altershinweisen kennzeichnen, damit sich die Eltern beim Kauf orientieren könnten. Um für die Idee zu werben, startete PMRC Anfang 1985 eine massive Öffentlichkeitskampagne. Tipper Gore trat in allen bekannten Talkshows auf, gab im Frühstücksfernsehen Interviews und hatte bald einen höheren Bekanntheitsgrad als ihr Mann.

Die Kampagne der PMRC-Frauen entfaltete während der folgenden Monate eine erstaunliche Dynamik. Im kalifornischen San Antonio behielt sich der Stadtrat vor, Auftritte »obszöner« Bands zu untersagen, und der Supermarktkonzern *Wal-Mart* verbannte das Sprachrohr der Musikindustrie, den *Rolling Stone*, aus seinen Zeitschriftenregalen. Die Mächtigen der Unterhaltungsbranche wurden nervös. »Das riecht nach Zensur«, erklärte beispielsweise der Chef von Warner Brothers. Die Bewertung jedes einzelnen Songs sei bei etwa 30 000 Neuerscheinungen der Branche im Jahr schlicht unmöglich.

Zur Klärung sollte eine Anhörung im Handelsausschuß des Senats beitragen, dessen Mitglied der frischgebackene Senator Al Gore war. Im September 1985 erreichte die Auseinandersetzung um »Porno-Rock« mit der live im Fernsehen übertragenen Senatssitzung ihren Höhepunkt. Eine Gesetzesvorlage zur Abstimmung gab es nicht. Tipper Gore hatte stets betont, daß es ihr nicht um eine neue Vorschrift gehe, sondern um eine freiwillige Selbstverpflichtung der Musikindustrie.

Als prominentester Gegner der Elterninitiative machte der Rockmusiker Frank Zappa vor dem Senatskomitee eine Aussage: »Der PMRC-Vorschlag ist ein schlecht verfaßtes Stück Unsinn, das keine wirklichen Vorteile für Kinder mit sich bringt, die Bürgerrechte der Menschen beeinträchtigt, die keine Kinder sind, und die Gerichte noch für Jahre beschäftigen wird.« Zappa sorgte am Ende seiner Befragung für einen Eklat, als er behauptete, das Komitee sei aufgrund der Verbindung von Tipper und Al Gore parteiisch besetzt; außerdem schreie es zum Himmel, daß der Senat seine Zeit mit den »armseligen Hobbyprojekten von Hausfrauen« verschwende. Bei einer späteren Veranstaltung beschuldigte Zappa die Frau von Gore, in sexueller Hinsicht unbefriedigt zu sein.

Um zu verhindern, daß sich weitere Städte dem Musikerboykott von San Antonio anschlössen, gingen die Vertreter der wichtigsten Plattenfirmen nach der turbulenten Senatsanhörung auf die Frauen des PMRC zu. Umstrittene Platten sollten künftig mit der Aufschrift »Elterlicher Hinweis – Expliziter Text« (*Parental Advisory – Explicit Lyrics*) gekennzeichnet werden. Tipper Gore, die mit zum Teil sehr persönlichen Angriffen zu kämpfen hatte, akzeptierte das Angebot. Einige Monate später veröffentlichte sie ein Buch, das die Erfahrungen wiedergab, die sie während der PMRC-Kampagne gesammelt hatte. Außerdem gab die studierte Kinderpsychologin interessierten Eltern Tips, wie sie ihre Sprößlinge vor anstößigen Songs, Fernsehprogrammen oder Filmen schützen konnten.

Tippers Engagement hatte auch ein Nachspiel für ihren Mann. Als sich Gore Ende 1987 in Hollywood um Spenden für seine erste Präsidentschaftskampagne bemühte, zeigte ihm die Unterhaltungsindustrie die kalte Schulter. Man hatte Tippers PMRC-Initiative offenbar nicht vergessen. Für Al Gore war dies ein ernsthaftes Problem, denn kein Kandidat der Demokratischen Partei konnte auf die finanzielle Unterstützung der Film- und Musikbranche verzichten. Die Zuwendungen aus Hollywood genießen bei den Demokraten seit jeher einen ähnlichen Stellenwert wie die Spenden der Waffen- und Rüstungslobby für die Republikaner.

Al und Tipper mußten bei den Studiochefs in Los Angeles Abbitte leisten. Bei einem Treffen mit den Vertretern der wichtigsten Firmen erklärte Gore, die Anhörung sei »keine gute Idee gewesen«. Tipper stimmte ihrem Ehemann zu: »Die Anhörung war ein Fehler ... Von ihr ging die falsche Botschaft aus ... Ich verstehe, daß die Künstlergemeinde von der Sitzung verschreckt war; wenn ich das Drehbuch neu schreiben könnte, dann würde ich es ganz bestimmt tun.« Als das Tonbandprotokoll des Treffens eine Woche später in der Zeitschrift *Variety* veröffentlicht wurde, waren die Gores ob der Publizität ihres plötzlichen Widerrufs peinlich berührt.

Tipper hielt sich in den folgenden Wahlkämpfen mit allzu kritischen Äußerungen über die Unterhaltungsbranche zurück. Dies änderte jedoch nichts daran, daß die Spenden aus Hollywood während Gores erstem Anlauf aufs Weiße Haus weitgehend ausblieben.

Erster Anlauf aufs Weiße Haus

Gores Arbeitsweise im Senat unterschied sich kaum von seiner Tätigkeit als einfacher Abgeordneter im Repräsentantenhaus. Wie in der ersten Kammer des Parlaments, so wurde Gore auch in der zweiten Kammer ein Mitglied des Ausschusses für Handel und Technologie. Seine Initiativen im Bereich der Rüstungspolitik brachten ihm außerdem eine Berufung in den Streitkräfte-Ausschuß ein.

Während seiner Amtszeit als Senator begann Gores Begeisterung für Informationsnetzwerke. Die »Heimcomputer-Revolution« hatte Mitte der Achtziger erst richtig begonnen, und nur wenige Politiker wagten es, an eine Vernetzung all dieser Einheiten zu denken. Der Aufbau dessen, was heute als Internet die Welt der Kommunikation revolutioniert, war damals Stoff für Science-fiction-Autoren. Al Gore formulierte zu diesem frühen Zeitpunkt eine Reihe von Gedanken, die sich im Rückblick als wegweisend herausgestellt haben. Er schrieb: »Supercomputer sind die Dampflokomotiven des Informationszeitalters. Während der Industrialisierung hatten Dampflokomotiven nur geringen Nutzen, solange im Lande keine Schienen verlegt waren. Heute haben wir die siebte Generation von Supercomputern, aber immer noch keine Highways, die wir brauchen, um sie zu verbinden.«

Natürlich existierten zu dieser Zeit bereits rudimentäre Computer-Netzwerke, so zum Beispiel das sogenannte ARPANET, das hauptsächlich vom Militär genutzt wurde. Gore allerdings gab den Anstoß zu einer Popularisierung der Datenautobahn, indem er Ende 1986 ein Gesetz anregte, das zur Schaffung von fünf Supercomputer-Zentren führte. Diese Knotenpunkte vernetzten sich wiederum mit Universitäten und diese mit Schulen, so daß nach und nach ein immer dichteres Gespann von Kommunikationssträngen entstand. Als Gore Anfang 1999 in einer Talkshow auf CNN behauptete, er sei »der Erfinder des Internet«, mußte er sich jedoch viel Spott gefallen lassen. Tatsächlich ist es schwierig, diese Leistung einer einzelnen Person zuzusprechen, doch Gore war in der politischen Sphäre zweifellos ein Pionier. So meint Mike Roberts, einst Wissenschaftler und heute Chef der Agentur ICANN, die weltweit die Adressen von Internetseiten verwaltet: »Ich glaube, daß Gore die wichtigste Rolle innerhalb Washingtons spielte. Er war der wichtigste Förderer, als es darum ging, aus einem Forschungswerkzeug ein Instrument zu machen, das sowohl zu Bildungs- als auch zu kommerziellen Zwecken genutzt werden konnte.«

Daß sich Al Gore vorstellen konnte, eines Tages Präsident der Vereinigten Staaten zu sein, war kein Geheimnis. Er verfügte über ein gesundes Selbstbewußtsein, und es entsprach seinem Naturell, Dinge bis an ihren logischen Schlußpunkt zu denken – das galt für politische Zusammenhänge ebenso wie für die eigene Karriere. Wenn er sich also für eine politische Laufbahn entschlossen hatte, dann war es nur folgerichtig, diese in letzter Konsequenz zu betreiben, mit dem klaren Fokus auf die mächtigste Position im Lande: das Amt des Präsidenten.

Wann der richtige Zeitpunkt gekommen sei, einen ersten Anlauf zu versuchen, hatte Gore indes noch nicht entschieden. Ihm war bewußt, daß ein Kandidat nicht eine unbegrenzte Anzahl an Freiversuchen hatte. Wer zweimal scheiterte, so wußte auch Gore, dem haftete das Stigma des Verlierers an, und weder Partei noch Presse oder Finanziers würden sich für einen Kandidaten interessieren, der wiederholt deutlich gemacht hatte, nicht in der Lage zu sein, sich durchzusetzen.

1986 war Gore 38 Jahre alt. Hinter ihm lagen acht Jahre im Repräsentantenhaus und knapp zwei Jahre als Senator. Eine Kandidatur für die Präsidentschaftswahl 1988 schien unter diesen Vorzeichen verfrüht, und doch konnte man seinen

Namen in Verbindung mit der Wahl immer häufiger in der Zeitung lesen.

Am meisten beeindruckte die schmeichelhafte Berichterstattung zunächst nicht ihn selbst, sondern seinen Vater. Der offizielle Gore-Biograph Hank Hillin schreibt, daß sich Gore Sr. und Al im Dezember 1986 zu einem ausführlichen Gespräch auf der Farm in Carthage trafen. Der Vater nannte seinem Sohn zwei Gründe, weshalb er den Versuch wagen sollte. Zum einen habe das amerikanische Volk stets die Antithese des amtierenden Präsidenten gewählt. Der alte und behäbige Eisenhower sei 1960 vom jungen und dynamischen Kennedy abgelöst worden; auf den korrupten Nixon folgte der tugendhafte Carter. Nun, nach zwei Amtsperioden von Ronald Reagan, wäre es wieder Zeit für einen jungen Kandidaten, der Aufbruch signalisiere. Zweitens habe kein Kandidat der zurückliegenden Jahrzehnte bei der Präsidentschaftswahl reüssieren können, ohne auch im Süden der USA zu gewinnen. Nur ein Kandidat aus einem Südstaat könne den wahlentscheidenden Süden hinter sich bringen. Gore Jr. war in den Augen seines Vaters der ideale Mann für die Wahl 1988.

Der Gedanke des alten Herrn faszinierte Gore Jr., doch überzeugen konnten ihn die Argumente seines Vaters (noch) nicht: Hatte er eine realistische Chance? Wer würde den kostspieligen Vorwahlkampf finanzieren? Was sollte seine Botschaft sein?

Nach und nach zeichnete sich das Feld seiner parteiinternen Konkurrenten ab: Michael Dukakis, Gary Hart und Jesse Jackson würden kandidieren, alle aus dem eher linksliberalen Spektrum der Demokratischen Partei. Richard Gephardt, ein bis dahin moderater Demokrat aus dem Südstaat Missouri, hatte sich dem gewerkschaftlichen Milieu zugewandt, um seine Basis zu verbreitern. Gores Schlußfolgerung: Während die meisten seiner Mitbewerber um die linksliberale Wählerschaft buhlten, stünde er als einziger Kandidat für das politische Zentrum. Besonders im konservativen Süden würde er mit dieser Position viele Wähler auf seine Seite bringen können – eine Einschätzung, die ihm von Meinungsforschern ausdrücklich bestätigt wurde.

Den Ausschlag, das Risiko einer Kandidatur einzugehen, gab ein Baulöwe namens Nathan Landow. Der Unternehmer aus Maryland war Vorsitzender von *IMPACT 88*, einer Gruppe wohlhabender Geschäftsleute, die sich zum Ziel gesetzt hatte, einen politisch moderaten Senator als Präsidentschaftskandidaten der Demokraten aufzubauen. Für Gore, dessen größtes Problem die Finanzierung der Wahlkampagne war, kam die Ankündigung Landows, daß er der favorisierte Bewerber von *IMPACT 88* sei, gerade recht. Landow stellte Gore dreieinhalb Millionen Dollar als Startkapital zur Verfügung – genug für den Beginn einer ernstzunehmenden Kampagne.

Am 10. April 1987 kündigte Gore vor der Presse in Washington die Einberufung eines Sondierungskomitees an – der formell erste Schritt vor dem offiziellen Beginn einer Vorwahlkampagne. In Anlehnung an John F. Kennedy sagte Gore: »Acht Jahre unter Präsident Reagan, dem ältesten Präsidenten in unserer Geschichte, zeigen ihre Nachwirkungen. Genauso wie 1960 könnten die Amerikaner sehr wohl zur Einsicht gelangen, daß es für unser Land an der Zeit ist, sich Jugend, Dynamik [und] intellektueller Potenz ... zuzuwenden.« Auf die Frage, ob seine Kandidatur ein Testlauf sei, um sich als möglicher Vizepräsidentschaftskandidat ins Spiel zu bringen, antwortete Gore: »Daran habe ich kein Interesse. Es kann gut sein, daß ich das Angebot ablehnen würde. Das würde ich sehr wahrscheinlich tun ... Vizepräsident Bush wird dieses Jahr abermals demonstrieren, daß das Amt eine politische Sackgasse ist.«

Lief bis dahin alles zur Zufriedenheit von Al Gore, so begann mit dem Tag der Ankündigung eine Serie von Pannen, Mißverständnissen und Fehlern, die ein Kennzeichen seiner gesamten Wahlkampagne sein würden. Die Schwierigkeiten fingen schon bei der Rekrutierung des Wahlkampfteams an. Als sich Gore auf die Suche nach einer Mannschaft machte, mußte er feststellen, daß die besten Leute bereits Verträge mit der Konkurrenz unterschrieben hatten. Sein Team bestand folglich aus meist unerfahrenen oder bereits unrühmlich gescheiterten Beratern, allen voran Fred Martin, Gores Wahlkampfchef, dessen Karrierehöhepunkt die Mitarbeit an Walter Mondales fehlgeschlagener Kampagne von 1984 gewesen war. Zu allem Übel mischte sich Gore in jedes Detail der Wahlkampfplanung persönlich ein, so daß sich der Kandidat in inneren Konflikten verbrauchte, während seine Gegner die offene Auseinandersetzung suchten.

Zum Desaster geriet der offizielle Wahlkampfauftakt in Carthage. Das Ereignis, das von der gesamten nationalen Presse beobachtet wurde, sollte dazu beitragen, die Inhalte des Wahlprogramms deutlich zu machen. Doch statt dessen stiftete Gore mit seiner Auftaktrede vor allem Verwirrung. Er sprach ausführlich über seine Leistungen im Bereich der Sicherheitspolitik und warnte vor dem von Wissenschaftlern entdeckten Ozonloch über der Antarktis. So innovativ und bedeutend diese Themen gewesen sein mögen – für die amerikanische Öffentlichkeit waren sie viel zu komplex und ihrer Lebenswirklichkeit weit entrückt. Gore selbst gestand den Fehler in der Einleitung zu »Wege zum Gleichgewicht« ein: »Wie wenig ahnte ich, daß selbst ein erfahrenerer Kandidat als ich es schwer gehabt hätte, den Schwerpunkt seines Wahlkampfs auf Themen zu lenken, die von Meinungsforschern und Politprofis bestenfalls als exotisch betrachtet wurden.«

Im zweiten Teil seiner Auftaktrede streifte Gore all die Themen, die ihm sonst noch wichtig erschienen: Der Kampf gegen Gewalt und Drogen, ein erschwingliches Gesundheitssystem, die Beseitigung des Analphabetismus und bessere Schulen, freier Handel und freie Märkte, ein Heilmittel gegen AIDS – Gore sagte alles und im selben Moment gar nichts. »Ein charismatischer Kandidat hört sich anders an«, meinte ein Journalist. In einem Ratgeber der Demokratischen Partei für potentielle Kandidaten heißt es unter dem Stichwort »Themenauswahl«: »Die Unterstützung des Weltfriedens und das Eintreten für die Mutterschaft werden breite Zustimmung finden. Trotzdem: Niemand, außer der leichtgläubigste Wähler, wird annehmen, daß diese Positionen irgend etwas über den Kandidaten aussagen, der sie vertritt.«

Gores Botschaft war entweder zu allgemein oder zu spezifisch – in jedem Fall scheiterte er daran, der Öffentlichkeit klarzumachen, was genau seine »Mission« war. Hinzu kam, daß sich Gore meist auf hölzerne und emotionslose Art ausdrückte – selbst Themen, für die er große Leidenschaft empfand, stellte er monoton und weitschweifend, mit fast wissenschaftlicher Präzision, dar. »Er kommt nicht rüber«, urteilten die Zeitungen. So entstand eine inzwischen legendäre Scherzfrage, die unter den Journalisten, die Gore während des Wahlkampfs von Ort zu Ort begleiteten, schnell die Runde machte: »Wie erkennt man Al Gore in einer Gruppe von Bodyguards des *Secret Service*? Antwort: Er ist der steifste von allen.«

Gore produzierte sich als »nationaler Kandidat«, doch sein Augenmerk richtete sich auf den sogenannten *Super Tuesday*, einen Dienstag im März, an dem in zwanzig Bundesstaaten gleichzeitig die Vorwahlen entschieden werden. Vierzig Prozent aller Delegiertenstimmen für den Nominierungsparteitag würden hier vergeben; noch dazu lagen zwei Drittel aller *Super-Tuesday*-Staaten im Süden des Landes, so daß sich Gore hier echte Chancen ausrechnete: »Wenn du auf Entenjagd gehst, dann mußt du dorthin, wo die Enten sind«, meinte Gore. Würde sich Gore an diesem Tag in einer Reihe von Bundesstaaten durchsetzen, dann wäre er, so Wahlkampfchef Martin, »einer von zwei oder drei Kandidaten, auf die sich die endgültige Entscheidung beschränken würde«.

Im Vertrauen darauf, daß sich am *Super Tuesday* die Spreu vom Weizen trennen werde, verzichtete Gore darauf, in Iowa oder New Hampshire anzutreten, den zwei ersten Staaten im Vorwahlkalender. Statt dessen bearbeitete Gore die Presse und versorgte die Fernseh-Networks mit saftigen Kommentaren über seine parteiinternen Konkurrenten. Die anderen Kandidaten hätten der Demokratischen Partei den Ruf der Selbstgefälligkeit und des Zweifels eingebracht. Er allein stünde für eine »starke« Außenpolitik, die amerikanische Interessen mit Nachdruck vertrete. Besonders Richard Gephardt, Gores wahrscheinlich stärkster Konkurrent in den Südstaaten, mußte sich mit den Anfeindungen auseinandersetzen. Gephardt erklärte, die Attacken Gores schädigten den Kandidaten, der letztlich aus dem Vorwahlkampf hervorgehe: »Laßt uns nicht in einer Art und Weise über uns reden, wie es Ronald Reagan tut.« Gore antwortete mit einem amerikanischen Sprichwort: »Wenn du die Hitze nicht verträgst, solltest du die Küche verlassen.«

Als Gore gegen Anfang des Wahljahres 1988 damit begann, die Südstaaten mit Wahlauftritten und Werbespots intensiv zu »bearbeiten«, hatte er die Themen Ozonloch und Umweltschutz bereits von seiner Wahlkampfagenda gestrichen. Sie hatten sich als wenig effektiv erwiesen und mußten dem Image vom konservativen Demokraten Platz machen, das angeblich vielversprechender war.

In North Carolina – nach Florida und Texas der wichtigste Südstaat – betrieb Gore genau das, was er später als den größten Fehler moderner Demokratien kritisieren würde: den Ausverkauf umweltpolitischer Nachhaltigkeit zugunsten kurzfristiger politischer Interessen. Im Mittelpunkt stand dabei die Kartonfabrik *Champion* im Westen North Carolinas. Das Unternehmen, der größte Arbeitgeber in der Region, leitete tagtäglich hunderttausende Liter hochgiftiger Abwässer ungeklärt in den kleinen Fluß Pigeon River. Das Gewässer war derart vergiftet, daß die Gesundheitsbehörde das Spielen am Wasser verboten hatte. Flußabwärts, wo die materiellen Vorteile der Fabrik nicht mehr spürbar waren, hatten sich Bürgerinitiativen gebildet, die eine Schließung des *Champion*-Werks forderten. Die nationale Umweltbehörde hatte sich des Falles angenommen, weil die Emissionen der Fabrik die gesetzlich festgelegten Grenzwerte um ein Vielfaches überschritten hatten. Gore schaltete sich in die Auseinandersetzung ein und versprach den besorgten Arbeitern in Canton, er werde in Washington für eine Lösung des Problems sorgen. Wenig später verkündete Gore auf einer Pressekonferenz den »Durchbruch«: Die Werksleitung, so Gore, würde die Einleitungen deutlich reduzieren.

In Wirklichkeit hatte man sich auf einen Grenzwert geeinigt, der noch immer deutlich über dem gesetzlichen Höchstwert lag. Zudem sollte die Belastung nur in einem etwa 50 Kilometer entfernten Ort gemessen werden – dort hatte sich das Gewässer allerdings durch andere Zuflüsse bereits erholt. Die Umweltbehörde gab klein bei, und an der Praxis änderte sich de facto nichts. Gore zog sich den Unmut enttäuschter Umweltschützer zu, doch die Unterstützung im gesamten Westen North Carolinas war ihm sicher.

Am *Super Tuesday* entschied Gore die Vorwahl in sechs Bundesstaaten für sich: in North Carolina, Tennessee, Kentucky, Arkansas, Oklahoma und Nevada. In einer Reihe weiterer Staaten landete er auf einem sicheren zweiten Platz. Die zwei wichtigsten Südstaaten, Florida und Texas, gewann Michael Dukakis. Gore galt dennoch als Sieger des Tages. Als er am Abend vor eine jubelnde Menge in Carthage trat, erklärte er: »Heute haben die Wähler in zwanzig Staaten ihre Stimme erhoben, und sie haben folgendes gesagt …« Seine Unterstützer unterbrachen ihn und brüllten im Chor: »Al Gore!« Gore lächelte und fuhr mit seiner Ansprache fort. Es war einer der wenigen Momente, so erzählte eine Unterstützerin später im Fernsehen, in denen Gore einen wirklich lockeren und ungehemmten Eindruck machte.

Die Erfolge am *Super Tuesday* gaben ihm genügend Selbstvertrauen, um mit neuer Energie den Wahlkampf fortzusetzen. Seine ganze Aufmerksamkeit richtete sich jetzt auf den Bundesstaat New York. Im Rennen waren nur noch er, Michael Dukakis und der farbige Bürgerrechtler Jesse Jackson. Die Rechnung, durch einen starken Auftritt am *Super Tuesday* unter die letzten Drei zu kommen, war aufgegangen.

Gore gelang es, von New Yorks Bürgermeister Ted Koch zur Wahl empfohlen zu werden. Der war zu diesem Zeitpunkt allerdings alles andere als populär, und als sich Koch wegen einer Serie von Übergriffen der Polizei auf Schwarze rechtfertigen mußte, wurde die Fürsprache des Bürgermeisters endgültig zur Bürde für die ohnehin schleppend anlaufende Kampagne von Gore. David Garth, der Pressesprecher Gores in New York, brachte seinen Chef dazu, Partei für den konservativen israelischen Ministerpräsidenten Shamir zu ergreifen, der Verhandlungen mit den Palästinensern ablehnte – ein großer Teil der liberalen jüdischen Gemeinde in New York distanzierte sich daraufhin von Gore.

In der vom Fernsehen übertragenen Schlußdebatte fiel Gore die Rolle des Angreifers zu. Gore attackierte Michael

Dukakis, weil während dessen Zeit als Gouverneur von Massachusetts zwei verurteilten Mördern Freigang gestattet wurde. Während dieser Zeit, so Gore, waren die Häftlinge wieder straffällig geworden: »Würden Sie ein solches Programm auch für Bundesgefängnisse unterstützen?« fragte Gore sein Gegenüber. Dukakis wich Gores Angriff aus, und die Diskutanten widmeten sich anderen Themen.

Ein Wahlkampfberater der Republikanischen Partei, Floyd Brown, hatte die Debatte aufmerksam verfolgt. Als Dukakis im Hauptwahlkampf gegen George Bush antrat, wurde der »Fall Willie Horton« – einer der zwei Freigänger aus Massachusetts – zur wichtigsten Wahlkampfwaffe der Republikaner. In einem landesweiten Werbespot, der viele hundert Male während des Wahlkampfs gesendet wurde, hieß es: »Statt einer lebenslangen Strafe bekam Horton Freigang am Wochenende. Horton floh, entführte ein junges Paar, erstach den Mann und vergewaltigte mehrmals seine Freundin. Freigang am Wochenende – Dukakis zum Thema Kriminalität.« Anhand von Umfragen läßt sich belegen, daß Dukakis' Kompetenzwerte in Folge des Werbespots kontinuierlich sanken. Bush setzte sich – nach monatelanger Führung Dukakis' – von seinem Konkurrenten ab und gewann die Wahl.

In New York entschied Dukakis die Vorwahl der Demokraten für sich – er gewann 51 Prozent der Stimmen; Jackson erzielte 37 und Gore landete mit nur zehn Prozent auf dem letzten Platz. Gore begriff nun, daß er keine Chance mehr hatte, als Präsidentschaftskandidat nominiert zu werden. Zurück in Tennessee erklärte er seinen Rückzug: »Wir hatten uns zum Ziel gesetzt, die Demokratische Partei wieder in die Mitte des amerikanischen Volkes zurückzubringen. Wir haben uns für eine neue Außenpolitik der Demokratischen Partei ausgesprochen, die darauf basiert, amerikanische Prinzipien zu verteidigen und zu unseren Freunden in der Welt zu stehen. Unsere Sache kann als Frage formuliert werden: Werden die Demokraten wieder – so wie wir – mit einer Stimme für eine Mehrheit unserer Landsleute sprechen, oder sind wir dazu bestimmt, uns in Widersprüchen zu verirren?«

Kurz vor dem Nominierungs-Parteitag der Demokraten, im Juli 1988, wurden Gore und seine Frau von Dukakis nach Massachusetts eingeladen. Die beiden Politiker wollten über eine mögliche Kandidatur Gores als Vizepräsident reden. Obwohl er sein Interesse an einer Kandidatur mehrfach verneint hatte, prüfte Gore das Angebot. Al und Tipper mußten sich einer eingehenden Befragung durch einen Assistenten Dukakis‘ stellen. Auf die Frage, ob Gore jemals an Depressionen oder geistigen Krankheiten gelitten hätte, antwortete seine Frau lachend: »Ja, einmal, in der Nacht nach der Vorwahl in New York.« (Dukakis entschied sich letztlich für Lloyd Bentsen aus Texas.)

Wege zum Gleichgewicht

Bis zum letzten Tag seiner Wahlkampagne hatte Gore daran geglaubt, er könne sich gegen Dukakis und Jackson durchsetzen. Als am Abend der New Yorker Vorwahl klar wurde, daß nicht er, sondern Dukakis den Sieg davontragen würde, wichen Anspannung und Streß der wochenlangen Auseinandersetzung schlagartig einem tief empfundenen Gefühl der Enttäuschung. Das Ausscheiden aus dem Rennen um die Präsidentschaftskandidatur war die erste Niederlage für Al Gore, seit er sich im Jahr 1976 ins Repräsentantenhaus hatte wählen lassen. Der kometenhafte Aufstieg des jungen Abgeordneten aus Tennessee hatte einen Dämpfer erfahren, und vielleicht zum ersten Mal seit Beginn seiner politischen Karriere drehte sich für Gore nicht alles darum, wie er möglichst schnell die jeweils nächste Sprosse der Karriereleiter erklimmen könnte: »Es ist ein emotionaler Erdrutsch, und er setzt die gesammelte Kraft vieler kleiner, kaum wahrnehmbarer Veränderungen frei, die sich im Laufe der Zeit angehäuft haben. Wenn sie sich einstellt – und sie kann von einem einzigen traumatischen Ereignis ausgelöst werden –, kann diese Veränderung zu einer Festigung der Persönlichkeit führen, bei der die gereifte Form im wesentlichen die gleiche bleibt, aber mit breiteren Flanken und größerem Gewicht« – so definiert Gore im Schlußkapitel seines Buchs den Begriff *Midlife Crisis*.

Am 3. April 1989, fast ein Jahr nach der Wahlniederlage in New York, ereilte ihn der nächste Schlag. Nach einem Baseball-Spiel in Baltimore, das Al Gore mit seinem Sohn besucht hatte, wurde Albert III. von einem Auto angefahren und fast zehn Meter durch die Luft geschleudert. Der Junge erlitt Verbrennungen zweiten Grades, hatte gebrochene Rippen, eine gequetschte Lunge und Verletzungen an Milz und Niere. Mehrere Wochen lang schwebte Albert III. in Lebensgefahr.

In einem Appartement in Baltimore, das sich Al und seine Frau nach dem Unfall ihres Sohnes gemietet hatten, begann der besorgte Vater und gescheiterte Kandidat damit, ein Buch zu schreiben. Wie er selbst meint, hatte er das Bedürfnis, etwas zu Papier zu bringen, was von Dauer sei – auch und gerade als Möglichkeit, die eigene Krise zu bewältigen. Es paßt durchaus in das Bild von Al Gore, daß der so studier- und wissensdurstige Politiker nicht die Form einer Autobiographie, sondern die eines Sachbuchs wählte. Die idiosynkratischen Züge des Werks, das den Titel »Earth in the Balance – Ecology and the Human Spirit« (deutscher Titel: »Wege zum Gleichgewicht – Ein Marshallplan für die Erde«) trägt, sind jedoch unverkennbar.

Leitthema des Buchs ist die globale Umweltkrise, die nach Aussage Gores den Bestand unserer Zivilisation in ihrer jetzigen Form in Frage stellt. Im Mittelpunkt steht dabei der durch Menschen herbeigeführte Wandel des Weltklimas. Die zwei bedeutendsten »strategischen Gefahren« seien der sogenannte Treibhauseffekt und das Ozonloch. Der Treibhauseffekt beschreibt die Erwärmung der Erdatmosphäre, die vor allem aus der massenhaften Verbrennung fossiler Brennstoffe (z.B. Öl, Kohle) resultiert. Mit dem Ozonloch ist die Verringerung der Ozonmenge in der Stratosphäre gemeint, durch die die schädlichen UV-B-Strahlen der Sonne absorbiert werden. Zum Abbau der Ozonschicht tragen eine Reihe künstlich hergestellter Gase (z.B. FCKW) bei.

Im ersten Teil des Buchs stellt Gore in einer Art Katastrophenszenario dar, wie ernst die Bedrohung unseres Planeten durch die globale Umweltkrise sei. Er betont, welchen Einfluß natürliche Klimaveränderungen in der Vergangenheit auf politische Ereignisse hatten. Der französischen Revolution beispielsweise seien verhängnisvolle Mißernten vorausgegangen, und » ... der Mai vor dem Sturm auf die Bastille gehörte zu den kältesten der Geschichte«.

Der anthropogene, also auf menschlichen Einfluß zurückgehende Klimawandel werde alles übertreffen, was bisher an Auswirkungen des Klimas auf die Art des menschlichen Zusammenlebens dokumentiert worden sei. Gore beschreibt die Wirkungen von Klimawandel, Überbevölkerung, der Abholzung der Regenwälder, Verwüstung, dem Einsatz von Pestiziden in der Landwirtschaft und der Produktion chemischen (sowie atomaren) Mülls. Stets verknüpft Gore den klimatischen Wandel mit sozialen und gesellschaftlichen Phänomenen, etwa der rassistischen Kartographie von Giftmülldeponien in den USA: »Es ist praktisch eine amerikanische Tradition: Schon immer wurden Abfälle auf die billigsten, uninteressantesten Gebiete gekippt, in deren Umgebung immer auch die weniger wohlhabenden Bevölkerungsteile leben.«

Der zweite Teil von »Wege zum Gleichgewicht« beschäftigt sich mit der Frage, weshalb die deutlichen Warnsignale der Natur ignoriert werden bzw. was uns davon abhält, endlich entscheidende Schritte zur Rettung des Planeten zu unternehmen. Gore geht scharf mit der Mediendemokratie ins Gericht, deren Ethik ein »Hol' es dir, solange du kannst; vergiß die Zukunft« sei, kommt aber letztlich zum Schluß, daß nicht weniger, sondern nur mehr Demokratie und Selbstverantwortung einen Ausweg aus der Krise weisen könnten. Eine ähnliche Mentalität diagnostiziert Gore auch für das Wirtschaftssystem, das die wahren Kosten der Ausbeutung von Ressourcen nicht reflektiere: »Tatsächlich ist die teilweise Blindheit unseres gegenwärtigen Wirtschaftssystems die mächtigste Triebkraft, die hinter unseren irrationalen Entscheidungen über die Umwelt steht.« Gore kritisiert Kapitalgeber wie zum Beispiel die Weltbank, die in der Vergangenheit die Umweltkrise durch ihre Politik eher noch verschärft hätten.

Einen besonderen Platz bei der Suche nach den Gründen für das Nichtstun nimmt für Gore die geistige Verfassung der derzeitigen Zivilisation ein. Wir seien einer »technologischen Hybris« zum Opfer gefallen, »die uns zu dem Glauben verleitet, daß unsere Macht unbegrenzt sei«. Gore nimmt Anleihen beim Feminismus, um zu erklären, daß der Drang, die Umwelt zu beherrschen und zu erobern, die männliche Sichtweise der Welt widerspiegele. Diese menschliche (männliche) Maßlosigkeit verhindere, daß wir zurück zu einer natürlichen und ganzheitlichen Beziehung zur Umwelt finden würden – dem eigentlichen und tieferen Grund für das »gestörte Gleichgewicht«. Tatsächlich gleiche unser Verhältnis zum Planeten einer Sucht nach dem Verbrauch der Erde. Wie ein Alkoholkranker, der seine persönlichen Probleme durch die Flucht in das Trinken verdränge, würde auch die Menschheit insgesamt nach Ablenkung suchen: »Diese Suchtbeziehung lenkt uns ab von dem Schmerz über das, was wir verloren haben: die unmittelbare Erfahrung unserer Verbindung mit der Lebendigkeit und Intensität der Reste an Natur. Die Schaumschlägerei und Hektik der industriellen Zivilisation maskiert unsere tiefe Einsamkeit und unser Verlangen nach Anteil an der Welt, die unseren Geist erheben und unsere Sinne mit dem Reichtum und der Unmittelbarkeit des Lebens selbst füllen kann.«

In einer weiteren Metapher findet Gore Belege dafür, daß das Verhalten der Menschheit dem eines Kindes aus einer dysfunktionalen Familie gleiche, das ständig auf der Suche nach Anerkennung sei, weil ihm die bedingungslose Liebe seiner Eltern vorenthalten wurde: »Die Folge ist, daß wir den Schmerz über unser verlorenes Zugehörigkeitsgefühl zur Natur verinnerlichen, die Erde und ihre Rohstoffe als eine Art Ablenkung vom Schmerz konsumieren und unersättlich nach künstlichen Kompensationen suchen, welche die Erfahrung der Gemeinschaft mit der uns genommenen Welt ersetzen können.«

Die Trennung der Ganzheitlichkeit von Mensch und Natur – der Quell allen Übels – finde ihren Ursprung in der griechischen Antike und habe sich über die christlich-jüdische Tradition in das Denken der heute westlichen Welt fortgesetzt. Diese Abkoppelung, die letztlich in der Unterscheidung von Moral und Fortschritt (bzw. von Wissenschaft und Religion) resultierte, habe auch die Greueltaten des 20. Jahrhunderts möglich gemacht, beispielsweise den Holocaust: »Dieses Ödland des Geistes ... ist der Bereich des entkörperlichten Intellekts, der weiß, wie die Dinge funktionieren, aber nicht, wie sie sind.«

Im dritten Teil seines Buchs widmet sich Gore dem Ausweg aus der globalen Krise, der »Wiederherstellung des Gleichgewichts«. Zunächst entwickelt Gore die Idee, die Rettung der Umwelt zum »zentralen Organisationsprinzip unserer Zivilisation« zu machen. Bis zum Ende des Kalten Krieges sei der Sieg über den Kommunismus das zentrale Prinzip gewesen, auf das sich alle Anstrengungen (der westlichen Welt) gerichtet hätten; ein Ziel, für das alle verfügbaren Kräfte mobilisiert wurden, und das wegen dieser gebündelten Bemühung auch zum Erfolg geführt hätte. Es gehe also darum, die Weltgemeinschaft davon zu überzeugen, daß die Bewahrung des Planeten die nächste große Herausforderung sei, der sich die Staaten zu stellen hätten. Der Marshallplan sei ein wichtiges Instrument zur Eindämmung des Kommunismus gewesen, und deswegen müsse nun ein globaler Marshallplan für die Umwelt geschaffen werden. Dieser Plan habe fünf strategische Ziele: Erstens die Stabilisierung des Bevölkerungswachstums in der Dritten Welt durch Maßnahmen zur Alphabetisierung, zur Begrenzung der Säuglingssterblichkeit und zur Aufklärung über Verhütungsmöglichkeiten. Zweitens gehe es um die Entwicklung und Verbreitung umweltschonender Technologien. Gore fordert in diesem Zusammenhang ein Ende des klassischen (Auto-) Verbrennungsmotors und verstärkte Investitionen in regenerative Energien. Drittens sollten die Spielregeln des Wirtschaftskreislaufs geändert werden, so daß die Preise für Güter verstärkt auch ihre Kosten für die Umwelt wiedergeben würden. Er schlägt Instrumente wie den Handel mit Emissionsrechten, den Tausch von Schuldtiteln gegen Umweltschutzauflagen oder eine Kohlenstoffsteuer vor. Viertens setzt sich Gore für ein enges Geflecht international bindender Abkommen ein, und fünftens befürwortet er den internationalen Austausch von Informationen und die gemeinsame Erhebung von Umweltdaten. Er nennt dies den »Aufbau eines kooperativen Bildungsplans für die Aufklärung der Weltbevölkerung über die globale Umwelt«.

Bis zur Fertigstellung von »Wege zum Gleichgewicht« dauerte es fast drei Jahre. Das Buch setzte sich unmittelbar nach der Veröffentlichung im Januar 1992 an die Spitze der amerikanischen Bestsellerlisten; seitdem wurde es in 33 Sprachen übersetzt. Es gehört mittlerweile zu den »politischen Klassikern unserer Zeit« (*New York Times*) und dürfte eines der populärsten jemals geschriebenen umweltpolitischen Bücher geworden sein.

Umweltschützer und Umweltgruppen konnten anfangs nicht recht glauben, was der vermeintlich konservative Senator aus Tennessee da zu Papier gebracht hatte. Die Begeisterung war groß, und Gore avancierte rasch zu einer Art Held der Umweltbewegung. Von amerikanischen Ökologen wurde Gore als »Erfinder« des Themas Treibhauseffekt gepriesen, weil er es mit »Wege zum Gleichgewicht« geschafft habe, das Problem einer breiten Öffentlichkeit zugänglich zu machen. Sogar der Chef der US-Umweltbehörde, der vom republikanischen Präsidenten Bush einberufen worden war, bekundete »großen Respekt« für die Fachkenntnis und das Engagement Gores. Dabei waren es nicht so sehr die Fakten, die Gore in seinem Buch zusammengestellt hatte, die Aufsehen erregten, sondern die Tatsache, daß sich ein einflußreicher und vielversprechender Politiker auf eindrucksvolle und unmißverständliche Weise auf eine umweltpolitische Agenda festlegte. Im Gegensatz zu anderen Politikern der Demokraten, deren umweltpolitische Bekenntnisse sich in wohlklingenden Allgemeinplätzen erschöpften, hatte es Gore gewagt, konkrete, auch unbequeme Wahrheiten zu formulieren und das »Randthema« Umweltpolitik zur alles überragenden Querschnittsaufgabe zu erklären. Mit »Die große grüne Hoffnung« betitelte das amerikanische Umweltmagazin *Sierra* einen Artikel über Gore.

Gore hatte ein so düsteres Bild der zukünftigen Entwicklung des Planeten gezeichnet, daß eine radikale Änderung der jetzigen Lebensweise in letzter Konsequenz unvermeidbar schien. Vor diesem Hintergrund war es nur logisch, daß die Annahmen, die die Grundlagen für seine Projektionen bildeten, in Frage gestellt wurden.

Die Prognosen in »Wege zum Gleichgewicht« beruhten zum großen Teil auf den Berechnungen des *Intergovernmental Panel on Climate Change* (IPCC), einem Expertengremium aus etwa 200 Wissenschaftlern, das 1989 von den Vereinten Nationen eingesetzt wurde. Die Forscher kommen in ihrem ersten Bericht mit großer Mehrheit zu dem Ergebnis, daß die globale Erwärmung innerhalb der vergangenen hundert Jahre vor allem auf die erhöhte CO_2-Konzentration in der Atmosphäre zurückzuführen ist. Auf Grundlage der verfügbaren Daten sagten die Wissenschaftler zunächst eine Erwärmung von bis zu acht Grad innerhalb der kommenden hundert Jahre voraus. Verfeinerte Rechenmodelle haben allerdings dazu geführt, daß das IPCC seine Prognosen mehrmals nach unten korrigieren mußte. Der Bericht von 1995 geht nur von einer Erwärmung um maximal 3,5 Grad bis zum Jahr 2100 aus.

Während sich Industrie und Politik auf die »hohe Zahl der Unbekannten« beriefen und so ihr Abwarten rechtfertigten, ergriff Gore für die Mehrheit der Klimawissenschaftler Partei, die trotz bestehender Zweifel ein schnelles Handeln für zwingend notwendig erachteten. In »Wege zum Gleichgewicht« heißt es: »Das Beharren der Skeptiker auf vollständiger Gewißheit über jeden Aspekt des Treibhauseffekts ... stellt einen Versuch dar, schreckliche Wahrheiten zu leugnen und unbequeme Konsequenzen zu umgehen. Aber wir können nicht warten, bis die letzten Unklarheiten beseitigt sind.«

Die Senatsanhörungen, die Gore zum Thema Treibhauseffekt abhielt, gerieten nun zum verbalen Schlachtfeld der Klimawissenschaftler. Die Befürworter schnellen Handelns und die Skeptiker boten die jeweils prominentesten Fürsprecher ihres Standpunkts auf, so daß die weltweite Klimadiskussion für einige Zeit im wesentlichen auf der Bühne des amerikanischen Senats ausgetragen wurde. Das Spektrum der dargebotenen Meinungen reichte von Gores Forderung nach einem radikalen Umdenken bis hin zum totalen Abstreiten des anthropogenen Treibhauseffekts.

Besonders enttäuscht war Gore über einen Zeitschriftenartikel, den sein früherer Mentor in Harvard, Roger Revelle, der Klimawissenschaftler Fred Singer und ein weiterer Forscher verfaßt hatten. Die wichtigste Passage darin lautet: »Es sind vor allem extreme Klimaereignisse, die große ökologische und wirtschaftliche Probleme hervorrufen: strenge Winter, fortgesetzte Dürren, extreme Hitzeperioden, Killer-Hurrikane und ähnliches. Es gibt jedoch keinen Hinweis darauf, daß solche Ereignisse häufiger auftreten würden, wenn der Treibhauseffekt deutlicher spürbar wird ... Drastische, überstürzte und – ganz besonders – einseitige Schritte, um die Wirkung des mutmaßlichen Treibhauseffekt zu verzögern, könnten Arbeitsplätze kosten, den Wohlstand verringern und die globale Armut vergrößern, ohne jedoch effektiv zu sein.« Der Artikel war erstmals bereits im Jahr 1990 im Magazin *Cosmos* erschienen und blieb damals unbeachtet. Zwei Jahre später wurde er in der Zeitschrift *New Republic* als Kernstück einer Spezialausgabe zum Klimawandel nachgedruckt. Auf dem Höhepunkt der von Gore ausgelösten Debatte fiel ihm demnach Revelle, den er an vielen Stellen in seinem Buch anerkennend zitiert hatte, in den Rücken. Revelle selbst konnte sich zu diesem Zeitpunkt nicht mehr äußern, denn er war zwischen der ursprünglichen Veröffentlichung und dem Nachdruck verstorben. Gore unterstellte den Ko-Autoren des Artikels deshalb, sie hätten den gesundheitlich angeschlagenen Revelle dazu genötigt, den Namen unter etwas zu setzen, was er bei klarem Verstand niemals unterstützt hätte. Zwischen Singer und Gore entspann sich daraufhin ein unwürdiger Streit um die wahren Absichten von Revelle. Die Auseinandersetzung beschäftigte zwei Jahre lang die Rechtsanwälte beider Seiten und endete 1994 mit einer Niederlage Gores. Ein Mitarbeiter Gores unterschrieb eine Unterlassungserklärung, und Gore selbst mußte sich öffentlich bei Singer entschuldigen.

Gores Gegner versuchten indes, das Thema in ihrem Sinne zu instrumentalisieren. Die Berater von Präsident Bush griffen einzelne Punkte aus Gores globalem Marshallplan und konstruierten ein ökologisches Horrorszenario, mit dem Gore als Öko-Extremist hingestellt werden sollte. Gores Forderung nach einem Ersatz des Verbrennungsmotors durch neue (noch zu entwickelnde) Technologien wurde von den Republikanern als »Gore will den Amerikanern das Auto verbieten« kommuniziert. Besonders aufgeregt reagierte man auf die vermeintlichen Kosten von Gores Programm. Diese habe Gore angeblich mit einhundert Milliarden Dollar veranschlagt. Richard Lindzen, ein konservativer Meteorologe am *Massachusetts Institute of Technology* (MIT), folgerte, Gores umweltpolitische Agenda sei de facto ein »trojanisches Pferd des Sozialismus«. In Gores Marshallplan, so Lindzen, verbinde sich » ... die Unzufriedenheit mit der Industriegesellschaft und dem internationalen Wettbewerb, der Wunsch der Regierung nach höheren Einnahmen (Kohlenstoffsteuer) und das Verlangen der Staatsbürokratie nach mehr Macht«. In Wirklichkeit war Gore von ökosozialistischen Umsturzgedanken weit entfernt: Auf Seite 304 der englischsprachigen Ausgabe von »Wege zum Gleichgewicht« hatte er lediglich die Mittel des ursprünglichen Marshallplans in heutige Dollars umgerechnet. Ein »Gesamtpreis« für den umweltpolitischen Maßnahmenkatalog – so wie von den Republikanern kolportiert – findet sich in »Wege zum Gleichgewicht« nicht.

Doch damit nicht genug: Gore wurde beschuldigt, Sympathien für eine radikale Denkrichtung namens Tiefenökologie zu hegen. Der Senator aus Tennessee, so der Vorwurf, wolle Marktwirtschaft, Nation und Industriegesellschaft abschaffen und durch eine ökologisch-autoritäre Weltregierung ersetzen, die die Transformation des Planeten in vormoderne Zustände überwache.

In »Wege zum Gleichgewicht« nimmt Gore zu diesen Gedanken Stellung. Er bezeichnet die Ansichten radikaler Umweltschützer als »moralisch unannehmbar«, weil sie den »Menschen als destruktiv definieren, als tödlichen Überträger einer Seuche, die die Erde befallen hat. Und die innere Logik [der Tiefenökologie] ... weist auf nur eine mögliche Heilung: die Eliminierung des Menschen vom Angesicht der Erde.« Trotz Gores expliziter Ablehnung finden sich in »Wege zum Gleichgewicht« eine Reihe von Ideen, die den Motiven der Tiefenökologen ähneln. Gore meint beispielsweise, die Tiefenökologen begingen den Fehler, »unser Verhältnis zur Erde im Sinne einer Krankheit zu definieren«, und stellt wenig später selbst die Diagnose von der »Pathologie der Dysfunktionalität« unserer Zivilisation, die im Gegensatz zur »natürlichen und gesunden Beziehung zwischen Mensch und Erde« stehe.

Besonders peinlich wurde es für Gore, mit Theodore J. Kaczynski in eine Reihe gestellt zu werden. Der Harvard-Absolvent Kaczynski hatte als sogenannter »Unabomber« zwischen 1978 und 1995 insgesamt 16 Sprengstoffanschläge auf das »industriell-technologische System« verübt. In seinem Versteck im Bundesstaat Montana fertigte Kaczynski ein Manifest an, das über weite Strecken den Gedanken Gores ähnelt. Vielfach wirken Passagen sogar wie unmittelbar aus »Wege zum Gleichgewicht« abgeschrieben. Als Kaczynski im April 1996 festgenommen wurde, fand das FBI in seiner Behausung ein mit vielen Randnotizen versehenes Exemplar von »Wege zum Gleichgewicht«. Gore wurde daraufhin auch seitens der seriösen Presse vorgeworfen, ein »geistiger Brandstifter« zu sein. Konservative Talkshowgastgeber machten sich einen Spaß daraus, mit Zitaten aus Gores Buch und Kaczynskis Manifest ihre Hörer aufs Glatteis zu führen. Der Radiomoderator Roger Hedgecock aus San Diego las seinem Studiogast, dem demokratischen Abgeordneten Bob Filner, eine Passage vor und bat ihn zu raten, wer die Worte verfaßt habe: »Klingt wie mein Vizepräsident«, sagte Filner, woraufhin Hedgecock dem verdutzten Politiker verriet: »Nein, das war der Unabomber.«

Daß Gore tatsächlich an der Auflösung der Vereinigten Staaten arbeitete, um eine Art Öko-Weltregierung zu installieren, war ein zu unglaublicher Vorwurf, um von der breiten Öffentlichkeit ernst genommen zu werden. Zu einem weit größeren Problem entwickelten sich vielmehr die Erwartungen der ökologischen Linken.

Von den radikalen Umweltschützern wurde Gore der Inkonsequenz bezichtigt, wenn er mit viel Pathos von einer »spirituellen Krise« und der Sucht des Menschen nach Verbrauch der Erde schrieb, dann aber nur einen »kooperativen Bildungsplan« zur Aufklärung über Umweltgefahren vorschlug. Die Mehrheit der Umweltaktivisten setzte dennoch große Hoffnungen in den grünen Demokraten aus Tennessee, und Gore trug seinen Teil dazu bei: »Jedesmal, wenn ich innehalte, um darüber nachzudenken, ob ich mich zu weit aus dem Fenster gelehnt habe«, so erklärte Gore wenige Monate nach der Veröffentlichung seines Buchs, »betrachte ich die neuen Fakten, die aus der ganzen Welt auf mich eindringen, und komme zu dem Schluß, daß ich nicht annähernd weit genug gegangen bin.« Die deutsche *tageszeitung* brachte die Stimmung der Umweltschützer – diesseits und jenseits des Atlantiks – auf den Punkt: »Wenn man dem Buch auch nur in Ansätzen Glauben schenken darf, so wird Al Gore beginnen, eine grundlegend andere Ökologiepolitik einzuleiten, oder er nimmt ernsthaften Schaden an seiner Seele.«

Triumph als Nummer Zwei

Als Gores Buch Anfang 1992 erschien, hatten er und seine Frau noch immer mit den tragischen Folgen des Unfalls von Albert III. zu kämpfen. Obwohl Gore im November 1990 mit großer Mehrheit als Senator wiedergewählt worden war, kam seine politische Karriere in den darauffolgenden Jahren praktisch zum Stillstand. Gore beschäftigte sich fast ausschließlich mit der Umweltkrise, unternahm Reisen in die Antarktis, an den Nordpol oder in die tropischen Regenwälder Brasiliens. In Washington dominierten die Anhörungen zur globalen Erwärmung seine politische Agenda. Von einer weiteren Präsidentschaftskandidatur war in diesen Jahren nicht die Rede, im Gegenteil. In einem Interview mit dem Journalisten David Frost erklärte Gore im Herbst 1992: »Während dieser Phase der Heilung beschloß ich, mich nicht für eine Präsidentschaftskandidatur im Jahr 1992 zu bewerben. Und ich wollte sehr wohl Präsident werden. Ich mußte mich jedoch entscheiden zwischen dieser Ambition und einer Familie, in der ich Vater und Ehemann war und die sich inmitten einer Zeit der Heilung befand. Die Entscheidung war schwierig, aber letztlich war sie eindeutig … Und am Ende genossen wir es, nicht an diesem Wettbewerb teilnehmen zu müssen.«

Die ganze Energie Gores richtete sich auf den internationalen Umweltgipfel, der im Juni 1992 in Rio de Janeiro stattfand. Gore führte die Delegation des mehrheitlich demokratischen Senats an; Entscheidungen fällte jedoch der Leiter der amerikanischen Regierungsdelegation, der auf das Wort von Präsident Bush hörte. Die Vereinigten Staaten unterzeichneten weder eine Entschließung zur Bewahrung der Artenvielfalt, noch setzten sie ihre Unterschrift unter die sogenannte Klimarahmenkonvention. Diese Konvention hätte die Vereinigten Staaten lediglich dazu verpflichtet, die Treibhausgas-Emissionen auf einem Niveau zu stabilisieren, das »eine gefährliche Störung des Klimasystems« verhindere, ohne jedoch zu definieren, wann genau eine Gefährdung eintrete. Gore, obwohl nicht überrascht, zeigte sich tief enttäuscht und bezeichnete das Verhalten seines Landes auf der Konferenz als »griechische Tragödie«: »Die Regierung Bush war während der gesamten Verhandlungen das größte Hindernis für jeglichen Fortschritt. Unsere Unnachgiebigkeit hatte zum Ergebnis, daß das Schlußdokument ohne irgendeine rechtliche Bindung ist.«

Während Al Gore sich um sein inneres Gleichgewicht und dasjenige des Weltklimas kümmerte, lief auf nationaler Ebene der Kampf um die Präsidentschaft im Jahr 1992 auf vollen Touren. Nach den enttäuschenden Resultaten demokratischer Kandidaten in den Jahren 1984 und 1988 hatten einige Kommentatoren bereits gefragt, ob die Demokraten dazu verdammt seien, die Wahlen um das wichtigste Amt im Staate stets zu verlieren. Doch zu Beginn des neuen Jahrzehnts hatten sich die Bedingungen grundlegend geändert: Präsident Bush war nach dem Zusammenbruch des Warschauer Pakts zu sehr mit einer Neuordnung der internationalen Arena beschäftigt und hatte darüber den Zustand im Innern seines Landes vernachlässigt. Die Arbeitslosigkeit erreichte mit fast acht Prozent im Jahr 1991 einen Höchststand, und der Optimismus der Reagan-Jahre war längst einer kollektiven Depression gewichen. Die demokratische Kandidatur war unter diesen Umständen, so sagte man, ein »heißes Ticket«.

Im Herbst 1991 erklärte Bill Clinton seine Kandidatur. Der Gouverneur von Arkansas, einem kleinen Bundesstaat westlich von Tennessee, war der nationalen Öffentlichkeit bis dahin weitgehend unbekannt. Obwohl Clinton die Vorwahl in New Hampshire verlor und seine Wahlkampagne nach den Vorwürfen, er habe eine außereheliche Affäre gehabt, kurz vor dem Scheitern stand, gelang es ihm, sich bei den Vorausscheidungen am *Super Tuesday* durchzusetzen. Nach und nach schieden seine Gegner aus dem Rennen aus, und als Clinton auch die Vorwahl im Bundesstaat New York für sich entscheiden konnte, stand fest, daß er derjenige war, der im Herbst 1992 gegen Präsident Bush antreten würde.

Gore spielte während der Vorwahlen keine aktive Rolle. Er hatte allen Bewerbern um die Nominierung ein Exemplar seines Buchs zugeschickt, um sie für das Umweltthema zu sensibilisieren; er lehnte es jedoch ab, für einen bestimmten Kandidaten Partei zu ergreifen. In einer Talkshow auf CNN fragte ihn Larry King zu Anfang des Wahljahres, was er von den Enthüllungen bezüglich Clintons Affäre mit der Tänzerin Gennifer Flowers halte: »Ich respektiere Bill und Hillary und ihre Familie sehr, nicht aber das Blatt, das die gesamte Presse in dieser Angelegenheit zitiert.« Zu einer möglichen Kandidatur als Vizepräsident äußerte Gore: »Ich habe kein Interesse daran, Vizepräsident der Vereinigten Staaten zu werden. Ich möchte Präsident werden, und mir ist klar, daß ich vielleicht keine bessere Möglichkeit dazu bekommen werde als diejenige, die ich in diesem Jahr verpaßt habe. Selbst wenn das der Fall ist, bereue ich nichts.«

Das Statement war eindeutig, und doch erhielt Gore kurz darauf einen Anruf von Warren Christopher, dem späteren Außenminister, der von Clinton beauftragt worden war, mögliche Vizepräsidenten zu sichten. Christopher fragte Gore nach Vorschlägen für den Posten; am Ende des Gesprächs wollte Christopher, fast beiläufig, wissen, ob er auch den Namen Gores auf die Liste setzen sollte. Gore zögerte, sagte, er müsse darüber nachdenken, willigte schließlich aber ein.

Am späten Abend des 8. Juli 1992 klingelte bei den Gores in Arlington das Telefon: »Die Antwort lautet: Ja«, sagte Clinton am anderen Ende der Leitung – Clinton hatte sich für Gore als Vizepräsidentschaftskandidaten entschieden. Gore und seine Familie machten sich am nächsten Tag auf den Weg nach Little Rock, der Hauptstadt von Arkansas, wo Clinton seinen Wahlkampfpartner der Öffentlichkeit vorstellte. Gores Rede begann mit einer Entschuldigung: »Sie können mir glauben, wenn ich Ihnen sage, daß ich mich nicht um diese Rolle beworben habe und daß ich auch bis vor sehr kurzer Zeit nicht erwartet habe, den Anruf zu erhalten, der letzte Nacht kam. Aber ich bin hier aus einem ganz einfachen Grund: Weil ich mein Land liebe.« Was Gore tatsächlich dazu bewog, seine ursprüngliche Entscheidung gegen eine Kandidatur zu revidieren, ist bis heute sein Geheimnis geblieben. Der Gore-Biograph Bob Zelnick zitiert in diesem Zusammenhang Gores Vater, Albert Gore Sr., der viele Jahre zuvor über die Motive von Politikern philosophiert hatte: »Der wichtigste Anreiz, sich für ein Amt zu bewerben, ist das menschliche Ego: das Verlangen nach der Zustimmung anderer, die Sehnsucht nach Selbstverwirklichung und Selbstbestätigung; die Verliebtheit in Macht und Aufmerksamkeit; das Streben nach Erfolg, Kontrolle und Streit; das Interesse an Themen und an dem Vertrauen der Öffentlichkeit.«

Die Wahl Gores widersprach der üblichen Praxis, mit der Entscheidung für einen Vizepräsidenten die Defizite des Hauptkandidaten auszugleichen. Dan Quayle etwa, der Stellvertreter von George Bush, kam im Gegensatz zu Bush aus einem Nordstaat, er gehörte zur jungen Politikergeneration und vertrat – im Vergleich zum eher moderaten Republikaner Bush – ausgesprochen konservative Standpunkte. Für Clinton und Gore traf diese Logik nicht zu: Beide waren in südlichen Bundesstaaten zu Hause; Clinton war nur anderthalb Jahre älter als Gore, und beide zählten zum zentristischen Flügel ihrer Partei. Clinton kannte Gore lediglich von Treffen des *Democratic Leadership Council*, einer Vereinigung moderater Demokraten – von einer intensiven politischen Freundschaft konnte bis dahin keine Rede sein.

Was also bewog Clinton, sich für Gore zu entscheiden? Der Wahlkampfberater Dick Morris glaubt, die Ähnlichkeit des Paares habe die Anziehungskraft für Clinton noch verstärkt: »Weil Gore auf nationaler Ebene bekannter war als Clinton, diente die Wahl Gores dazu, dem Wähler deutlich zu machen, wer Clinton ist. Gores Jugend, seine Energie und seine Modernität unterstrichen diese Eigenschaften auch bei Clinton.« Natürlich gab es auch profanere Gründe: Gore war im Gegensatz zu Clinton mit den Feinheiten des Politikbetriebs in Washington vertraut; er hatte in Vietnam gedient, und er begeisterte den »grünen« Flügel der Demokratischen Partei für Clinton. Auch galt Gore als in privaten Angelegenheiten absolut integer und über jeden Verdacht erhaben.

Das politische Programm von Clinton und Gore zeichnete sich durch seine innenpolitischen Schwerpunkte aus: »Arbeit schaffen« war das überragende Ziel, an dem sich alle anderen Maßnahmen auszurichten hatten. Traditionell demokratische Anliegen wie das Schaffen einer gesetzlich verpflichtenden Krankenversicherung oder Investitionen im Bildungsbereich wechselten sich mit eher konservativen Forderungen ab, beispielsweise die »Abschaffung der Wohlfahrt im bisherigen Sinne«, die Verkleinerung des Regierungsapparats oder eine explizite Freihandelspolitik. Der Programmpunkt »Umwelt« trug unverkennbar Gores Handschrift. Dort heißt es: »Im eigenen nationalen Interesse werden wir eine internationale Führerschaft für eine weltweit gesündere Umwelt, ein stabiles Weltklima und eine weltweite biologische Vielfalt anstreben. Zudem werden wir in Amerika und weltweit die Verwendung fossiler Brennstoffe reduzieren, ebenso die chemischer Treibgase.« Allgegenwärtig war das Schlagwort vom »Wechsel«, der notwendig sei, um die USA aus ihrer Misere zu befreien. Clinton und Gore, so die Strategie, verkörperten den Aufbruch, eine neue Generation von Politikern, die – nach dem Krieg geboren (sogenannte *Babyboomer*) – die eingefahrenen Pfade verlassen und einen neuen Anfang in Amerika repräsentieren würden.

Nach der Bekanntgabe in Little Rock fuhren Clinton, Gore und ihre Familien mit einem Bus quer durchs Land. Die Fahrt erregte die Aufmerksamkeit der Medien – vor allem aber diente sie dem Zweck, Gore auf die »Botschaft« von Clinton einzuschwören. Die Mitarbeiter von Clinton erklärten die Standpunkte ihres Chefs und spielten mit Gore alle typischen Interview-Situationen durch, so daß sichergestellt war, daß sich Clinton und sein Vizepräsident während der heißen Phase des Wahlkampfs nicht widersprechen würden. Dabei mußte Gore in einem entscheidenden Thema seine Haltung aufgeben: In der Frage des Schwangerschaftsabbruchs hatte Gore stets auf der Seite der Abtreibungsgegner gestanden; die Parteiräson diktierte nun, daß Gore seine Meinung änderte. Als ihm später vorgeworfen wurde, er habe in der Abtreibungsfrage einen plötzlichen Schwenk vollzogen, bestritt Gore, daß er jemals anderer Meinung gewesen war.

Endstation der Busreise war der Parteikonvent der Demokraten in New York, wo Clinton und Gore am 15. und 16. Juli offiziell als Kandidaten für die Präsidentschaftswahl nominiert wurden. Die Delegierten waren bei bester Laune, denn in Meinungsumfragen hatte sich Clinton überraschend einen Vorsprung von über 10 Prozentpunkten vor George Bush erarbeitet. Der Parteitag im New Yorker *Madison Square Garden* vermittelte einen weit optimistischeren Eindruck von der Demokratischen Partei als die Versammlungen in den Jahren zuvor – »siegessicher« war das Wort, das viele Journalisten in ihren Berichten über den Parteitag gebrauchten. In diesem Sinne konnte Clinton vor den Delegierten – und vielen Millionen Zuschauern am Fernsehapparat – entspannt über seine Vision einer ideologiefreien und pragmatischen Politik sprechen: »Wir bieten unseren Menschen eine neue Chance, die sich auf alten Werten gründet. Wir bieten Möglichkeiten an. Wir verlangen Verantwortlichkeit ... Die Option, die wir anbieten, hat nichts mit konservativ oder liberal zu tun. In vielerlei Hinsicht noch nicht einmal mit republikanisch oder demokratisch. Sie ist anders. Sie ist neu. Und sie wird funktionieren.« Die Worte Clintons trafen den Nerv des amerikanischen Publikums: Der Kandidat versprach, daß alles anders, alles besser werden würde, daß sich die Amerikaner aber vor dem Aufbruch nicht fürchten müßten – ein Wechsel also, der keinem angst machen mußte.

Al Gore wiederholte in der Rede des Vizepräsidentschaftskandidaten – traditionell am letzten Tag des Parteitags – die Motive aus Clintons Rede. Er sprach ebenso über Umweltpolitik und darüber, daß »die falsche Annahme, daß wir nicht mit der Erde verbunden sind, zur ökologischen Krise geführt hat«. Gore erzählte auch vom Unfall seines Sohnes: »Ich rannte zu ihm, hielt ihn fest und schrie seinen Namen, aber er rührte sich nicht und gab keinen Ton von sich. Er atmete nicht und hatte keinen Puls mehr. Seine Augen standen weit offen – der leere Blick des Todes. Und da beteten wir beide, dort im Straßengraben, nur mit meiner Stimme … [E]ines möchte ich Ihnen aus tiefstem Herzen sagen: Diese Erfahrung hat mich für immer verändert. Wenn Sie einen sechsjährigen Jungen gesehen haben, der um sein Leben kämpft, dann erkennen Sie, daß es Dinge gibt, die viel wichtiger sind, als zu gewinnen.« Daß Gore diese persönliche Erfahrung einem Millionenpublikum offenbarte, erregte keinen Anstoß – auch nicht dann, als Gore mit einem kruden Vergleich die Brücke zurück zur Politik schlug: »Und, meine Freunde, wenn Sie einen Moment lang von der Hektik Ihres täglichen Lebens aufschauen, dann werden Sie die kaum vernehmbare Stimme Ihres Landes hören, das nach Hilfe schreit … Und Sie werden sehen, daß unsere Demokratie hier im Straßengraben liegt und darauf wartet, daß wir ihr einen zweiten Lebenshauch geben.«

Die Wahlkampagne von Amtsinhaber George Bush konnte nach dem Parteitag in New York den Vorsprung von Clinton zu keinem Zeitpunkt mehr ernsthaft gefährden. Präsident Bush galt – spätestens seit den Rassenunruhen im Mai 1992 in Los Angeles – als innenpolitischer Versager, der nicht in der Lage war, die wirtschaftlichen und sozialen Probleme seines Landes zu lösen. Seine Attacken auf Clinton und Gore perlten an den zwei Herausforderern ab: »Mein Hund Millie weiß mehr über Außenpolitik als diese zwei Möchtegerns«, griff Bush seine Gegner an. Gore erwiderte den verbalen Ausfall noch am selben Tag: »Dann ist es wohl auch Millie, der ihm dazu geraten hat, die Innenpolitik auf die lange Bank zu schieben.« Selbst der Versuch, Al Gore als »Ozonmann« zu verspotten, beeindruckte den Attackierten kaum – noch weniger Wirkung erzielte Bush damit bei den Wählern.

Bushs Vizepräsident Dan Quayle wurde von den Amerikanern stets für ein Leichtgewicht gehalten – ein Politiker, der es weder politisch noch intellektuell mit Al Gore aufnehmen konnte. Für den 13. Oktober 1992 wurde eine Fernsehdebatte zwischen Quayle und Gore angesetzt. Gores Berater fürchteten, Quayle könnte den Versuch unternehmen, Gore wegen seiner Thesen in »Wege zum Gleichgewicht« anzugreifen. Gore hatte die Aussagen zur Umweltpolitik in seiner Standard-Wahlrede deutlich reduziert, doch der breiten Öffentlichkeit war Gore nach wie vor als »der Umweltschützer« bekannt.

Deshalb erstellte man im Hauptquartier der Demokratischen Partei eine Liste mit möglichen Vorwürfen Quayles. Per »Zufall« landete das Memorandum noch vor der Fernsehübertragung als Fax beim republikanischen Abgeordneten Dick Armey. Dieser gab das Papier an das *Wall Street Journal* weiter, das die Liste genüßlich veröffentlichte. In dem nun nicht mehr internen Memorandum der Wahlkampfstrategen heißt es unter anderem: »Er [Gore] hat keine Prinzipien … Er empfindet ein Schuldgefühl wegen der Rolle der Männer in der Gesellschaft und glaubt – vielleicht aufgrund seiner eigenen Schwäche –, Amerika sei als Ganzes psychologisch dysfunktional … Er kritisiert Amerika dafür, daß es Amerika ist – ein Platz, wo Menschen die Vorzüge eines hohen Lebensstandards genießen … Er … vertritt die naive Haltung, daß Technologie schlecht ist, und will das Auto verbieten … Wenn es nach Al Gore ginge, dann würden amerikanische Arbeitsplätze verlorengehen und die Wirtschaft zerstört.« Al Gore, so berichteten die Zeitungen, war am Tag der Veröffentlichung »außer sich vor Wut«. Einer seiner Mitarbeiter erzählte der *Washington Post*: »Er warf mit Worten um sich, die ich aus seinem Mund noch nie gehört hatte.«

Die Fernsehdebatte in Atlanta blieb den meisten Zuschauern vor allem deshalb im Gedächtnis, weil James Stockdale, der behäbige Vizepräsidentschaftskandidat des Unabhängigen Ross Perot, versehentlich sein Hörgerät ausgeschaltet hatte und so für nahezu komödiantische Intermezzi sorgte. Quayle beschränkte sich darauf, Gore wegen seiner angeblichen 100-Milliarden-Dollar-Forderung im »globalen Marshallplan« zu attackieren – einen Vorwurf, den Gore leicht entkräften konnte. Ansonsten sprach Quayle fast ausschließlich über Clinton und seine vermeintliche Charakterschwäche. Gore ignorierte diese Angriffe und nutzte die Chance, die Grundthemen der eigenen Wahlkampagne zu deklinieren: das Versagen der Bush-Regierung bei der Bewältigung der innenpolitischen Krise, die Notwendigkeit eines Wechsels und natürlich »Jobs, Jobs, Jobs«.

Der Auftritt offenbarte – einmal mehr – Gores größte Schwäche als Wahlkämpfer: Er war hervorragend vorbereitet und konnte alle Anwürfe mühelos parieren, doch er wirkte verkrampft und hölzern. In der Presse konnte man tags darauf von »Al Bore«, Gore, dem Langweiler, lesen. Die bekannte Kolumnistin Ann Devroy schrieb: »Er … spricht … extrem … lang … sam. Seine Arme gestikulieren wild – Bewegungen, die scheinbar nichts mit dem zu tun haben, was er sagt. Und manchmal gleitet er in technologisches Bla-Bla ab.«

Trotz allem »gewann« Gore die Debatte. In der *New York Times* hieß es, Gore habe »präsidentieller gewirkt als Quayle. Quayle fiel – von seinen flapsigen Bemerkungen über Clinton abgesehen – offenbar nichts ein.« Nach einer Umfrage im Anschluß an die Übertragung favorisierten fast 60 Prozent der Befragten Gore, 32 Prozent entschieden sich für Quayle und nur sieben Prozent für Stockdale.

Am Abend des 3. November gingen für Clinton, Gore und ihre Familien vier Monate eines anstrengenden Wahlkampfs zu Ende. Der Vorsprung Clintons hatte sich in den letzten Tagen vor der Wahl um einige Prozent verringert, doch Grund zur Besorgnis bestand für die Demokraten nicht. Kurz nach Mitternacht trat Clinton in Little Rock vor eine jubelnde Menge und gab seinen Wahlsieg bekannt. Clinton und Gore, so würde die Auszählung ergeben, hatten 43 Prozent der Stimmen erzielt, Bush und Quayle lediglich 38. Auf Perot und Stockdale entfielen 19 Prozent. Im Wahlmänner-Gremium, das mit den Delegierten der Sieger aus den jeweiligen Bundesstaaten besetzt ist, fiel die Mehrheit für die Herausforderer noch deutlicher aus: 370 Wahlmänner entfielen auf Clinton und Gore, nur 168 auf die Amtsinhaber Bush und Quayle.

Die Nachwahlumfragen der Demokraten ergaben, daß Gores Kandidatur die Wahl in mindestens sechs Bundesstaaten zugunsten der Demokraten entschieden hatte, darunter in Gores Heimat Tennessee und im bevölkerungsreichen Nachbarstaat North Carolina.

Clinton versprach noch am Abend des Wahlsiegs, daß Gore »eine wichtige Rolle in meiner Regierung einnehmen wird; eine führende Rolle in den Bereichen, denen er sich mit Leidenschaft und Sachverstand gewidmet hat«.

4. Kapitel
Erster Berater des Präsidenten

Bücher über das amerikanische Regierungssystem erzählen viel über Aufgaben, Rechte und Pflichten des Präsidenten. Über den Vizepräsidenten findet sich in der Literatur indes wenig. Wenn von ihm die Rede ist, dann meist im Zusammenhang mit seiner fehlenden Bedeutung: »Seine überflüssige Exzellenz« nannte Benjamin Franklin (immerhin einer der Unterzeichner der Unabhängigkeitserklärung) den Vizepräsidenten einst. Woodrow Wilson, US-Präsident von 1913 bis 1921, stieß ins gleiche Horn: »Seine wichtigste Aufgabe ... liegt in dem Umstand, daß er auf den Tod oder die Amtsunfähigkeit des Präsidenten wartet. Und die Unannehmlichkeit ist, daß indem man erklärt, wie wenig über ihn zu sagen ist, offensichtlich alles über ihn gesagt ist.«

Die amerikanische Verfassung regelt, daß der Vizepräsident dem Präsidenten nachfolgt, falls dieser zurücktritt oder stirbt. Außerdem sitzt der Vizepräsident den Sitzungen des Senats vor. Damit erschöpft sich bereits die Rolle, die die Verfassungsväter dem zweiten Mann im Staate zugebilligt hatten. Bis Mitte dieses Jahrhunderts entsprach die Stellenausschreibung in der Verfassung durchaus der geübten Praxis – deshalb, so berichten Historiker, war es nicht immer einfach, einen Bewerber für dieses Amt zu finden. Daniel Webster zum Beispiel lehnte 1848 das Angebot ab, weil er sich, so Webster, erst dann beerdigen lassen wolle, »wenn ich tot im Sarg liege«. (Ironie der Geschichte: Zwei Jahre später starb Präsident Zachary Taylor, und Webster wäre Präsident geworden.)

Mit der Machtübernahme Trumans nach dem Tod von Franklin Roosevelt erlebte die Vizepräsidentschaft eine Renaissance. Truman, der beim Amtsantritt nichts über das Atombomben-Programm wußte, bezog in der Folge seinen Stellvertreter in alle Amtsgeschäfte mit ein. Eisenhower setzte diese Politik fort: Richard Nixon, Vizepräsident ab

1956, saß dem Nationalen Sicherheitsrat und dem Kabinett vor, wenn Eisenhower außerhalb Washingtons war, und wurde auch sonst über alle Vorgänge im Weißen Haus informiert.

Heutzutage umfassen die klassischen Tätigkeitsbereiche eines Vizepräsidenten die Repräsentation bei Ereignissen, die der Präsident nicht wahrnehmen kann, die Organisation der Wahlkämpfe in der Mitte der Wahlperiode, Teile der Außenpolitik und die Beratung des Präsidenten, wann immer dieser die Konsultation eines vertrauenswürdigen Insiders wünscht. Al Gore, so wurde bald klar, würde von diesen Möglichkeiten reichlich Gebrauch machen.

Der 20. Januar 1993 war ein kalter, sonniger Wintertag. Vor den Stufen des Kapitols hatten sich viele hundert Menschen in dicken Mänteln eingefunden, um an der Vereidigung des neuen Präsidenten und seines Stellvertreters teilzunehmen. Clinton stand mit seiner Familie auf der Tribüne und beobachtete seinen Vizepräsidenten beim Sprechen des Amtseids: »Ich, Albert Gore Jr., schwöre feierlich, daß ich die Verfassung der Vereinigten Staaten gegen alle Feinde, seien es äußere oder innere Feinde, unterstützen und verteidigen werde ...« Kaum hatte Gore die Worte gesprochen, überfiel ihn Clinton mit einer mächtigen Umarmung. Nachdem die Zeremonie beendet war und auch Clinton den Schwur geleistet und die Antrittsrede gehalten hatte, machten sich der neue Präsident und sein Vize auf eine Fahrt durch Washington, während der sie von den Bürgern der Hauptstadt bejubelt wurden. Am Nachmittag folgte ein festliches Bankett mit den Mitgliedern des Kongresses; am Abend feierte die Washingtoner Gesellschaft die neuen Bewohner des Weißen Hauses mit einem Ball. Gore – so wurde ihm an diesem Tag wohl bewußt – hatte eine weitere Hürde genommen: Er war 44 Jahre alt und bekleidete das zweithöchste Amt im Staat. Im Weißen Haus hatte er nun ein Büro, wenn auch nicht das, auf das er es eigentlich abgesehen hatte.

Der Amtssitz des Vizepräsidenten, das ehemalige Nationale Planetarium, befindet sich etwa zehn Minuten entfernt vom Weißen Haus. Das Büro des Vizepräsidenten im Weißen Haus liegt kaum zwanzig Schritte entfernt vom *Oval Office*, dem Arbeitsraum des Präsidenten. Der »Nummer Zwei« sind achtzig Mitarbeiter zugeordnet, und ein Flugzeug, die *Air Force Two*, steht stets abflugbereit.

Über die wirkliche Macht eines Vizepräsidenten verraten die Insignien des Stellvertreters jedoch nur wenig. Die Tatsache, daß niemand je versucht habe, einen Vizepräsidenten zu ermorden, so meinen Zyniker, sage alles über die wahre Bedeutung des Amtes. Wieviel Einfluß Gore in der neuen Regierung haben würde, hing einerseits davon ab, welche Arbeitsgebiete er vom Präsidenten zugewiesen bekam. Genauso wichtig allerdings war die Frage, wie direkt sein Zugang zu Clinton sein würde.

Bei der Aufteilung der Fachbereiche gab sich Clinton großzügig: Gore würde für die Gebiete Umweltschutz und Hochtechnologie zuständig sein; außerdem übertrug ihm der Präsident die Verantwortung für die Beziehungen zu Südafrika, Ägypten, den Nachfolgestaaten der Sowjetunion und eine gleichberechtigte Rolle in allen Fragen, die Rußland betrafen. Damit war Gore de facto für wichtige Bereiche der Außenpolitik zuständig, unter anderem für die Nuklearwaffenkontrolle und Abrüstung, seinem früheren Spezialgebiet, sowie Aspekte des Nahost-Konflikts.

Was die Nähe zu Clinton betraf, so mußte sich Gore gegen eine Reihe von anderen Bewerbern um das Ohr des Präsidenten durchsetzen, vor allem gegen Hillary, Clintons Ehefrau, und gegen George Stepahnopoulos, den jugendlichen Wahlkampfberater Clintons. So unbestritten der Einfluß vor allem Hillary Clintons war: Clinton machte von Beginn an deutlich, daß er Gore als »Partner« und als ihm nahezu gleichrangig ansah. Bei der ersten Kabinettssitzung sagte Clinton: »Laßt mich eine Sache von Anfang an klarstellen: Wenn der Vizepräsident spricht, dann geht einfach davon aus, ich selbst hätte es gesagt.« Stepahnopoulos mußte zähneknirschend eingestehen, daß Clinton bei nahezu jedem Vorschlag »Was denkst du darüber, Al?« fragte. Einmal wöchentlich trafen sich Gore und Clinton zu einem ausgiebigen Mittagessen, bei dem alle bedeutenden Entscheidungen diskutiert wurden. Wenn Gore nicht im Hause war, dann erreichten den Vizepräsidenten nicht selten die Faxe von Clinton – Gore bekam auf diese Weise die Gelegenheit, nahezu jede wichtige Ansprache des Präsidenten gegenzulesen. Gore äußerte in einem Interview, daß er sich selbst als »ersten Berater« des Präsidenten sehe und mit dieser Rolle auch »hundertprozentig zufrieden« sei.

Die enge Verbindung des Präsidenten zu seinem Stellvertreter war zudem über die Mitarbeiter in Clintons unmittelbarer Umgebung abgesichert: Roy Neel, ein Assistent Gores seit seiner Zeit als Abgeordneter im Repräsentantenhaus, wurde stellvertretender Stabschef von Clinton; Leon Fuerth, der Gore einst über die Nuancen der Waffenkontrolle aufklärte, erhielt einen Sitz im Nationalen Sicherheitsrat, der bedeutenden Schnittstelle zwischen Weißem Haus, Verteidigungs- und Außenministerium.

Gore nahm im unmittelbaren Umfeld Clintons eine herausragende Position ein – die *Los Angeles Times* schrieb über Gore als den »mächtigsten Vizepräsidenten in der Geschichte der Vereinigten Staaten«.

Weshalb gestand Clinton seinem Vize so viel Spielraum zu? Zum einen empfand Clinton großen Respekt für die Intelligenz Gores. Betsy Wright, eine enge Beraterin Clintons während der Wahlkampagne von 1992, meint, daß Clinton seinen Stellvertreter für seine geistige Flexibilität bewundert habe: »Clinton liebte die intellektuelle Stimulation, selbst wenn die beiden bei Diskussionen unterschiedlicher Meinung waren.« Zum anderen konnte sich Clinton auf die Loyalität Gores stets verlassen. Die zwei Politiker hatten während der Monate im Wahlkampf gegenseitiges Vertrauen entwickelt, und Gore hatte Clinton mehrmals klargemacht, daß er kein Interesse daran hatte, sich durch Opposition zu seinem Vorgesetzten zu profilieren: Daß der Präsident im Scheinwerferlicht stehe, sei kein Problem für ihn. Im Gegenzug, so wird berichtet, versprach Clinton, daß er alles dafür tun werde, um Gore als seinen Nachfolger zu installieren. Hinzu kam, daß Clinton und Gore über die meisten politischen Fragen ähnlich dachten, so daß sich ihre Fähigkeiten – Clinton als der Kommunikator, Gore als der Denker – optimal ergänzten.

Fehlstart

Während der große Erwartungsdruck der Öffentlichkeit auf Präsident Clinton lastete, richteten sich die Hoffnungen der Umweltschützer vor allem auf den Vizepräsidenten. Endlich, so glaubte man, sitze einer der ihren an den Schalthebeln der Macht. Die ersten Entscheidungen Gores in dem ihm übertragenen Sachgebiet Umweltpolitik schienen diese Hoffnungen zu rechtfertigen.

Den Posten des Chefs der Umweltbehörde EPA besetzte er mit einer Mitarbeiterin aus seinem Senatsbüro, Carol Browner, langjährig aktiv in verschiedenen Umweltgruppen. Die weitreichenden Befugnisse der EPA in den Bereichen Luftverschmutzung, Artenvielfalt, Trinkwasser, Küstenschutz sowie Nationalparks setzte sie zumeist im Sinne eines umweltpolitisch konsequenten Standpunkts ein und zog sich damit nicht selten Argwohn und Unwillen der Industrie zu. Eine weitere Mitarbeiterin Gores, Kathleen McGinty, wurde zur Vorsitzenden des *President's Council on Environmental Quality*, einem Gremium, das den Präsidenten in Umweltfragen berät. McGinty fungierte so als Mittler zwischen Weißem Haus und den Umweltverbänden. Auf diese Weise wurde gewährleistet, daß ein offizieller Kanal zwischen der Umweltbewegung und der obersten Regierungsebene bestand, damit die Umweltgruppen ihre Anliegen in wichtigen Angelegenheiten direkt und ungefiltert vorbringen konnten. Im Prinzip erfüllte das Gremium damit eine Funktion, für die die Industrie viel Geld ausgeben mußte: McGinty war fortan die wichtigste Lobbyistin der Umweltbewegung und wurde für ihre Arbeit sogar aus staatlichen Mitteln bezahlt.

Daß Gore in der Umweltpolitik wirklich neue Wege gehen würde, konnte er bereits im ersten Jahr seiner Amtszeit unter Beweis stellen. Präsident Clinton hatte im Wahlkampf eine Vielzahl neuer Ausgaben angekündigt, gleichzeitig jedoch versprochen, das gewaltige Defizit des Bundeshaushalts (1992 bei mehr als 300 Milliarden Dollar) zu senken. Der Ausweg aus diesem Dilemma waren Steuererhöhungen, und so bereitete Clinton mit dem Haushalt für 1994 die größte Welle von

Steuererhöhungen seit der Amtszeit Jimmy Carters in den siebziger Jahren vor. Daß Unternehmen und Reiche zusätzlich belastet würden, stand ohnehin fest. Um die verbleibende Lücke zu decken, setzte sich Gore bei Clinton für seine Idee einer Kohlenstoffsteuer ein. Die Steuer bringe das notwendige Geld und sei außerdem ökologisch sinnvoll, argumentierte der Vizepräsident. Gores Verbündete McGinty hatte die Umweltverbände bereits um Vorschläge für die konkrete Ausgestaltung dieser Steuer gebeten, und so konnte Gore beim Präsidenten mit einer Reihe von Modellen für die neue Steuer werben.

Von einer Erhöhung der Benzinsteuer hielt Clinton nichts – sie sei der Öffentlichkeit nicht zu vermitteln. Die von den Umweltverbänden und von Gore favorisierte Lösung einer Steuer auf den Kohlenstoffgehalt von Energieträgern fiel beim Präsidenten ebenfalls durch; diese Form der Besteuerung hätte die demokratisch regierten »Kohlestaaten« in den Appalachen einseitig benachteiligt. Clinton entschloß sich hingegen für eine Brennwertsteuer, die belaste Kohle wie Öl, und das umweltfreundliche Gas sei weniger betroffen. Außerdem wäre die Preiserhöhung wegen der breiten Streuung auf praktisch alle Energieträger für den Verbraucher (und gleichzeitig Wähler) kaum spürbar.

Die Entscheidung stellte aus Sicht der Umweltverbände zwar nur die zweitbeste Lösung dar, doch immerhin war es – so Bill Roberts vom *Environmental Defense Fund*, einer Umweltorganisation – »ein Schritt in die richtige Richtung ... Eine Menge unserer Vorschläge trafen nicht auf taube Ohren«. Als Gore noch dafür sorgte, daß regenerative Energien von der Steuer ausgenommen würden, zeigte sich die Umweltbewegung rundum zufrieden.

Als Clinton seinen Haushalt der Öffentlichkeit vorstellte, brach ein Sturm der Entrüstung los. Die Republikaner behaupteten, die vorgesehene Brennwertsteuer erhöhe den Preis für Kohle um 20 Prozent, den für Benzin um etwa 15 Prozent (Benzin kostet in den USA etwa ein Viertel des Preises in Deutschland). Die großen Ölkonzerne verbündeten sich in ihrer Opposition mit den Fahrzeugherstellern und der

Kohleindustrie. Die Steuer war auch in der Bevölkerung sehr unpopulär – gerade in den großen Staaten im Westen der USA, wo die Wege zur Arbeit weit und öffentliche Verkehrsmittel nahezu unbekannt sind. Obwohl der Vorschlag das Repräsentantenhaus passierte, erlitt die Brennwertsteuer im Senat eine Niederlage. Im Laufe der Verhandlungen zwischen Senat und Weißem Haus über einen Kompromiß zum Staatshaushalt wurde die Steuer schließlich fallengelassen. Für Gore bedeutete dies eine herbe Niederlage, war doch eine Form der Energiesteuer eine der zentralen Handlungsempfehlungen in seinem »globalen Marshallplan«. In der Öffentlichkeit wie auch bei Abgeordneten der eigenen Partei hatte er intensiv für den Vorschlag Clintons geworben.

Auf Al Gore mag diese Erfahrung desillusionierend gewirkt haben, denn nach diesem Mißerfolg hielt er sich mit öffentlichen umweltpolitischen Initiativen zurück. Er sorgte zwar dafür, daß Umweltschützer weiterhin gehört, daß bestehende Gesetze im Zweifel für die Umwelt ausgelegt und daß Mittel im Umweltbereich nicht gekürzt wurden – von großen und umfassenden Vorschlägen im Stil der Brennwertsteuer sah der Vizepräsident jedoch fortan ab.

Noch 1993 setzte Clinton seine Unterschrift unter die sogenannte Klimarahmenkonvention des Umweltgipfels von Rio, deren Unterzeichnung sein Vorgänger verweigert hatte. Der symbolische Akt blieb allerdings ohne Konsequenzen. Gore und Clinton kündigten zwar eine Initiative zur massiven Reduktion der Kohlendioxid-Emissionen an, doch im sogenannten 50-Punkte-Plan der Regierung blieb es bei frommen Appellen an die Verbraucher: Sie sollten umweltfreundlichere Autos fahren, sich am Recycling beteiligen und Bäume pflanzen. Die geplante Reduktion von 100 Millionen Tonnen an Treibhausgasen konnte auf diese Weise – so war wohl auch Gore klar – nicht erreicht werden. Im Gegenteil, der Ausstoß an CO_2 stieg in den folgenden Jahren weiter an.

Die hohen Sympathiewerte für Clinton und seine Frau reduzierten sich recht bald nach der Amtsübernahme. Clinton konnte den großen Erwartungen, die seine Wähler in ihn gesetzt hatten, nicht gerecht werden. Dazu trug sein Mitarbeiterstab bei, der Clinton Themen aufdrängte, die dem linksliberalen Konsens innerhalb der Belegschaft des Weißen Hauses entsprachen, bei der Bevölkerung jedoch auf nur wenig Verständnis trafen. Daß beispielsweise die Zulassung von Homosexuellen in der Armee eine der ersten Initiativen war, die Clinton in Angriff nahm, verursachte in weiten Teilen der Öffentlichkeit bestenfalls Kopfschütteln. Die Energiesteuer, die von einer Mehrheit als mittelstandsfeindlich betrachtet wurde, gehörte ebenfalls in diese Kategorie.

Im Juli 1993 erschoß sich zudem ein Berater und langjähriger Freund des Präsidenten, Vincent Foster. Durch seinen Tod gelangte ein Thema in die Schlagzeilen, das Clinton und seine Frau noch einige Jahre beschäftigen würde. Es ging um ein Immobiliengeschäft am Fluß »Whitewater« in Arkansas, an dem die Clintons im Jahr 1979 beteiligt waren. Bald folgten eine Reihe von Vorwürfen (darunter Vorteilsnahme, die Veruntreuung öffentlicher Gelder und illegale Geschäftspraktiken), die selbst für gewiefte Rechtsanwälte kaum zu durchschauen waren. Die Verdachtsmomente – vor allem gegen Hillary Clinton – konnten bislang kaum erhärtet werden, doch es blieb der Eindruck, daß viele Dinge vertuscht worden seien. Einige Republikaner lancierten sogar, daß Hillary Clinton die Ermordung Fosters, der als Anwalt der Clintons über alle Zusammenhänge informiert war, in Auftrag gegeben habe.

Zu einer Bürde entwickelte sich auch Clintons Vorschlag für eine allgemeine Krankenversicherung. Im Wahlkampf hatte der Präsident noch viele Punkte mit seinem Plädoyer für eine Reform des Gesundheitswesens sammeln können, die auch all jene – insgesamt 30 Millionen – Amerikaner einschließen sollte, die bis dahin gänzlich ohne Versicherungsschutz waren. Auch Al Gore hatte sich für das Thema interessiert, zog letztlich aber den kürzeren: Hillary bekam den Zuschlag und sollte die Einzelheiten für ein Gesetz ausarbeiten. Als die Details des Plans bekannt wurde, setzte sich die gigantische Lobbying-Maschinerie der Pharma-Branche in Bewegung. Die vorgesehenen Maßnahmen, so die Industrie, hätten den Aufbau einer riesigen Bürokratie zur Folge und schränkten die freie Arztwahl ein. Außerdem sah das Gesetz eine verpflichtende Beteiligung der Arbeitgeber an der Krankenversicherung der Arbeitnehmer vor, was – glaubte man den Interessenverbänden – viele Kleinunternehmer in den Ruin getrieben hätte. Kurzum: Die Unterstützung in der Bevölkerung schwand, und das Projekt verlief im Sande.

Im Rückblick konnte Gore glücklich darüber sein, daß der Präsident die Gesundheitsreform seiner ambitionierten Frau übertragen hatte. Gores Beteiligung an der gescheiterten Energiesteuer war angesichts der fast täglichen Negativmeldungen aus dem Weißen Haus schnell vergessen, und so bewegte sich Gores Sympathiewert stets oberhalb der Bewertung von Präsident Clinton. Nur Hillary, die mit den meisten fehlgeschlagenen Projekten assoziiert wurde und als ungewählte *First Lady* quasi unter Generalverdacht stand, war noch unbeliebter als Bill Clinton.

Im März 1993 betraute der Präsident seinen Vize mit der Aufgabe, die Regierungsbürokratie auf Sparsamkeit, Bürgerorientierung und Effektivität zu überprüfen: »Die Regierung neu erfinden« nannte sich das Projekt unbescheiden; Ziel war »... eine Regierung, die besser funktioniert und weniger kostet«. Gore wurde ein Stab von 250 Beamten zur Seite gestellt, der innerhalb von sechs Monaten einen Bericht mit detaillierten Vorschlägen abfassen sollte. Die wichtigsten Mitarbeiter Gores waren Elaine Karmack, eine Beraterin Clintons, sowie David Osborne, der ein Buch über öffentliche Verschwendung geschrieben hatte. Einige Kommentatoren sahen die Initiative als »Trostpreis« für Gore, der sich eigentlich um die Gesundheitsreform oder um den Umbau der Wohlfahrt kümmern wollte. Doch angesichts der Schwierigkeiten, die die neue Regierung mit all ihren ambitionierten Projekten hatte, entwickelte sich Gores neue Aufgabe nach und nach zu einem Glücksfall für die neue Regierung wie auch für Gore selbst.

Die Initiative, die Gore übernommen hatte, war vor allem deshalb heikel, weil er sich – wollte er den Regierungsapparat spürbar verkleinern – mit den Gewerkschaften anlegen mußte, die seit jeher zu den treuen und finanziell potenten Unterstützern der Demokratischen Partei gehörten. Der Präsident der wichtigsten Gewerkschaft im öffentlichen Dienst, John Sturdivant, hatte Gore bereits in der Presse gewarnt, daß es keine Neuerfindung der Regierung geben werde, wenn die Gewerkschaften nicht einbezogen würden. Gore hatte verstanden: Zusammen mit den Gewerkschaften gründete er das *National Partnership Council* (NPC), eine Art runder Tisch, an dem die Vertreter der Arbeitnehmerseite sowie der Regierung saßen.

Im September übergab Gore den Bericht seiner Initiative unter großem Blitzlichtgewitter dem Präsidenten. Die Zahlen, die darin Erwähnung fanden, waren eindrucksvoll: 108 Milliarden Dollar sollten innerhalb der fünf folgenden Jahre eingespart, 252 000 Stellen gestrichen werden. Der Bericht enthielt außerdem viele Dutzend Beispiele öffentlicher Verschwendung sowie einige hundert Vorschläge, wie die Arbeit der Regierungsbürokratie effektiver und transparenter gemacht werden könnte. Gore hatte in den zurückliegenden Monaten in allen Behörden sogenannte »Erfindungslaboratorien« installiert, wo die Mitarbeiter selbst Ideen entwickelten und diskutierten. In zahlreichen Behörden hatte Gore außerdem Versammlungen abgehalten, um Vorschläge für sein Projekt zu sammeln.

Der Präsident unterzeichnete in den darauffolgenden Jahren vier Dutzend Direktiven und brachte fast hundert Gesetze durch den Kongreß, die den Vorschlägen in Gores Bericht entsprachen. Die Ergebnisse der Initiative konnten sich sehen lassen. Im März 1998, fünf Jahre nach Schaffung des Projekts, verkündete Gore stolz, daß der Regierungsapparat nicht um 252 000 Stellen, sondern sogar um 351 000 Stellen verkleinert worden sei. Insgesamt 640 000 Seiten amtsinterner Vorschriften seien ersatzlos gestrichen, mehr als 30 000 Seiten seien in »einfache Sprache« übersetzt worden.

Das Projekt stieß keinesfalls überall auf Zustimmung. Weit über die Hälfte aller eingesparten Jobs ergaben sich aus der Schließung von Militärbasen oder dem Personalabbau im Verteidigungsapparat – Maßnahmen, die nach dem Ende des Kalten Kriegs ohnehin vorgesehen waren. Regierungsaufgaben seien außerdem in vielen Fällen lediglich ausgelagert bzw. privatisiert worden. Die Republikaner bemängelten außerdem, daß die Umweltbehörde EPA – im Gegensatz zu allen anderen Ämtern – keinerlei Kürzungen hinnehmen mußte.

Einzig die Gewerkschaften stellten Gores Initiative nicht in Frage, denn trotz der massiven Einsparungen war nicht einem einzigen Gewerkschaftsmitglied gekündigt worden. Statt dessen konzentrierten sich die Kürzungen auf die mittlere Leitungsebene in den Behörden, wo nur wenige Gewerkschaftsmitglieder zu finden waren. Dadurch, so meinten Kritiker, sei jedoch genau die Hierarchiestufe beschnitten worden, die in Zukunft für die Überprüfung und effektive Umsetzung der Leitlinien notwendig sei.

Am 9. November 1993, einem Dienstag, absolvierte Al Gore den wichtigsten Auftritt während seiner ersten Amtsperiode als Vizepräsident. In Larry Kings Talkshow auf CNN diskutierte er mit dem texanischen Milliardär und Ex-Präsidentschaftskandidaten Ross Perot die Vor- und Nachteile der *North American Free Trade Area* (NAFTA), einem Freihandelsabkommen zwischen den USA, Kanada und Mexiko, das einen gemeinsamen Markt der drei Länder für Kapital, Güter und Dienstleistungen vorsah. Das NAFTA-Abkommen war von Präsident Bush unterzeichnet worden; die Ratifikation im Parlament stand allerdings noch bevor. Clinton und Gore vertraten einen anti-protektionistischen Standpunkt und befürworteten die Schaffung der NAFTA. Obwohl auch die Republikaner dem Abkommen positiv gegenüberstanden, hatte sich in beiden Parteien ein Block von Abgeordneten herausgebildet, der vor allem wegen der Teilnahme Mexikos an der Freihandelszone wirtschaftliche Nachteile für die USA befürchtete. Die Teilnahme eines Entwicklungslands, so argumentierten die NAFTA-Gegner, führe zu Lohn- und Sozialdumping. Viele amerikanische Unternehmen würden sich in Zukunft entscheiden, zu billigeren Löhnen sowie ohne Umwelt- oder Sozialauflagen in Mexiko zu produzieren: »Der einzige Export, der durch NAFTA stattfinden wird«, so ein demokratischer Hinterbänkler, »ist der von Arbeitsplätzen.«

Anderthalb Wochen vor der entscheidenden Abstimmung im Repräsentantenhaus erklärte sich Gore bereit, das Thema mit Perot, dem lautstärksten NAFTA-Gegner, im Fernsehen zu debattieren. Die neunzigminütige Sendung wurde von fast zwölf Millionen Zuschauern gesehen, und – glaubt man den Zeitungen, die am nächsten Tag ausführlich über den Schlagabtausch berichteten – sie präjudizierte das Parlamentsvotum im Sinne der Position von Clinton und Gore.

Das Aufeinandertreffen der zwei Männer stellte sich weniger als nüchternes Pro und Contra, sondern vielmehr als emotionsgeladenes Wortgefecht dar. Perot setzte mehrmals zu langatmigen Abhandlungen an, die er anhand von Grafiken und mitgebrachten Tabellen illustrierte. Mitten in der Debatte zeigte er ein Foto von schmutzigen mexikanischen Arbeitern, um darzustellen, auf was sich die USA mit NAFTA einlassen würden. Wann immer Gore oder King versuchten, ihn zu unterbrechen, wurde Perot aggressiv und schimpfte mit hochrotem Kopf auf sein Gegenüber ein. Der Fernsehkritiker der *Washington Post* bemerkte: »Der lustigste Moment war, als Perot sich selbst unterbrach, um Gore eine Frage zu stellen. Als Gore diese beantworten wollte, beschwerte sich Perot, daß Gore ihn schon wieder unterbrochen habe.«

Die *New York Times* hatte am Tag zuvor geschrieben, der Vizepräsident verteidige in der Sendung das Prestige der Regierung; auf ihm laste am Abend der Fernsehdebatte die gesamte Verantwortung für das Freihandelsabkommen. Trotz des enormen Drucks wirkte Gore – im Vergleich zu vorangegangenen Fernsehauftritten – während der Sendung entspannt und locker. Bei einem Gegner, der sich mit nahezu jeder Bemerkung mehr demontierte, war es für Gore relativ einfach, die Zuschauer auf seine Seite zu bringen. Der Vizepräsident erläuterte in ruhigem Ton die Vorteile, die NAFTA für die amerikanische Wirtschaft habe; er gestand ein, daß Mexiko in vielerlei Hinsicht kein idealer Partnerstaat sei und daß es noch Jahre dauern werden, bis Mexiko den Entwicklungsstand der USA erreicht habe: »Die Frage ist, ob wir die Möglichkeit haben werden, die Entscheidungen der [mexikanischen] Regierung zu beeinflussen … Der beste Weg, um den amerikanischen Einfluß zu wahren, ist, dieses Abkommen umzusetzen.« Die Amerikaner hätten die Wahl zwischen

»einer Politik der Angst und einer Politik der Hoffnung«. Perot stehe in einer Reihe mit den Protektionisten, die die Große Depression während der dreißiger Jahre durch die Abschottung der US-Wirtschaft vom Weltmarkt nur verschärft hätten. Am Ende der Diskussion überreichte Gore seinem Gegenüber ein gerahmtes Foto der zwei Abgeordneten, die das verhängnisvolle Zoll-Gesetz von 1930 initiiert hatten. Perot nahm das Foto mit saurer Miene entgegen und legte es kopfüber vor sich auf den Tisch. Gore lehnte sich zurück und strahlte über das ganze Gesicht. Am nächsten Tag resümierte der konservative Kolumnist William Safire, daß Gore seinen Kontrahenten »dem Erdboden gleich«gemacht habe. Sowohl im Repräsentantenhaus als auch im Senat stieß das NAFTA-Abkommen etwas mehr als eine Woche später auf breite Zustimmung.

Gore und Clinton erreichten ein Jahr später auch die Ratifikation des Welthandelsabkommens GATT. Unter Federführung Gores wurde zudem ein Handelspakt initiiert, der bis zum Jahr 2005 eine Freihandelszone schaffen soll, die ganz Nord- und Lateinamerika (außer Kuba) umschließt.

Clinton hatte sich im Wahlkampf als Kandidat präsentiert, der der Innenpolitik Vorrang einräumte. In der Tat blieb Clinton in den ersten zwei Jahren seiner Präsidentschaft außenpolitisch ein unbeschriebenes Blatt. Ein Großteil der amerikanischen Außenpolitik wurde in dieser Zeit im Nationalen Sicherheitsrat erarbeitet und dem Präsidenten lediglich zur Unterschrift vorgelegt. Warren Christopher hatte als hoher Diplomat schon unter Präsident Carter gedient, doch als Außenminister in der Clinton-Regierung vermochte der uncharismatische Karrierebeamte kaum eigene Akzente zu setzen. Unter diesen Voraussetzungen gelang es Al Gore, das außenpolitische Vakuum mit seiner eigenen Person zu füllen.

Entsprechend der von Clinton verteilten Zuständigkeiten kümmerte sich Gore zunächst vor allem um die Beziehungen zu Rußland und den restlichen Nachfolgestaaten der Sowjetunion. Im Vordergrund stand hierbei die Frage nach dem Nuklearwaffenarsenal der ehemaligen UdSSR. Für die USA hatte die Beschränkung der Zahl der Atommächte oberste Priorität, und so stellte sich für Gore die Aufgabe, die Regierungen von Kasachstan, Weißrußland und der Ukraine davon zu überzeugen, daß es in ihrem Interesse sei, ihre Atomsprengköpfe an Rußland zurückzugeben. Die drei Staaten hatten schon während der Amtszeit von Präsident Bush mit dem sogenannten Lissaboner Protokoll eine Reihe von Verträgen unterzeichnet, die sie zur Abgabe ihrer Waffen verpflichteten. Während Kasachstan und Weißrußland das Protokoll wenige Monate nach der Unterzeichnung ratifiziert hatten, gab es vor allem in der Ukraine große Bedenken bezüglich einer Verschrottung des nuklearen Arsenals. Die Abrüstungsverhandlungen mit der Ukraine gestalteten sich demnach schwierig, doch Anfang 1994 gelang unter der Vermittlung von Gore auch hier der Durchbruch. Eine Reihe von Sicherheitsgarantien – zum Beispiel die Teilnahme an der sogenannten »Partnerschaft für den Frieden« der Nato – sowie finanzielle Hilfen trugen dazu bei, daß die Verträge gegen Ende des Jahres 1994 auch vom ukrainischen Parlament akzeptiert wurden. Daß Gore die entscheidende Runde der Verhandlungen mit dem ukrainischen Präsidenten Krawtschuk leiten durfte, galt als besonderer Vertrauensbeweis des amerikanischen Präsidenten für seinen Stellvertreter (Clintons Mutter war einen Tag zuvor verstorben). Gore zeigte sich erkenntlich: Er spielte die eigene Beteiligung am Zustandekommen der Einigung herunter und überließ die Lorbeeren für den erfolgreichen Abschluß seinem Chef.

Gore besetzte während der ersten Jahre seiner Amtszeit eine Reihe politischer Nischen. Wenn ihm öffentliche Aufmerksamkeit zuteil wurde (was selten genug geschah), dann meist im Zusammenhang mit den wenigen Projekten, die die Clinton-Regierung in der Anfangszeit zum Erfolg geführt hatte, so zum Beispiel die Schaffung der NAFTA oder die Verschlankung des Regierungsapparats.

Clinton dagegen stand mehr denn je in der Kritik. Die Zustimmung zur Arbeit des Präsidenten lag zu Anfang des Jahres 1994 bei nur 40 Prozent, dem niedrigsten Wert, seit diese Zahlen erhoben werden. Obwohl die amerikanische Wirtschaft langsam an Fahrt gewann, haftete Clinton das

Stigma an, viel angekündigt, aber wenig auf den Weg gebracht zu haben. Hinzu kamen fast täglich neue Vorwürfe, die das Privatleben Clintons betrafen. Einige Wachmänner aus seiner Zeit in Arkansas sagten aus, sie hätten Clinton Frauen zugeführt, und in Washington behauptete Paula Jones, eine ehemalige Angestellte Clintons, auf einer Pressekonferenz unter Tränen, von Clinton sexuell belästigt worden zu sein. Natürlich machte auch der Whitewater-Skandal weiterhin Schlagzeilen (im August 1994 wurde als Sonderermittler in Sachen Whitewater der Staatsanwalt Kenneth Starr eingesetzt).

Innerhalb der Bevölkerung hatte sich eine lautstarke Minderheit formiert, die den Präsidenten mit Leidenschaft verachtete. Auf fast jedem Ortstermin wurden Clinton Transparente entgegengehalten, die ihn als »Präsident der Korruption« verspotteten oder ihn dazu aufforderten, »endlich die Wahrheit« zu sagen. Viele Autos trugen Aufkleber mit Sprüchen wie »1996 zahlen wir's Dir heim, Bill!«. Und auf einer Versammlung der christlichen Rechten postulierte man, daß Clinton zu wählen eine Sünde sei.

Doch es waren nicht ausschließlich die religiösen Fundamentalisten, die Clinton haßten; gerade seine eigene Generation – die sogenannten *Baby Boomer* – stellte die Mehrheit der Clinton-Gegner. Ein Meinungsforscher der Demokraten erklärte im Magazin *Time*: »Seine Altersgenossen haben sehr persönliche Gefühle ihm gegenüber. Das sind Leute, die ihn schon damals nicht gemocht hätten, als er zu den Besten in der High School gehörte und sie selbst im *McDonald's* arbeiten mußten.« Eine immer größer werdende Zahl von Amerikanern aus allen Schichten beklagte zudem das »moralische Defizit«, das sich in der steigenden Kriminalität und der hohen Zahl an Schwangerschaften von Teenagern ausdrücke. Daß der lebenslustige Clinton hier nicht als leuchtendes Vorbild zu gebrauchen war, versteht sich angesichts seiner außerehelichen Affären von selbst. Gore, dessen Integrität außer Frage stand, spielte in der Wahrnehmung der Öffentlichkeit eine zu periphere Rolle, um am desaströsen Gesamteindruck der Regierung Clinton etwas ändern zu können.

Im November 1994 standen die Zwischenwahlen zum Kongreß an. Die bevorzugte Wahlkampfstrategie demokratischer Abgeordneter bestand darin, sich möglichst weit von Präsident Clinton zu distanzieren. Nur wenige Demokraten bemühten sich um Auftritte des Präsidenten in ihrem Wahlkreis, und ein Foto des jeweiligen Abgeordneten mit Clinton galt beinahe als *Corpus Delicti*. Die oppositionellen Republikaner gaben sich mit ihrem »Vertrag mit Amerika« ein explizit konservatives Programm, das die Ausweitung der Todesstrafe, eine weitgehende Deregulierung und vor allem radikale Kürzungen bei den Sozialausgaben vorsah. Weitere Programmpunkte: rigorose Steuersenkungen und ein Verfassungszusatz, der die Neuverschuldung verbieten würde. »Die Ultrakonservativen«, so meinte ein Kolumnist, »haben die republikanische Partei als Geisel genommen.«

Am Wahltag rechneten die amerikanischen Wähler mit ihrer Regierung ab: Die Republikaner gewannen im Repräsentantenhaus 52, im Senat neun Sitze hinzu (im Senat standen nur 33 Sitze der insgesamt hundert Sitze zur Wahl). Damit hatte die demokratische Partei zum ersten Mal seit 1954 in beiden Kammern des amerikanischen Parlaments die Mehrheit verloren. Präsident Clinton und sein Vizepräsident benötigten fortan bei allen Gesetzesinitiativen die Zustimmung eines republikanisch dominierten Kongresses, der noch dazu von einer Garde junger Konservativer beherrscht wurde, die mit dem republikanischen Erdrutschsieg ins Parlament eingezogen waren.

Zweite Chance

Die Verzweiflung bei Clinton und seinen Anhängern war groß: Das Ende der Clinton/Gore-Regierung schien bereits nach der Hälfte ihrer Amtszeit besiegelt. Kaum jemand glaubte daran, daß sich Clinton von diesem Schlag erholen würde, denn mit einem republikanisch dominierten Kongreß im Rücken fiel es ihm noch schwerer, sich als eigenständiger und führungsstarker Präsident zu profilieren.

Die erste Option bestand für Clinton darin, weiterzumachen, als sei nichts geschehen. Alle Beschlüsse des Kongresses würden durch ein Veto des Präsidenten abgeschmettert, so daß für mindestens zwei Jahre auf nationaler Ebene praktisch kein maßgebliches Gesetz passieren könnte. Zu den Befürwortern dieser Blockadepolitik zählten Clintons engste Vertraute im Weißen Haus, George Stepahnopoulos und Harold Ickes. Ickes wie Stepahnopoulos waren linksliberale »Traditionalisten«, die enge Kontakte zur Parteibasis und zu den Gewerkschaften pflegten; besonders die Beteiligung von Ickes galt als Garantie dafür, daß Clinton bei den Vorwahlen für die Wahl von 1996 keinen parteiinternen Herausforderer haben würde.

Clinton spürte deutlich, daß ein fast zweijähriger Stillstand auf nationaler Ebene das sichere Ende seiner Präsidentschaft bedeuten würde. Deshalb rief er einen vetrauten Berater an, der seine Wahlkampagnen in Arkansas konzipiert hatte: Dick Morris. Morris hatte längere Zeit nichts mehr von Clinton gehört, doch die Idee, der darniederliegenden Präsidentschaft von Clinton mit eigenen Strategien und Vorschlägen auf die Sprünge helfen zu können, begeisterte ihn. Zu einem ersten Treffen zwischen den beiden Männern brachte Morris ein Papier mit, das einige Prinzipen enthielt, deren Einhaltung seiner Meinung nach nötig waren, um das Ruder bis zur Wahl im Jahr 1996 herumzureißen. Im Gegensatz zu Ickes und Stepahnopoulos schlug Morris vor, Teile der republikanischen Agenda zu adaptieren, um den Konservativen den Wind aus den Segeln zu nehmen. Die republikanischen Ziele sollten jedoch mit demokratischen Mitteln erreicht werden, so zum Beispiel den Ausgleich des Haushaltsdefizits (republikanisches Ziel), ohne aber ältere Menschen durch Einschnitte bei der medizinischen Versorgung schlechterzustellen (demokratisches Mittel). Des weiteren ging es darum, in der Außenpolitik Führung zu beweisen, um den Amerikanern die »Stärke und Härte« des Präsidenten zu demonstrieren. Morris nannte sein Konzept »Triangulation«, weil es zwischen den althergebrachten Positionen der Demokraten und der Republikaner einen »dritten Weg« definierte, mittels dessen das Zentrum des politischen Spektrums besetzt werden könnte.

Einige Monate lang blieb die Mitarbeit Morris' an der Politik des Präsidenten streng geheim, doch Anfang 1995 konnte Clinton den neuen Berater vor seinem Stab nicht mehr verbergen. Um Ickes und Stepahnopoulos formierte sich daraufhin eine stabsinterne Opposition – die linksliberalen Mitarbeiter begriffen sehr genau, was Morris' Beteiligung für den Kurs des Präsidenten bedeuten würde.

Was hatte Gore mit alldem zu tun? Der erste offizielle Termin im Weißen Haus führte Morris im März 1995 nach einem Gespräch mit Clinton in das Büro von Vizepräsident Gore. In seinem Buch »Behind the *Oval Office*« beschreibt Morris dieses Treffen: »Gore erzählte mir, daß ihn das Abdriften des Weißen Hauses [nach links] sehr besorge und er von der Niederlage 1994 sehr mitgenommen sei. Er sagte, er hätte verzweifelt versucht, die Regierung mehr in die Mitte zu bringen; die Stabsleute hätten ihn jedoch ins Abseits manövriert. Er sagte, daß er erst kürzlich von meiner Beteiligung gehört habe und daß er mich nicht kenne. Aber, so meinte er, ›wir brauchen eine Veränderung hier, eine gewaltige Veränderung, und ich hoffe und bete, daß Sie derjenige sind, der sie bringen wird‹. Wir besiegelten unsere Alllianz mit einem Händedruck.«

Gore wurde zum wichtigsten Lobbyisten von Morris' Gedanken innerhalb des Weißen Hauses. So eng wurde das Doppelpaß-Spiel zwischen Morris und Gore, daß Clinton seinen Vizepräsidenten in einem Wutausbruch als »Angestellten« des Wahlkampfberaters bezeichnete. Ohne die Zusammenarbeit mit Gore, so meint Morris, hätte er den Einfluß des Mitarbeiterstabs niemals brechen können, denn er selbst hatte kein Büro im Weißen Haus. Die Zeitschrift *US News & World Report* formulierte überspitzt, daß in letzter Konsequenz nicht Morris, sondern Gore für den Ruck Clintons zurück in die politische Mitte verantwortlich gewesen war.

Während also Morris in seiner Agentur in New York oder auf seinem Landsitz im Bundesstaat Maine die Konzepte erarbeitete und per Telefon mit Clinton Kontakt hielt, »bearbeitete« Gore seinen Chef im Weißen Haus und sorgte dafür, daß der gelegentlich zaudernde Präsident vom zentristischen

Kurs nicht abließ. Morris meint: »Ich begann zu verstehen, wie wichtig der Vizepräsident für den Präsidenten war. Gore ist die Einzelperson, deren Rat Clinton am meisten schätzt. Er betrachtet ihn als Juniorpräsident – noch nicht an der Spitze, aber gut genug, wenn die Zeit reif ist. Wenn er eine glasklare Einschätzung will, dann wendet er sich an Gore.«

Die Achse Morris/Gore erwies sich als äußerst effektiv: Bis zur Wahl von 1996 hielt sich Präsident Clinton konsequent an die von Morris entwickelte und von Gore befürwortete Strategie. Den »neuen« Bill Clinton – führungsstark und in der Offensive – konnte man bereits im April 1995 nach dem Bombenattentat von Oklahoma erleben, das Angehörige rechter Milizen verübt hatten. Während Clinton eine Reihe von Antiterrorgesetzen durch das Parlament brachte und schärfere Waffengesetze forderte, gaben sich die Republikaner (deren wichtigster Geldgeber die Waffenlobby ist) wortkarg. Im September demonstrierte Clinton nach Meinung vieler Amerikaner auch in der Außenpolitik Entschlossenheit: Der Präsident ließ in einer sogenannten Bestrafungsaktion irakische Militäreinrichtungen bombardieren.

Zum eigentlichen Wendepunkt entwickelte sich die Kontroverse um den Staatshaushalt. Die Republikaner hatten ihren »Vertrag mit Amerika« in Gesetzesform gebracht und in beiden Häusern des Parlaments beschlossen. Das republikanische Budget für die kommenden Jahre sah radikale Kürzungen bei den Sozialleistungen vor, um neben dem Ausgleich des Defizits auch beträchtliche Steuersenkungen finanzieren zu können. Die Wohlfahrt wollten die Republikaner ganz abschaffen. Die klassische Antwort des Präsidenten – ganz im Sinne von Ickes oder Stepahnopoulos – wäre schlicht ein Veto und heftiger Protest gegen die Gesetzentwürfe gewesen. Doch Clinton entschied sich für Morris‘ Vorschlag: Er unterstützte die Absicht der Republikaner, das Defizit auszugleichen, wies aber den vorgelegten Plan zurück. Er pflichtete den Republikanern bei, daß die Wohlfahrt verändert werden müsse, lehnte aber das entsprechende Gesetz ab. Statt dessen entwickelte der Präsident einen eigenen Plan zum Ausgleich des Haushalts: Danach würde das Zurückfahren des Defizits zwar drei Jahre länger dauern, gleichzeitig aber vermied Clintons Vorschlag Einschnitte in die gesundheitliche Versorgung der Senioren (das sogenannte *Medicare*-Programm). Kürzungen bei der Subventionierung von Schulspeisungen oder Bildungsprogrammen für sozial Schwächere lehnte er rundherum ab. Er versprach seine Zusammenarbeit bei der Reform der Wohlfahrt, wehrte sich aber gegen die gleichzeitige Streichung von medizinischen Beihilfen (das *Medicaid*-Programm).

Clinton schloß sich den populären Forderungen an, das Defizit auszugleichen und die Wohlfahrt zu reformieren, zeigte jedoch gleichzeitig einen Weg auf, der in den Augen der Amerikaner vernünftiger und moderater war als der ideologisch motivierte »Vertrag mit Amerika«. Er hatte somit die Leitthemen der Republikaner neutralisiert und mit eigenen Vorschlägen die Meinungsführerschaft zurückerobert. Die Strategie von Morris und Gore hatte sich als richtig erwiesen.

Die Republikaner weigerten sich, Clintons Vorschläge zu akzeptieren. Ende des Jahres 1995 kam es zwei Mal zu einer Schließung der Bundesbehörden, weil kein gültiger Haushalt vorlag. Für diese Eskalation machte man allgemein die Unnachgiebigkeit der Republikaner verantwortlich, und so lag Clinton gegen Ende des Jahres in den Meinungsumfragen zum ersten Mal seit zweieinhalb Jahren wieder vor seinen republikanischen Konkurrenten.

Als sich Anfang 1996 Bob Dole als Kandidat der Republikaner für die Präsidentschaftswahl herauskristallisierte, war die Wiederwahlkampagne der Demokraten bereits in vollem Gange. Im Gegensatz zu 1992 würde es diesmal nicht darum gehen, die über die wirtschaftliche Situation enttäuschten »wütenden weißen Männer« auf die Seite der Demokraten zu bringen. Die Befindlichkeit der Amerikaner hatte sich während der ersten vier Jahre der Regierung von Clinton und Gore grundlegend geändert: Trotz des anfänglichen schlechten Eindrucks, den Clinton bei den Wählern hinterließ, waren während der zurückliegenden Jahre fast zehn Millionen neue Arbeitsplätze entstanden (nur 20 Prozent hiervon schlecht bezahlte »McJobs«). Die Arbeitslosigkeit war unter fünf Prozent gedrückt worden, die Inflationsgefahr gebannt, und obwohl die Kaufkraft für den Mittelstand nicht merklich gestiegen war, herrschte ein Gefühl des allgemeinen Wohlstands vor. Die Demoskopen der Demokraten identifizierten deshalb die sogenannten »Footballmütter« als soziologische Zielkategorie der Wahlkampagne – junge Mütter, deren vermeintlich charakteristisches Merkmal das Fahren ihrer Sprößlinge zum Sport-Training war. Sie sorgten sich um Themen, die die Zukunft ihrer Kinder betrafen, weniger um eine weitere gigantische Steuerkürzung, wie sie von den Republikanern angekündigt wurde. Gemeinsamkeit statt Egoismus, Familien- statt Vermögenswerte, so lautete das Credo von Dick Morris.

Fast täglich kam aus dem Weißen Haus ein neuer Vorschlag, eine neue Initiative, die das Grundthema der demokratischen Wahlkampagne aufgriff. Stets ging es dabei um Ausbildung, Gesundheit und Familie. Gore nahm sich besonders der Umwelt an. Anders als zu Beginn der Wahlperiode war diesmal jedoch von Energiesteuern keine Rede. Gore interpretierte Umweltschutz jetzt als Verbesserung der Lebensqualität für amerikanische Familien, nicht als zusätzliche Belastung für den Geldbeutel des Durchschnittsverdieners: 1996 ging es um die Bewahrung des amerikanischen Adlers vor dem Aussterben, um den Ausbau der Nationalparks und um eine strengere Überprüfung der Trinkwasserqualität, nicht um eine Anhebung des Benzinpreises. Sogar der von Gore als jungem Abgeordneten initiierte *Superfund* zur Beseitigung von Giftmüll erlebte im Wahljahr ein öffentliches Revival.

Ganz im Sinne des »triangularen« Ansatzes von Morris stand nicht der Aufbau neuer staatlicher Programme oder Verwaltungsapparate im Vordergrund. Im Gegensatz zum eher traditionalistischen Ansatz arbeitete man mit Instrumenten wie Steuervergünstigungen oder erwirkte Selbstverpflichtungen der Industrie, um solidarisches Verhalten zu fördern. Vizepräsident Gore bewies hier ein gutes Gespür, war doch die Sorte populärer, wenn auch wenig konfrontativer Themen gefragt, die Gore schon als junger Abgeordneter im Repräsentantenhaus bevorzugt artikuliert hatte.

Ein gutes Beispiel war der sogenannte V-Chip (*Violence*, Gewalt) für Fernsehgeräte – ein Lieblingsprojekt von Vizepräsident Gore. Das Thema Gewalt und Sexualität im Fernsehen hatte seit den achtziger Jahren – als Gores Ehefrau eine Mütterinitiative zum Schutz von Kindern vor obszönen Musiktexten ins Leben rief – nichts an Brisanz verloren. Gerade junge Mütter waren nach wie vor besorgt über das, was ihre Kinder im Fernsehen zu sehen bekamen. Gore hatte die Idee, in alle neuen Fernsehgeräte einen Computerchip einzubauen, der problematische Inhalte im laufenden Programm erkennen und herausfiltern würde. Die Eltern könnten den Chip per Paßwort aktivieren.

Obwohl sich die großen Fernseh-Networks anfangs weigerten, brachte Gore die TV-Chefs im Februar 1996 dazu, an einem »Fernsehgipfel« im Weißen Haus teilzunehmen. Unter dem Druck der Öffentlichkeit ließen sich die Medienmanager breitschlagen, während jeder Sendung ein elektronisches Signal auszusenden, das vom V-Chip im Fernsehgerät des Zuschauers erkannt werden konnte. Außerdem erreichte Gore, daß sich die Networks bereit erklärten, jede Woche zusätzlich drei Stunden hochwertiges Kinderprogramm auszustrahlen.

Zusätzlich machte sich Gore für ein Verbot der Zigarettenwerbung stark – auf Initiative des Vizepräsidenten brachte Clinton ein Gesetz ein, das die Tabakwerbung stark einschränkte und solche Werbung verbot, deren Zielgruppe offensichtlich Kinder oder Jugendliche waren. Gore vergaß bei Wahlkampfveranstaltungen nicht, darauf hinzuweisen, daß er sich schon während der achtziger Jahre für größere Warnhinweise auf den Zigarettenpackungen eingesetzt habe. Daß Gore noch während seiner Amtszeit als Senator den Tabakfarmern in Tennessee erklärt hatte, daß er als Enkel eines Tabakbauern wisse, »wie wichtig dieser Lebensstil [der Tabakanbau] ist«, fiel unter den Tisch. Als Gore in bezug auf das Rauchen später der »Heuchelei« bezichtigt wurde, nahm ihn Dick Morris in Schutz: Man könne durchaus gegen das Rauchen sein und gleichzeitig die Tabakfarmer in Schutz nehmen, meinte der ehemalige Wahlkampfberater Clintons.

Allen Beteiligten war bewußt, daß die Wahlkampfinitiativen von Clinton und Gore keine weitreichenden Sozialreformen einleiten würden. Das Motto lautete vielmehr: Wir machen Amerika jeden Tag ein Stückchen besser. Die Vorschläge sollten eine optimistische Botschaft überbringen und den Amerikanern das Gefühl vermitteln, daß sich ihre Regierung um die Zukunft der Menschen im Lande kümmere, ohne aber gewaltige Umschichtungen anzustreben oder gar Steuern zu erhöhen. Ein weiteres Beispiel ist die Initiative von Vizepräsident Gore, jedes Klassenzimmer in den USA an das Internet anzuschließen. Unter großer Aufmerksamkeit der Presse bereiste Gore High Schools von Alaska bis Florida, um eigenhändig Telefonkabel (meist in den Farben der amerikanischen Flagge) auszulegen. Microsoft-Gründer Bill Gates stiftete Software, und die großen Internet-Provider – AOL oder Compuserve etwa – schufen einen speziellen Zugangstarif für Schulen. Dies nutzte den Schülern, den Firmen und vor allem der demokratischen Wahlkampagne.

Die Republikaner kamen mit ihrer Wahlkampagne indes nicht recht in Fahrt. Mit dem 73-jährigen Dole hatte die Partei einen Spitzenkandidaten nominiert, der gegenüber dem führungsstarken und dynamischen Clinton alt und sauertöpfisch wirkte. Da Clinton die wesentlichen Themen der Republikaner neutralisiert hatte, blieb Dole nur der Rückgriff auf die außerehelichen Affären und die vermeintlichen Skandale, in die der Präsident verwickelt war. Clinton – mit dem Selbstbewußtsein eines sicheren Siegers – ignorierte die Attacken und stellte Dole als ehrenwerten Senator dar, der sich um das Land verdient gemacht habe, der aber nicht in der Lage dazu sei, eine »Brücke ins 21. Jahrhundert« zu schlagen.

Zu allem Übel wählte Dole mit Jack Kemp einen Kandidaten für das Amt des Vizepräsidenten, der ein glühender Anhänger der angebotsorientierten Wirtschaftspolitik von Ronald Reagan war. Kemp schlug eine 15-prozentige Steuersenkung für alle Einkommensklassen vor. Für Gore – seinen direkten Gegenspieler – war es leicht, die Initiative als ungerecht zu brandmarken, weil sie die Großverdiener stärker entlastet hätte als die Normalverdiener. Außerdem blieb

Kemp den Nachweis schuldig, wie er die Senkung finanzieren wollte, ohne ein neues Loch in den Haushalt zu reißen.

Achtzehn Jahre nach dem sogenannten Vietnam-Parteitag traf sich die Demokratische Partei Ende August abermals in Chicago, um die Kandidaten für die Präsidentschaftswahl zu bestimmen. Im Gegensatz zu 1968 bestand diesmal kein Zweifel daran, wer als Sieger aus der Abstimmung hervorgehen würde. Und Al Gore war im Jahr 1996 kein verschüchterter Student, der in der Badewanne seiner Schwester übernachten mußte, um nicht in die Straßenkämpfe vor dem Kongreßgebäude verwickelt zu werden. In diesem Jahr war Al Gore der zweitwichtigste Mann, der erfolgreiche Vizepräsident, dem die Delegierten »Noch 12 Jahre! Noch 12 Jahre!« entgegenriefen – eine Anspielung auf die erhoffte Kandidatur Gores als Nachfolger von Präsident Clinton. Entgegen der Tradition verlegte die Parteitagsregie die Rede des Vizepräsidenten auf den Tag vor der Ansprache des Präsidentschaftskandidaten. Gore sagte selbstironisch, dies habe wohl »mit meiner Reputation als leidenschaftlicher Redner zu tun«.

Gore hatte sich in der Woche zuvor mit nichts anderem als der Vorbereitung seiner Ansprache beschäftigt. Seine Worte waren viele Dutzend Mal überarbeitet, jede Geste mit Schauspiellehrern einstudiert worden. Doch all die Mühe war – wieder einmal – vergebens: »Eine gute Rede ... hätte sie Clinton gehalten«, schrieben die Zeitungen tags darauf. Gores Bewegungen wirkten angestrengt; er sprach viel zu langsam und betonte nahezu jedes Wort. Man konnte spüren, wie Gore die vorbereiteten Gesichtsausdrücke nahezu mechanisch abspulte.

Der größte Teil seiner Rede reflektierte die Themen der Wahlkampagne: Verbraucherschutz, Umwelt, Erziehung. Genauso wie 1992, als Gore vom Unfall seines Sohnes erzählte, schloß sich an die nüchterne Bilanz auch diesmal eine persönliche Passage an. Diesmal ging es um den Tod seiner Schwester, die 1984 an Lungenkrebs gestorben war. Mit vielen Pausen und zitternder Stimme erzählte Gore: »Sie konnte nicht sprechen, aber ich fühlte, daß sie eine Frage stellen wollte: Bringst Du mir Hoffnung? ... Aber alles, was ich tun konnte, war, mich zu ihr zu setzen, mit all der Zärtlichkeit in meinem Herzen: Ich liebe Dich. Dann kniete ich neben ihrem Bett, hielt ihre Hand, und nach kurzer Zeit wurde ihr Luftholen schwerfällig, und dann atmete sie ihren letzten Atemzug.« Die Geschichte sollte deutlich machen, daß Gore den Kampf gegen die Tabakkonzerne aus innerster Überzeugung führte: »Und deshalb«, so fuhr Gore fort, »werde ich mein Herz und meine Seele darauf verwenden, unsere Kinder vor den Gefahren des Rauchens zu bewahren – bis auch ich meinen letzten Atemzug atme.«

Weit überzeugender gelang Gore das Kräftemessen mit dem republikanischen Kandidaten für das Amt des Vizepräsidenten. Gut einen Monat vor der Wahl fand in Florida die Fernsehdebatte zwischen Gore und Kemp statt. Als Kemp zu Beginn der Übertragung erklärte, er würde persönliche Angriffe auf Gore oder Clinton unterlassen, hatte er zugleich seinen einzigen Trumpf ausgespielt. Kemp pries statt dessen seinen Steuersenkungsvorschlag als Lösung für fast alle Probleme, einschließlich der ethnischen Konflikte und des Umweltschutzes. Er behauptete, das Wirtschaftswachstum reiche bei weitem nicht aus; die Clinton-Regierung betreibe in den schwarzen Ghettos der innerstädtischen Bezirke mit ihren Förderprogrammen eine Vorform von Sozialismus, und die Außenpolitik Clintons sei »unklar und überhastet«.

Die Vorwürfe Kemps befanden sich in derart eklatantem Widerspruch zur Stimmung innerhalb der Bevölkerung, daß es für Gore kein Problem war, die Vorhaltungen zu entkräften und ein optimistisches Bild der Zukunft zu entwerfen. Wie immer, wenn er sich auf Fakten verlassen konnte, machte Gore einen sicheren und beinahe gelassenen Eindruck. In Blitzumfragen nach Ende der Debatte sahen fast 60 Prozent der Befragten Gore als den klaren Gewinner.

Wenige Tage vor der Wahl begann die *Los Angeles Times* mit einer Reihe von Enthüllungen über illegale Wahlkampfspenden an die Demokratische Partei sowie an das Wahlkampfkomitee von Clinton und Gore. Die Demokraten hätten demnach Spenden von ausländischen Geldgebern eingeworben – dies ist jedoch nach amerikanischem Recht verboten.

Das *Wall Street Journal* berichtete, daß Gore an einer Spendenveranstaltung in einem buddhistischen Tempel teilgenommen hätte. Auch hier, so die Zeitung, sei Geld aus nicht-amerikanischen Quellen geflossen. Die Berichte erschienen zu kurz vor dem Wahltag, um den Siegeszug von Clinton und Gore stoppen zu können, doch bereits wenige Tage nach der Wiederwahl der zwei Amtsinhaber weiteten sich die Anschuldigungen zu einem Spendenskandal aus, der vor allem das Image Gores als tugendhaften »Mister Saubermann« der amerikanischen Politik schwer belastete.

Der Wahltag am 5. November brachte für Clinton und Gore Genugtuung. Clinton verfehlte mit 49,9 Prozent der Stimmen die absolute Mehrheit nur knapp. Dole errang 41,5 Prozent, Ross Perot, der sich kurzfristig zu einer erneuten Kandidatur entschlossen hatte, erzielte 8,6 Prozent. Im Wahlmänner-Gremium bekamen Clinton und Gore 379 der 538 Stimmen. Die Republikaner behaupteten in beiden Häusern des Parlaments ihre Mehrheit; sie mußten jedoch einige Sitze abgeben. Der Wahlsieg für die Demokraten fiel zwar insgesamt bescheidener aus, als von den Republikanern befürchtet, doch gemessen an der beinahe ausweglosen Situation, in der sich die Clinton-Regierung 1994 befand, war die Wiederwahl ein großer Triumph für die zwei Männer im Weißen Haus.

Die Kommentatoren stellten besonders die Rolle von Al Gore heraus. John McAllister schrieb in *Time*, der Vizepräsident habe es fertiggebracht, »perfekte Loyalität zu zeigen, ohne sich selbst kleinzureden«. Die Kandidatur Gores für das Präsidentenamt nach Ablauf von Clintons zweiter Amtszeit galt vielen deshalb als »unvermeidbar«, als »eine politische Tatsache«.

Bei der Vereidigung am 20. Januar 1997 kam es zu einer kurzen Verzögerung, nachdem Gore seinen Amtseid bereits abgelegt hatte. In Anspielung auf seine weithin bekannten Ambitionen auf den Job des Präsidenten kommentierte Gore den Vorgang nach der Zeremonie selbstironisch: »Fünf Minuten lang war ich Präsident der Vereinigten Staaten. Es war eine wichtige Zeit für mich, meine Familie und – wenn ich so sagen darf – für das ganze Land.«

Teurer Wahlsieg

Al Gores politische Karriere war mittlerweile mehr als 20 Jahre alt, und wer das politische System in Amerika kennt, der weiß auch, daß eine derart lange und erfolgreiche politische Laufbahn viel Geld kostet. Woher also stammten Al Gores finanzielle Mittel?

Bis heute ranken sich viele Legenden um einen Mann, der als graue Eminenz hinter der politischen Karriere von Al's Vater, Al Gore Sr., stand: Armand Hammer, ein Ölunternehmer, der sich – so sagt man in Washington – politischen Einfluß durch großzügige Wahlkampfspenden erkaufte. Der Fernsehsender ABC berichtet, daß die Karriere von Gores Vater als Abgeordneter und Senator nahezu ausschließlich von Hammer finanziert worden sei und daß sich Gore Sr. erkenntlich gezeigt habe, indem er Hammer mit demokratischen Präsidenten zusammenbrachte und sich für die Vergabe von Staatsaufträgen an Hammers Firmen einsetzte. Auch Al Gore II wurde aus dem Vermögen des Unternehmers großzügig unterstützt. Die Interessen des Umweltpolitikers Gore sind demnach untrennbar mit einem Ölmagnaten verbunden, der für seine Projekte – so stellte sich kürzlich heraus – im Amazonas-Gebiet Eingeborene vertreiben und Regenwald abholzen läßt. Die Verbindung könnte sich für Gore noch als Fluch offenbaren …

Daß Clinton und Gore in den Wahlsieg von 1996 viel Geld investieren müßten, hatte sich bereits mit dem Erscheinen von Dick Morris angekündigt. Es war Morris' Idee, die Vorschläge Clintons zum Ausgleichen des Haushalts mit einer großangelegten Fernsehwerbekampagne zu verbreiten. Die ersten Werbespots waren bereits ein Jahr vor dem Wahltermin ausgestrahlt worden, so daß das Thema entschärft war, bevor die Republikaner die Gelegenheit dazu bekamen, es in ihrem Sinne zu instrumentalisieren. Clinton und Gore akzeptierten den Vorschlag von Morris bereitwillig, denn der Präsident und sein Vize hatten – so Morris – »Todesangst« vor einer möglichen Kandidatur des populären Generals Colin Powell, der Mitte 1995 mit dem Gedanken spielte, sich als Unabhängiger oder als Kandidat der Republikaner aufstellen zu lassen. Insofern diente die massive Werbekampagne auch der Abschreckung – sie sollte demonstrieren, daß weder Powell noch ein parteiinterner Konkurrent gegen die gewaltigen Ressourcen des Präsidenten eine realistische Chance hätten.

Die Präsidentschaftswahlkampagne im Jahr 1996 wurde zum längsten und teuersten Wahlmarathon in der amerikanischen Geschichte. Man schätzt, daß von allen Kandidaten zusammen fast eine dreiviertel Milliarde Dollar investiert wurde. Präzise Summen lassen sich nur schwer kalkulieren, da die Ausgaben aus einer Reihe unterschiedlicher Quellen stammten. Das Wahlkomitee von Clinton und Gore gab in den Jahren 1995 und 1996 etwa 180 Millionen Dollar aus. Nicht einberechnet sind dabei die Aufwendungen der Parteiorganisation der Demokraten. Genausowenig gibt die Zahl Auskunft über die sogenannten »unabhängigen Aufwendungen«, also beispielsweise Anzeigen, die Interessengruppen oder Firmen zugunsten eines Kandidaten in Auftrag geben, ohne daß dieser selbst als Initiator in Erscheinung tritt.

Gore und Clinton blieb nicht viel Zeit, um sich über den Wahlsieg zu freuen. Was sich Anfang Oktober in einigen Zeitungsartikeln angekündigt hatte, weitete sich noch vor dem offiziellen Beginn der zweiten Amtsperiode zu einem handfesten Spendenskandal aus. Im Zentrum der Anschuldigungen stand diesmal nicht Clinton, sondern sein Stellvertreter Gore.

Die ersten Veröffentlichungen im Oktober 1996 hatten die Machenschaften von John Huang zum Thema, einem Spendenbeschaffer der Demokratischen Partei. Huang, ein in China geborener Amerikaner, war der Architekt eines Netzwerks asiatischer Geschäftsleute, die sich zum Ziel gesetzt hatten, demokratische Kandidaten in den USA zu unterstützen. Zu den eifrigsten Spendern gehörte die indonesische Lippo-Gruppe, ein Milliardenkonzern mit vielfältigen Interessen in den USA und China. Lippo hatte, so stellte sich heraus, über Strohmänner mehrere hunderttausend Dollar an Clinton, Gore und die Demokratische Partei gespendet. Sofort nach Bekanntwerden dieser Zusammenhänge zahlten die

Demokraten die entsprechenden Beträge an die Spender zurück. Der Parteisprecher behauptete, man habe die ausländische Herkunft der Spenden »übersehen«. Die Enthüllungsreporter – besonders bei der *Washington Post* – gaben sich mit dieser Antwort nicht zufrieden. Wenige Tage später folgten Artikel über die Beziehung Clintons zu James Riady (dem Sohn des Lippo-Gründers Mochtar Riady), die sich seit den achtziger Jahren kannten. Und in einigen Zeitungen wurde darüber spekuliert, daß die versöhnlichen Töne, die Clinton gegenüber dem indonesischen Diktator Suharto angeschlagen hatte, im Kontext der finanziellen Unterstützung zu sehen seien, die Clintons Wahlkampagne von der Lippo-Gruppe bekommen hatte. Auch die Lockerung der Handelsbeziehungen zu China, die während Clintons erster Amtsperiode vollzogen worden war, wurde in Zusammenhang mit dem Spender-Netzwerk von John Huang gebracht.

Gore hatte mit diesen Vorwürfen anfangs nur am Rande zu tun. Dies änderte sich jedoch, als die Journalisten auf weitere dubiose Methoden der Spendenbeschaffung stießen. Danach hätten Clinton, Gore sowie deren Ehefrauen während der Jahre 1995 und 1996 mehr als einhundert Treffen mit Spendern im Weißen Haus organisiert, bei denen Kaffee und Kuchen serviert worden sei. Besonders potenten Unterstützern sei die Ehre zuteil geworden, im sogenannten Lincoln-Schlafzimmer übernachten zu dürfen. Bei einem dieser Treffen – so zitierte die Presse einen Kaffeegast Gores – habe der Vizepräsident eine weitschweifige Tischrede über den Verfall der Metapher in der amerikanischen Sprache gehalten.

Selbst die liberale *New York Times* kritisierte Clinton und Gore für den Mißbrauch des Weißen Hauses zur Beschaffung von Spendengeldern. Rechtlich indes war dem Präsidenten und seinem Vize nicht beizukommen. Der *Pendleton Act* von 1887 verbietet zwar das Eintreiben von Wahlkampfspenden in öffentlichen Gebäuden, doch während der nachmittäglichen Besuche hatte kein Geld den Besitzer gewechselt. Ein direkter – gerichtlich verwertbarer – Zusammenhang zwischen den Empfängen und späteren Spenden konnte nicht bewiesen werden.

Als ebenso zwielichtig galten Telefonanrufe bei potentiellen Spendern, die Gore von seinem Büro im Weißen Haus aus geführt hatte. Insgesamt 52 dieser Gespräche – so ergab ein Abgleich der ausgehenden Anrufe mit einer Liste der Spender – fanden zwischen Ende 1995 und Anfang 1996 statt; 46 davon waren erfolgreich. Auf diese Weise konnte der Vizepräsident fast 800 000 Dollar für die Präsidentschaftswahlkampagne einwerben.

Einige der Angerufenen kannte Gore persönlich; so zum Beispiel Nat Landow, der ihn schon während der Präsidentschaftskampagne im Jahr 1988 finanziell unterstützt hatte. Viele der Namen auf der Spenderliste waren dem Vizepräsidenten allerdings völlig unbekannt. Die Gespräche, so schrieb Bob Woodward in der *Washington Post*, liefen häufig in einem rauhen, gelegentlich sogar fordernden Ton ab: »Er vermittelte ein Gefühl der Dringlichkeit, weil es für eine Werbekampagne war«, zitiert Woodward einen Spender, der in Folge Schecks über insgesamt 130 000 Dollar ausschrieb. Ein auf Anonymität bestehender Spender berichtete, daß er keine Chance gesehen habe, sich der Aufforderung Gores zu widersetzen: »Ich habe so viele Geschäfte, die indirekt von der Regierung abhängen.«

Gore erwarb sich im Weißen Haus den Spitznamen »Oberster Eintreiber«, weil er in kürzester Zeit dazu in der Lage war, beträchtliche Summen für die Wahlkampagne aufzubringen. Tatsächlich geht aus einigen Memoranden von Gore hervor, daß der Vizepräsident über die von ihm beschafften Spenden genau Buch führte und dem Präsidenten mit Stolz von den Erfolgen berichtete. Woodward schätzt, daß von den 180 Millionen Dollar, die das Wahlkomitee von Clinton und Gore 1996 offiziell zur Verfügung hatte, mindestens 40 Millionen auf das persönliche Engagement Gores zurückzuführen waren.

Am 2. März 1997, einen Tag nach der Veröffentlichung von Woodwards Bericht, gab Gore eine Pressekonferenz, um zu den Vorwürfen Stellung zu nehmen. Er gestand ein, daß er vom Apparat in seinem Büro bei Spendern angerufen habe, jedoch unter Verwendung einer Telefonkarte, die auf die

Demokratische Partei ausgestellt war: »Mein Berater sagt mir, daß kein rechtlicher Nachweis oder Präzedenzfall existiert, der belegen würde, daß die Art, in der ich die Leute um Unterstützung für unsere Wahlkampagne gebeten habe, den Bruch eines Gesetzes darstellt.«

Den bezeichnenden Ausdruck »kein rechtlicher Nachweis« erwähnte der nervös wirkende Gore während der Veranstaltung insgesamt sieben Mal, so daß unter den anwesenden Journalisten der Eindruck erstand, daß Gore in juristische Details flüchten mußte, um ein ansonsten anrüchiges Verhalten zu rechtfertigen.

Die rechtliche Situation war indes alles andere als eindeutig. Im Zusammenhang mit den Kaffeebesuchern im Weißen Haus hatten sich Clinton und Gore gerade dadurch entlastet, daß im Weißen Haus selbst keine Spendenwerbung stattgefunden habe. Im Falle der Telefonanrufe wiederum hatte Gore eingestanden, daß er die Anrufe in seinem Büro – in einem öffentlichen Gebäude – durchgeführt hatte. Blieb Gore also der eigenen Argumentation treu, dann waren die Anrufe ein klarer Verstoß gegen den *Pendleton Act*. Wenige Tage später fand Gore auch hier eine Ausrede: Entscheidend, so meinten die Anwälte, auf ein Urteil aus dem Jahr 1912 Bezug nehmend, sei nicht der Ort, an dem sich der Anrufer befinde, sondern der Standort des Angerufenen.

Einige Juristen vertraten die Meinung, daß Gore ungeschoren davonkommen könnte, wenn er bei den Angerufenen nicht um Zuschüsse für den eigenen Wahlkampf nachgefragt habe, sondern um Parteispenden für die Demokraten. Das Gesetz verbiete nämlich nur das Einwerben von Wahlkampfspenden, nicht jedoch die Akquisition von Parteispenden.

Die Unterscheidung zwischen Spenden für das Wahlkomitee eines Kandidaten (sogenanntes *Hard Money*) und der Unterstützung der allgemeinen Parteiarbeit (sogenanntes *Soft Money*) ist eine der umstrittensten Fragen der amerikanischen Politik. *Soft Money* gilt als größtes Schlupfloch der amerikanischen Wahlkampffinanzierung, weil die Spenden an die Parteien keinerlei Beschränkungen unterliegen; für Spenden an die Kandidatenkomitees hingegen gibt es Obergrenzen. Obwohl mit *Soft Money* der Aufbau und die Organisation der Partei finanziert werden sollen, haben beide Parteien in den vergangenen Jahren stets auch *Soft Money* im Wahlkampf eingesetzt. Die von Morris in Auftrag gegebenen Fernsehspots für das Budgetkonzept von Clinton wurden allesamt aus *Soft-Money*-Fonds der Demokratischen Partei bezahlt, obwohl Freund wie Feind klar sein mußte, daß es sich nicht um Reklame für die Demokraten handelte, sondern um Wahlwerbung für Clinton und Gore.

Suchte Gore also um Unterstützung für die Partei oder für das eigene Wahlkomitee nach? Die Aufzeichnungen von Gores Mitarbeitern weisen darauf hin, daß sowohl *Hard Money* als auch *Soft Money* eingeworben werden sollte. Gore selbst meint, er könne sich an keine dieser Mitteilungen erinnern. Schon wegen der Höhe der angeforderten Spenden, so Gore, sei offensichtlich gewesen, daß es sich um *Soft Money* handeln mußte, denn sie überstiegen den Betrag, der als Unterstützung für ein Kandidatenkomitee zulässig ist (das gesetzliche Limit für *Hard Money* beträgt derzeit 20 000 Dollar im Jahr).

Die Generalstaatsanwältin Janet Reno gab sich mit dieser Erklärung zufrieden, und auch viele republikanische Abgeordnete gestanden zähneknirschend ein, daß die Anhaltspunkte kaum ausreichen würden, um Gore ein Vergehen nachweisen zu können.

Der Vorwurf, das Weiße Haus zum Einwerben von Spenden mißbraucht zu haben, war bei weitem nicht die einzige Anschuldigung an die Adresse Gores. Die nächste Serie von Enthüllungen hatte ihren Ausgangspunkt in einer Spendenveranstaltung in einem buddhistischen Tempel, an der Gore am 29. April 1996 teilgenommen hatte. Der geistige Anführer des *Fo-Kuang-Shan*-Ordens, Hsing Yun, hatte Gore mit dem Versprechen in die *Hsi-Lai*-Kathedrale nach Hacienda Heights in Kalifornien gelockt, daß das Treffen mindestens 100 000 Dollar an *Soft Money* für die Demokratische Partei einbringen würde. Wenige Tage vor der Veranstaltung drohten Gores Mitarbeiter damit, die Veranstaltung abzusagen, weil die zu diesem Zeitpunkt vorliegenden Spendenzusagen unter den vereinbarten 100 000 Dollar lagen. John Huang, der Spendenbeschaffer der Demokraten, der das Treffen eingefädelt hatte, hielt daraufhin Rücksprache mit Hsing Yun, der versicherte, das Geld würde besorgt.

Die Veranstaltung erregte bereits am Tag des Geschehens Unmut, denn im Gegensatz zur üblichen Praxis wurde die Presse von der Teilnahme ausgeschlossen. Dafür gab es gute Gründe, denn im Anschluß an ein Essen überreichte eine Reihe von Nonnen und Mönchen des Ordens (die sich zum Leben in Armut verpflichtet hatten) Parteispenden in Höhe der versprochenen 100 000 Dollar. Als die Zeitungen ein halbes Jahr später berichteten, daß Angehörige des Ordens ganz offensichtlich als Strohmänner agiert hatten, erstattete die Demokratische Partei die übergebenen Geldbeträge unverzüglich an den Tempel zurück.

Rechtlich gesehen war die Affäre mit der Rückzahlung des Gelds für Gore und die Demokratische Partei erledigt. Der Tempel jedoch hatte gegen eine Bestimmung verstoßen, die es steuerbefreiten Religionsgemeinschaften verbietet, innerhalb ihrer Anwesen Spendensammlungen für politische Parteien oder Wahlkämpfe abzuhalten. Auf Gore fiel der Verdacht, daß er den Rechtsbruch bewußt in Kauf genommen hatte, um an das Geld zu kommen. Dazu befragt, antwortete Gore zunächst, daß es sich nicht um eine Spendenveranstaltung im eigentlichen Sinne gehandelt habe, sondern in erster Linie um eine Art multikultureller Begegnung, die dazu gedient hätte, Kontakte zu einem anderen Teil der amerikanischen Gesellschaft zu vermitteln. Als ihm die Journalisten diese Erklärung nicht durchgehen ließen, gab Gore zu, daß es ein Ereignis gewesen sei, »das mit Finanzen zu tun hatte«. Wenige Tage später näherte sich Gore der Wahrheit einen weiteren Schritt – er erklärte, die Veranstaltung sei »ein politisches Ereignis gewesen, und ich wußte, daß Finanzleute anwesend sein würden«. Keinesfalls aber sei der Vorgang ein *Fund-Raiser*, eine Spendenveranstaltung im klassischen Sinne, gewesen, denn diese hätte auf dem Gelände des Tempels überhaupt nicht durchgeführt werden dürfen. Für Gore galt der Grundsatz: Was nicht sein darf, das kann nicht sein.

Die Republikaner zeigten an dem Vorgang verständlicherweise großes Interesse. Unter Leitung des Senators Fred Thompson verabschiedete der Senatsausschuß für Regierungsgeschäfte einen Bericht, der die Verbindungen Clintons und Gores zu verschiedenen asiatischen Geldgebern detailliert nachzeichnet.

Nach Thompsons Bericht habe die Verbindung Gores zu Geldgebern aus Asien bereits nach der verlorenen Präsidentschaftskandidatur von 1988 begonnen. Gore suchte damals nach Möglichkeiten, Geld zur Deckung seiner Schulden zu finden, die sich während des Wahlkampfs angehäuft hatten. Er machte Bekanntschaft mit Maria Hsia, einer in Taiwan geborenen Asiatin, die in den siebziger Jahren eingebürgert wurde. Hsia hatte zusammen mit John Huang und James Riady, dem Sohn des Lippo-Gründers, eine Interessengruppe gegründet, die sich *Pacific Leadership Council* (PLC) nannte. Zum Dunstkreis des PLC gehörte auch Hsing Yun, der geistige Führer des Ordens in Hacienda Heights, den Gore 1996 besuchte. Der Zweck des PLC bestand darin, Kontakte zu einer Reihe von hoffnungsvollen Politikern der Demokratischen Partei zu knüpfen, um auf diese Weise die eigenen Anliegen wirkungsvoller vortragen zu können. Dabei ging es zum einen um Einwanderungsanträge asiatischer Geschäftsleute, zum anderen um wirtschaftliche Interessen der Geldgeber des PLC. Der wichtigste Finanzier der PLC war die Lippo-Gruppe, und so wurde die Unternehmenspolitik von Lippo zur Ratio des PLC.

Die Verbindung zwischen Hsia und Gore begann mit einer Einladung zu einer Reise nach Asien. In einem Schreiben Hsias heißt es: »Ich werde alle meine Kollegen dazu überreden, bei einer möglichen Präsidentschaftskandidatur Ihrerseits eine führende Rolle zu spielen.« Auf Anraten seiner Mitarbeiter, die das Angebot für vielversprechend hielten, akzeptierte Gore. Die Reise, so behauptete Hsia, werde von einer »gemeinnützigen Organisation in Indonesien« finanziert.

Der Aufenthalt in Asien stellte sich für beide Seiten als gewinnbringende Investition heraus. Hsia organisierte in den folgenden Jahren für Gore eine Reihe von Spendenveranstaltungen. Über das Wahlkampfkomitee demokratischer Senatoren, eine Unterorganisation der Demokratischen Partei, zahlte sie jahrelang *Soft Money* in die Wahlkampfkasse Gores ein. Die Spendenanweisungen an die Demokraten waren dabei stets mit dem Zusatz versehen, daß das Geld ausschließlich zur Unterstützung von Senator Gore bestimmt sei.

Niemand weiß genau, wieviel ausländisches Geld seinen Weg über Strohmänner in die Parteikassen der Demokraten gefunden hat. Es steht jedoch außer Frage, daß Gore nicht der einzige demokratische Politiker war, der von den Spenden des PLC profitiert hat. Auch Bill Clinton galt den Lobbyisten vom PLC als demokratischer Hoffnungsträger. Der bis dahin weithin unbekannte Clinton hatte auf dem Parteitag der Demokraten im Jahr 1988 die Ansprache zur Einführung von Michael Dukakis gehalten und geriet so in das Visier des PLC. In Arkansas baute man eine komplizierte Struktur von Schattenfirmen auf, die ihre Mittel wiederum von Riadys Lippo-Gruppe bezogen. Der Inhaber eines chinesischen Restaurants in der Hauptstadt von Arkansas, Charly Trie, gründete eine Tarnfirma, die zwischen 1994 und 1996 mehr als 200 000 Dollar an die Demokratische Partei spendete. Auch der Fonds, der das Geld für die Bezahlung von Clintons Anwälten sammelte, erhielt viele Zehntausend Dollar von dem chinesischen Gastronomen, der mit seiner Gaststätte nach Angaben der Finanzbehörden wenig mehr als 30 000 Dollar im Jahr verdiente.

Im Thompson-Report werden die Finanzströme bis hin zu solchen Unternehmen verfolgt, die den amerikanischen Geheimdiensten als Scheinfirmen der chinesischen Regierung bekannt sind. Thompson schlußfolgerte deshalb, daß Hsia de facto eine »Agentin« der Regierung der Volksrepublik China gewesen sei. Die Regierung Chinas habe Politiker der Demokraten im Laufe der Jahre mit insgesamt zwei Millionen Dollar unterstützt.

John Huang weigert sich bis heute, vor Gericht auszusagen; Charly Trie setzte sich ins Ausland ab. Trotz aller Hinweise auf Gesetzesverstöße hat Generalstaatsanwältin Reno mehrfach die Forderung zurückgewiesen, ein offizielles Verfahren gegen Gore einzuleiten und einen Sonderermittler einzusetzen. Zweimal wurden Voruntersuchungen gegen Gore eingeleitet, doch in beiden Fällen kam Reno zu dem Schluß, daß die Hinweise für die Berufung eines Sonderermittlers nicht ausreichen würden.

Von demokratischer Seite wurde argumentiert, daß die vielen Schlupflöcher den Mißbrauch der Regelungen zur Wahlkampffinanzierung geradezu ermutigten. Auch die Republikaner hätten in der Vergangenheit gegen die bestehenden Vorschriften verstoßen. Schuld seien also nicht Gore oder Clinton, sondern das Gesetz, das einer dringenden Reform bedürfe. Michael Kinsley, ein Kolumnist, schlug sich in der Zeitschrift *New Republic* auf die Seite von Al Gore: »Wenn jemand ein Gesetz bricht, dann demonstriert das eine Schwäche dieser Person, nicht des Gesetzes. Aber wenn sich viele Leute so verhalten, daß der Geist eines Gesetzes verletzt wird – wenn auch nicht zwangsläufig sein Wortlaut –, dann lassen sich daran möglicherweise nicht die Mängel all dieser Menschen ablesen, sondern die Fehlerhaftigkeit des Gesetzes selbst.«

Auch wenn Gore die Spendenskandale rechtlich gesehen unbeschadet überstand, so hinterließen die Enthüllungen einen fatalen Eindruck. Gores Chef, der Präsident, litt unter den Berichten über eigene Verfehlungen in Zusammenhang mit der Wahlkampffinanzierung nur wenig, denn Clinton genoß in bezug auf seinen Charakter ohnehin geringes Ansehen – die Veröffentlichungen über ausländisches Spendengeld auf seinem Konto bestätigten demzufolge nur das bereits ramponierte Image des Präsidenten. Anders bei Gore: Der Vizepräsident, dessen ärgster Mangel bis dahin seine Langweiligkeit war, verlor in den Augen der Amerikaner mit dem Spendenskandal seine Unschuld.

Zu dem Vorwurf, ein unbarmherziger Geldeintreiber zu sein, der die Gesetze mißachtete, wenn es dem eigenen Vorteil diente, gesellte sich eine weitere Kritik. Die Reaktionen Gores auf die Anwürfe galten den Kommentatoren nicht nur als spitzfindig – sie bewiesen auch, so hieß es, die Unfähigkeit Gores, mit Streßsituationen umzugehen. Der ständige Verweis auf die rechtliche Situation im Falle der Telefonanrufe sowie sein deutliches Schlingern, als es um die Rechtfertigung der Spendenveranstaltung in dem buddhistischen Tempel ging, wurden von der Presse als Schwäche Gores interpretiert. Es fehle Gore an Souveränität und Führungsqualität – Fähigkeiten, die man in Amerika von einem möglichen Präsidenten auch in Krisensituationen erwarte. Ein republikanischer Abgeordneter meinte: »Gores Reaktion in einer persönlichen Krise zeigt, daß er Clintons schlimmste Eigenschaft übernommen hat, nämlich dieses ›Ich habe nicht inhaliert‹-Herumdrucksen, wenn er unter Druck gerät.«

Die bittere Schlußfolgerung war, daß Gore nicht fähig sei, die Präsidentschaft zu übernehmen. In einem Leitartikel der *New York Times* hieß es: »Es kann nicht angenehm gewesen sein, derart viele Spendenanrufe zu machen und dann solch haarsträubende Entschuldigungen zu erfinden. Gore tat es, um sicherzustellen, daß Clinton sein bester politischer Freund bleiben würde. Aber genau hierdurch wurde Gore zum schlimmsten Feind seiner eigenen Ambitionen im Hinblick auf das Amt des Präsidenten.«

Kompromiß in Kyoto

Al Gores altes Kernthema Umweltschutz, das mit der gescheiterten Brennwertsteuer zunächst belanglos geworden war, hatte im Präsidentschaftswahlkampf eine Renaissance erlebt. Im Unterschied zum ersten Anlauf war den Amerikanern die Sicherung der Natur nicht mehr in Form einer Steuererhöhung präsentiert worden, sondern als ein Bündel von Einzelmaßnahmen zur Verbesserung der Lebensqualität. Dies konnte jedoch nicht darüber hinwegtäuschen, daß der ganzheitliche Ansatz Gores, die Rettung der Umwelt zum »zentralen Organisationsprinzip« der Gesellschaft zu machen, dabei aus dem Blickfeld geriet. Von einem »globalen Marshallplan« war zwar noch immer die Rede, doch die kühne Rhetorik stand in deutlichem Widerspruch zum tatsächlichen Handeln. Viele Umweltschützer beklagten, daß Clinton und Gore, die als »Umweltregierung« angetreten seien, inzwischen genauso staubgrau geworden seien wie ihre Vorgänger. Andere hielten entgegen, daß es beachtenswert sei, daß das Thema in einer durch Industrie-Lobbyisten und den republikanischen Kongreß geprägten Umgebung überhaupt noch eine Rolle spiele. So meinte der Herausgeber des Umweltmagazins *Sierra*, Dan Weiss, daß Gore – trotz allem – das beste sei, »was wir uns je erhoffen konnten. Es ist schwer vorstellbar, daß irgendwann ein Präsident gewählt werden könnte, der sich stärker für die Umwelt einsetzt als Gore.«

Tatsächlich arbeitete der Vizepräsident kontinuierlich an der Durchsetzung seiner umweltpolitischen Agenda, wenn auch in kleinen Schritten und ohne die Aufmerksamkeit einer breiten Öffentlichkeit. Gore konnte beispielsweise durchsetzen, daß die Bewahrung der Umwelt als Element in die allgemeine Definition des Begriffs »nationale Sicherheit« aufgenommen wurde. Umweltschutz ist demzufolge ein nationales Interesse der USA, das formal gleichberechtigt neben den wirtschaftlichen Interessen und der Landesverteidigung steht. Das Außenministerium, so die erste Konsequenz aus dem Paradigmenwechsel, wird in den folgenden Jahren in verschiedenen Ländern ein Dutzend sogenannter »Umweltdrehkreuze« errichten, die der Förderung der staatenübergreifenden Kooperation in Fragen des Trinkwassers, der Artenvielfalt und der Forstwirtschaft dienen sollen.

Ebenso erreichte Gore die Verschärfung des Gesetzes zur Reinhaltung der Luft. Die Umweltbehörde hatte strenge Richtlinien vorgeschlagen und sich damit den Zorn der Industrie und vieler Liberaler zugezogen. Die neuen Standards, so argumentierten besorgte Vertreter der ethnischen Minderheiten, würden zur Folge haben, daß sich die Industrie aus den ohnehin strukturschwachen Innenstadtbereichen zurückziehe und sich neue Standorte auf dem flachen Land suche, wo die Grenzwerte leichter einzuhalten seien. Präsident Clinton beurteilte das Vorhaben seiner Umweltbehörde skeptisch, und Gore hielt sich zurück, um seinem Vorgesetzten nicht in den Rücken zu fallen. Die Umweltgruppen witterten Verrat, sprachen vom umweltpolitischen Offenbarungseid des Vizepräsidenten. Im Rückblick jedoch erwies sich das »Prinzip

Gore« – absolute Loyalität zum Präsidenten in der Öffentlichkeit, intensives Lobbying unter vier Augen – als durchaus effektiv. Auch die Öko-Aktivisten mußten eingestehen, daß der Vizepräsident bei einer öffentlichen Konfrontation zwischen Clinton und Gore vermutlich den Kürzeren gezogen hätte. So aber konnte sich Clinton dazu durchringen, die strengen Richtlinien zu unterstützen, wenn auch die Chefin der Umweltbehörde versprechen mußte, bei der Umsetzung der neuen Vorgaben neben den ökologischen auch soziale und ökonomische Aspekte zu berücksichtigen.

Im Vorfeld des Klimagipfels in Kyoto verabschiedete Clinton auf Initiative Gores ein Paket von Maßnahmen, das die Förderung der effizienten Nutzung von Energie zum Ziel hatte. Die darin vorgesehenen Instrumente folgten dem neuen Ethos der Clinton-Regierung. Während die Brennwertsteuer die Verbraucher belastet hätte, stellte Clinton jetzt Entlastungen in Aussicht. Die Nutzer von schadstoffarmen Autos oder die Produzenten regenerativer Energie konnten großzügige Steuerbefreiungen in Anspruch nehmen.

Das wichtigste Ereignis seiner zweiten Amtsperiode als Vizepräsident war zweifellos der Klimagipfel im japanischen Kyoto, der vom 29. November bis 11. Dezember 1997 stattfand. Es ging um Gores wichtigstes Anliegen: die Vereinbarung verbindlicher internationaler Regeln zur Verringerung der Treibhausgase und damit zur Eindämmung der globalen Erwärmung. Im Gegensatz zum ersten Großereignis dieser Art, dem Gipfel in Rio de Janeiro im Jahr 1992, bekleidete Gore diesmal nicht die Rolle des machtlosen »Oppositionsführers« innerhalb der amerikanischen Delegation; er war jetzt Beauftragter des Präsidenten, der ranghöchste Vertreter der amerikanischen Regierung. Präsident Clinton sagte Gore zu, bei der Vorbereitung und der Durchführung der Gipfelkonferenz weitgehend freie Hand zu haben. Auch die Medien interessierten sich dafür, welche Figur der mögliche Clinton-Nachfolger bei den Verhandlungen machte. Alle Hoffnungen (und Befürchtungen) lasteten demzufolge auf Vizepräsident Gore.

Gores Ziel war ein Abkommen, das möglichst viele Länder auf möglichst hohe verbindliche Maßnahmen zur Senkung ihrer Emissionen festlegte. Davon sollten auch die USA – mit fast 25 Prozent des globalen CO_2-Ausstoßes der weltweit größte Produzent von Treibhausgasen – nicht ausgenommen werden. Daß ein Durchbruch in Richtung einer substantiellen Reduktion der Treibhausgase nicht einfach werden würde, zeichnete sich jedoch bereits im Laufe des Jahres 1997 ab. Kohle- und Ölerzeuger, Agrar-, Energie- und Automobilindustrie sowie die ölproduzierenden Staaten hatten sich in der *Global Climate Coalition* (GCC) zusammengeschlossen, einer Lobbyistenallianz, deren Ziel es war, ein Abkommen in Kyoto zu verhindern oder – falls dies nicht möglich war – eine Einigung durch eine Vielzahl von Ausnahmeregelungen zu verwässern. Ähnlich einer Wahlkampagne begann die GCC schon Monate vor der Konferenz damit, im amerikanischen Fernsehen Werbespots auszustrahlen, die für den Fall eines Abkommens in Kyoto den Niedergang der amerikanischen Industrie und damit den Verlust vieler Millionen Arbeitsplätze voraussagten. Die GCC argumentierte, daß sich die großen aufstrebenden Schwellenländer (allein Indien und China repräsentierten ein Drittel der Weltbevölkerung) niemals auf eine Reduktion der Treibhausgase einlassen würden, weil die Ansiedlung von Industrie der Schlüssel zur Entwicklung und zum Wohlstand in diesen Staaten sei. Ein Vertrag, der die USA auf eine Senkung festlege und die Entwicklungsländer gleichzeitig ausnehme, habe zur Folge, daß die abgasintensiven Industrien in den entwickelten Ländern mitsamt den Arbeitsplätzen in diejenigen Staaten abwandern würden, die keinen Beschränkungen unterlägen.

Die Anti-Kyoto-Kampagne der GCC aktivierte in der Öffentlichkeit genau diejenigen (materiellen) Ängste, die schon die Durchsetzung des NAFTA-Handelsabkommens schwierig gemacht hatten. Die Industrie versäumte es derweil nicht, auch bei den Entscheidungsträgern im amerikanischen Parlament um Unterstützung zu werben. Die Republikaner mußten von ihrer Gegnerschaft zu Gores Anliegen nicht überzeugt werden, denn sie hatten in dem Thema schon längst eine

Möglichkeit entdeckt, den wahrscheinlichen Präsidentschaftskandidaten für die Wahl im November 2000 anzugreifen. Im Senat artikulierte sich allerdings auch Widerstand innerhalb von Gores eigener Partei. Am 25. Juli 1997 verabschiedete der Senat mit 95 zu 0 Stimmen die sogenannte »Resolution 98«, in der die Politiker ihren Widerstand ankündigten, falls die Regierung in Kyoto ein Abkommen unterzeichne, das der amerikanischen Volkswirtschaft Schaden zufüge oder die Entwicklungsländer nicht den gleichen Standards unterwerfe wie die Industriestaaten. Trete dieser Fall ein, so behalte sich der Senat vor, die Einigung nicht zu ratifizieren – eine Einigung würde auf diese Weise in den USA niemals in Kraft treten.

»Al gegen den Rest der Welt« – Gore hatte die gesamte Industrie, den Senat und große Teile seiner eigenen Partei gegen sich. Und auch Präsident Clinton hatte nach den bitteren Erfahrungen der Jahre 1993 und 1994 kein Bedürfnis mehr danach, das gesamte Land gegen sich aufzubringen – zumal der Klimaschutz ihm kein spezielles Anliegen war, sondern ein Lieblingsprojekt seines Vize.

Der Mangel an Unterstützung im eigenen Land war nicht Gores einziges Problem: Hinzu kam die Schwierigkeit, alle 152 Teilnehmerländer in Kyoto unter einen Hut zu bringen. Immerhin die Staaten der Europäischen Union unterstützten die Festlegung verbindlicher Maßnahmen zur Senkung der CO_2-Emissionen. Eine Resolution der EU-Regierungschefs sah eine Reduktion der Treibhausgase von 15 Prozent unter das Niveau von 1990 vor. Die Entschlossenheit der europäischen Staaten, verbindliche Reduktionen festzuschreiben, hatte allerdings nur am Rande mit umweltpolitischer Überzeugung zu tun. Großbritannien hatte einen Großteil seiner Energieversorgung auf umweltfreundliches Erdgas aus der Nordsee umgestellt, und Deutschland konnte die geforderte Senkung wegen der darniederliegenden Industrie im Osten leicht erfüllen. Unter diesen Umständen fiel es den europäischen Regierungschefs nicht schwer, sich auf internationaler Ebene als Anwälte der Umwelt darzustellen. Auch die karibischen und pazifischen Inselstaaten, die fürchteten, ihre Länder würden im Ozean versinken, wenn sich die Erwärmung der Erdatmosphäre fortsetze, unterstützten die Europäer in ihrem Anliegen, den Ausstoß der Treibhausgase drastisch zu verringern. Japan stand tiefen Einschnitten skeptisch gegenüber, hielt sich jedoch mit kritischen Kommentaren zurück, weil man als Gastgeber der Konferenz nicht für deren Scheitern verantwortlich gemacht werden wollte.

Ganz offen opponierten hingegen die Entwicklungsländer. Die Lobbyisten von der GCC lagen mit ihrer Einschätzung richtig, daß gerade die Schwellenländer mit hohen Wachstumsraten – Indonesien, Brasilien, Indien oder China etwa – jede Einschränkung ihrer zukünftigen Entwicklung aufs schärfste bekämpfen würden. Entwicklung bedeutete in den Augen dieser Staaten Industrialisierung, und Industrialisierung war nur zu erreichen, wenn dem Ausstoß an Umweltgiften nach oben keine Grenzen gesetzt wurden. Das Argument, daß ein Umweltabkommen nur ein weiterer – wenn auch subtiler – Unterdrückungsmechanismus der ehemaligen Kolonialmächte sei, machte das ganze Dilemma der internationalen Umweltpolitik offenbar.

Ein starres Abkommen, das jede Nation auf dieselbe prozentuale Reduktion ihrer Emissionen festlegen würde, hatte unter den gegebenen Bedingungen keine Chance – das wußte auch Gore. Die einzige Möglichkeit, einen Vertrag zustande zu bringen, bestand darin, in einem einheitlichen Abkommen den unterschiedlichen Interessen der Staaten Rechnung zu tragen. Ein solches Vorgehen aber barg die Gefahr, den Klimavertrag durch allzu viele Sonderregelungen zu verwässern; die von Gore und den Umweltschützern erhoffte Verbindlichkeit bliebe so auf der Strecke. Andererseits hätte ein totales Scheitern zur Folge, daß der in Rio de Janeiro begonnene Klimadialog für die kommenden Jahre de facto gestorben wäre. Ein schwacher Vertrag war unter diesen Umständen besser als überhaupt kein Abkommen.

Der Vizepräsident arbeitete das ganze Jahr 1997 über an einem Ausweg aus dem Dilemma. Als Lösung präsentierte Gore eine seit Jahren in akademischen Zirkeln diskutierte Idee: den Handel mit Emissionsrechten. Danach legte sich jeder Staat in einem Abkommen auf eine prozentuale Senkung der Treibhausgas-Emissionen fest. In diesem Umfang stünden jeder nationalen Regierung Zertifikate zur Verfügung, die unter den Staaten frei handelbar wären. Verhielte sich ein Staat also umweltgerecht und brauchte nicht alle der ihm zugeteilten Emissionsrechte auf, könnte er diese an andere Staaten verkaufen und würde so für die Reduktion von CO_2 belohnt. Helfe ein Staat der Ersten Welt beim Aufbau umweltfreundlicher Industrieanlagen in einem Entwicklungsland, so würde ihm dies in Form zusätzlicher Zertifikate gutgeschrieben. Mit diesem System könnte man den Export umweltschonender Technologien fördern und somit sicherstellen, daß die Industrialisierung der Dritten Welt nicht zu einer zusätzlichen Belastung des Klimas führe.

Das Modell wurde von Gore enthusiastisch gepriesen. In der Tat löste das Konzept einige Widersprüche auf und ließ das Zustandekommen eines Vertrags wahrscheinlicher werden. Die Möglichkeit, mit Rechten zu handeln, bot erstmals einen handfesten materiellen Anreiz, den Ausstoß an Treibhausgasen zu reduzieren. Auf diese Weise wurden marktwirtschaftliche Mechanismen zum Schutz der Umwelt instrumentalisiert – ein Ansatz, der Gores Vorstellung von der Versöhnung von Ökonomie und Ökologie entsprach. Das vorgeschlagene System trug darüber hinaus dem globalen Charakter des Problems Rechnung, denn es spielte letztlich keine entscheidende Rolle, wo die Reduktionen erfolgten. Der Handel erlaubte Schwellen- oder Industrieländern, ihren Ausstoß an Treibhausgasen aufrechtzuerhalten oder gar zu steigern, solange sie die dafür notwendigen Zertifikate bei anderen Ländern erwarben. Eine weltweite Senkung war somit garantiert, selbst wenn in einzelnen Ländern der Ausstoß zunahm. Es schien, als sei das Konzept tatsächlich der große Wurf.

Die Konferenz, die am 29. November 1997 in Kyoto begann, machte nach außen eher den Eindruck eines Volksfestes. Umweltschützer aus der ganzen Welt waren in die alte japanische Kaiserstadt gereist, um die nationalen Delegationen bei ihrer Arbeit zu beobachten und den Gang der Verhandlungen zu beeinflussen. Vor dem luxuriösen Stützpunkt der GCC servierte *Greenpeace* kostenlosen Kaffee, der mit Solarenergie gekocht wurde. *Greenpeace* hatte aus verschrotteten Autoteilen ein riesiges Monstrum errichtet, das den Namen »Carbonosaurus« trug und die Teilnehmer daran erinnern sollte, wen die Öko-Aktivisten für die wahren Gegner einer Einigung auf verbindliche Reduktionen hielten.

Trotz der lebendigen Atmosphäre machten die Verhandlungen in den ersten Tagen kaum Fortschritte. Der Handel mit Emissionsrechten stieß bei nur wenigen Teilnehmern auf Sympathie. Die Schwellenländer hatten kein Interesse daran, sich irgendeiner Beschränkung zu unterwerfen, da sie voraussichtlich ohnehin keine Rechte zu verkaufen haben würden. Umweltschützer äußerten die Befürchtung, daß der Handel mit Emissionsrechten keine nachhaltige Reduktion der Emissionen herbeiführen würde, weil die Industrieländer ihren hohen Ressourcenverbrauch durch Zertifikate aus Osteuropa decken könnten, wo der Ausstoß an Treibhausgasen durch den Niedergang der Industrie seit 1990 um 30 Prozent gesunken war. Diese Reduktion aber, so argumentierten die Umweltaktivisten, hätte nichts mit einer bewußten Wende in der Klimapolitik zu tun – ein Vertrag, der solche Senkungen als Beitrag zum Klimaschutz betrachte, sei bloße Schönfärberei.

Für einige Zeit schien es, als würde die Konferenz ohne ein Abkommen auseinandergehen. Gore verfolgte das Treffen von Washington aus und ließ sich mehrmals täglich von seinem Chefunterhändler Stuart Eizenstat unterrichten. Man habe die ständige gedankliche Präsenz des Vizepräsidenten beinahe spüren können, erklärte Eizenstat später.

Im letzten Moment entschied sich Gore, nach Kyoto zu fliegen, um auf eine Einigung zu drängen. Doch das plötzliche Eintreffen des Vizepräsidenten stieß nicht überall auf Zustimmung. Von Kritikern wurde das öffentlichkeitswirksame Engagement Gores zunächst als bloße Inszenierung abgetan – in der *Berliner Zeitung* etwa hieß es: »Zum Abschluß der Visite zog Gore vor Journalisten noch einmal alle Register amerikanischer Showkunst: Rednerpult und Flaggen wurden direkt aus dem Weißen Haus importiert, die ersten zwei Stuhlreihen des Saales für die ›White House Press‹ mit Namensschildchen reserviert.«

In seiner Ansprache beschwor der Vizepräsident die Delegierten, sich ihrer Verantwortung – angesichts der »größten Bedrohung, der wir uns je gegenüber sahen« – bewußt zu sein, und natürlich durfte auch die Feststellung nicht fehlen, daß die Konferenz die einmalige Chance biete, die Rettung des Planeten zum »zentralen Organisationsprinzip unserer Zivilisation« zu machen.

Abgesehen von der zweifellos medienwirksamen Selbstdarstellung, zeitigte die Intervention des Vizepräsidenten in Kyoto vor allem zwei Konsequenzen. Zum einen signalisierte Gore den anderen Regierungen, daß die amerikanische Regierung der Klimapolitik nach wie vor höchste Priorität einräumte. Zum anderen gestattete Gore seinem Delegationsleiter Eizenstat »größtmögliche Flexibilität« bei der Formulierung eines Abkommens. Dies bedeutete, daß die US-Regierung einem Vertrag auch dann zustimmen würde, wenn sich die Entwicklungsländer weiterhin weigerten, verbindliche Reduktionen zu akzeptieren. Die neue Linie stand damit im direkten Widerspruch zur »Resolution 98« des Senats; Gore erkannte aber, daß eine Einigung unter den Teilnehmerländern anders nicht zu erreichen war. Er hatte offensichtlich entschieden, dem Zustandebringen eines Abkommens höhere Priorität einzuräumen als den Problemen, die im Senat hieraus resultieren würden.

Zur Überraschung vieler Beobachter präsentierte der Leiter der Tagung, der Argentinier Raul Estrada, in den Morgenstunden des letzten Konferenztages einen Kompromißentwurf, den alle Teilnehmer zu unterschreiben bereit waren. Daß Gores Blitzbesuch in Kyoto entscheidend dazu beigetragen hatte, einen Durchbruch in letzter Minute möglich zu machen, wurde von allen Teilnehmern anerkannt. Das sogenannte Kyoto-Protokoll verpflichtete 38 Industriestaaten dazu, ihre Kohlendioxid-Emissionen bis zum Jahr 2010 um durchschnittlich 5,2 Prozent unter das Niveau des Jahres 1990 zu senken. Für jedes Land wurde in diesem Zusammenhang eine eigene Quote festgelegt: Die USA beispielsweise streben eine Reduktion um sieben Prozent an, Japan sechs Prozent, die Staaten der Europäischen Union acht Prozent. Die osteuropäischen Staaten wollen den Ausstoß an Treibhausgas auf dem Stand von 1990 stabilisieren.

Die Emissionsrechte sollten – wie von Gore vorgeschlagen – handelbar sein. Was die Beteiligung der Entwicklungsländer an den Senkungen betraf, so konnte keine Einigung erzielt werden. Die Staaten der Dritten Welt mußten sich in Kyoto auf keine verbindlichen Reduktionen festlegen, obwohl eine Beteiligung der Entwicklungsländer an einer allgemeinen Senkung der Treibhausgas-Emissionen in den folgenden Verhandlungsrunden erörtert werden sollte. Ein weiterer Haken des Kyoto-Protokolls waren nach Meinung der Umweltschützer die zahlreichen Ausnahmen und Sonderregelungen, die sich ein Land auf seine Kohlendioxid-Bilanz anrechnen lassen konnte. So würde das Pflanzen von Bäumen als Bonus auf dem Treibhausgas-Konto eines Staates gutgeschrieben. Gleiches gelte, wenn ein Industriestaat dazu beitrage, in einem Entwicklungsland umweltschonende Technologien bereitzustellen.

Die Umweltaktivisten zeigten sich über das Ergebnis der Konferenz enttäuscht. Das Abkommen werde kaum die versprochene Klimawende bringen; wenn überhaupt, dann führe die Einigung zu einer weltweiten Stabilisierung der Emissionen, nicht aber zu einer wirklichen Reduktion. Der Vertrag, so hörte man, sei löchrig wie ein Sieb, und viele wichtige Themen – wie etwa die Beteiligung der Entwicklungsländer – wären schlicht auf unbestimmte Zeit vertagt worden. Obwohl auch Gore dafür kritisiert wurde, sich viel zu spät in die Verhandlungen eingeschaltet zu haben, richtete sich der Zorn der Umweltschützer vor allem gegen die Industriekonzerne: »Es sind Esso, Texaco, Mobil und General Motors, die verhindern, daß hier die richtigen Beschlüsse gefaßt werden«, meinte Jennifer Morgan, eine amerikanische Klimaschützerin, »und sie sollten dafür von der Menschheit zur Rechenschaft gezogen werden.«

Zurückhaltendere Stimmen erkannten allerdings an, daß mit dem Kyoto-Protokoll ein erster Schritt hin zu einer globalen Klimapolitik gelungen sei. Der renommierte Biologe Stephen Schneider glaubt, der Kompromiß, der trotz »anhaltender Meinungsverschiedenheiten, endloser Verhandlungen und allgemeiner Verwirrung« zustande gekommen sei, grenze an ein »diplomatisches Wunder«. Es sei unmöglich, die Bedeutung des Dokuments zu erfassen, ohne zu wissen, was die folgenden Verhandlungsrunden an Ergebnissen bringen würden. Trotz all der offensichtlichen Mängel des Vertrags bestehe die Chance, daß kommende Generationen das Kyoto-Protokoll als Beginn der Klimawende betrachten würden. Daß der internationale Dialog über die Reduktion der Treibhausgase weitergehen könne, sei zweifellos ein Verdienst des amerikanischen Vizepräsidenten. Gore habe Mut bewiesen, einem Vertrag zuzustimmen, der ihm in der Heimat – vor allem während der Ratifikation im Senat – wahrscheinlich große Probleme bereiten würde.

Eine sofortige Ratifikation, um den Vertrag schnellstmöglich in den USA in Kraft treten zu lassen, stand weder für Gore noch für Clinton zur Debatte. Ein Zeitlimit, innerhalb dessen das Abkommen zur Abstimmung im Senat vorgelegt werden mußte, gab es nicht, und so bestand die Strategie des Vizepräsidenten darin, einen Zeitpunkt abzuwarten, zu dem eine Zustimmung wahrscheinlicher war als unmittelbar nach der Konferenz. Gores Zuversicht ruhte dabei vor allem auf den Kongreßwahlen im November 1998, die die Mehrheitsverhältnisse im Senat zugunsten der Demokraten ändern konnten. In der Zwischenzeit sollten die Vereinigten Staaten auf eine stärkere Verpflichtung der Entwicklungsländer drängen. Carol Browner, die Leiterin der Umweltbehörde, wurde von Gore damit beauftragt, der amerikanischen Industrie das Abkommen schmackhaft zu machen. Immerhin könnten die Unternehmen vom Technologie-Export in die Entwicklungsländer profitieren.

Keine von Gores Hoffnungen erfüllte sich. An der republikanischen Kongreßmehrheit änderte sich im November 1998 nichts, und die Entwicklungsländer weigerten sich auf der Kyoto-Folgekonferenz in Buenos Aires hartnäckig, in ein verbindliches Quotensystem einbezogen zu werden. Industriefreundliche Wissenschaftler produzierten indes Horrorzahlen, was eine Durchführung des Kyoto-Abkommens die amerikanische Volkswirtschaft kosten würde: Die Benzinpreise, so hieß es, würden um mindestens 50 Prozent ansteigen, das Bruttosozialprodukt um fünf Prozent sinken. Die Umstellung auf umweltfreundliche Technologien erfordere Investitionen der Industrie in Höhe von mehreren hundert Milliarden Dollar und werde zum Verlust von vielen Millionen Arbeitsplätzen führen.

Bereits im August 1998 erklärte das Weiße Haus, der Vertrag von Kyoto sei »unvollständig und fehlerhaft« – man werde das Abkommen dem Senat in der bestehenden Form nicht zuleiten. In Nachverhandlungen würde die Regierung vor allem auf eine Beteiligung der Entwicklungsländer drängen. Als frühester Zeitpunkt für eine Ratifikation im Senat, so erklärte der Pressesprecher, erachte das Weiße Haus das Jahr 2001. An der Jahreszahl war leicht abzulesen, daß Präsident Clinton das Thema als Ärgernis begriff und während seiner zweiten Amtszeit nichts mehr damit zu tun haben wollte. Die Bürde, den Senat von dem Abkommen zu überzeugen, lag damit bei Clintons möglichem Nachfolger Al Gore.

Monicas Fluch

Je weiter Clintons zweite (und letzte) Amtsperiode fortschritt, desto größer wurde das Interesse an seinem Kronprinzen. Gore hatte in den Medien für die meiste Zeit seiner Vizepräsidentschaft ein Schattendasein geführt. Die seriöse Presse porträtierte ihn als Intellektuellen, als Umwelt-Lobbyisten und loyalen Strippenzieher, der das Vertrauen des Präsidenten genoß und entscheidend dazu beigetragen hatte, den zaudernden Präsidenten auf eine zentristische Linie einzuschwören. In den populären Medien spottete man allenfalls über Gores Farblosigkeit und das oftmals nichtssagende »Techno-Babble«, das er absonderte, wenn er über Daten-Netzwerke oder Computerchips referierte.

Der Vizepräsident lieferte in der Tat wenig Anhaltspunkte für Klatsch und Tratsch. Sein Familienleben war über jeden Zweifel erhaben, und als Höhepunkt der Unangepaßtheit galt bereits das Eingeständnis, daß er in den achtziger Jahren ein Poster von Ronald Reagan über der Waschmaschine im Keller seines Hauses in Arlington aufgehängt hatte.

Eine Woche vor seinem Besuch auf dem Umweltgipfel in Kyoto nahm der Zustand der allgemeinen Sprachlosigkeit ein apruptes Ende – Gore konnte sich vor Schlagzeilen in den Gesellschaftskolumnen kaum retten. Der Vizepräsident der USA hatte in einem Interview geäußert, er und seine Frau Tipper seien die Vorbilder für »Love Story« gewesen. Der Roman des Bestseller-Autors Erich Segal, den mehr als 20 Millionen Amerikaner gelesen haben, handelt von der Liebe des Eishockey-Spielers Oliver Barrett zu Jenny Cavilleri, einer Musikstudentin, die im Laufe der Handlung an Blutkrebs erkrankt und daran stirbt. Segal hatte zur selben Zeit in Harvard studiert wie Gore und gehörte damals zum Bekanntenkreis des Senatorensohns.

Damit allerdings war der Vorrat an Verbindungen zwischen den Romanfiguren und dem Vizepräsidenten sowie seiner Frau bereits erschöpft. Der Kolumnist Tom Rhodes bemerkte nüchtern: »Mrs. Gore ist im Gegensatz zu Jenny Cavilleri noch sehr lebendig ... und Mr. Gore ist eher für seinen Intellekt bekannt als für seine Fähigkeiten als Eishockey-Spieler.«

Gores Behauptung erschien so abwegig, daß die berüchtigten Late-Night-Show-Moderatoren David Letterman und Jay Leno noch Tage später mit sarkastischen Bemerkungen über den Vizepräsidenten herfielen. Bei seinen Sympathisanten erntete Gore für die Bemerkung bestenfalls Kopfschütteln. Das Interview sei offensichtlich der mißlungene Versuch, dem hölzernen Image Gores einige Farbtupfer zu verleihen, hieß es.

Als Clinton und Gore die Präsidentschaftswahl im Jahr 1996 mit großem Vorsprung gewannen, warnten einige Kommentatoren davor, der Triumph könnte sich im nachhinein als Pyrrhussieg herausstellen. Das dubiose Immobiliengeschäft in

Whitewater war zwar politisch brisant, hatte sich aber als zu undurchschaubar erwiesen, um die amerikanische Öffentlichkeit gegen Clinton zu mobilisieren. Der vermeintliche Skandal erwies sich allerdings als brauchbare politische Waffe gegen Clinton, weil der sogenannte Unabhängige Ermittler, der auf Drängen der Republikaner eingesetzt worden war, nach und nach seine Befugnisse auf Bereiche ausweitete, die mit Whitewater nichts mehr zu tun hatten. Um die Glaubwürdigkeit Clintons in Zweifel zu ziehen, interessierte sich Kenneth Starr zunehmend für die außerehelichen Affären des Präsidenten. Bis Mitte 1997 spielte hierbei die Regierungsangestellte Paula Jones die Hauptrolle, die behauptete, vom damaligen Gouverneur von Arkansas zum Oralverkehr aufgefordert worden zu sein. Die Ermittlungen zogen sich hin, und das einzige, was Starr bis dahin erreicht hatte, war, eine Armada von Anwälten mit der Verteidigung des Präsidenten zu beschäftigten.

Im Dezember 1997 kündigte sich hingegen ein Drama an, das die Schlagzeilen der amerikanischen Medien für die folgenden zwölf Monate dominieren und jede sinnvolle Regierungsarbeit unmöglich machen würde. Starr stieß bei seinen Nachforschungen auf Monica Lewinsky, eine ehemalige Praktikantin im Weißen Haus. Sie hatte ihrer Kollegin Linda Tripp gestanden, eine Affäre mit dem Präsidenten gehabt zu haben. Die Details waren gut dokumentiert, da Lewinskys »Freundin« Tripp insgesamt 24 Stunden an Telefongesprächen zwischen ihr und Lewinsky heimlich aufgenommen hatte. Lewinsky – von Starr einerseits und den Anwälten Clintons andererseits in die Enge getrieben – unterzeichnete eine Erklärung, in der sie verneinte, jemals eine Beziehung zum Präsidenten unterhalten zu haben.

Trotz der eidesstattlichen Versicherung Lewinskys ließ der Druck auf Clinton nicht nach – im Gegenteil. Die Telefonmitschnitte machten einen glaubwürdigen Eindruck, und so stand plötzlich ein neuer – für Clinton viel gefährlicherer – Vorwurf im Raum. Die Gegner Clintons behaupteten, der Präsident habe Lewinsky zu einer Falschaussage gedrängt. Dies sei zweifelsfrei eine Straftat, genug, um ein Amtsenthebungsverfahren gegen Clinton zu erwägen. Der Präsident entschied sich, alle Anwürfe zu leugnen: »Ich sage das jetzt, und ich sage es nur einmal: Ich habe niemals sexuelle Beziehungen zu dieser Frau gehabt, Frau Lewinsky«, erklärte der Präsident auf einer mittlerweile berühmt gewordenen Pressekonferenz, von der Anstrengung der zurückliegenden Tage gezeichnet. Damit stand Aussage gegen Aussage, und solange Starr nicht beweisen konnte, daß Clinton seine ehemalige Praktikantin zu einer Falschaussage gedrängt hatte, war das Thema rechtlich gesehen vom Tisch.

Gore mußte sich zu diesem Zeitpunkt noch immer mit den Vorwürfen herumschlagen, die ihm im Zusammenhang mit der Finanzierung des Wahlkampfs von 1996 gemacht wurden. Längst aber war klar, daß der Spendenskandal keine größeren Eruptionen mehr nach sich ziehen würde. Ende 1997 hatte Gore damit begonnen, erste Vorbereitungen für die Präsidentschaftskampagne im Jahr 2000 zu treffen. Allwöchentlich traf sich im Nationalen Observatorium, dem Atmssitz des Vizepräsidenten, das Küchenkabinett Gores (seine Frau und seine engsten politischen Berater), um die Wahlkampagne in New Hampshire – dem traditionell ersten Vorwahltermin im Februar eines Wahljahres – zu konzipieren.

Als *Monicagate* die Schlagzeilen zu beherrschen begann und die Amtsenthebung Clintons zu einer realen Möglichkeit wurde, änderte sich die gewohnte Tagesordnung der wöchentlichen Sitzungen. Der Lewinsky-Skandal drohte, den von Gore entworfenen Plan zur Machtübernahme über den Haufen zu werfen. Auch wenn die Wahrscheinlichkeit, daß Gore vorzeitig ins *Oval Office* einziehen müßte, nach wie vor gering war, so richtete sich das Augenmerk der Journalisten jetzt stärker auf den Vizepräsidenten. Gore befand sich in einem Dilemma, denn zeigte er sich allzu loyal zum Präsidenten, dann könnte sich dies im Wahlkampf als Bürde herausstellen, sollten sich die Vorwürfe als wahr erweisen. Würde sich Gore allerdings deutlich vom Präsidenten distanzieren, dann rückte der Vizepräsident damit gleichzeitig von einer insgesamt erfolgreichen Wirtschaftspolitik ab, für die der charakterschwache Präsident von den Amerikanern außerordentlich gute Noten bekam.

Zu keinem Zeitpunkt erwägte Gore die denkbare dritte Option, seinem Chef in den Rücken zu fallen und gezielt an einer Amtsenthebung mitzuarbeiten, um selbst an die Macht zu gelangen. Ein solches Verhalten wäre angesichts der bis dahin dünnen Beweislage abenteuerlich gewesen – vor allem aber widersprach es dem Wesen Gores, der kaum zum Brutus taugte. Er hatte während der zurückliegenden fünf Jahre eine so enge Arbeitsbeziehung zu Clinton entwickelt, daß ihm ein Abfallen von Clinton auch von der amerikanischen Öffentlichkeit als Verrat ausgelegt worden wäre. Gore war über entsprechende Gerüchte derart besorgt, daß er jedem Mitarbeiter, der Gedankenspiele in Richtung eines Sturzes Clintons anstellte, mit der fristlosen Kündigung drohte. Einige Zeitungen berichteten, daß Gore Mühe hatte, seine Wut unter Kontrolle zu halten, wenn in seiner Anwesenheit über eine Amtsenthebung Clintons gesprochen wurde.

Die Lewinsky-Affäre illustrierte auf dramatische Weise Gores größtes Problem: Als Vizepräsident war er deshalb so erfolgreich, weil er stets loyal zu seinem Vorgesetzten stand; dieser gestand ihm im Gegenzug soviel Verantwortung zu wie kein amerikanischer Präsident zuvor. Der Preis dafür war Selbstverneinung. Auch wenn Gore über jeden Verdacht erhaben war, so folgte ihm stets Clintons Schatten – im positiven wie im negativen. Die scheinbar paradoxe Logik seiner Vizepräsidentschaft also lautete: Umso bedeutender er als Vizepräsident war, desto weniger bekam die Öffentlichkeit hiervon mit.

Gore entschied sich für eingeschränkte Loyalität. Clinton habe die Vorwürfe bestritten, so Gore, und es gebe keinen Grund, ihm nicht zu glauben. Die Stellungnahmen des Vizepräsidenten waren mit Absicht vorsichtig formuliert. Hillary Clinton hatte in einem Interview von einer »riesigen rechten Verschwörung« gesprochen, die am Fall ihres Mannes arbeite – derlei Formulierungen kamen für Gore nicht in Frage. Auch an der von den Demokraten mit Leidenschaft betriebenen Gegenoffensive gegen Kenneth Starr nahm Gore nicht teil. Nach dem Charakter des Präsidenten befragt, verwies Gore schlicht auf die positive Bilanz der Regierung in den zurückliegenden Jahren.

Ebensowenig hörte man aus dem Mund Gores je eine Bemerkung, die als Abrücken von Clinton interpretiert werden konnte. Gore-Biograph Zelnick schreibt: »Es ist mir nicht gelungen, eine Gelegenheit zu dokumentieren, in der Gore auch nur einen einzigen negativen Kommentar über [den] Präsidenten geäußert hätte ... Keine ›Hintergrundinfos‹, keine vertrauliche Anspielung gegenüber befreundeten Journalisten, keine engen Mitarbeiter, die im Namen ihres Chefs sprachen und nachteilige Informationen zu Bill Clinton angeboten hätten.«

Das Thema war für Clinton mit dem Abstreiten aller Vorwürfe nicht erledigt. Plötzlich tauchte ein mit Samen beflecktes Kleid auf, das Lewinsky als »Souvernir« nach einem Treffen mit dem Präsidenten aufgehoben hatte. Starr erreichte, daß Lewinsky ihre erste Erklärung zugunsten einer neuen Aussage zurückziehen konnte und strafrechtliche Immunität garantiert bekam. Clinton wurde gezwungen, seine Stellungnahme, er habe keine sexuelle Beziehung mit Lewinsky gehabt, unter Eid zu wiederholen. Als Starr damit drohte, das Kleid von Lewinsky einer Gen-Untersuchung zu unterziehen, blieb Clinton keine Wahl: Er gab zu, eine »unangemessene Beziehung« mit Lewinsky gehabt zu haben. Dem Vorwurf, einen Meineid geschworen zu haben, entgegnete Clinton, er würde Oralverkehr nicht als »sexuelle Beziehung« klassifizieren. Während man überall sonst auf der Welt dem absurden Schauspiel fassungslos folgte, sammelten sich in den USA die Republikaner, um offiziell das *Impeachment*-Verfahren gegen Clinton einzuleiten. Neben dem ursprünglichen Vorwurf, Lewinksy zu einer Falschaussage gedrängt zu haben, stand nun auch ein Meineid in der Anklageschrift. Über das Schicksal des mächtigsten Manns der Welt würde jetzt entscheiden, ob die Abgeordneten den von Lewinsky und Clinton praktizierten Oralverkehr als »sexuelle Beziehung« einstuften oder nicht.

Gore war in diesen Tagen der Präsidentschaft näher als je zuvor. Selbst Demokraten, die bis dahin treu zu Clinton gestanden hatten, erklärten öffentlich, sie seien über den Präsidenten schwer enttäuscht und wüßten nicht, wie sie sich in einer Abstimmung verhalten würden. Darüber konnte Gore sich nicht freuen: Sein Lebenstraum bestand nicht darin, unter turbulenten Umständen ins *Oval Office* nachzurücken, um nur zwei Jahre später – mit dem Stigma Clintons versehen – wieder vertrieben zu werden. Als warnendes Beispiel galt ihm Gerald Ford, an dessen Integrität kein Zweifel bestand, der als Nachfolger Nixons aber unter dem Generalverdacht stand, für Nixons Entgleisungen mitverantwortlich zu sein, und bei der anschließenden Wahl scheiterte.

Als ganz Washington vom *Impeachment* sprach und die Luft für den amtierenden Präsidenten immer dünner zu werden schien, befand sich der Vizepräsident mit seiner Familie auf Hawaii im Urlaub. Einige Tage lang war Gore für niemanden erreichbar: »Wo ist Gore?« fragten deshalb die Zeitungen. Zurück auf dem amerikanischen Festland, beriet sich Gore in Carthage mit seinen engsten Mitarbeitern und Freunden – kein Zweifel, daß er in ständigem Kontakt mit Clinton stand. Er entschied, die bereits während der ersten Welle der Vorwürfe gegen Clinton gefundene Linie fortzusetzen: keine Attacken an die Adresse Starrs oder der Republikaner, kein Wort über Clintons Charakter, statt dessen ein Appell an die Amerikaner, die Verdienste des Präsidenten zu würdigen und sich wieder der Sachpolitik zu widmen. So verlautbarte Gore in einer seiner ersten Stellungnahmen: »Fast sechs Jahre lang habe ich mit diesem Präsidenten gearbeitet; er hat uns zu unvergleichlichem Wohlstand geführt und Lösungen für die Probleme formuliert, die wir in Amerika angehen müssen. Wir haben unter seiner Führung riesige Fortschritte gemacht. Er ist ein ausgezeichneter Präsident, und ich freue mich darauf, weiter mit ihm zusammenarbeiten zu können.« In einem Interview mit der *Washington Post* gab Gore einen tieferen Einblick in seine Überlegungen. Gefragt nach seinem Selbstverständnis im Verhältnis zu Clinton, antwortete Gore: »Ich habe meine Aufgabe in den letzten Jahren stets auf dieselbe Weise definiert: Ich wollte immer das bestmögliche tun, um dem Präsidenten zu helfen ... Ob die Nachrichten [für Clinton] nun gut sind oder schlecht, ob die Achterbahn hochgeht oder herunter – ich sitze im selben Boot wie der Präsident.«

In den August- und Septembertagen des Jahres 1998 reiste der Vizepräsident von Stadt zu Stadt und wiederholte wieder und wieder die Botschaft, daß man den Präsidenten aufgrund seiner Leistungen beurteilen sollte, daß die anstehenden Probleme – Bildung, Reform des Gesundheitswesens, strengere Gesetze gegen das Rauchen – zu wichtig seien, um sich ein ganzes Jahr lang nur mit dem Privatleben des Präsidenten zu beschäftigen, auch wenn die eigenen moralischen Vorstellungen abweichend seien.

Monicagate erreichte etwa drei Monate vor den Kongreßwahlen im November 1998 den Höhepunkt. Es schien klar, daß die Wähler dem Präsidenten und seiner Demokratischen Partei bei dieser Gelegenheit einen deutlichen Denkzettel für seine persönlichen Verfehlungen erteilen würden. Dementsprechend setzte der Anführer der Republikaner im Repräsentantenhaus, Newt Gingrich, das Thema Lewinksy an die Spitze seiner Wahlkampfagenda. Die Republikaner verzichteten darauf, sachpolitische Alternativen aufzuzeigen, sondern beschränkten sich darauf, den angeblichen moralischen Verfall im Weißen Haus anzuklagen.

Im Wahlkampf der Demokraten spielte Vizepräsident Gore eine herausgehobene Rolle. So war es bei Zwischenwahlen Tradition und traf sich vor allem gut mit der prekären Situation des Präsidenten. Gore setzte innerhalb der Partei die von ihm formulierte Linie als verbindlich durch; nach und nach wurde Gores Position zur Lewinsky-Affäre zur offiziellen Wahlkampfbotschaft der gesamten Partei: »Was auch immer der Präsident in seinem Privatleben treibt ... politisch ist Clinton auf dem richtigen Kurs, und nur darum geht es« – so oder ähnlich lautete das zentrale Argument. Statt Starr oder die Republikaner wegen ihres Eifers direkt anzugreifen oder gar Clintons Verhalten zu verteidigen, stellten die Kandidaten der Demokraten die Verdienste der Clinton/Gore-Regierung in den Vordergrund. Dabei kam ihnen zugute, daß eine große Zahl der Amerikaner das Interesse am Thema Lewinsky verloren hatte. Eine Mehrheit, so belegten alle Umfragen, wollte das Kapitel Lewinsky nach fast einem Jahr des politischen Stillstands und der fruchtlosen Auseinandersetzung endgültig schließen.

Die Republikaner hatten versäumt, ihre Wahlkampfstrategie an den Stimmungswechsel innerhalb der amerikanischen Bevölkerung anzupassen. Nur wenige republikanische Kandidaten distanzierten sich rechtzeitig vom Kurs Gingrichs. Am Wahlabend blieb demzufolge die erwartete Abrechnung mit Clinton aus: Im Repräsentantenhaus hatten die Demokraten einige Mandate hinzugewonnen, und im Senat war es beim bisherigen Stimmenverhältnis geblieben. Nach einem ganzen Jahr, in dem der Präsident nur selten für positive Schlagzeilen gut war, galt der Zugewinn einiger Sitze bereits als großer Triumph. »Die Wähler haben der Negativpropaganda der Republikaner eine Absage erteilt«, urteilte Jeff Greenfield vom Nachrichtensender CNN. In einer Nachwahluntersuchung erklärten sechzig Prozent der Wähler, die Affäre habe bei ihrer Entscheidung keine Rolle gespielt. Von den restlichen votierte sogar die Hälfte aus Protest gegen die unfaire Behandlung des Präsidenten für einen Demokraten. Die deutlichsten Erfolge feierten gemäßigte Republikaner, zum Beispiel George W. Bush, der in Texas als Gouverneur bestätigt wurde.

Damit hatte sich das Thema *Impeachment* im wesentlichen erledigt. Newt Gingrich trat zurück. Das Repräsentantenhaus, die erste Kammer des Kongresses, billigte das Amtsenthebungsverfahren, doch bei der Abstimmung im Senat gelang es den Republikanern nicht einmal, alle Senatoren der eigenen Partei vom *Impeachment* Clintons zu überzeugen. Gore erklärte am Tag der Abstimmung im Repräsentantenhaus, Clinton werde »in die Geschichtsbücher als einer der besten Präsidenten in Amerikas Geschichte« eingehen.

Stephen Wayne, ein amerikanischer Politikwissenschaftler, beschreibt das Dilemma eines Vizepräsidenten: »Es ist schwierig, Führungsstärke zu zeigen, wenn man immer nur die Position des Mitläufers innehatte. Die Nummer Zwei kann sich weder von unpopulären, unklugen oder wenig erfolgreichen Regierungsentscheidungen distanzieren, noch kann sie von populären, klugen und erfolgreichen profitieren. Sie bekommt keine Unterstützung von den Leuten, die die Regierung bekämpfen und wahrscheinlich ebensowenig automatische Unterstützung von den Anhängern der eigenen Seite.« Auf Gore traf diese Beschreibung während der Lewinsky-Affäre in besonderem Maß zu: Sein Schicksal hing während des gesamten Jahres 1998 von dem seines Vorgesetzten ab – egal, wie er sich verhielt.

Im Rückblick läßt sich feststellen, daß Gores Chance, im Jahr 2000 zum Präsidenten gewählt zu werden, durch den Lewinsky-Skandal keinesfalls ruiniert wurde. Dies hatte allerdings nichts damit zu tun, daß die amerikanische Öffentlichkeit zwischen Clinton und Gore unterschieden hätte. Der Grund dafür, daß Gore die Krise unbeschadet überstand, bestand vielmehr darin, daß sich das Ansehen Clintons wieder besserte – vor allem, nachdem die Republikaner das Thema überspannt hatten.

Zweifellos trug der von Gore formulierte Leitsatz »Zurück zur Politik« zur Entschärfung bei. Ausschlaggebend wurde die Position Gores allerdings erst, als sich seine Partei entschied, die Haltung des Vizepräsidenten zu adoptieren, statt Clintons Verhalten blind zu rechtfertigen und die Schuld bei Starr zu suchen. Hätte Gore die Position nicht für seine gesamte Partei durchgesetzt, dann wäre er wahrscheinlich ebenso in den Sog der Lewinsky-Enthüllungen gezogen worden wie alle anderen Demokraten auch.

Das Amt des Vizepräsidenten ist ein hervorragendes Sprungbrett, um von der eigenen Partei für den Präsidentschaftswahlkampf aufgestellt zu werden: Kaum einem amtierenden Stellvertreter wurde die Nominierung von seiner jeweiligen Partei bisher abgeschlagen. Geht es allerdings in den Hauptwahlkampf, so hat sich der Posten des Vizepräsidenten eher als Bürde erwiesen. George Bush Sr. war 1989 der erste amtierende Vizepräsident seit 152 Jahren, der sich im Hauptwahlkampf durchsetzen konnte. Der Historiker Norman Thomas sieht den Grund in dem so typischen Identitätsdefizit des Vizepräsidenten: Der Stellvertreter gilt als Miniaturausgabe des Präsidenten, und den wollten die Amerikaner in der Regel nach acht Jahren loswerden – warum also sollte man für seinen Vize stimmen?

Im Zusammenhang mit Gores Kandidatur stellt sich deshalb nicht so sehr die Frage, ob die Amerikaner den Vizepräsidenten für fähig halten, den Posten des Präsidenten zu übernehmen. Wichtiger könnte sein, wie zufrieden die Menschen mit Clinton sind. Kommen die Amerikaner zu einem positiven Urteil über Clinton, dann überträgt sich die Zustimmung auf seinen Stellvertreter – wenn nicht, dann hat Gore ein Problem. Gores Verbindung mit Clinton kann sich gleichermaßen als Segen und als Fluch erweisen. Der lange Schatten des Präsidenten wird Gore während des Wahljahres ganz sicher begleiten.

5. Kapitel
Auf dem Weg ins Oval Office

Ein seltsames Schauspiel: Es ist Mitte Juli 1998, die Umweltbehörde EPA hat zu einer Konferenz in den Bundesstaat New Hampshire eingeladen. Auch Vizepräsident Gore ist vor Ort. Nachdem man einige Stunden lang über Landschaftsschutz und Abwasserbeseitigung gesprochen hat, stellt sich Gore der Presse. Vor laufenden Kameras erklärt der Vizepräsident stolz, die EPA werde 1,7 Millionen Dollar bereitstellen, um einen See und das umgebende Land nahe des *White Mountain* Nationalforsts zu kaufen: »Das heißt«, so Gore, »daß die White Mountains den folgenden Generationen von Neuengländern in ihrer Schönheit, Größe und in ihrem Stolz erhalten bleiben. Dies ist ein großer Sieg für die Umwelt.«

Das versprochene Geld war die dritte Rate eines lange Zeit zuvor bewilligten Bundeszuschusses. Ohne die Anwesenheit des Vizepräsidenten wäre die Nachricht den Zeitungen wohl kaum eine Meldung wert gewesen. Weshalb also die aufwendige Inszenierung? Die Antwort ist einfach: Gore macht Wahlkampf – Wahlkampf in eigener Sache, denn es geht ihm nicht um die Kongreßwahlen im November 1998, sondern um die Präsidentschaftswahl zwei Jahre später. New Hampshire ist der Staat, in dem im Februar 2000 die erste Vorwahl stattfindet; und wer bereits in New Hampshire schwächelt, so lautet ein eiserner Grundsatz amerikanischer Wahlkampfberater, der hat es bei den folgenden Abstimmungen doppelt schwer, denn er wird von den Medien als Verlierer abgestempelt und braucht noch mehr Geld, um mit Werbespots und Anzeigen die mangelnde Berichterstattung im Fernsehen wettzumachen. New Hampshire – ein Staat mit etwas mehr als einer Million Einwohnern – wird auf diese Weise alle vier Jahre zum Tummelplatz der Möchtegern-Präsidenten.

Daß ein Kandidat bereits zweieinhalb Jahre vor der Wahl damit beginnt, das Feld zu beackern, ist ungewöhnlich, aber kein Zufall. David Bositis, ein renommierter Demoskop der

Demokraten, erklärt in der Zeitschrift *Nation* Gores Hintergedanken: »Der Wettbewerb um die Nominierung der demokratischen Partei wird entschieden, während wir alle noch beim Frühstück sitzen. Wenn die meisten Demokraten aufstehen, ist Gore schon einige Stunden wach, und es wird für seine Gegner zu spät sein, irgend etwas zu tun.«

Der Sinn des frühen Starts bestand für Gore also weniger darin, Stimmen für die Wahl im Jahr 2000 zu sammeln, sondern vielmehr in der Abschreckungswirkung auf eventuelle Gegner. Gore hatte mit seiner Präsidentschaftskampagne bereits begonnen, als sich seine möglichen Konkurrenten noch mit der Frage beschäftigten, ob sie überhaupt kandidieren sollten. Je größer mein Vorsprung ist, so die Ratio des Vizepräsidenten, desto weniger Gegner werden das Risiko einer Kandidatur auf sich nehmen. Ganz nebenbei konnte Gore auf diese Weise die Geberlaune von Spendern ausnützen, um die eigene Kasse zu füllen.

Zum wichtigsten Verbündeten auf dem Weg ins *Oval Office* wurde für Gore sein Chef, der Präsident. Gore hatte in den zurückliegenden Jahren immer loyal zu Clinton gestanden, auch wenn ihm dies Nachteile eingebracht hatte. Und wann immer Gore einen politischen Erfolg verbucht hatte, überließ er die Lorbeeren seinem Vorgesetzten. Kurzum: Gore hatte seinen Teil der Abmachung erfüllt, jetzt war Clinton an der Reihe.

Gore mußte Clinton zur Unterstützung seiner Kandidatur nicht lange überreden; dem amtierenden Präsidenten war klar, daß er in der Schuld Gores stand. Dick Morris, damals der Wahlkampfberater Clintons, berichtet von einem Gespräch mit dem Präsidenten im Frühjahr 1996: »Er sagte: ›Ich will dich nur wissen lassen, daß ich ohne Unterlaß, ohne Unterlaß daran arbeiten werde, daß Al Gore der Präsidentschaftskandidat der Demokratischen Partei im Jahr 2000 wird, am besten ohne Gegenkandidat in den Vorwahlen. Ohne Unterlaß.‹ Seine langen Finger rollten sich zusammen, und in einer seiner charakteristischen Gesten bewegte er seine Faust vor seiner Brust auf und ab, jede Silbe betonend: ›Oh-ne Un-ter-laß‹.«

Das Wohlwollen des Präsidenten war für Gore in mehrfacher Hinsicht von Nutzen. Zum einen trat Clinton seinem Stellvertreter mehr und mehr repräsentative Termine ab: Wenn Gore – statt des Präsidenten – Sportler auszeichnete, dann brachte ihm dies Sympathiepunkte und verstärkte seine Präsenz auf dem Bildschirm. Zweitens war Clinton ein ständiger Gast bei Spendengalas des Vizepräsidenten, was die Anziehungskraft (und damit den finanziellen Ertrag) dieser Veranstaltungen erhöhte. Und drittens gebrauchte Clinton seinen Einfluß, um Gores mögliche Konkurrenten von einer Kandidatur abzuhalten. Dies war notwendig, denn Gore schien – trotz aller Erfolge der Regierung – nicht unangreifbar. Der Vizepräsident hatte sich in der Vergangenheit für Freihandelsabkommen und eine Verschlankung der Regierung eingesetzt; er hatte den Umbau der Sozialhilfe und das Ausgleichen des Budgetdefizits befürwortet, und er sprach sich gegen neue Regierungsprogramme und Steuererhöhungen aus. Gore war somit der Prototyp des Modernisierers, ein sogenannter »Neuer Demokrat« – viel mehr noch als sein Präsident, der häufig zauderte und von Gore oder Morris nicht selten zu Einschnitten in den Staatshaushalt überredet werden mußte.

Der dezidiert zentristische Kurs des Vizepräsidenten stieß beim linken Flügel der Demokratischen Partei auf wenig Beifall. Der Anführer der »Traditionalisten«, Dick Gephardt, mittlerweile Sprecher der Demokraten im Repräsentantenhaus, witterte deshalb seine Chance. Der Mann aus Missouri hatte mit dem Vizepräsidenten noch eine Rechnung offen, denn während der Präsidentschaftskampagne von 1988 hatte ihn Gore mehrfach persönlich angegriffen. Die zwei Politiker waren sich seitdem spinnefeind.

In einer Rede vor der Harvard-Universität artikulierte Gephardt die Position der Gewerkschaften. Er forderte eine aktivere Rolle des Staates, um auch die Kleinverdiener am wirtschaftlichen Aufschwung teilhaben zu lassen: »Das ist ein anderer Ansatz als das Vorgehen derer, die sich Neue Demokraten nennen. Derer, die ihren Kompaß nur am Kurs der anderen ausrichten, die über das politische Zentrum reden, aber nicht verstehen, daß dieses nur von den anderen definiert wird … Und die allzuoft eine politische Strategie mit der Politik selbst verwechseln.«

Die Attacke Gephardts ließ an Deutlichkeit nichts zu wünschen übrig, und die Zeitungen sahen in der Ansprache bereits eine inoffizielle Ankündigung Gephardts, bei den Vorwahlen gegen Gore anzutreten. Auf die Antwort des Weißen Hauses jedoch mußte Gephardt nicht lange warten. James Carville, bekennender Traditionalist und Wahlkampfmanager Clintons im Jahr 1992, stellte sich zwei Tage nach der Rede vor die Kameras und erklärte im Namen des Präsidenten, die Angriffe Gephardts seien »heuchlerisch«. Gephardt selbst sei ein Modernisierer gewesen, bevor er 1988 in der traditionalistischen Position eine »Marktlücke« entdeckt habe. Sein Verhalten schade den Demokraten insgesamt; die Republikaner würden sich bei derlei Auseinandersetzungen die Hände reiben. Carville hatte seine Entgegnung mit Absicht drastisch formuliert, denn im Klartext war die Replik als Warnung an die Adresse des möglichen Herausforderers gedacht. Erwäge Gephardt eine Kandidatur gegen Gore, dann lege er sich mit dem Präsidenten höchstpersönlich an – und er setze seinen Posten als Anführer der Demokraten im Repräsentantenhaus aufs Spiel, ein mächtiges Amt, sollten die Demokraten die Mehrheit im Kongreß zurückerobern.

Die Standpauke aus dem Weißen Haus verfehlte ihre Wirkung nicht. Gephardt und seine Frau Jane trafen sich wenig später mit den Gores zu einem klärenden Abendessen. Kurz darauf begann eine Reihe informeller Treffen zwischen Modernisierern und Traditionalisten unter dem Vorsitz von Hillary Clinton; mögliche Streitpunkte sollten bei dieser Gelegenheit bereits im Vorfeld geklärt werden. Im Februar 1999 erklärte Gephardt offiziell, er stehe für eine Präsidentschaftskandidatur nicht zur Verfügung. Im Sommer sprach der einstige Rebell während einer Veranstaltung in New Hampshire seine Wahlempfehlung für Gore aus. Die beiden Politiker klopften sich die Schultern, lachten und fielen sich in die Arme – geradezu so, als seien die einstigen Rivalen schon immer ein Herz und eine Seele gewesen.

Einen möglichen Konkurrenten hatte sich Gore mit der Unterstützung des Präsidenten aus dem Weg geschafft, nicht aber das Thema, für das er stand. Die Gewerkschaften, die bei jeder Wahl viele Stimmen für die Demokraten mobilisierten und einen beträchtlichen Anteil des Wahlkampfetats bestritten, sahen die Kandidatur Gores nach wie vor kritisch. Der Vizepräsident bemühte sich deshalb, seine Kontakte zu den Gewerkschaften auf eine neue Grundlage zu stellen. Er unterstützte die Anhebung des Mindestlohns und blockierte einen Versuch des Gouverneurs von Texas, George W. Bush, die Verteilung von Lebensmittelmarken und die Auszahlung von Sozialhilfe zu privatisieren. Plötzlich traf man den Vizepräsidenten als Redner auf Gewerkschaftskongressen und bei Streikveranstaltungen. Während einer Konferenz des Dachverbands der amerikanischen Gewerkschaften, AFL-CIO, in Pittsburgh sprach sich Gore dafür aus, die Gesetze so zu verändern, daß es für die Gewerkschaften einfacher werde, sich in Betrieben zu organisieren. Und obwohl man auf Seite der Gewerkschaften den Bemühungen Gores um ein Schnellverfahren zur Verabschiedung von Freihandelsabkommen skeptisch gegenüberstand, bewertete man die Bemühungen des Vizepräsidenten um die Unterstützung der Gewerkschaften insgesamt positiv. Andy Stern, der Präsident der Gewerkschaft für öffentliche Dienste, gab in einem Interview zu Protokoll: »Der Vizepräsident hat sich bislang wirklich gut geschlagen. Er macht den Eindruck, als meine er es wirklich ernst mit uns.« Gore, so Stern, habe sich bei Bürgermeistern und Parteiaktivisten sogar persönlich dafür stark gemacht, den Gewerkschaften beim Aufbau ihrer Betriebsgruppen Hilfe zu leisten.

Im Oktober 1999 kassierte der Vizepräsident die Belohnung für sein Engagement: Das Präsidium des AFL-CIO empfahl den mehr als 15 Millionen Mitgliedern seiner Einzelgewerkschaften, bei den Präsidentschaftswahlen für Gore zu stimmen. Die bis dahin schleppend laufende Wahlkampagne des Vizepräsidenten erhielt dadurch neuen Auftrieb.

Nachholbedarf hatte Gore auch beim linksliberalen Flügel innerhalb seiner Partei. Der Vizepräsident galt in gesellschaftspolitischer Hinsicht als eher konservativ. Die Frauen hatten nicht vergessen, daß Gore als Abgeordneter und im Senat zumeist für die Abtreibungsgegner Partei ergriffen hatte, und Gores Ehefrau Tipper war dem Bürgerrechtsflügel mit ihrem leidenschaftlichen Kampf gegen Sex und Gewalt im Fernsehen ohnehin suspekt.

Auch in dieser Hinsicht zahlte sich die Verbindung zum Präsidenten aus. Die Ehefrau Clintons, die beim liberalen Establishment in New York und Hollywood wohlgelitten war, begleitete Gore zu einer Reihe von Veranstaltungen, auf denen sich der Vizepräsident neu positionieren konnte. Bei einer Veranstaltung der Nationalen Liga zur Verteidigung des Rechts auf Abtreibung konnte Gore für das Entscheidungsrecht der Frau so überzeugend Partei ergreifen, daß er für seine Ansprache stehenden Applaus erntete.

Nachdem sich die beliebte Hauptdarstellerin der TV-Serie »Ellen« als homosexuell geoutet hatte, meldete sich Gore mit einer Stellungnahme zu Wort. Er sagte, das positive Beispiel der Schauspielerin habe dazu beigetragen, daß die Amerikaner über sexuelle Orientierungen offener und vorurteilsloser nachdächten. Die Reaktion auf die Äußerung entsprach Gores Erwartungen: Im gleichen Maß, in dem sich konservative Republikaner über den Kommentar empörten, wuchs Gores Ansehen bei den Liberalen. In der Zeitschrift *Advocate*, dem Sprachrohr der amerikanischen Schwulen- und Lesbenszene, hieß es über Gore: »Der Vizepräsident hat einen ausgesprochen positiven Standpunkt, was Schwulenthemen anbetrifft.«

Das Programm des Kandidaten

Gore hatte hinreichend klar gemacht, für was er nicht stand: Er ist kein Neoliberaler, der den Gewerkschaften an den Kragen wollte; ebensowenig ist er ein konservativer Fundamentalist, der sich gegen die Bürgerrechte aussprach. Wofür aber stand er? Mit welcher Agenda geht er in den Wahlkampf?

Am 16. Juni 1999, als Gore in Carthage seine Kandidatur für die Präsidentschaft offiziell bekanntgab, faßte er sein Programm mit folgenden Worten zusammen: »Wir haben die Chance, die Stärke unserer Wirtschaft zu bewahren und unsere Werte zur stärksten Kraft zu machen.« Dieser Satz – so belanglos er auf den ersten Blick scheint – bringt Gores Ziele, seine »Vision« vom Amerika im 21. Jahrhundert, auf den Punkt.

Die erste Hälfte der Aussage beschäftigte sich mit dem Zustand der amerikanischen Wirtschaft. Das Prädikat »stark« klingt in diesem Zusammenhang wie eine Untertreibung, denn während der Amtszeit von Clinton und Gore entstanden in den USA fast 20 Millionen neue Arbeitsplätze; die Arbeitslosigkeit erreichte 1999 den niedrigsten Stand seit 30 Jahren, und der Staatshaushalt verzeichnet Milliardenüberschüsse. Es überrascht nicht, daß die überwiegende Mehrheit der Amerikaner mit ihrer finanziellen Situation zufrieden ist. Ganz im Gegensatz zu Kontinentaleuropa spielen in den USA materielle Probleme – Arbeitslosigkeit, Steuern und Abgaben, Umverteilung – derzeit eine untergeordnete Rolle. Den Amerikanern geht es nicht um einen dickeren Geldbeutel. Im Gegenteil. Viele mußten feststellen, daß sie die wirtschaftliche Erholung der zurückliegenden Jahre nicht unbedingt glücklicher gemacht hat. Deshalb genießen immaterielle Werte – Bildung, Lebensqualität, Gesundheit – heute einen weit höheren Stellenwert als materielle Bedürfnisse. Immer wieder haben schockierende Einzelereignisse – das High-School-Massaker in Colorado oder der Bombenanschlag in Oklahoma – der amerikanischen Öffentlichkeit bewußt gemacht, daß sich der Zustand einer Gesellschaft nach anderen Faktoren bemißt als nur dem Bruttosozialprodukt. Innerhalb der Bevölkerung herrscht das Gefühl, daß die USA an einer unheimlichen Krankheit leiden, die nicht mit Geld zu heilen ist, sondern nur mit einer geistigen, einer »spirituellen« Neuorientierung.

Mehr als sieben Jahre ununterbrochenes Wachstum haben zu einem fundamentalen Wandel in der Wahrnehmung von Bedürfnissen geführt. Während Clinton noch 1992 mit dem

Slogan »Jobs, Jobs, Jobs« übers Land zog, spricht Gore jetzt vom »Anständigkeitsdefizit« und einem »Familiendefizit«. Über all dem steht die Überschrift »Werte«, eines der zur Zeit am häufigsten gebrauchten Schlagwörter in der politischen Debatte. Würde es nur gelingen, einen gemeinsamen und für alle verpflichtenden Wertekanon zu etablieren, so der allgemeine Tenor, dann ließe sich Amerikas geistige Krise lösen.

Doch welche Werte? Die christliche Rechte, und damit eine einflußreiche Strömung innerhalb der republikanischen Partei, hat sich auf ein traditionelles Konzept festgelegt: Religiöse Instruktion, der Vorrang der Familie, Schulgebet, Anti-Liberalismus in Kunst, Kultur und Medien, sexuelle Enthaltsamkeit sowie harte Bestrafung bei Regelverstößen sind zentrale Motive aus dem Wertekatalog der Konservativen.

Für die tendenziell moderaten oder linksliberalen Demokraten war die Entscheidung für ein gesellschaftspolitisches Programm schwieriger – schon allein deshalb, weil der starke Bürgerrechtsflügel ein Wertekonzept als konservativ per se ablehnte. Den Ausweg bot eine moderne Denkrichtung namens Kommunitarismus, die besonders bei aufgeklärten Liberalen in allen Parteien während der vergangenen Jahre viele Anhänger gefunden hat. Die zentralen Begriffe lauten hier Gemeinschaft und Verantwortung. Im Gegensatz zum reinen Kapitalismus, wo das Individuum sich selbst überlassen wird, und zum Sozialismus, der Gleichheit als überragendes Ziel deklariert, sieht der Kommunitarismus den Staat als Chancengeber. Der Staat übernimmt Verantwortung für den einzelnen: Er eröffnet – zum Beispiel durch Bildung – Möglichkeiten; das Individuum übernimmt im Gegenzug Verantwortung – für sich selbst oder für andere. Unverantwortliches Handeln wird sanktioniert; gemeinschaftsfördernde Aktivitäten werden unterstützt. Der »aktivierende Staat« (ein zentraler Begriff des Kommunitarismus) agiert mit Anreizen statt mit staatlichen Programmen: Nicht der Staat selbst organisiert die Gemeinschaft, sondern er hilft den Menschen dabei, sicht selbst zu organisieren. Welche Form der Gemeinschaft die Menschen aufbauen, ist dabei zunächst ohne Belang. Die Familie kann ein solches soziales Netz sein, genauso aber jede andere Form der Partnerschaft, in der Menschen füreinander Verantwortung übernehmen.

Gores Wertekonzept – sein Programm insgesamt – orientiert sich konsequent an kommunitaristischen Gedanken. Egal, ob es um Wirtschafts- und Sozialpolitik, um Bildung oder Gesundheit geht – durch alle Politikfelder zieht sich der rote Faden von Gemeinschaft und Verantwortung.

Ganz oben auf Gores programmatischer Hitliste steht das Thema Bildung: »Laßt uns die Bildung erneuern, um neue Chancen zu schaffen«, wird der Vizepräsident in seinem bildungspolitischen Leitfaden zitiert. Gore verspricht eine »Revolution« im Bildungswesen, gleiche Chancen beim Zugang zu höherer Bildung und höhere Standards in den High Schools. »Aber«, so verspricht das Faltblatt, »er wird noch weiter gehen, viel weiter, um unsere Schulen zu verändern.« Gore möchte jedem amerikanischen Kind einen Kindergartenplatz garantieren. Er will den Rektoren die Verantwortung für ihre Schule übertragen, so daß nicht eine Behörde entscheidet, für was das Geld ausgegeben wird. Ein Rektor soll frei über seinen Etat bestimmen, Lehrer einstellen und entlassen können; er muß sich jedoch einem rigorosen Kontrollsystem aussetzen, mit dem der Leistungsstand der Schüler und der Zustand der Schule ständig überprüft werden. »Null Toleranz für Waffen« in der Schule und ein Vertrag zwischen Lehrern, Schülern und Eltern soll Katastrophen wie den Amoklauf zweier Schüler in Colorado verhindern helfen. Den Eltern garantiert Gore volle Lohnfortzahlung für die Teilnahme an Schulkonferenzen.

Natürlich darf auch die Technologie nicht fehlen: Internet in jedem Klassenzimmer, Lehrerfortbildung auf Computern, kostenlose Software für alle Schulen und On-Line-Tutoren, die die Schüler bei den Hausaufgaben unterstützen, sind fester Bestandteil von Gores Konzept für die Schule des 21. Jahrhunderts.

Wenn Gore davon spricht, Glaubensgemeinschaften zu fördern, gar zu »ermächtigen«, dann ist dies weniger als Rückfall in das konservative Werteverständnis zu verstehen, sondern vielmehr als bewußter Schritt in Richtung einer, so Gore,

»Politik der Gemeinschaft«. »Wenn die Kraft des Glaubens uns dabei helfen kann, die sozialen Herausforderungen zu bewältigen, vor denen wir ansonsten resignieren müßten – Drogenabhängigkeit oder Bandentum zum Beispiel –, dann sollten wir herausfinden, ob es nicht möglich ist, mit den Glaubensgemeinschaften Partnerschaften einzugehen.« Konkret will Gore Glaubensgemeinschaften, ebenso aber nichtreligiöse karitative Vereinigungen vor Ort fördern. Im Rahmen dessen stellt der Kandidat Gore großzügige Steuerbefreiungen für Firmen und Privatpersonen in Aussicht, die für gemeinnützige Vereine spenden.

Wenn solche Gemeinschaften staatliche oder halbstaatliche Aufgaben übernehmen – wenn sie beispielsweise Berufslehrgänge für Bezieher von Sozialhilfe organisieren oder Drogenabhängige betreuen –, dann sollten diese Organisationen direkte Zuschüsse des Staates erhalten und bewußt in die staatliche Planung einbezogen werden. Im Falle der religiösen Vereinigungen, so Gore, »muß allerdings garantiert sein, daß es eine säkulare Alternative gibt und niemand dazu gezwungen wird, an religiösen Veranstaltungen teilzunehmen, um in den Genuß der Dienstleistungen zu kommen«.

Gore spricht von einer »Graswurzelrevolution«. Überall würden sich Netzwerke gemeinnütziger Organisationen bilden, lebendige Gemeinschaften, in denen die Menschen für sich und andere Verantwortung übernähmen. Ganz nebenbei hätte dies zur Folge, daß der Staat entlastet und die Bürokratie reduziert würde, weil – auf lange Sicht – ein wachsender Teil der Fürsorgepflicht des Staates nicht mehr von den Behörden wahrgenommen würde, sondern von nichtstaatlichen Organisationen.

In der Gesundheitspolitik setzt sich Gore klar von den Republikanern ab. Er verspricht, daß es bei der sozialen Sicherheit keine weiteren Einschnitte geben werde. Die Gesundheitsfürsorge für Senioren, *Medicare*, die die Republikaner radikal beschneiden wollten, soll nach Gores Vorstellung erhalten bleiben, und auf bislang unversicherte Kinder soll die Gesundheitsfürsorge ausgeweitet werden. Außerdem fordert der Vizepräsident eine »Patients' Bill of Rights«, eine Deklaration der Rechte von Patienten. Der Hintergrund: Viele Millionen Amerikaner sind Mitglieder in dubiosen Krankenversicherungen, deren Verträge eine Vielzahl von Klauseln und Einschränkungen enthalten, so daß in bestimmten Fällen selbst lebensrettende Eingriffe nicht abgedeckt sind. In einigen Verträgen wird sogar der Zugang zur Notaufnahme in das nächstliegende Krankenhaus eingeschränkt. Dem in den USA chronisch unterregulierten Krankenversicherungssektor sollen mit der Deklaration gewisse Mindeststandards auferlegt werden. Die Demokraten sind bisher mit dieser Forderung am mehrheitlich republikanischen Kongreß gescheitert – Gore will das Anliegen zu einer »Top-Priorität« machen.

Auch in der Frage der Waffenkontrolle distanziert sich Gore deutlich von seinen republikanischen Kontrahenten. »Die Waffen müssen weg von den Straßen, weg von Kriminellen und Kindern«, fordert der Vizepräsident, erklärt aber gleichzeitig, daß das im zweiten Verfassungszusatz garantierte Recht auf freien Waffenbesitz für »gesetzestreue Bürger« nicht angetastet werden soll. Dennoch schlägt Gore eine Reihe von Einschränkungen vor, die weit über alle bisher diskutierten Maßnahmen hinausgehen: Der Kauf einer Waffe soll nur noch mit einem speziellen Foto-Ausweis und nach einer Überprüfung durch die Polizei möglich sein, so daß ausgeschlossen ist, daß Vorbestrafte oder geistig Kranke legal eine Waffe erwerben können. Monatlich soll eine Person höchstens eine Waffe kaufen können, die wiederum erst nach einer dreitägigen Warteperiode ausgehändigt wird. Verkaufsmessen unter freiem Himmel müssen nach Ansicht Gores verboten werden, damit Kinder keinen Zutritt erhalten. Gore möchte, daß die Waffenhersteller und -händler über den Verkauf jeder Waffe Buch führen und die Namen der Käufer an die Behörden melden. Der Forderung einiger Republikaner, die Waffenhersteller von Schadenersatzforderungen generell auszuschließen, tritt Gore entschlossen entgegen – eine Position, die dem unbeschränkten Waffenhandel langfristig den Garaus machen könnte. Schon jetzt haben sich einige Hersteller (darunter die renommierte Marke *Colt*) auf die Waffenproduktion für Polizei und Militär beschränkt, weil die Möglichkeit massiver Entschädigungsforderungen den eventuellen Ertrag durch den Verkauf an Privatpersonen nicht rechtfertigt.

Was die Verbrechensbekämpfung betrifft, so verspricht Gore härtere Strafen und die Einstellung neuer Polizisten. Er plädiert ebenso für die Beibehaltung der Todesstrafe – ein Bekenntnis, ohne das in den USA kein ernstzunehmender Präsidentschaftskandidat die nationale Arena betritt. Gleichzeitig aber tritt Gore dafür ein, straffällig gewordenen Jugendlichen eine »zweite Chance« zu geben. In weniger schwerwiegenden Fällen sollen junge Straftäter eine Ausbildung ableisten oder eine Schule besuchen – auch hier könnten Glaubensgemeinschaften oder karitative Organisationen helfen.

Für die Wirtschaft gilt bei Gore »Weiter so«. In Anspielung auf seinen republikanischen Gegenspieler George W. Bush, den Sohn des Vorgängers von Bill Clinton im Amt des Präsidenten, verweist Gore immer wieder auf die wirtschaftliche Situation zu Beginn seiner ersten Amtszeit als Vizepräsident, als die USA mit Arbeitslosigkeit und stagnierendem Wirtschaftswachstum zu kämpfen hatten: »Wir haben nicht vergessen, wie es vor acht Jahren war!« ruft Gore dann. Gore spricht vom »smarten Wachstum«, welches das Land in Zukunft anstreben müsse. Das bedeute zum Beispiel, daß die Regierung die Investitionen in den Hochtechnologie- oder Informationssektor weiter fördern müsse. Auch der Ausbau der Umwelttechnologien findet Erwähnung; sie würden einen Beitrag zum Umweltschutz leisten und »Gottes grüne Erde als das Zuhause unserer Kinder« bewahren.

Gore widmet seinem Kampf um international verbindliche Abkommen zur Verringerung der Treibhausgase stets eine Randnotiz; er räumt dem Kampf gegen die fortschreitende Erwärmung der Atmosphäre aber keine Hauptrolle ein. Ähnlich wie im Wahlkampf 1996 ist Umweltschutz für Gore ein Familienthema: Es geht um die Verbesserung des Trinkwassers, die Vorschriften zum Verbraucherschutz und die Bewahrung der Artenvielfalt, und nicht darum, die Rettung des Planeten zum zentralen Organisationsprinzip unseres Planeten zu machen.

Zur Außenpolitik findet sich in Gores Stellungnahmen kaum ein Hinweis – ganz im Gegensatz zu seinem Wirkungsbereich als Vizepräsident, der erhebliche Teile der amerikanischen Außenpolitik umfaßte. Der Vizepräsident erklärt, man habe die »Barbarei im Kosovo« beendet, und er redet über ein »starkes Amerika«, das überall auf der Welt für Demokratie, freien Handel und die nationalen Interessen der Vereinigten Staaten eintrete. Dies ist zwar eine klare Absage an die protektionistischen Tendenzen innerhalb der republikanischen Partei – eine klare Vision für das Verhältnis Amerikas zum Rest der Welt formuliert Gore damit jedoch nicht. Über Deutschland oder Europa verliert Gore in seiner Standardrede kein Wort; auch in den programmatischen Broschüren der Gore-Kampagne findet sich lediglich der Hinweis darauf, daß Gore dabei mitgeholfen habe, Abkommen über das Nuklearsenal der Nachfolgestaaten der Sowjetunion zustande zu bringen. Es ist also anzunehmen, daß Gore als Präsident die Außenpolitik der Clinton-Regierung in ihren Grundzügen fortsetzen wird.

Gores programmatische Vorstellungen werden Amerika nicht revolutionieren, doch nach einer Revolution ist den meisten Amerikanern ohnehin nicht zumute. Gores »Vision für das 21. Jahrhundert« reflektiert die Sehnsucht der Amerikaner nach einem Wertekorsett: »Es geht nicht um den Wert des Besitzes, sondern um die Werte, die wir besitzen«, so das Credo des Vizepräsidenten. Der prinzipiell konservative Impuls wurde von Gore aufgenommen und in ein relativ modernes Programm umgesetzt. Gore hat es geschafft, zwischen persönlichen Leidenschaften (Technologie, Umweltschutz) und populären Themen eine Balance zu finden, so daß die Plattform für einen nationalen Wahlkampf tragfähig scheint. Der Vizepräsident verdient Anerkennung dafür, daß er sich – im Gegensatz zu den meisten anderen Kandidaten, die vor allem auf Ausstrahlung und Persönlichkeit setzen – bereits zu einem frühen Zeitpunkt auf eine Vielzahl konkreter Forderungen festgelegt hat, die zum Teil, wie im Falle der strengeren Waffenkontrolle, kontrovers sind. Den Kardinalfehler seiner ersten Präsidentschaftskandidatur im Jahr 1988, als Gore zu drängenden Fragen nur Allgemeinplätze äußerte, hat Gore diesmal vermieden.

Bill Bradley

Wo immer Gore während der ersten Monate seines Wahlkampfs auftrat – der lange Schatten seines Vorgesetzten begleitete ihn stets. Das Verhältnis zu Clinton wurde zum Anathema der Gore-Kampagne. Der Vizepräsident wollte die positiven Leistungen der Clinton-Regierung für sich reklamieren, zum persönlichen Verhalten des Präsidenten aber gleichzeitig Distanz halten. Er mußte beweisen, daß er auf eigenen Füßen stand, ohne aber seine Rolle in der amtierenden Regierung kleinzureden: »Ein echtes Dilemma«, kommentierte Gaylze Tzemach vom Fernsehsender ABC. »Die Idee, daß Gore in der Lage wäre, sich von der eigenen Regierung zu distanzieren, grenzt ans Lächerliche.«

Der vorsichtige Spagat zwischen den Vor- und Nachteilen der Verbindung mit Clinton verlief nicht immer spannungsfrei. Wenige Tage nach der Bekanntgabe seiner Kandidatur erklärte Gore, das Verhalten Clintons in der Lewinsky-Affäre sei »unentschuldbar« gewesen. Ein halbes Jahr zuvor hatte Gore noch erklärt, Clinton werde als »einer der besten Präsidenten« in die Geschichtsbücher eingehen.

Clinton wollte die kritische Bemerkung seines Vize nicht kommentieren, und doch ließ der Präsident seinen Stellvertreter spüren, was er von derlei Äußerungen hielt. In einem Telefongespräch mit einem Journalisten der *New York Times* meinte Clinton, Gore habe die falschen Berater. Während einer Pressekonferenz verglich Clinton seinen Stellvertreter außerdem mit Richard Nixon, dem einstigen Stellvertreter Eisenhowers, der 1968 zum Präsidenten gewählt wurde. Clinton »übersah« dabei, daß Nixon bei seinem ersten Anlauf im Jahr 1960 an John F. Kennedy scheiterte.

Für die Medien waren solche Differenzen ein gefundenes Fressen, und das Fernsehen berichtete mit großer Freude am

Detail über jede Veranstaltung, zu der Clinton und Gore getrennt erschienen. Wenn die beiden Politiker während eines Banketts nicht miteinander sprachen, konnte man tags darauf bereits von einem »offenen Bruch« zwischen Clinton und Gore lesen.

Der Spekulation über ein Zerwürfnis zwischen dem Präsidenten und seinem Stellvertreter setzte Clinton Mitte August 1999 ein Ende. Nachdem Clinton und Gore gemeinsam eine Fabrik besichtigt hatten, fuhren die beiden Politiker im selben Wagen zurück ins Weiße Haus. Vor dem Weißen Haus gab der Präsident anschließend eine Pressekonferenz, die demonstrieren sollte, wie unzertrennlich er und Gore waren. Clinton erklärte: »Wir waren unter allen möglichen Umständen zusammen. Es waren Zeiten großer Freude, des Triumphs, Zeiten der Niederlage, der Frustration, manchmal Zeiten großer Schwierigkeiten ... Aber auch persönlich waren wir immer eins. Ich kann mit ihm über alles reden ... Die Bilanz dieser Regierung ist auch seine Bilanz.«

Gore nannte Clinton daraufhin einen »echten Freund, ... einen Partner«. Im Zusammenhang mit seiner Wahlkampagne meinte Gore: »Kein Zweifel, daß die Bilanz dieser Regierung eine echte Erfolgsbilanz ist. Die Frage ist, wie wir jetzt weitermachen.« Clinton zugewandt, sagte Gore: »Ich brauche deine Hilfe. Die Kampagne wird nicht einfach sein, denn Veränderung trifft immer auf Widerstand, und wir haben Veränderung gebracht.«

Als Gore seine Kandidatur bekanntgab, schien sein Vorsprung vor allen innerparteilichen Konkurrenten so groß, daß sich der Fokus des Vizepräsidenten bereits auf den wahrscheinlichen Herausforderer im Hauptwahlkampf, George W. Bush, richtete. Beinahe unbemerkt sammelte währenddessen ein ehemaliger Senatskollege von Gore bei den demokratischen Wählern Punkte. Die Kandidatur von Bill Bradley war von Gores Wahlkampfmanagern zu Beginn als »ungefährlich« abgetan worden, doch der Außenseiter gewann in den Umfragen stetig hinzu. Plötzlich war wieder von einem demokratischen Vorwahlkampf die Rede.

Wer ist Bill Bradley? Bradley, Jahrgang 1943, stammt aus einem industriell geprägten Dorf nahe St. Louis im Bundesstaat Missouri. Seine Eltern, ein einfacher Bankangestellter und eine Lehrerin, legten großen Wert auf die Ausbildung ihres Sohns. Bradley besuchte eine gute Schule und ging als Rhodes-Stipendiat nach Oxford; in Princeton machte er einen Abschluß in amerikanischer Geschichte. Noch größer als sein akademisches Talent war die sportliche Begabung des späteren Senators: Nach Abschluß des Studiums spielte Bradley zehn Jahre lang Basketball für die *New York Knicks*. Während dieser Zeit erlangte er nationalen Ruhm.

Dem Ende seiner glanzvollen Laufbahn als Sportler folgten 18 Jahre als demokratischer Senator für den Bundesstaat New Jersey. Im Parlament galt Bradley als Einzelgänger. Er stimmte häufig entgegen der Parteiräson, ohne jedoch ein durchgängiges politisches Muster erkennen zu lassen. Nach den Wahlen von 1996 zog sich Bradley zunächst aus der Politik zurück. Anfang 1999 überraschte er die Öffentlichkeit mit der Ankündigung seiner Kandidatur für die Wahl im Jahr 2000. Bradley ist mit einer deutschen Literaturwissenschaftlerin, Ernestine Schlant, verheiratet.

Daß Bradley – aus dem Nichts – zu einem ernsthaften Herausforderer für den amtierenden Vizepräsidenten wurde, hatte kaum etwas mit Politik zu tun. Bradley ist kein typischer Gewerkschaftskandidat (er tritt, genauso wie Gore, für den Freihandel ein), und auch für den Bürgerrechtsflügel ist der ehemalige Senator aus New Jersey kaum attraktiver als der Vizepräsident (Bradley unterstützt das Recht auf Abtreibung, und er plädiert für die Beibehaltung der Todesstrafe). Während ihrer gemeinsamen Zeit im Senat korrespondierte das Abstimmungsverhalten von Gore und Bradley zu 80 Prozent.

Die Erklärung für Bradleys plötzlichen Aufstieg besteht vielmehr in seinem Lebenslauf. Der Mann aus Missouri verkörpert stärker als Gore den amerikanischen Traum. Aus kleinbürgerlichen Verhältnissen zuerst auf den obersten Platz der Basketball-Tabelle und danach an die Spitze der nationalen Politik aufgestiegen, steht Bradley für die Chancen im Land der unbegrenzten Möglichkeiten. Gore, der Sohn eines Senators, schneidet gegen dieses Symbol des amerikanischen Mythos schlecht ab.

Auch genoß Bradley den Vorteil, nichts mit Clinton und seiner Regierung zu tun gehabt zu haben: »Als Kandidat ist Bradley zunächst kein Politiker, sondern ein Prominenter, eine Sportlegende«, schreibt die Bradley-Biographin der *New York Times*. Bradley charakterisiert sich selbst gern als »Bürgerpolitiker«: ein Bürger, der zum Politiker wurde; kein Berufspolitiker, der das vermeintlich korrupte System in Washington schon mit der Muttermilch aufgesogen hat und seit Jahren im Schatten eines Präsidenten steht, dessen laxer Auffassung von Moral das gesamte Land müde ist. »Ich hatte ein Leben vor und ein Leben nach der Politik«, erklärt Bradley. »Ich bin zur Arbeit gegangen, so wie Millionen von Amerikanern, und ich habe immer versucht, mein Bestes zu geben.«

Unterstützung bekam der Herausforderer durch die Fehler Gores und seines Wahlkampfteams. Während Gore damit beschäftigt war, sein Verhältnis zum Präsidenten zu kitten, machte Bradley in den Umfragen jeden Tag ein Stück Boden gut. Gores Wahlkampforganisation reagierte auf die plötzliche Herausforderung im Vorwahlkampf mit Hektik, ja Panik. Der Vizepräsident besetzte sein Wahlkampfteam um und vergrößerte die Zahl der Wahlkampfmanager. Nur die Besten sollten es sein, und innerhalb kürzester Zeit saßen in Gores Zentrale die teuersten Berater des Landes. Gore wollte mit seiner großen Mannschaft die Basis seiner Wahlkampagne verbreitern, so daß alle Flügel seiner Partei am Grünen Tisch der Zentrale vertreten waren. Doch in Wirklichkeit importierte Gore damit nur die innerparteilichen Auseinandersetzungen der Demokraten in die eigene Wahlkampforganisation. Die Eitelkeit vieler Spitzenberater, die sich zum Teil seit Jahren gegenseitig bekriegten, machte die Probleme für Gore nur größer.

Als Bradley im Oktober 1999 seinen Gegner in den Umfragen einiger Bundesstaaten einholte (darunter im Schlüsselstaat New Hampshire), war die Basketball-Legende zu einer ernsthaften Bedrohung geworden. In den Zeitungen war zu lesen, die Kampagne des Vizepräsidenten gleiche einem Roman von Danielle Steel. Gore entschied sich deshalb für einen klaren Schnitt: Er entließ eine Reihe von Beratern und verlegte seine Wahlkampfzentrale von Washington nach Nashville in Tennessee, nahe seinem Heimatort Carthage. Im Fernsehen erklärte der Vizepräsident: »Ich bin jetzt der Underdog, und ich werde den Wahlkampf führen wie ein Underdog.«

Gore nahm die Einladung zu einer Reihe von Fernsehdebatten mit Bradley an. Dort griff er den Konkurrenten dann wegen seiner vagen inhaltlichen Positionen an. Bradley hatte noch kein detailliertes Programm vorgelegt, und obwohl er immer wieder von Rassengleichheit und einer allgemeinen Krankenversicherung sprach, hatte er programmatisch kaum mehr als wohlklingende Allgemeinplätze zu bieten. Er wolle sich zu seiner »Vision« erst zu einem späteren Zeitpunkt äußern, hieß es aus Bradleys Lager – die Ideen würden noch reifen. Gore zog aus dem Zögern Bradleys eine andere Schlußfolgerung: »Ich glaube nicht, daß es allzu viele Leute gibt, die eine Sache nennen könnten, für die er wirklich eintritt«, erklärte er aggressiv.

In Ermangelung eines Programms knüpfte sich Gore die Senatsbilanz von Bradley vor: Bradley, so zitierte Gore genüßlich, habe 1996 gegen das neue Sozialhilfegesetz gestimmt. In den achtziger Jahren habe er finanzielle Hilfen für die Contra-Rebellen in Nikaragua unterstützt; und Bradley habe sich für eine Fortführung der Atombombenversuche ausgesprochen. Daß sich Bradley 1996 vorläufig aus der Politik zurückzog, wurde ihm vom Vizepräsidenten als Fahnenflucht ausgelegt: »Ich bin nicht weggelaufen, als Newt Gingrich den Kongreß übernommen hat. Ich habe mich dem Kampf gestellt.« Bei traditionellen Demokraten – denjenigen, die in Vorwahlen tatsächlich ihre Stimme abgeben – sammelte der Vizepräsident damit Punkte.

Bei den Vorwahlen im Februar 2000 in New Hampshire besiegte Al Gore seinen Gegner, wenn auch knapp – 53 zu 47 Prozent mußten dem Vizepräsidenten reichen. Die Nachwahluntersuchungen belegten, daß sich die beständige Basisarbeit von Gore ausgezahlt hatte: Bei Gewerkschaftsmitgliedern und bei demokratischen Stammwählern hatte Gore bis zu 20 Prozent Vorsprung vor seinem Konkurrenten.

Die Wähler in den anderen Bundesstaaten registrierten das Signal aus New Hampshire, und Gore gewann alle folgenden Vorwahlen; nicht einen einzigen Sieg konnte Bradley erringen – auch nicht in seinem Heimatstaat New Jersey, für den Bradley 18 Jahre lang im Senat saß. Anfang März zog Bradley die Konsequenz, erklärte seinen Rückzug und überließ das Feld seinem Konkurrenten – Gore war damit offizieller Kandidat der Demokratischen Partei für die Präsidentschaftswahl. Er war gestärkt aus dem Kampf mit Bradley hervorgegangen; er hatte sein Profil geschärft, vielleicht zum ersten Mal in seiner Laufbahn wirkte er wie ein Gewinner, gelegentlich sprach man in den Zeitungen sogar von Charisma. Der republikanische Senator John McCain erklärte in der *New York Times*: »Gore kennt die Themen, und er ist sehr erfahren. Ross Perot und Jack Kemp [der republikanische Vizepräsidentschaftskandidat 1996] haben diesen Kerl nicht ernst genommen. Das war ein großer Fehler.«

Letzte Hürde: George W. Bush

Daß viel Aufwand nötig sein würde, um einen möglichen Herausforderer in den demokratischen Vorwahlen zu besiegen, hatte man in Gores Wahlkampfzentrale nicht einkalkuliert. Die Aufmerksamkeit richtete sich vor allem auf den republikanischen Gegner im Hauptwahlkampf. Wer dies sein würde, schien bis Anfang des Jahres 1999 völlig offen. Eine Reihe von Kandidaten hatten sich frühzeitig ins Gespräch gebracht, darunter Dan Quayle, der ehemalige Vizepräsident, Elizabeth Dole, die Frau des Präsidentschaftskandidaten von vor vier Jahren, und Pat Buchanan, der berüchtigte Rechtsaußen, der bei der Wahl 1996 einen Überraschungssieg in New Hampshire erzielen konnte. An der Spitze der Republikanischen Partei stellte man sich bereits auf einen langwierigen Vorwahlkampf ein.

Dann betrat der Gouverneur von Texas die Bühne: George W. Bush konnte auf nur vier Jahre als aktiver Politiker zurückblicken, doch er war 1998 mit fast 70 Prozent der

Stimmen im Amt bestätigt worden. Er galt als erfolgreich, undogmatisch, und er sah aus, wie man sich in Amerika einen Präsidenten vorstellt: Kantiges Gesicht, vertrauenerweckende Augen, graue Schläfen. Keine zwei Monate später zweifelte niemand mehr daran, daß Bush die republikanische Vorwahl für sich entscheiden würde. Dole und Quayle gaben ihre Kandidaturen auf, und Buchanan möchte sich mittlerweile als Unabhängiger bewerben.

George W. Bush, Jahrgang 1946, ist anderthalb Jahre älter als Al Gore. Er wurde in Midland, Texas, als Sohn von George Bush, dem späteren amerikanischen Präsidenten, geboren. Er besuchte eine Privatschule, studierte in Yale Geschichte und machte anschließend an der Harvard-Universität einen Abschluß in Betriebswirtschaft. Einem Einsatz in Vietnam entging Bush, indem er eine Pilotenausbildung bei der Nationalgarde ableistete (diese Truppe wird, wie bereits erwähnt, nicht außerhalb des US-Territoriums eingesetzt). Bush kümmerte sich in jungen Jahren wenig um Politik; eine Kandidatur zum Repräsentantenhaus im Jahr 1978 scheiterte. Auch Bushs Erfolg im Geschäftsleben nahm sich eher bescheiden aus: Eine Ölfirma, die er 1977 mit der finanziellen Unterstützung seines Vaters gegründet hatte, machte kaum Gewinne. George W. Bush galt vielmehr als Lebemann, der sich vor allem für Baseball, Partys und Frauen interessierte. Im Alter von 48 Jahren kandidierte er zum ersten Mal als Gouverneur von Texas. George W. Bush ist in erster Ehe mit Laura Welch, einer Bibliothekarin aus Bushs Heimatort Midland, verheiratet.

George W. Bush und Al Gore – wer wird das Rennen machen? Im persönlichen Bereich könnte der Unterschied zwischen den beiden Kandidaten kaum größer sein. Während das Privatleben des Vizepräsidenten als langweilig gilt, ist Bushs persönlicher Werdegang mit politischen Tretminen gepflastert – im Hinblick auf den Wahlkampf sicher ein Minus. So gab Bush zu Protokoll, er habe während der letzten 25 Jahre keine Drogen konsumiert. Dennoch wurde ihm vorgeworfen, er habe vor 1975 regelmäßig Kokain geschnupft. Der Bush-Biograph John Hatfield ging sogar noch einen Schritt weiter und behauptete, Bush habe 1972 wegen Drogenbesitzes vor Gericht gestanden. Nachdem sich der Vater eingemischt habe, sei die Strafe jedoch in Sozialdienst umgewandelt und seien die Akten vernichtet worden. Bush Jr. streitet dies ab. Auch sein Liebesleben könnte im Wahlkampf gegen ihn verwendet werden, denn obwohl die Ehe von George und Laura Bush als glücklich gilt, werden dem republikanischen Kandidaten zahlreiche Affären nachgesagt. Bush selbst meinte dazu, seine Einstellung habe sich mit dem 40. Geburtstag völlig verändert; er habe ein neues Leben begonnen.

Eine inhaltliche Debatte hat zwischen den beiden Kandidaten bislang nicht stattgefunden. Bush will das Steuersystem vereinfachen und geringfügige Steuern streichen. Er hat sich dafür ausgesprochen, den Verteidigungshaushalt zu erhöhen und das SDI-Projekt wieder aufzunehmen. Abgesehen davon äußerte sich Bush zu seinem Programm bislang nur vage.

Einzig seine Ausrutscher in der Außenpolitik sorgten im Vorwahlkampf für Aufmerksamkeit: Bush verwechselte die Slowakei mit Slowenien; er nannte die Bewohner Griechenlands »Griechier« (»Greekians«); die Kosovo-Albaner bezeichnete Bush als »Kosovaken« (»Kosovaks«), und Schottland mag er nicht, weil die Männer dort »alle schwul« seien. Auf die Frage nach den Ministerpräsidenten von Pakistan und Indien konnte Bush keine Antwort geben – schlimmer noch: »Ihm fiel nicht einmal eine schlagfertige Ausrede ein« (so die *New York Times*). Würden die Wahlen mit dem Thema Außenpolitik entschieden, Gore könnte sich den aufwendigen Wahlkampf sparen.

Bush prägte den Begriff vom »mitfühlenden Konservatismus«. Damit machte er deutlich, daß er nicht zu der jungen Garde konservativer »Revolutionäre« gehört, die 1994 mit Newt Gingrich an der Spitze ins Repräsentantenhaus eingezogen waren. Was genau das Schlagwort bedeutet, führte Bush bisher allerdings nur wenig aus. Er sprach davon, daß er die »Armeen des Mitgefühls um sich sammeln« und die gemeinnützigen Organisationen und die Kirchen in ihrem Kampf gegen die Armut unterstützen wolle. Amerika müsse eine Nation werden, in der »die Starken gerecht sind und die

Schwachen geschützt«. Bush, so scheint es, bedient sich des Vokabulars, das im post-materiellen Amerika der Jahrtausendwende Aufmerksamkeit garantiert. Im Unterschied zu Gore hat Bush jedoch lange kein zusammenhängendes Programm erarbeitet, um klarzumachen, wie das proklamierte Mitgefühl in praktische Politik umzusetzen sei. Es gehe nicht um Mitgefühl, so ein Kolumnist des *Boston Globe*, sondern um einklagbare Rechte: »*Medicare* hat nichts mit Mitgefühl zu tun, Mr. Bush. Ein anständiger Mindestlohn ebensowenig.« Bushs Vision einer mitfühlenden Gesellschaft bevormunde die Schwachen und mache sie von der Großzügigkeit der Reichen abhängig. Ins gleiche Horn stößt auch Gore. In einer Pressekonferenz erklärte der Vizepräsident sarkastisch: »Dieser ›mitfühlende Konservatismus‹ klingt großartig. Und soweit ich das verstehe, bedeutet es folgendes: Es bedeutet: ›Ich mag dich, wirklich. Und ich wäre gerne für eine Deklaration der Rechte von Patienten; ich wäre gerne für das Schließen von Schlupflöchern bei Waffenmessen; ich würde gerne die Sozialversicherung und *Medicare* für das nächste Jahrhundert bewahren. Ich würde gerne den Mindestlohn erhöhen. Ich würde all das gerne tun, aber ich kann es einfach nicht, und ich fühle mich schrecklich deswegen.‹«

Blendet man die im Wahlkampf übliche Rhetorik aus, so ist anzunehmen, daß Gore und Bush in wichtigen Politikfeldern dasselbe Terrain bearbeiten. Das kommunitaristische Wechselspiel von Chance und Verantwortung, das Leitbild eines aktivierenden Staates, ist offensichtlich auch für George W. Bush ein vielversprechendes Rezept, um die Wähler im politischen Zentrum an seine Person zu binden. Zu fragen bleibt, welchem Kandidaten es besser gelingt, sich im Wahlkampf auf diese Weise zu positionieren.

Anders als Gore steht Bush die Auseinandersetzung mit dem radikalen Flügel seiner Partei noch bevor. Während des überraschend heftigen Vorwahlkampfs mußte sich Bush mit der christlichen Rechten verbünden, um seinen Konkurrenten John McCain zu besiegen. Bush trat nach der verlorenen Vorwahl in New Hampshire in der extrem konservativen Bob-Jones-Universität in South Carolina auf. Im Kampf um das moderate Zentrum der amerikanischen Wählerschaft könnte sich dies noch als Fluch herausstellen. Hinzu kommt, daß sich Bush zu einer Reihe von kontroversen Fragen – beispielsweise zum Thema Waffenbesitz oder zur Beibehaltung der medizinischen Altenversorgung *Medicare* – bisher kaum geäußert hat. Nach einer neuen Welle von Amokläufen könnte sich die Unterstützung der Waffenlobby als echte Bürde herausstellen.

Sollte Gore wenige Wochen vor der Wahl hinter Bush zurückliegen, dann – so die Hoffnung von Gore und seinen Unterstützern – werde der Vizepräsident die entscheidenden Punkte in den traditionellen Fernsehdebatten sammeln, denn der republikanische Kandidat ist kein rhetorisches Schwergewicht. Als sich Bush 1998 in Texas seinem demokratischen Herausforderer stellen mußte, verlor er das Rededuell deutlich: Bush wirkte angespannt, und er gebrauchte Ausdrücke, die außerhalb der Gouverneursresidenz niemandem vertraut waren. Daß Bush die Wahl dennoch gewann, hing vor allem damit zusammen, daß parallel zur Fernsehdebatte ein wichtiges Football-Spiel übertragen wurde.

Im Wahljahr 2000 wird Bush darauf nicht mehr hoffen können. Etwa 100 Millionen Zuschauer werden die Debatte an den Bildschirmen verfolgen, und Untersuchungen belegen, daß viele Amerikaner erst am Abend der Präsidentschaftsdebatten ihre Entscheidung treffen. Gore hat sich während der zurückliegenden Fernsehdebatten stets gut geschlagen, und wenn es um die Sache, um Fakten und Themen geht, so zeigt die Erfahrung, dann ist Gore nahezu unschlagbar. Ein Berater Gores meint: »Die Leute werden sich fragen: ›Will ich einen Burschen im Weißen Haus, der sein Geschäft erst noch lernen muß, einen Rohdiamanten, oder jemanden, der für seine Aufgabe wahrscheinlich besser vorbereitet ist als irgend jemand zuvor?‹«

Gore hat noch gutes Stück Weg vor sich, bis er am 7. November auf den Wahlsieg anstoßen kann. Die amerikanische Öffentlichkeit identifiziert Gore mit Clinton – im positiven wie im negativen: Der Wahlkandidat repräsentiert in der öffentlichen Wahrnehmung die positive Bilanz der Regierung genauso wie die Skandale im Privatleben des amtierenden Präsidenten.

Bush ist den Amerikanern weniger vertraut, und er genießt deshalb einen Bonus. Doch bereits in den wenigen Monaten des Vorwahlkampfs hat George W. Bush viel an Attraktivität verloren; Gore hingegen hat sich in der Auseinandersetzung mit Bill Bradley profiliert.

Den Wählern wird deutlich werden, daß Bush keinesfalls rhetorisch brillant ist, daß er wenig von Politik versteht und daß sein turbulentes Treiben im Privaten eher dem Gebaren des Präsidenten gleicht, dessen sie so müde sind. Und sie werden realisieren, daß Bush über kein zusammenhängendes politisches Programm verfügt.

Wenn Gore keine schweren Fehler begeht und behutsam an seiner Persönlichkeit arbeitet, dann wird er bis zum Wahltag noch an Zustimmung gewinnen. Ob es für die Präsidentschaft reicht? »Vergiß niemals die Wahl von 1992!« so soll Clinton zu Gore gesagt haben: »Fünf Monate vor dem Wahltag lag ich hinter Bush und Perot auf dem dritten Platz.«

6. Kapitel
Präsident Gore

Ein sonniger Septembertag in Des Moines, Hauptstadt des Bundesstaates Iowa. Auf dem kleinen Flughafen ist soeben *Air Force Two* gelandet, das Flugzeug des Vizepräsidenten. Aus der Maschine steigt Al Gore, ganz volksnah in blauem Polohemd und Turnschuhen. Eine kleine Gruppe treuer Anhänger will dem Vizepräsidenten die Hand schütteln. Gore stellt sich zu den Leuten; er streichelt einen Dobermann, unterhält sich mit einem jungen Mann über den Urlaub auf St. Lucia und umarmt einen Parteiaktivisten, den der Vizepräsident noch von seinem ersten Anlauf aufs Weiße Haus im Jahr 1988 kennt.

Ein ähnliches Bild zwei Stunden später. Gore trifft sich mit 60 älteren Unterstützern in einem Hotel nahe Des Moines. Er nimmt sich Zeit, jeden Besucher einzeln zu begrüßen. Erst nach mehr als einer Stunde stellt sich der Kandidat ans Rednerpult und beginnt zu sprechen. Es sei toll, hier zu sein, sagt Gore, und sein weißhaariges Publikum glaubt es ihm. Er redet nur am Rande über Politik – wichtiger sei doch, daß er und Tipper dieses Jahr Großeltern würden: »Da kann ich von Ihnen noch einiges lernen!« Die Einkommensbeihilfen für Kriegsveteranen müßten unbedingt erhalten bleiben, denn die Veteranen hätten für ihr Land ein Opfer gebracht, und – so fügt Gore mit einem Augenzwinkern hinzu – »ich bin schließlich selbst einer«. Als die Wagenkolonne des Vizepräsidenten am frühen Abend das Hotel verläßt, winken ihm seine Anhänger mit strahlenden Augen zum Abschied. Im Lokalblatt erscheint am nächsten Tag ein Bericht über Gore, der feststellt, daß er doch eigentlich ein »netter Kerl« sei, bodenständig und charmant. Das Foto neben dem Artikel zeigt einen Vizepräsidenten, der gerade dabei ist, ein riesiges Stück Apfelkuchen zu verschlingen.

Der Weg an die Spitze führt in Amerika über Apfelkuchen und Kaffeeklatsch: Gore befindet sich mitten im Wahlkampf, und bis zum Wahltag wird der Vizepräsident noch Hunderte sogenannter Hauspartys hinter sich bringen müssen. Ob sich der Aufwand lohnt?

Gewinnt er die Wahl, dann ist Gore für mindestens vier Jahre der mächtigste Mann der Welt, der 43. Präsident der Vereinigten Staaten von Amerika, Nachfolger von George Washington, Abraham Lincoln, Franklin Roosevelt und John F. Kennedy. Welchen Platz wird Gore in dieser Reihe einnehmen? Was für ein Präsident wird Gore sein? Was hat Amerika, was hat die Welt von Gore zu erwarten?

Das *Oval Office*, das Büro des Präsidenten im Weißen Haus, ist Gores Lebenstraum. Es ist der logische Abschluß einer 25jährigen politischen Karriere, die als einfacher Abgeordneter begann. Gore wird bei der Amtseinführung an seinen Vater denken, der ihn mit dem Traum infiziert, der ihn als kommenden Präsidenten aufgezogen hat. Wenn sich Gore anschließend an den Schreibtisch im Oval Office setzt, dann wird ihm klarwerden, daß er jetzt am Ziel ist. Nicht Aufbruch, sondern Ankunft wird der Wahlsieg für Gore sein – die Verwirklichung seines lebenslangen Traums.

Wenn ein Traum in Erfüllung geht, verliert das Leben an Sinn – eine Binsenweisheit? Wird Gores Ehrgeiz, sein Engagement nachlassen, wenn er den Platz im *Oval Office* eingenommen hat? Gore hat kein Projekt, keine große Vision – er gehört zu jener Generation von moderaten Politikern, die das Wort »managen« dem Wort »herrschen« vorziehen, für die Ideologie nichts bedeutet, Pragmatismus jedoch alles. Gore hat ein umfassendes Programm vorgelegt, das auf der aktuellen Befindlichkeit der amerikanischen Bevölkerung aufbaut. Es reflektiert nicht ausschließlich Gores Überzeugungen, es läuft ihnen auch nicht entgegen. Gore wird sich als gewählter Präsident daran machen, die ihm vorgegebene Agenda Punkt für Punkt abzuarbeiten. Versprochen, gehalten – er möchte, daß ihm die Bilanz seiner Regierungszeit nach vier Jahren schmeichelt.

Doch Gore ist kein Buchhalter. Er wird, einmal im Amt, neuen Ehrgeiz entwickeln; darin unterscheidet er sich nicht von seinen Vorgängern. Er wird eine zweite Amtszeit anstreben, die Bestätigung vom amerikanischen Volk, und er wird seine Politik an diesem Ziel ausrichten. Die ersten zwei Jahre seiner Vizepräsidentschaft unter Clinton haben ihm gezeigt, wohin zuviel Initiative führen kann – das, woran er wirklich glaubt, wird er sich für die zweite Amtszeit aufheben.

Woran glaubt Al Gore? Gore ist fest davon überzeugt, daß die Abwendung der drohenden Umweltkrise die größte Herausforderung für unseren Planeten ist. Er möchte auf diesem Feld wirken, und er möchte als großer Präsident in die amerikanische Geschichte eingehen. Was läge näher, als beides zu verbinden? Kein Zweifel, daß Gore als erster »grüner« Präsident der USA erinnert werden möchte, als derjenige, der die Welt vor dem Treibhauseffekt bewahrt hat. Wenn es in Al Gores politischem Kosmos überhaupt eine programmatische Triebfeder gibt, dann ist es das Thema Umwelt.

Ein Präsident Gore wird wichtige Posten innerhalb seiner Regierung mit erklärten Umweltschützern besetzen, er wird auf internationalen Konferenzen Druck machen, später vielleicht sogar ein international verbindliches Abkommen zur Reduzierung der Treibhausgase zustande bringen, das vom eigenen Parlament ratifiziert wird. Doch in den ersten vier Jahren seiner Präsidentschaft wird Gore nicht wagen, die Schmerzgrenze der amerikanischen Öffentlichkeit zu überschreiten. Er wird keine politischen Opfer für die Durchsetzung schärferer Umweltgesetze bringen, wird sich nicht mit der mächtigen Industrielobby anlegen – schon gar nicht, wenn es bei einer knappen republikanischen Mehrheit im Kongreß bleiben sollte.

Der Instinkt des Politikers ist in Gore stärker ausgeprägt als der des Umweltschützers. Gore weiß, daß er sich mit der Umweltpolitik ein Thema ausgesucht hat, daß den Bestand der amerikanischen Gesellschaft in ihren Grundfesten in Frage stellt – schon deshalb wird er sich vorsichtig verhalten. Dies muß für die Umweltpolitik nicht unbedingt von Nachteil sein. Wenn Gore in der ersten Amtsperiode Bestandswahrung betreibt und in der zweiten Amtsperiode einen ernsthaften Versuch unternimmt, sein ehrgeiziges Vorhaben eines Marshallplans für die Umwelt in die Wirklichkeit umzusetzen, dann ist viel erreicht. Vielleicht, so wird sich mancher Umweltschützer denken, ist es besser, einen aufgeschlossenen Pragmatiker an der Spitze des Landes zu haben als einen hoffnungslosen Idealisten oder – noch schlimmer – einen totalen Ignoranten.

Der amerikanische Präsident ist der Monarch einer Republik. Er regiert, vor allem aber repräsentiert er. Er denkt die edelsten Gedanken, spricht die reinsten Worte – eine Lichtgestalt. Al Gore wird sich schwer damit tun, in diese Rolle hineinzufinden. Er ist kein Bill Clinton, kein »großer Kommunikator«. Gores Reden werden künftigen Generationen nicht in Erinnerung bleiben, selbst wenn sie aus derselben Feder stammen wie die Ansprachen Clintons. Er wird beim Tod eines befreundeten Staatschefs nicht in aller Öffentlichkeit weinen; er wird neben dem russischen Staatspräsidenten nicht in Gelächter ausbrechen, und er wird keiner schwerkranken Frau in die Arme fallen. Al Gore hat die bewußte Emotionalität seines Vorgesetzten fast acht Jahre lang beobachtet, und er beneidet ihn darum.

Al Gore ist nach all den Jahren seiner quälenden Selbstanalyse noch immer nicht im reinen mit sich selbst. Er weiß nicht, welche seiner Gefühle er nach außen hin zeigen darf und welche nicht. Aus Angst davor, sich lächerlich zu machen, setzt er die Maske der Emotionslosigkeit auf. Der Glamour, der Charme und das Charisma von Bill Clinton werden den Amerikanern fehlen; sie werden lernen, die Nüchternheit Gores als Kehrseite seiner Solidität zu begreifen. Und Gore wird akzeptieren, daß er kein Präsident sein kann, dem die Menschen aus Begeisterung nachfolgen, sondern aus Vernunft; kein Präsident, der mit goldenen Worten regiert, sondern mit nichts weniger und nichts mehr als gesundem Menschenverstand.

Von einem Präsidenten wird Führung erwartet, Entscheidungskraft und Entschlossenheit. Gore hat niemals einem Kabinett vorgestanden; er war weder Bürgermeister noch Gouverneur. Er war stets in die Disziplin einer übergeordneten Institution eingebunden: als Abgeordneter, als Senator, als Vizepräsident. Als Präsident wird er zum ersten Mal keinen Vorgesetzten haben – er allein wird es sein, der im Ernstfall das letzte Wort über Krieg und Frieden hat. Gore ist sich dieser Situation wohl bewußt, und er weiß, daß er ein Land führen kann. Als Vizepräsident war er in vielen Situationen konsequenter als der »Zauderer« Clinton. Er hat die Präsidentschaft Clintons auch programmatisch geprägt, ohne daß die Öffentlichkeit Notiz genommen hätte. Und doch wird sein Führungsstil anders sein als der seines Vorgängers: Er wird Entscheidungen erklären müssen, die Schlacht der Argumente gewinnen, nicht die Schlacht der Herzen. Wird er seine Sache gut machen? Wenn er sich auf die Sache konzentriert, wenn er an die Ratio, an den Verstand, appelliert und nicht an das Gefühl, dann wird ihm das amerikanische Volk ganz sicher folgen.

Kann Amerika, kann die Welt über einen Präsidenten Gore glücklich sein? Für den Rest der Welt wäre die Wahl Gores zum Präsidenten der USA eine gute Nachricht. Mit Gore stünde ein Mann an der Spitze der einzig verbliebenen Supermacht, der kalkulierbar ist, intelligent und jede Entscheidung genau überdenkt; ein kenntnisreicher und erfahrener Außenpolitiker.

Auch die Amerikaner selbst werden mit Gore zufrieden sein. Das amerikanische System funktioniert gegenwärtig zur weitgehenden Zufriedenheit seiner Nutzer. Was die Bewohner der Neuen Welt wirklich wollen, ist nicht Wechsel, sondern Kurs halten. Gore wird genau das tun. Er wird nach den turbulenten Jahren unter Clinton für Kontinuität sorgen – streckenweise langweilig, aber durch und durch solide. »Er ist wie Clinton; nur eben ohne ›das Problem‹«, meinte kürzlich ein New Yorker Kabarettist.

Ob das Bedürfnis nach Ruhe mehr als vier Jahre anhält, wird sich weisen. Wenn nicht, dann wird sich das amerikanische Volk nach der ersten Amtszeit Gores einen anderen Präsidenten suchen. Für Gore ist es deshalb wichtig, ein Projekt zu verfolgen, das über seine Person hinausgeht – einen Grund, ihn im Amt zu behalten, auch wenn er die Sehnsucht nach Pracht und Glanz nicht erfüllt. Gore hat darauf noch keine befriedigende Antwort gefunden: Er will sein Land jeden Tag ein Stückchen besser machen – ein Stückchen wohlhabender, ein Stückchen weniger gewalttätig, ein Stückchen freundlicher, ganz sicher auch ein großes Stück umweltfreundlicher.

Doch wird dies reichen, um von den Amerikanern gewählt und geliebt zu werden, um als großer Präsident zu gelten? In Robert Altmans Film »Der Kandidat« gewinnt Robert Redford nach einer aufzehrenden und grandios gefochtenen Kampagne die Wahl zum Senator. Am Wahlabend flüchtet der frischgebackene Amtsträger in ein Hotelzimmer und fragt seinen Wahlkampfmanager: »Und was machen wir jetzt?«

Literatur und Links zu Al Gore und den Präsidentschaftswahlen 2000

Literatur

- Bradley, Bill: Time Present, Time Past, New York 1996
- Burford, Betty: Al Gore. United States Vice President, Springfield 1994
- Gore, Al: Wege zum Gleichgewicht. Ein Marshallplan für die Erde, Frankfurt am Main 1992 (Originalausgabe: Earth in the Balance: Ecology and the Human Spirit, New York 1992)
- Gore, Tipper: Raising PG Kids in an X-rated Society, Nashville 1987
- Hatfield, John: Fortunate Son: The Rise of George W. Bush and the Next Generation of American Politics, New York 1999
- Hillin, Hank: Al Gore Jr. His Life and Career, New York 1992
- Morris, Dick: Behind the Oval Office. Winning the Presidency in the Nineties, New York 1997
- Morris, Dick: The New Prince. Macchiavelli Updated for the Twenty-First Century, Los Angeles 1999
- Turque, Bill: Inventing Al Gore, Boston 2000
- Zelnick, Bob: Gore. A Political Life, Washington 1999

Internet-Links

- Al Gores offizielle Wahlkampf-Homepage: www.algore2000.com
- Gores Webseiten als Vizepräsident: www.whitehouse.gov/WH/EOP/OVP/index.html
- Parodie auf Gores Homepage: www.allgore.com
- Was will Gore? www.issues2000.org/Al_Gore.htm
- Neueste Umfragen: www.pollingreport.com/wh2gen.htm
- Woher kommt das Geld? Gores und Bushs Wahlkampffinanzierung: www.opensecrets.org
- Was meinen die Buchmacher? www.campaignonline.com/odds
- Welcher Kandidat entspricht meinen eigenen Überzeugungen am besten? www.selectsmart.com/PRESIDENT
- Wahlkampfvideos zum Herunterladen: www.c-span.org/campaign
- Wahlkampf-Suchmaschine: www.electionsearch2000.org
- CNN-Archiv zur Präsidentschaftswahl 2000: www.cnn.com/ELECTION/2000
- Mehr Links und Informationen zu Kandidaten und Themen; Louisiana State University: www.lsu.edu/guests/poli/public_html/2000camp.html